Mohamed Amjahid

ALLES NUR EINZELFÄLLE?

Mohamed Amjahid

ALLES NUR EINZELFÄLLE?

Das System hinter der Polizeigewalt

Mit 17 Schwarz-Weiß-Abbildungen

PIPER

Mehr über unsere Autorinnen, Autoren und Bücher:
www.piper.de

Von Mohamed Amjahid liegen im Piper Verlag vor:
Der weiße Fleck
Let's Talk About Sex, Habibi
Alles nur Einzelfälle?

ISBN 978-3-492-06520-7
2. Auflage 2026

www.piper.de
Für einen direkten Kontakt und Fragen zum Produkt wenden Sie sich bitte an:
info@piper.de
Satz: Fotosatz Amann, Meminngen
Gesetzt aus der Arno Pro
Litho: Lorenz & Zeller, Inning am Ammersee
Druck und Bindung: CPI books GmbH
Printed in the EU

Inhalt

1 Vorwort

Warum schreibe ich diesen Text? Mit dieser simplen Frage hat eigentlich jedes meiner Buchprojekte in den vergangenen Jahren begonnen. Das Thema Polizeigewalt begleitet mich als Recherche-Journalist schon seit mehr als einem Jahrzehnt. Ich habe mit der entsprechenden journalistischen Arbeit in einer Zeit angefangen, in der es nicht selbstverständlich gewesen wäre, eine polizeikritische Schrift in einem großen Publikumsverlag zu veröffentlichen. Diese weiterhin bestehende Lücke in der Sachbuch-Literatur wollte ich nach sehr vielen Recherchen zum Polizeiproblem und mehr als zehn Jahren Reflexion schließen. Deswegen halten Sie diesen arbeitsreichen Text in Ihren Händen.

Bewusst früh möchte ich Sie an dieser Stelle darüber informieren, dass dieses Buch explizite rassistische, antisemitische, sexistische, queerfeindliche, ableistische, geflüchtetenfeindliche Sprache und Gewaltfantasien oder verherrlichende Aussagen zu den Verbrechen des Nationalsozialismus zitiert. Es beinhaltet dichte Beschreibungen von menschenfeindlichen Taten, die durch Polizist*innen begangen wurden. Die Darstellung dieser brutalen Realität ist Teil einer notwendigen Beweisführung, um das System hinter der Polizeigewalt aufzuzeigen. In diesem Buch versuche ich, auf verschiedene Aspekte bedrohlicher Polizeistrukturen zu blicken: historische Herleitungen, Gruppen- und Institutionsdynamiken, mediale Diskurse und Popkultur, (fehlgeleitete) kriminologische Ansätze, die Einbettung in das politische System, Übergänge und Überschneidungen zwischen Polizeibehörden und dem Rechtsextremismus. Ich sehe diese ungefilterte Darstellung der polizeilichen Realität als notwendig an, denn nach langer Überlegung bin ich zu folgender Haltung gekommen:

Niemand, wirklich niemand hat es verdient, Opfer von Polizeiwillkür oder -diskriminierung zu werden. Niemand hat es verdient, ins Visier von rechtsextremen Netzwerken mit polizeilichem Hintergrund genommen zu werden. Niemand hat es verdient, von Polizist*innen erschossen zu werden. Es ist klar, dass Polizist*innen aufgrund ihrer Arbeit häufig in gefährliche Situationen geraten. Bei Terroreinsätzen oder Geiselnahmen. Dass sie dann ihre Waffen und das Gewaltmonopol, mit dem sie nun mal ausgestattet sind, zu ihrer Verteidigung einsetzen. Polizeigewalt, wie ich sie in diesem Buch aber verstehe, bezieht sich auf eine unverhältnismäßige, politisch (oft rechtsextrem) motivierte und strukturell angelegte, von Polizist*innen ausgehende Gewalt. Und sie kann jede Person treffen. Darauf werde ich in diesem Buch in verschiedenen Kontexten ausführlich eingehen.

Um ebendiesen strukturellen Charakter des Phänomens zu erforschen, stütze ich mich auf die Ergebnisse meiner eigenen Recherchen, auf Erkenntnisse aus der unabhängigen Wissenschaft, des investigativen Journalismus und polizeikritischen Aktivismus. Ich habe mir große Mühe gegeben, dabei so barrierefrei und unterhaltsam wie möglich zu erzählen, sodass vielleicht sogar True-Crime-Fans auf ihre Kosten kommen. Dieses Buch verstehe ich auch als ungetrübten Blick hinter die Kulissen von Polizei- und Sicherheitsbehörden im deutschsprachigen Raum und darüber hinaus. Ich hoffe, dass dies für die eine oder den anderen Fan von *Aktenzeichen XY* oder dem *Tatort* spannend sein kann.

Aber zurück zum Kern dieses Buchprojekts: Polizeigewalt trifft vor allem verletzbare Minderheiten wie Schwarze Menschen, muslimisch gelesene Menschen, Geflüchtete, von Armut Betroffene, Menschen mit (geistiger) Behinderung oder Drogenabhängige. Ich zeige in der Dokumentation vieler Fälle in diesem Buch aber eine wichtige

Erkenntnis auf: Polizeigewalt kann jede Person in verschiedenen Intensitäten treffen – und das eben nicht nur in der Theorie. Das Polizeiproblem geht deswegen alle etwas an. Es ist ein Thema, das auch, aber nicht nur Minderheiten betrifft und auf die allgemeine politische Agenda gehört. Ich lade Sie deswegen ein, diesen schwierigen, teils bedrückenden und vielleicht schockierenden Text zu lesen, darüber nachzudenken, was das für Sie ganz persönlich bedeuten könnte. Insbesondere lade ich Sie ein, sich die (Teil-)Dokumentation der Namen der Todesopfer von Polizeigewalt in Deutschland, Österreich und der Schweiz anzuschauen, die Sie im Umschlag dieses Buches finden. Diese und weitere unzählige Namen illustrieren die Fallhöhe des Systems hinter der Polizeigewalt, die Verantwortung, die insbesondere die (Innen-)Politik dafür trägt.

Wir haben es uns mit diesem Buch nicht leicht gemacht: Und an dieser Stelle ist es mir wichtig, von einem Wir zu sprechen. Die vielen Erkenntnisse zum System hinter der Polizeigewalt konnte ich in diesem Buch nur dank des Mutes von stark gefährdeten Whistleblower*innen innerhalb von Polizeibehörden, insbesondere aber von Betroffenen von Polizeigewalt und Expert*innen zum Thema festhalten. Unzählige Gespräche mit kritischen Anwält*innen, Forscher*innen, Aktivist*innen und engagierten Kolleg*innen im Recherche-Journalismus bilden einen Teil der Grundlage für diesen Text. Ausgiebig habe ich neben meinen eigenen investigativen Recherchen zudem Statistiken und Datensätze ausgewertet und dabei gemerkt, wie wichtig der Matheunterricht in der Schule und das Statistikseminar an der Uni waren. Viele Kolleg*innen vom Piper Verlag haben mir dabei geholfen, einen ausgewogenen Text für ein hoffentlich breites Publikum zu erstellen: Beim Lektorat, bei einem aufwendigen, professionellen Faktencheck und einer juristischen Prüfung haben wir gemeinschaftlich, pedantisch und nach bestem Wissen und Gewissen sichergestellt, dass die Daten, die Angaben, die Nacherzählungen der Fälle in diesem Buch stimmen. Das war mir als Autor ein großes Anliegen – auch weil ich vermute, dass die Ergebnisse meiner Arbeit durchaus viele Entscheidungsträger*innen persönlich beleidigen könnten.

Ein weiteres wichtiges Anliegen ist es mir, eine Sache klarzustellen: Dieses Buch transportiert nicht (nur) meine Meinung. Das wäre mir als investigativer Journalist bei diesem Thema viel zu wenig. So etwas wie reine Objektivität existiert zwar nicht. Es ist aber möglich, sich diesem Idealzustand recherchierend und selbstreflektierend zu nähern. Das habe ich mit einer durchaus deutlichen Haltung zum Thema in diesem Buch versucht. Dies ist also kein reiner Debattenbeitrag, keine rein subjektive Antwort auf die Meinung einer Einzelperson oder Lobbygruppe. Vielmehr möchte ich mit diesem Buch einen realitätsbezogenen Beitrag leisten, eine Faktensammlung und Einordnung anbieten – im Sinne einer nötigen Debatte über die Funktion, die Arbeitsweisen und die Gefahren der Polizei in unseren Gesellschaften.

Eigentlich gehört ans Ende dieses Vorworts ein Cliffhanger, der Beginn eines Spannungsbogens, so wie in einem fesselnden True-Crime-Podcast, den man dann nicht mehr abschalten kann. Ich entscheide mich an dieser Stelle aber bewusst für einen Spoiler: Die Frage »Alles nur Einzelfälle?« ist mit Blick auf die Ergebnisse in diesem Buch rein rhetorischer Natur.

2 Eine kleine Geschichte der Polizei

Es wird einige schockieren, aber die Polizei ist nicht naturgegeben. Sie ist menschengemacht, sie wurde mit bestimmten Vorstellungen von Ordnung, Sicherheit, Gewaltanwendung und Verteilung von Ressourcen erfunden, weiterentwickelt, oft von autoritären Regimen pervertiert. Sodass einige von dieser Institution maximal profitieren – manchmal auf Kosten anderer Menschen und Gruppen in der Gesellschaft. Die Polizei hat sich mit der Zeit als unverzichtbar erscheinendes Phänomen in der menschlichen Zivilisation etabliert. So wie Sauerstoff, allzeit verfügbares, günstiges Fleisch auf unseren Tellern, superbillige Flugtickets oder leichte Unterhaltung auf unseren Smartphones. Okay, außer dem Sauerstoff sind all diese Dinge wirklich menschengemacht und irgendwie doch verzichtbar.

In prähistorischen, sogenannten primitiven Gemeinschaften wurden Konflikte von Stammesältesten oder Räten geschlichtet, die Regeln für das Zusammenleben aufstellten. Diese Tradition wurde teilweise zu Gesetzen und sozialen Normen gemacht, auf Gerechtigkeit ausgerichtet und so in einigen Regionen der Welt weiter bewahrt (siehe Kapitel 22). Mit dem Entstehen von Städten und komplexen Gesellschaften in der Antike kamen erste organisierte Sicherheitsmechanismen auf. Beispielsweise gab es in Mesopotamien sogenannte Stadtwächter, die für die Aufrechterhaltung der Ordnung und die Prävention von Kriminalität zuständig waren. Im alten Ägypten wurde eine königliche Wache etabliert, um den Pharao zu schützen und seinen Willen durchzusetzen.[1] Wenn man so will, gilt dieses System bis heute in Ägypten.

Im Römischen Reich wurde die Sicherheit durch das Militär und regionale Präfekten gewährleistet. Diese Beamten (es waren immer Männer) standen im Dienst des Staates, sie hatten militärische und polizeiliche Befugnisse, sie durften zum Beispiel Bürger*innen durchsuchen und festnehmen, Wege absperren oder privates Eigentum beschlagnahmen.[2] Sie waren für die Aufrechterhaltung der damals geltenden öffentlichen Ordnung verantwortlich. Da es sich hier um eine *kleine* Geschichte handelt, springe ich an dieser Stelle direkt ins Mittelalter. Dort entwickelten sich Stadtwachen und Bürgermilizen als Antwort auf die steigende Kriminalität in den Städten, diese Wachen und Milizen sind bis heute wichtig für unser eurozentrisches Verständnis von Polizei Die Stadtwachen wurden von der Stadtverwaltung angestellt, um für Sicherheit und Ordnung zu sorgen. Die Bürgermilizen hingegen bestanden aus freiwilligen Bürgern, die sich zusammenschlossen, um ihre Gemeinschaften zu schützen. Manchmal wurden sie aber auch zum Wachdienst verpflichtet. Hauptsächlich ging es darum, den Besitz von wenigen zu verteidigen.[3] Die Wachen und Milizen waren für jene da, die es sich leisten konnten, einen Sold zu zahlen.[4] Besitzverhältnisse waren gar nicht so deutlich festgeschrieben, wie wir es heute kennen. Es gab selten ein gültiges Grundbuch, in dem man nachlesen konnte, wer welches Gebäude oder Land besitzt. Reiche setzten auf eine private Polizei, um ihr (vermeintliches) Eigentum vor der verarmten Bevölkerung zu schützen, die naturgemäß ein Stück vom Kuchen abhaben wollte. Es ging darum, die proletarischen Massen zu kontrollieren und sie dem Adel und später dem Bürgertum als billige, ausgebeutete Arbeitskräfte zur Verfügung zu stellen.[5]

Die moderne Polizei, wie wir sie heute kennen, basiert auf diesem Prinzip: Menschen und vor allem Besitz sollen geschützt werden. Aber vor wem? Für wen? Von wem? Im 19. Jahrhundert wurden exakt diese Fragen in England geklärt. Wie meine Geografielehrerin schon zu sagen pflegte: Viel Schlimmes stammt aus Britannien. Der Staatsmann und Politiker Sir Robert Peel gilt als Begründer der konservativen Partei im Vereinigten Königreich[6] und des modernen Polizeiwesens dort und überhaupt. Im Jahr 1829 gründete er den *Metropolitan Police Service* in London und führte das Prinzip der »Polizei durch Zustimmung« ein.[7] Die Polizei sollte nicht länger ein Instrument der Unterdrückung sein, sondern in enger Verbindung mit der Bevölkerung arbeiten: auf demokratisch-parlamentarischer Basis, um die Kriminalität zu bekämpfen und die Ordnung zu wahren. Tatsächlich gab es damals – nicht nur in London – ein Problem mit Kriminalität und Gewalt. Der Schriftsteller Charles Dickens beschreibt zum Beispiel in seiner Romansatire *Oliver Twist* die Bandbreite der Delikte in der (vor-)viktorianischen Ära des langen 19. Jahrhunderts: Diebstahl, Raub, Einbruch, Körperverletzung, Totschlag und Mord.[8] Diese Gewalt war vor allem mit sozialen Problemen und der wirtschaftlichen Misere in den industrialisierten Großstädten verbunden[9], in denen insbesondere Arbeiter*innen und ihre Familien ihr Leben verbringen mussten. Dickens' Satire zielt dementsprechend meist auf die Strukturen, die arme Menschen damals in die Kriminalität schubsten: Eine habgierige Kirche und ihre Wohltätigkeitsindustrie, die ausbeuterischen Produktionsverhältnisse der Industrie und der Sicherheitsstaat mit seiner erst jungen Polizei.[10] Hinzu kam eine sensationslüsterne Presselandschaft, die ab der Mitte des 18. Jahrhunderts Journalismus bewusst mit reiner, unkritischer Unterhaltung und der Wiedergabe staatlicher Perspektiven auf Kriminalität verwechselte (siehe auch Kapitel 9).[11]

Die faktische Existenz von Kriminalität und ihre übertriebene Abbildung in Zeitungen sorgte in der britischen Bevölkerung für ein vermehrtes Verlangen nach Sicherheit, für eine nachvollziehbare Sehnsucht nach Ordnung und einer vertrauenswürdigen, politisch neutralen Instanz, die diese aufrechterhalten kann. Robert Peel wollte mit einer demokratisch verankerten Polizei genau diese Nachfrage bedienen. Er wollte die Kriminalität eindämmen, sodass sich die gesetzestreuen Bürger*innen wieder sicher fühlen und somit produktiv sein konnten.

So zumindest in der Theorie. Die Polizei untersteht in Großbritannien der Krone und hat offiziell der Monarchie zu dienen. Was wie ein Satz aus der Vergangenheit klingt, holte britische Monarchie-Gegner*innen im Jahr 2023 ein: Bei der Krönung von Charles III. Anfang Mai 2023 nahm die Polizei in London Dutzende von ihnen fest – weil sie friedlich demonstrierten.[12] Demokratisch war und ist das nicht. Deswegen lohnen sich Fragen wie: Wem dient die Polizei eigentlich? Fast so alt wie die moderne Polizei im Vereinigten Königreich ist dort allerdings auch der Widerstand gegen sie als unterdrückerische Institution (siehe Kapitel 4). Meine Geografielehrerin hatte doch unrecht.

Der moderne Staat, wie wir ihn kennen und zu selten hinterfragen, ist eine Erfindung des Westfälischen Friedens von 1648. Ein wichtiges Prinzip dieses Vertrags bestand darin, dass ein Staat offiziell existiert, wenn ihn genug andere Staaten anerkennen.[13] Dementsprechend muss der anerkannte Staat diplomatische Beziehungen pflegen, seine eigene Wirtschaft und den Handel ausbauen und nach innen für Sicherheit sorgen. Die Polizei ging später im (zumindest theoretischen) Sinne von Peel in die Geschichte und politische Praxis des Staatswesens ein. Der Polizei wurden im Zuge der Erfindung und Etablierung von moderner Staatlichkeit auch eine maßgebliche Rolle beim Schutz staatlicher Grenzen zugewiesen. So begannen Polizeibehörden damit, die eigenen Staatsbürger*innen vor vermeintlichen »Eindringlingen« zu schützen – mit allen erdenklichen Mitteln (siehe Kapitel 21). Dies als menschengewollte Erfindung in Erinnerung zu rufen, hilft zumindest mir, meinen Blick auf diese Institution heute zu schärfen.

Peels Polizeimodell fand schnell Verbreitung in anderen Ländern, darunter auch den USA. Womit wir schon beim Thema Kolonialismus und Versklavung wären: Ohne das Prinzip der Polizei hätte es keine Gewalt von Europa aus und von den Nachfahren europäischer Siedler*innen in Amerika gegen die Völker der Welt geben können. Die Wurzeln der Polizei in den USA liegen im 18. und 19. Jahrhundert in den *Slave Patrols*.[14] Es handelt sich dabei um organisierte Milizen von weißen Sklavenhändler*innen und -besitzer*innen, die aus Afrika verschleppte und versklavte Schwarze Menschen kontrollierten, unterdrückten und töteten. Schwarze Männer wurden ausgepeitscht, gedemütigt, gelyncht – ohne Gerichtsverfahren, nur weil sich weiße Frauen über sie beschwerten.[15] So zum Beispiel im Jahr 1857 in Post Oak im texanischen Bexar County geschehen, als sich eine »deutsche Frau« über einen versklavten Schwarzen Mann »empörte« und eine Bürgerwehr ihn zur Strafe hängte.[16] Solche unzählig verübten öffentlichen Exekutionen dienten dazu, anderen Schwarzen Menschen Angst zu machen, sie gefügig zu machen. Die *Slave Patrols* spielten vor allem in den Südstaaten der USA eine zentrale Rolle, vor allem, weil sie später in das Staatsgebilde und das lokale institutionelle Gefüge übergegangen sind. In den USA sorgten die sogenannten Jim-Crow-Gesetze[17] auch nach der formalen Abschaffung der Sklaverei im Jahr 1865 dafür, dass Schwarze Körper entmenschlicht, der gesellschaftlichen Diskriminierung und den Sicherheitsbehörden ausgeliefert wurden. Offiziell bis ins Jahr 1964 und zum Inkrafttreten des *Civil Rights Act,* der die Segregation gesetzlich verboten hat. Inoffiziell, dank der institutionellen Kontinuitäten, bis heute. Viele städtische und ländliche Polizeibehörden, die heute noch in den USA, aber auch in Brasilien zum Beispiel operieren, gehen auf die *Slave Patrols* zurück. Vor diesem Hintergrund ist es verständlich, wenn Schwarze Menschen in Amerika und auf anderen Kontinenten zum Abolitionismus, also zur Auflösung des herrschenden Polizeisystems, aufrufen (siehe Kapitel 22).[18] In den USA hat schließlich August Vollmer, Sohn deutscher Einwanderer im Bundesstaat Louisiana, Anfang des 20. Jahrhunderts die Polizei in Nordamerika professionalisiert und dazu beigetragen, dass sie militarisiert aufgestellt gegen Teile der eigenen Bevölkerung eingesetzt wurde.[19] Vollmer hat vor allem die Technisierung und Taktik der US-Armee in den von den USA besetzten Philippinen auf Polizeibehörden übertragen.

Ich möchte hier auf die oben genannten Fragen zurückkommen: Wer schützt wen und vor wem? Die Polizei sollte die weiße Bevölkerung Europas und Amerikas und ihre Privilegien vor den vermeintlich minderwertigen nicht-weißen Menschen, vor allem vor Schwarzen Menschen in den Kolonien »schützen«. Die koloniale Gewalt verbreitete sich über alle Kontinente dank des Militärwesens. Auch im deutschen Kolonialismus. Die Gewalt gegen »die Anderen« konnte sich über Jahrhunderte allerdings nur dank der disziplinierenden Funktion polizeiähnlicher oder polizeilicher Organisationen halten. In den Kolonien, egal ob in Afrika, Asien oder Amerika, wurden Menschen verdinglicht, und dieser vermeintliche Besitz wurde im Sinne der ursprünglichen Idee, was die Polizei überhaupt zu leisten hat, »geschützt«. Die einen profitierten maximal, die anderen mussten im Elend leben oder sterben.

In Deutschland etablierte sich im 19. Jahrhundert das moderne Polizeiwesen nach englischem Vorbild. In Preußen mit seinem autoritären Staatsverständnis oder in Bayern zeigte die Polizei allerdings eine massive Präsenz auf den Straßen der Städte und verhängte für jedes noch so kleine Vergehen Bußgelder: Auf der falschen Straßenseite zu laufen, hat in Deutschland mal ein kleines Vermögen gekostet[20]; Beamtenbeleidigung[21] oder ein Tanz an Karfreitag[22] können bis heute teuer werden. Die Polizei ging bei der Überwachung der Gesetze und der vorgeschriebenen öffentlichen Ordnung äußerst pingelig vor. Ausländische Besucher*innen machten sich über diese kleinkarierte Kultur lustig. Der englische Komiker Jerome K. Jerome schrieb nach einem Deutschlandbesuch über eine von ihm beobachtete Symbiose zwischen der deutschen Bevölkerung und deren geliebter Polizei. Sein satirischer Reisebericht *Drei Männer auf Bummelfahrt* erschien am 1. Januar 1900[23]: »Der Deutsche ist ein Soldat, und der Polizist ist sein Offizier. Der Polizist weist ihn an, wo er auf der Straße gehen soll und wie schnell er gehen soll. Am Ende jeder Brücke steht ein Polizist, der dem Deutschen sagt, wie er sie überqueren soll. Wäre kein Polizist anwesend, würde sich der Deutsche wahrscheinlich hinsetzen und warten – bis der Fluss versiegt ist.«[24] Diese satirisch überspitzt dargestellte bürgerliche Spießigkeit können wir heute noch gut nachvollziehen. Auch weil die Polizei großen Spielraum hatte, Bußgelder und andere Strafen für vermeintliche Vergehen festzulegen, war die polizeiliche Willkür groß. Aus diesem autoritär-skurrilen, punktuell willkürlichen Gebilde sollte im

20. Jahrhundert ein anderes grausames Kapitel in die Geschichte der deutschen Polizei eingehen: der Nationalsozialismus.

Das deutsche Naziregime war vor allem durch eine brutale, repressive, straff organisierte Polizeiapparatur geprägt. Schon vor der Machtübernahme durch Adolf Hitler etablierte die NSDAP Milizen und Bürgerwehren, auf die der nationalsozialistische Staat später zurückgreifen konnte. Von 1933 bis 1945 spielten die deutschen Polizeikräfte eine entscheidende Rolle bei der Durchsetzung der nationalsozialistischen Ideologie, der Unterdrückung jeglicher Opposition und der praktischen Umsetzung der Massenvernichtungspläne der Nazis. Die SS (Schutzstaffel) und die SA (Sturmabteilung)[25] spielten eine besonders verheerende Rolle in diesem mörderischen System. Sie wurden zu gewalttätigen Instrumenten des Regimes, bestückt mit besonders überzeugten nationalsozialistischen Verbrecher*innen. Nach der Machtübernahme der NSDAP im Jahr 1933 wurden die Polizeikräfte des Landes zentralisiert und unter der Führung von Heinrich Himmler in der Reichsführung-SS zusammengefasst.[26] Himmler kontrollierte nicht nur die Polizei, sondern auch die SS, die zu einer elitären und gefürchteten paramilitärischen Organisation wurde. Die Gestapo (Geheime Staatspolizei) war als politische Polizei auch dafür zuständig, Oppositionelle zu identifizieren und zu ermorden.[27]

Die Zusammenarbeit zwischen der SS und der regulären Polizei, also der Polizeiwache ums Eck, ermöglichte es dem Regime, eine umfassende Kontrolle über das ganze Land und die eroberten Gebiete, vor allem in Osteuropa, auszuüben. Die Polizei teilte Informationen mit der Gestapo, unterstützte sie bei Verhaftungen und half bei der Identifizierung von Menschen, die als »unerwünscht« oder »schädlich für den Volkskörper« angesehen wurden. Gemeinsam betrieben die verschiedenen Polizeibehörden der Nazis eine Politik der staatlichen Diskriminierung, Verfolgung und Ausgrenzung von Minderheiten und politischen Gegnern. Polizisten stürmten Wohnungen und suchten nach jüdischen Menschen jeden Alters in Kellern und auf Dachböden, sie nahmen Sinti*zze und Romn*ja fest, spionierten queeren Menschen nach, erklärten Menschen für psychisch krank und damit für nicht lebenswürdig, verfrachteten ihre Opfer in Konzentrationslager. Ohne die Polizei hätte es das nationalsozialistische Terrorregime und seine Verbrechen nicht gegeben, sie war direkt in die Umsetzung des Holocaust involviert (siehe auch Kapitel 8).

In Westdeutschland nahmen sich die Alliierten nach 1945 vor, den deutschen Polizeistaat mit klaren Gesetzen und einem föderalen System zu bändigen. Ein zentraler Punkt bestand darin, die öffentliche Verwaltung – insbesondere die Polizei – zu entnazifizieren. So genau nahmen es die Siegermächte aber nicht mit der Säuberung des braunen Drecks. Ein Blick in die Archive zeigt, dass diese Strategie an sehr vielen Orten in der Bundesrepublik gescheitert ist, gar wissentlich sabotiert wurde. Überall in Westdeutschland wurden Akten vernichtet, Biografien reingewaschen, die Vergangenheit verleugnet, damit Nazis unbehelligt weiter agieren konnten.[28] Immer wieder gelang es Beamt*innen, die im Nationalsozialismus im Dienst waren, in der BRD an ihre polizeiliche Arbeit anzuknüpfen und ihr Gedankengut nach 1945 in die westdeutsche Sicherheitsarchitektur einfließen zu lassen.[29] Von der Polizeiwache ums Eck bis hin zu den obersten Geheimdiensten.[30] Kein Wunder also, dass an der Spitze deutscher Verfassungsschutzbehörden heute noch dezidierte Rechtsextremisten jahrelang walten und schalten können.[31]

Derweil wurde in Ostdeutschland die Deutsche Demokratische Republik (DDR) aufgebaut. Im sozialistischen Unrechtsstaat spielte die Polizei von 1949 bis 1990 eine zentrale Rolle in der Unterdrückung der Menschenrechte und der Aufrechterhaltung des autoritären Regimes. Gebündelt wurde diese staatliche Aufgabe im Ministerium für Staatssicherheit (Stasi). Egal ob reguläre oder sicherheitsdienstliche Polizei, sie waren eng mit der SED verbunden und unterlagen der direkten Kontrolle der Partei. Jegliche Form von Opposition und Kritik sollte unterbunden werden.[32]

Die Stasi war eine der mächtigsten und gefürchtetsten Geheimdienstorganisationen in der Geschichte der Menschheit. Sie dient bis heute als Vorbild für andere autoritäre Polizeiregime (siehe Kapitel 20). Die Stasi hatte ein weitreichendes, ausgeklügeltes Netzwerk von Informant*innen und Spion*innen, die in allen Bereichen des Lebens präsent waren. Menschen wurden willkürlich verhaftet, gefoltert und inhaftiert, nur weil sie politisch »unliebsam« waren oder die Ideologie des Regimes infrage stellten. Die Stasi war berüchtigt für ihre brutalen Verhörmethoden, bei denen psychischer und physischer Druck auf die Gefangenen ausgeübt wurde, um Geständnisse zu erzwingen. Briefe wurden geöffnet, Telefone abgehört, Wohnungen durchsucht und verwanzt, ohne dass die Betroffenen davon wussten. Die Stasi erstellte detaillierte Akten über das Leben der Menschen, sammelte und archivierte eine unglaubliche Menge an Informationen, um potenzielle Dissident*innen auszuschalten und zu diskreditieren. Die Verselbstständigung der Stasi führt uns allen vor Augen, welche Gefahr aus einer Polizeibehörde erwachsen kann.

Es wird geschätzt, dass etwa jede*r 89. Bürger*in in der DDR als Inoffizielle*r Mitarbeiter*in (IM) für die Stasi arbeitete, insgesamt waren es 620 000 Spion*innen. In jeder Straße ein*e Spion*in, mehr Polizeipräsenz geht kaum. Die IMs sollten die politische Loyalität der Menschen überprüfen und jegliche oppositionellen Aktivitäten melden.[33] Polizeisystem außer Kontrolle. Nach 1990 gingen viele IMs trotz Überprüfungsmechanismus und gesellschaftlicher Debatten in die Verwaltungen, Sicherheitsbehörden und in die Politik über. Die Kontinuitäten dieser repressiven Polizeisysteme in der deutschen Geschichte können nicht verwischt oder unter den Teppich gekehrt werden.

Von der Zeit nach der deutschen Wiedervereinigung möchte ich hier nur eine kleine Szene teilen, die aus meiner Sicht viel erzählt: Während im August 1992 der Mob aus Neonazis und besorgten Bürger*innen Jagd auf Sinti*zze und Romn*ja, auf vietnamesische DDR-Vertragsarbeiter*innen und andere Geflüchtete in Rostock-Lichtenhagen machte, während das berühmte Sonnenblumenhaus belagert wurde, Scheiben zu Bruch gingen, Gebäude in Flammen standen, Rechtsextremisten die Parole »Ausländer raus!« skandierten unter dem Jubel der Anwohner*innen und dem Desinteresse der politischen Verantwortlichen, gab ein Polizist ein Fernsehinterview. Hinter ihm standen seine Kollegen, sie witzelten entspannt. Die nüchternen Worte des Polizisten sagen viel aus über den polizeilichen Blick auf die entsprechenden politischen Verhältnisse und die Sicherheit von verletzbaren Minderheiten: »Das ist klar, dass wir lieber mal weggucken, bevor wir irgendwas gegen irgendwelche Leute unternehmen.«[34]

Diese wirklich *sehr* kleine Geschichte der Polizei spielt sich also gar nicht so weit in der Vergangenheit ab. Sie weist heute noch deutliche Kontinuitäten in Deutschland auf und strahlt, wie es der Kampf von Millionen von Menschen weltweit zeigt, ihre autoritäre Kraft in die ganze Welt aus (siehe Kapitel 20). Es ist wichtig, die Funktion der Polizei im Jetzt historisch herzuleiten, diese Institution im Schatten ihrer Geschichte zu betrachten, um die Notwendigkeit einer kritischen Debatte rund um das Polizeiproblem zu erkennen.

3
Deutsche Police Academy

Der Fachkräftemangel betrifft fast jede Branche, fast jede öffentliche Verwaltung, auch die Polizei. Hier einige Schlagzeilen zum Kampf deutscher Polizeibehörden um neuen Nachwuchs:

- In Sachsen-Anhalt hat die Landespolizei schon im Jahr 2017 eine Kampagne mit dem Titel »Nachwuchsfahndung« gestartet (das klingt etwas verzweifelt, fahndet man doch, sprachlich betrachtet, oft nach Personen, die man nicht auf Anhieb findet oder die sich aktiv verstecken).[1]

- Innerhalb eines Jahres ist die Zahl der Bewerber*innen für den Polizeidienst in Bremen um knapp 40 Prozent eingebrochen (eine abgelaufene Bewerbungsfrist wurde 2022 daraufhin auf unbestimmte Zeit verlängert).[2]

- Die Bundespolizei macht für sich Werbung mit dem polizeikritischen Akronym ACAB (All Cops Are Bastards), um junge Menschen in Großstädten zu erreichen und für den Beruf zu begeistern (die Auflösung dieser skurrilen Schlagzeile findet sich in Kapitel 4).[3]

- Darüber hinaus hat die Bundespolizei die Anforderungen für Bewerber*innen im Jahr 2020 gesenkt. Im Bereich Rechtschreibung wurde beim Aufnahmetest die maximal erlaubte Fehlerquote von 20 auf 24 Fehler erhöht – bezogen auf einen Text mit nur 180 Wörtern. Außerdem müssen Bewerber*innen beim Fitnesstest nicht mehr nachweisen, dass sie Liegestütze machen können. Laut Bundespolizei sei das allerdings keine Senkung der Standards, man habe die Voraussetzungen lediglich an die Bewerber*innen »angepasst« (so nach dem Motto: bolizeigewald braucht kaine korekkte Rechtsschreibung).[4]

- Die bayerische Bereitschaftspolizei konnte im Jahr 2022 zwar alle 60 Ausbildungsplätze besetzen, einige der geeigneten Bewerber*innen haben sich nach einer kurzen Vorbereitungsphase allerdings direkt wieder verabschiedet (sie haben offensichtlich gemerkt, dass der Beruf doch nichts für sie ist. Ob aus praktischen oder politischen Gründen, ist nicht bekannt).[5]

Die Polizei hat sich in den vergangenen Jahrzehnten immer sehr streng gezeigt, wenn es um die Voraussetzungen für die Zulassung zum Polizeidienst ging. Polizist*in sein galt nach 1945 in Westdeutschland durchgehend, in Ostdeutschland zumindest in den Anfängen der DDR als prestigeträchtiger Beruf. Das kann man zum Beispiel an den vielen polizeifreundlichen Serien und Filmen im Fernsehen heute noch ablesen (siehe Kapitel 12). Doch mit dem signifikanten Rückgang der Bewerbungen wurden auch die Ansprüche an die Bewerber*innen in den letzten Jahren zurückgeschraubt. Im Südwesten Deutschlands müssen Polizeianwärter*innen zum Beispiel nur noch 1,50 Meter groß sein.[6] Jahr für Jahr werden in den Bundesländern auf ein paar Zentimeter verzichtet, um den Kreis potenzieller Bewerber*innen zu erweitern. Im Jahr 2022 öffnete die Landesbehörde in NRW die Türen für eine Polizeilaufbahn ohne Abitur.[7] Nicht wegen der Chancengleichheit: Es haben sich schlicht zu wenige junge Menschen beworben, und auch hier soll durch diese Maßnahme der Kreis der Bewerber*innen erweitert werden. In Schleswig-Holstein wurde das Höchstalter bei Einstieg in den Beruf von 32 direkt auf 42 Jahre angehoben.[8] In

Berlin werden mittlerweile Kinder an der Polizeischule zugelassen (siehe Kapitel 10).

Anscheinend sind weiterhin viele Grundschüler*innen fasziniert von der uniformierten Aura, immer mehr von ihnen wollen später aber keine Polizist*innen werden. Überall gehen die Bewerber*innenzahlen zurück. Tendenz weiter sinkend. 2021 suchte die Polizei in Mecklenburg-Vorpommern weit nach Beginn des Ausbildungsjahres noch händeringend nach geeigneten Bewerber*innen. Der Leiter des zentralen Auswahl- und Einstellungsdienstes der Landesbehörde in Mecklenburg-Vorpommern klang im *NDR*-Interview etwas ratlos: »Wir haben alle [Bewerber*innen] persönlich angerufen. Trotz Zusage erscheinen sie nicht. Von den 1400 Bewerbern laden wir 1000 ein. Davon erscheinen vielleicht 760 oder 780.«[9] Die Zahl der Bewerbungen hat sich in wenigen Jahren nicht nur dort fast halbiert.

Einige Behörden greifen da zu umstrittenen Maßnahmen: Die Bundespolizei im niederbayrischen Deggendorf organisiert zum Beispiel seit 2014 regelmäßig die »Panther-Challenge«, nach eigenen polizeilichen Angaben das »härteste Schülercamp Deutschlands«, wo junge Menschen zwischen 14 und 19 Jahren gedrillt werden, spielerisch, wie in einem Action-Film – obwohl der wahre Polizeialltag wenig mit einem abenteuerlichen Parcours-Lauf und dem Wettrennen nach Preisen und Titeln zu tun hat. In einer Reportage der *taz* wird eine dieser »Challenges« so beschrieben: »Auf einer Rasenfläche zwischen Bürogebäuden und geparkten Einsatzfahrzeugen sind die Gruppen auf einer Art Viererholzski um die Wette gelaufen.«[10] Klingt ein bisschen nach Rummel.

Mit solchen spaßorientierten Camps, Online-Schnellbewerbungen, Schnuppertagen, Schul-Praktika, Werbeclips auf TikTok[11] oder eigenen Podcast-Reihen auf Spotify[12] versuchen sich in ganz Deutschland Polizeibehörden personaltechnisch über Wasser zu halten. Auf der Kurzvideo-Plattform TikTok und auf Instagram erscheinen Polizei-Werbevideos mit allgemeinen Hashtags wie #viral, #tiktokviral, #dankbar, #bestezeit. Unterlegt sind die Clips mit austauschbarer Popmusik, die bei Zehn- bis Zwölfjährigen stark angesagt ist.[13] Die

Berliner Polizei schickt zum Beispiel »den Mario« ins Internet zu den Teenies. Er legt auf cool Handschellen an Handgelenke an, zu denen dann Sounds ertönen: *klack*. Wenn er sich eine kugelsichere Weste überzieht, hört man ein *swuuuuusch*. Die Schnitte sind schnell, die Clips dauern nur wenige Sekunden. Dann fordert der uniformierte Mario die Kids auf, ihm was in die Kommentare zu schreiben, damit seine Kolleg*innen sie dort in Chats zur Polizeiausbildung verwickeln.[14] Mit einem Dauergrinsen sieht der Mario in die Kamera, das ist Standard auf diesen Plattformen. Aber auch auf Sozialen Medien scheint die Polizei großes Pech zu haben: Beim Stöbern tauchen schnell Clips von jungen ehemaligen Polizist*innen oder Polizeischüler*innen auf, die psychisch und politisch keinen Bock mehr auf den Job hatten und ihren Frust vor der Kamera rauslassen.[15]

Die Polizei in Rheinland-Pfalz versucht diesem negativen Image und den schlechten Bewertungen im Netz entgegenzuwirken und startete im Jahr 2021 den Podcast »Polizei im Verhör«. Junge Menschen sollen mit dem Format anscheinend für den Polizeiberuf begeistert werden. Zumindest auf YouTube ist zu erkennen, dass der Podcast mit teilweise niedrigen dreistelligen Aufrufen auf mäßiges Interesse stößt.[16] Die Kommentarfunktion wurde dennoch gesperrt. Die Jugend zeigt der Polizei nicht nur die kalte Schulter, sondern geigt ihr auch deutlich die Meinung. Apropos Schulter: Überall sind in den vergangenen Jahren die Tattoo-Verbote für Polizeibeamt*innen gelockert oder ganz abgeschafft worden. In vielen Bundesländern in Deutschland[17], aber auch in Österreich[18] dürfen Beamt*innen nun sichtbar Tätowierungen tragen. Eine weitere Maßnahme, die zumindest den Kreis möglicher Bewerber*innen erweitern soll. Wichtig: Rechtsextreme oder verfassungsfeindliche Symbole sind weiterhin nicht erlaubt. Anscheinend braucht es diesen Hinweis noch mal explizit in der Polizeiausbildung.

Den Abwärtstrend können all diese Maßnahmen nicht stoppen, im besten Fall verlangsamen. Der Bewerbungsmangel ist dabei nur ein Teil des Problems. Auch die Fähigkeiten des Bewerber*innenpools sind ein wesentlicher Faktor. Die Auswahlverfahren in den verschiedenen Polizeibehörden ähneln sich. Oft gehören ein Sprachtest, ein kognitiver und psychologischer Eignungstest und ein Sporttest dazu. Immer weniger Bewerber*innen überwinden all diese Hürden, sodass viele rein rechtlich nicht zur Ausbildung zugelassen werden können. In einigen Bundesländern hat sich die Durchfallquote in den vergangenen Jahren fast verdoppelt. Laut *Nordkurier* zum Beispiel in Mecklenburg-Vorpommern 2021 im Vergleich zu den neun Vorjahren.[19] Anderes Beispiel: Beim Diktat-Test sind in Schleswig-Holstein im langjährigen Schnitt vor 2020 rund 30 Prozent der Bewerber*innen durchgefallen. Rund 20 Prozent der Abiturient*innen und 45 Prozent der Bewerber*innen mit mittlerer Reife scheiterten am Thema Rechtschreibung.[20] Das ist viel. Beim sogenannten Intelligenztest und beim mündlichen Referat scheiterten jeweils 27 Prozent. Was ist da bloß los?

Ohne Zweifel hat sich das Image der Polizei in den vergangenen Jahren nicht zum Besseren entwickelt. Tatsächlich müssten die negativen Schlagzeilen rund um den kontinuierlichen Machtmissbrauch innerhalb der Polizei viele junge Menschen erschreckt und aufgerüttelt haben. Bis zuletzt haben Studien zwar gezeigt, dass Jugendliche ein relativ hohes Vertrauen in die Polizei pflegen, Parteien zum Beispiel sind bei jungen Menschen weniger angesehen (siehe auch Kapitel 22).[21] Nur möchten immer weniger von ihnen direkt mit der Institution Polizei zu tun haben.

Die Bezahlung kann schon mal nicht der Grund sein, aus dem sich viele junge Menschen von diesem Beruf entfremdet haben: In NRW[22], Sachsen[23] oder Bayern[24] liegt das Einstiegsgehalt für Polizeibeamt*innen bei über 40 000 Euro im Jahr (plus verschiedene Zuschläge und Privilegien). Das ist für Berufseinsteiger*innen im Vergleich zu vielen anderen Branchen wie dem Einzelhandel, dem Dienstleistungssektor, dem Handwerk oder der Logistik überdurchschnittlich. Zur politischen Problematik kommen aber herausfordernde Arbeitsbedingungen, die den Job unattraktiv machen: langweilige bürokratische Routinen, Dauereinsätze, Nachtschichten, wenig Möglichkeiten, sich in Uniform individuell zu entfalten. Auch die sportliche Ausbildung gestaltet sich sehr speziell: Physisch werden Polizeischüler*innen mittlerweile trotz der geringeren Fitness-

Anforderungen im Bewerbungsverfahren durch knifflige Parcours geschickt. Dort sollen sie fit gemacht werden und lernen nach Purzelbäumen, mit ihrer nicht-dominanten Hand spontan und gezielt in die Brust einer Person zu schießen. Das Training kommt einem Überlebenskampf mit hyperaggressiven Taktiken gleich und legt nahe, dass sich die zukünftigen Beamt*innen im Krieg mit den Communitys befinden werden, die sie nach ihrem Abschluss kontrollieren und managen sollen. Es soll Menschen geben, denen dieses Survival-Training Spaß macht. Andere fühlen sich bei so einem paramilitärischen Drill wiederum abgeschreckt.[25]

Zu wenige Bewerber*innen, immer niedrigere Anforderungen und ein teils abgehobener Ausbildungsplan sorgen dafür, dass immer mehr Polizist*innen immer weniger qualifiziert sind, die große Bürde des Gewaltmonopols überhaupt zu stemmen. Das Polizeiproblem wird somit nicht nur zur Frage des Charakters und der strukturellen Funktionsweise der Behörden, sondern auch der individuellen Qualifizierung einzelner Beamt*innen. Hier geht es um elementare Fähigkeiten, die es braucht, um andere Menschen überhaupt ordnen und dafür eine gewisse Autorität ausstrahlen zu können. Fähigkeiten, die einigen Beamt*innen fehlen, wie das folgende Beispiel zeigt.

Eine gute Freundin von mir wurde im Jahr 2023 mutmaßlich vom Vater des rechtsextremen Attentäters von Hanau auf der Straße direkt vor dem Quartier der »Initiative 19. Februar« rassistisch beleidigt. Zuvor hatte die hessische Polizei damit Schlagzeilen gemacht, dass sie den Vater vor der angeblichen Rache der Angehörigen schützen wollte. Dabei scheint es so, dass sich der Hass in der Familie des Attentäters von der einen Generation zur nächsten vererbt. Der Vater beleidigt und bedroht bis heute regelmäßig die Hinterbliebenen, darüber haben mehrere Medien berichtet. Getan wird dagegen nichts.[26] So traf es dann auch meine Freundin. Sie war, laut ihrer Aussage und der von Augenzeug*innen, plötzlich seinen Hasstiraden ausgesetzt und rang mit sich, ob sie deswegen zur Polizei gehen sollte. Sie fragte mich nach meiner Einschätzung. Ich gab die Empfehlung ab: Wenn du keine Anzeige erstattest, wird der Fall nicht in die Statistik eingehen, was wiederum im Sinne des Täters wäre. In der Realität kommen sogar antirassistische Linke nicht um die Polizei herum (siehe Kapitel 23).

Also saß meine Freundin wenige Tage später am Schreibtisch eines sehr jungen Beamten, der ihre Zeuginnenaussage entgegennehmen sollte. Sie beschrieb ihn als »Typ ›Wir machen Polizei wieder cool‹«. Er muss erst kurz vorher die Ausbildung abgeschlossen haben und hätte für seine Behörde auch lässig auf TikTok mit Handschellen (*klack*) und kugelsicheren Westen (*swuuuuusch*) hantieren können. Der junge Polizist soll mit beiden Zeigefingern Buchstabe für Buchstabe die Aussage eingetippt haben. Immer wieder habe er sich vertippt und die Löschtaste betätigen müssen. »Es hat eine Ewigkeit gedauert«, erzählte meine Bekannte später. Er habe sie zwischendurch gefragt, wie man das Wort »dahingehend« schreibe. Habe nach dem Drucken des Protokolls mehrfach gemerkt, dass Wörter fehlten, Sätze grammatikalisch komplett falsch aufgeschrieben waren. Deswegen habe er das Dokument mehrfach anpassen und erneut ausdrucken müssen.

Polizist*innen werden darin geschult, bei Zeug*innenaussagen nach Ungereimtheiten zu suchen, kritische Fragen zu stellen. Und so habe der Polizist zwischendurch etwas triumphierend verkündet, dass die Ortsangaben meiner Bekannten nicht stimmen könnten. Er soll seinen Bildschirm umgedreht und ihr auf einem digitalen Stadtplan gezeigt haben, dass ihre Angaben zum rassistischen Überfall definitiv falsch seien. Sie soll daraufhin trocken erwidert haben, dass er sich im Kartendienst nicht auf dem Heumarkt in Hanau, sondern auf dem Heumarkt in Köln befinde. Dies ist zwar nur eine kleine Anekdote, aber sie macht mich bezüglich der Qualifikation von Polizist*innen stutzig.

Zur beruflichen Eignung von aktiven Polizeibeamt*innen gibt es natürlich keine öffentlichen Daten. Die Behörden, so vermute ich, wissen genau, warum sie diese nicht rausgeben: Solche Informationen wären vielleicht nicht im Sinne des sowieso ramponierten Polizei-Images. Was lernen Polizeischüler*innen eigentlich während ihrer mehrjährigen Ausbildung, wenn einige von ihnen später Zeug*innenaussagen nicht fehlerfrei oder zumindest fehlerarm aufnehmen, Stadtpläne, Presseausweise oder Dokumente nicht richtig lesen können?

Mir wird in vielen Gesprächen oft eine andere Frage gestellt: Woher kommt es, dass so viele Polizist*innen verfestigte rassistische Vorurteile formulieren und dann selbstbewusst und unreflektiert im Einsatz ausleben? Ich habe mir das Curriculum in verschiedenen Bundesländern näher angeschaut, um zu verstehen, wie in der Ausbildung Menschen zu Polizist*innen geformt werden. In Nordrhein-Westfalen bin ich auf eine verstörende Praxis gestoßen, die auch in anderen Bundesländern, zum Beispiel in Niedersachsen oder Berlin, vorherrscht. Eine Komponente der Antwort lautet: Ihnen wird diese diskriminierende Sichtweise in Polizeischulen und -akademien beigebracht.

In der Polizeiausbildung in NRW kommt zum Beispiel ein Buch aus dem *Verlag für Polizeiwissenschaft* zum Einsatz. Der Titel: *Türken und Araber verstehen und vernehmen.* Auf dem Cover ist ein junger rassifizierter Mann in Kapuzenpullover zu sehen.[27] Er verzerrt wütend sein Gesicht. Die Botschaft: Diese Menschen sind nicht wie »wir«. Hier ein kleiner Ausschnitt aus der Beschreibung des Verlags: »Dem an einer schnellen und protokollfähigen Klärung des Sachverhaltes orientierten, klar und präzise fragenden deutschen Polizeibeamten sitzt eine Person gegenüber, die, lebhaft gestikulierend, weit ausholend und ausweichend reagiert, vielleicht zur ›Verstärkung‹ Familienmitglieder mitgebracht hat.«

Das Buch, das ich mir mit viel Aufwand besorgt habe, strotzt nur so vor solchen rassistischen, andersmachenden Bildern. Kein Wunder, dass die noch gut formbaren und sowieso oft auf »Law & Order« ausgerichteten Polizeianwärter*innen Menschen wie mich auf der Straße als Bedrohung wahrnehmen. Arabisch-, türkisch- oder kurdischstämmige Menschen werden pauschal als rückständig, als aggressiv, als archaisch dargestellt. Polizist*innen bekommen über dieses Lehrbuch beigebracht, sie nicht als Bürger*innen, sondern in erster Linie als Gefahr zu betrachten. Mit solchen Menschen könne man nicht normal reden, so der Tenor des Lehrbuches. Die Konsequenz daraus ist eine verfrühte, standardisierte, ja oft automatisierte Gewaltanwendung gegenüber Bürger*innen mit Einwanderungsgeschichte, speziell gegen jene, die von den Beamt*innen im Einsatz als arabisch, türkisch, kurdisch, nordafrikanisch, nahöstlich oder muslimisch gelesen werden. Manchmal entscheiden Bruchteile von Sekunden darüber, ob rassifizierte Menschen Polizeieinsätze überleben (siehe Kapitel 17). Solche Bücher senken die Überlebenschancen signifikant.

Auf solchen andersmachenden Curricula fußen zum Beispiel die Praxis des *Racial Profiling* (siehe Kapitel 14) oder die Strategie gegen die »Clan-Kriminalität« (siehe Kapitel 15). Diese wird zwar von Führungskräften innerhalb von Polizeibehörden und Innenministerien entschieden, die ganze Härte des Gesetzes müssen aber schließlich die Beamt*innen durchsetzen. Angelernter Rassismus sorgt dabei für sehr viel unverhältnismäßige, entmenschlichende Härte. Insbesondere werden »orientalische Männer« im besagten Buch verallgemeinernd und unwissenschaftlich als testosterongetriebene, zu bändigende Wesen dargestellt. Diese Art der ethnisierten Andersmachung habe ich schon in meinem Buch *Let's talk about Sex, Habibi* ausführlich besprochen. Dies sind rassistische Mechanismen, die in eine ganz andere Epoche Deutschlands passen. Dabei habe ich den ultimativen Beweis, dass diese eurozentrischen Projektionen nicht stimmen können: Ich bin ein Mann, der als arabisch gelesen wird, und viele Leute sagen unabhängig voneinander, ich sei superdupernett. Spaß beiseite: Ironischerweise werden mit diesen Perspektiven auf Minderheiten in Deutschland vor allem institutionell konstruierte Männlichkeitsbilder innerhalb der Polizei gestärkt. So nach dem Motto: Wer hat hier den längsten Schlagstock? (siehe Kapitel 4)

Bei der Lektüre solcher Lehrbücher ist mir aufgefallen, dass diese besondere Polizei»wissenschaft« nicht verstanden hat, dass »arabisch und türkisch« so viele Hundert Millionen Menschen einschließt, die teilweise REIN GAR NICHTS eint. Weder kulturell noch sprachlich, geschweige denn im Sinne zu antizipierender Verhaltensmuster. Polizist*innen werden im Buch dagegen als »präzise«, »schnell«, effizient und emotionslos dargestellt. In den Sozialwissenschaften sind solche absoluten Aussagen und Dichotomien mehr als nur verpönt, sie entsprechen schlicht nie der Realität. Der genannte Verlag hat auch einen anderen Titel im Angebot: *Russen verstehen – Russen vernehmen*. Beschreibung: »Als Beschuldigte unbeugsam und undurchschaubar, als Opfer immens leidensfähig und als Zeugen misstrauisch und ausweichend (…)«. Dies sind Behauptungen, die weder mit Statistiken noch Erfahrungswerten belegt werden. In den Köpfen zukünftiger Polizist*innen mutieren sie dennoch zur absoluten Wahrheit. Schon früh kommen sie in Kontakt mit solchem gefährlichen Gedankengut. Ganz offiziell, politisch und pädagogisch gewollt.

Laut meinen Recherchen liegt es bei der Polizeiausbildung in den meisten Bundesländern im Ermessen des*der einzelnen Dozent*in, welches Buch und Lehrmaterial eingesetzt wird. Mir wurde von mehreren Insider*innen unabhängig bestätigt, dass sich nicht wenige Lehrende für die beiden Bücher (und ähnliches Material) entschieden haben und darüber hinaus auch selbst den Unterricht der angehenden Beamt*innen in die entsprechende Richtung lenken. In vielen Bibliotheken von polizeilichen Ausbildungseinrichtungen liegt dieses und vergleichbares Lehrmaterial zumindest für die Ausleihe bereit, das kann man über eine Katalogrecherche in der Bibliothek einsehen. Gleichzeitig haben mir drei verschiedene Dozent*innen unabhängig voneinander berichtet, dass sie auf solche diskriminierenden Praktiken im Unterricht verzichten. Dies sind laut meinen Recherchen aber eher Ausnahmen von der Regel.

Ich habe mir auch die Arbeit einer zufällig ausgesuchten Dozentin aus Hessen näher angeschaut, die ich aus persönlichkeitsrechtlichen Gründen hier nicht namentlich aufführen darf. Das Ergebnis lässt sich wirklich sehr knapp zusammenfassen: In ihrer Klasse an der Polizeischule werden aktiv rassistische Stereotype an die Anwärter*innen weitergegeben. Diese Lehre sorgt im Großen und Ganzen dafür, dass junge Polizist*innen über ihre Ausbildung ein bestimmtes Set an Vorurteilen eingehämmert bekommen – bei einer gleichzeitigen Empfangsbereitschaft für solche Inhalte. Mit Blick auf die

Fähigkeiten werden sie dagegen wenig für den Job qualifiziert, was weiter das Image der Polizei nach außen prägt. Das wiederum sorgt dafür, dass immer weniger junge Menschen sich für diesen Beruf begeistern können. Und so senken Polizeibehörden ihre Standards weiter, um theoretisch genug Bewerbungen zu bekommen und die (zukünftigen) Beamt*innen bei der Stange zu halten. Die Politik- und Sozialwissenschaft spricht in so einem Zusammenhang von einem Unterbietungswettlauf. Wo wird dieser enden?

Manchmal in der Currywurstbude: Im Januar 2024 wurde bekannt, dass sich 17 Mitarbeiter*innen der Zentralen Polizeidirektion (ZPD) in Hannover im Rahmen einer Fortbildung haben bestechen lassen.[28] Ein Dozent hatte die Polizist*innen über fast einem Jahr mehrfach zum Schimanski-Teller[29] eingeladen: Currywurst (wahlweise mit oder ohne Darm), Pommes, Rot, Weiß. Benannt nach dem ARD-*Tatort*-Kommissar Horst Schimanski, dessen Leibgericht diese deftige Kombination war, auch bekannt als Manta-Platte[30] oder Ruhrpott Carpaccio[31]. Der Dozent in Hannover gab für die Einladungen etwa 2000 Euro aus und erhoffte sich damit, bei den Polizist*innen gute Bewertungen seiner Tätigkeit erkaufen zu können. Diese Klüngelei und Korruption im Rahmen der polizeilichen Aus- und Weiterbildung kann auch damit enden, dass politische Missstände in den Ausbildungsstätten und Behörden geduldet, vertuscht oder an den Stehtischen vor Currywurstbuden erst gar nicht erkannt werden.

In den vergangenen Jahren sind mehrere Dozent*innen an Polizeiakademien und -hochschulen durch die Nähe zu organisierten, rechtsextremen Vereinen und Kreisen oder mit sonstigem Fehlverhalten aufgefallen. Im Jahr 2019 berichtete der *Tagesspiegel* über den Fall eines ehemaligen Stasi-Mitarbeiters, der nach der Wende bei der Polizei in Brandenburg und seit 2016 als Dozent der Polizeihochschule Brandenburg arbeitete. Jahrelang soll der Dozent Mitglied im rechtsextremen Verein »Uniter« gewesen sein. Kein Einzelfall, wie der Leiter der Hochschule selbst zu Protokoll gab.[32]

Im Mai 2023 tauchten mehrere Fälle von sexualisierter Gewalt und Machtmissbrauch an der Hochschule der Polizei Baden-Württemberg in Villingen-Schwenningen auf.[33] Wenige Wochen später, da liefen die internen Ermittlungen zu den MeToo-Fällen noch, machten Polizeischüler*innen mit sexistischen Teamnamen bei einem Sportwettbewerb an der Hochschule Schlagzeilen[34]: So hat sich zum Beispiel ein Team unter dem Namen »1. FC Golden Shower« zu dem Turnier angemeldet. Bei einer »Golden Shower« urinieren Sexpartner*innen gegen- oder einseitig aufeinander. Solche Geschichten illustrieren die Gender-Dynamiken und den Umgang miteinander an solchen Ausbildungsstätten (siehe auch Kapitel 4). Ein Gericht sprach den Dozenten letztendlich frei und gab der Beschwerdeführerin eine Mitschuld an den sexistischen Verhältnissen in der Hochschule (siehe Kapitel 7).[35]

In Lübeck tauchten 2021 rechtsextreme Texte von Stephan Maninger auf, Professor an der Bundespolizeiakademie. Zwar darf Maninger seitdem nicht mehr unterrichten, seine Geschichte zeigt aber exemplarisch, wie sich das Polizeiproblem schon in der Polizeiausbildung eingenistet hat.[36] Nach Bekanntwerden seines Œuvres wehrte sich die Hochschule gegen seine Absetzung durch das Bundesinnenministerium – in diesem Fall zum Glück vergebens.[37] Eine Recherche von *Ippen-Investigativ*[38] hatte aufgedeckt, dass Maninger als Redner an einer Veranstaltung im NSU-Umfeld teilnahm. Er war außerdem Sprecher der »Afrikaaner Volksfront«, einer separatistischen und extremistischen Bewegung in Südafrika, die sich für einen Volksstaat nur für Weiße einsetzte. Maninger soll außerdem die Ansicht vertreten haben, dass Frauen in Kampfeinheiten qua Geschlecht nicht »einsatzfähig« seien. Er verfasste darüber hinaus mehrere Texte für die Zeitung *Junge Freiheit,* die für rechtsradikale Inhalte bei Expert*innen bekannt ist. Nur ein paar Stichwörter aus Maningers Werk[39]: »Ethnosuizid«, »Afrikanisierung und Islamisierung Europas«, »Die ›Problemkinder‹ eines multikulturellen Deutschlands heißen am Anfang des nächsten Jahrtausends ›Mehmet‹ und ›Kaplan‹«.

4
Wer hat den längsten Schlagstock?

Der Begriff »Widerstandsbeamte«[1] beschreibt in der Forschung Polizist*innen, die bewusst aggressiv gegenüber Bürger*innen auftreten und somit einen »Widerstand gegen Vollstreckungsbeamte« provozieren wollen. Diesen offiziellen Straftatbestand gemäß Paragraf 113 Strafgesetzbuch[2] ahnden Polizeibehörden in Deutschland wiederum sehr gern. So wird ein Teil der Kriminalität in der Statistik überhaupt erst durch das Wirken der Polizei erzeugt (siehe auch Kapitel 15). Oft ist der Grund für solche Eskalationen gegenüber der Staatsgewalt also das aggressive Verhalten der Polizist*innen selbst: willkürliche Kontrollen, verbale Provokationen, das Eindringen in den persönlichsten Raum eines Individuums, psychischer Druck, physische Attacken, polizeilicher Macht-Habitus, Drohungen, schlicht ein Aufplustern in Uniform.

Im vorherigen Absatz hätte ich getrost auf das Gender-Sternchen verzichten können. Widerstandsbeamte sind laut der Expertise mehrerer Polizeiforscher*innen weltweit zu einem sehr hohen Anteil, wenn nicht sogar fast ausschließlich, Cis-Männer.[3] Denn die Polizei fußt als Institution auf Männlichkeit, sie ist eine Parade von sehr selbstsicheren »Mackern«. Und das nicht nur, weil Frauen mit einem Anteil von 29,3 Prozent in den Reihen deutscher Polizeibehörden unterrepräsentiert sind (stand 2020).[4] Eine Tatsache, die

Polizistinnen paradoxerweise aber nicht entschuldigt, wenn es um patriarchalische Strukturen innerhalb der Polizei geht. Auf die Rolle von Frauen in Polizeibehörden möchte ich später zurückkommen. Zunächst soll es hier um einen zentralen Faktor in der Polizeiarbeit gehen: die Männlichkeit selbst.

Männlichkeit ist ein soziologisches Phänomen, das die gesamte Gesellschaft betrifft und somit natürlich über die Betrachtung der Sicherheitsbehörden hinaus geht. Jungs und Männer bekommen von klein auf und kontinuierlich in ihren Familien, im Kindergarten, in Schulen, im Sportverein, in der Partnerschaft, in den Medien, allgemein im Leben ein Training, wie sie zu denken, (nicht) zu fühlen, zu agieren haben. »Jungs weinen nicht«, heißt es im traditionellen Verständnis der Geschlechterrollen. So lernen Männer, dass sie stark sein, sich in Abenteuer stürzen, »ihr gutes Recht« zur Not auch gewalttätig durchsetzen sollen. Kein Wunder, dass Männer in Deutschland einen überdurchschnittlichen Anteil an der Kriminalität zu verantworten haben: Im Jahr 2021 wurden 542 690 Männer rechtskräftig von Gerichten wegen diverser Straftaten verurteilt, ihnen standen lediglich 119 409 verurteilte Frauen gegenüber. Der Männeranteil liegt somit über die Jahre betrachtet stabil bei um die 80 Prozent. Weil die Polizei nicht immun gegen diese toxische Männlichkeit ist, findet sich das Problem dort ebenfalls – nur mit etwas höherer Giftkonzentration.

Ein erster Indikator dafür ist das Sexismus-Problem und der Umgang damit innerhalb von Polizeibehörden: Im Jahr 2023 lief gegen den ranghöchsten Polizisten in Baden-Württemberg ein Verfahren wegen sexueller Belästigung im Dienst.[5] Inspekteur Andreas R. wurde vorgeworfen, über Jahre mehrere Polizistinnen und Polizeianwärterinnen sexuell genötigt und sie unter Druck gesetzt zu haben.[6] Vor dem Landgericht Stuttgart wurde R. mangels Beweisen für einen nicht-einvernehmlichen sexuellen Übergriff auf eine Anwärterin für den höheren Dienst zwar im Juli 2023 freigesprochen, [7] der Bundesgerichtshof bestätigte im April 2024 diesen Freispruch: aus Mangel an Beweisen.[8] Was innerhalb von Polizeibehörden und auch in der komplizierten juristischen Auseinandersetzung zum Thema Machtmissbrauch und sexualisierte Gewalt als Einzelfall erscheint, ist aber in Wahrheit ein wiederkehrendes Muster auf allen Ebenen innerhalb von Polizeibehörden und Polizeischulen[9]. Studien zeigen[10]: Die Polizei hat intern (wie auch nach außen) ein Sexismus-Problem, dessen Ursache bestimmte, festgeschriebene, erlernte und innerhalb der Polizei verstärkte Männlichkeitsbilder sind. Eine der Studien besagt, dass die beschäftigten Frauen bei der Polizei in Deutschland von allen befragten Gruppen am häufigsten von sexuellen Belästigungen am Arbeitsplatz betroffen sind.[11]

Der vorherrschende Sexismus in Polizeibehörden spiegelt sich in der (privaten oder privat geglaubten) Kommunikation unter Beamt*innen wider. In Kapitel 18 werde ich ausführlich auf private Chats unter Polizist*innen eingehen. Sie erlauben einen ungetrübten Blick in die Gedankenwelt der Beamt*innen. An dieser Stelle möchte ich einen aufgedeckten Chat als Anschauung für polizei-patriarchale Strukturen nutzen: Denn dieser berühmte Fall aus Großbritannien steht exemplarisch dafür, wie Männlichkeit die Gruppendynamik innerhalb der Polizei prägt. Im Jahr 2023 wurden acht Polizist*innen in London suspendiert, nachdem ein jahrelanger Chat-Verlauf zwischen ihnen mit rassistischen, rechtsextremen und behindertenfeindlichen Inhalten aufgeflogen war.[12] Unter anderem wurde dort das Ex-Model Katie Price aufs Übelste sexistisch beschimpft und verunglimpft. Menschenverachtende Witze über ihren Körper wurden geteilt, ein Polizist schrieb über Price konsequent als »it« (es). Er verdinglichte Price, um seine Verachtung für sie und Frauen insgesamt zum Ausdruck zu bringen. Ein Polizist beschrieb einen Kollegen, der nach einer Vergewaltigung als Täter ohne Strafe davongekommen sei. »Er ist für mich ein Held«, schrieb der Beamte und glorifizierte damit Gewalt gegen Frauen, die Quintessenz toxischer Männlichkeit. Die anderen Beamt*innen im Chat machten mit bei dieser Parade, klatschten virtuell oder tolerierten diese Aussagen.

Dieser Fall aus Großbritannien erinnert mich an mehrere Gespräche, die ich in den vergangenen Jahren mit Informant*innen aus den Reihen der deutschen Polizei geführt habe. Ich habe es als Reporter zwar nie in die Umkleidekabine von Polizeiwachen geschafft, allerdings haben mir mehrere Quellen bestätigt, dass diese sexistische Sprache und das Handeln, das damit einhergeht, in (vermeintlich) geschützten Räumen wie Umkleidekabinen, Kantinen oder Kasernen zur polizeilichen Normalität gehören. Das Wort »Macker« erscheint in diesem Zusammenhang gar nicht mehr so aus der Luft gegriffen, vielleicht sogar etwas verharmlosend.

In Berlin wurde Mitte 2023 ein krasser Fall bekannt, der nur durch aufmerksame Nutzer*innen einer Dating-App aufgedeckt wurde. Auf der Plattform war ein Profil aufgetaucht, über das eine durch K.o.-Tropfen betäubte Frau zur Vergewaltigung angeboten wurde. Auf dem Profil erschienen Bilder von dem bewusstlosen Körper des Opfers. Nutzer*innen meldeten dies dem Betreiber der App. Ein Verfahren wurde eingeleitet. Kurze Zeit später kam heraus: Ein Elitepolizist hatte einer Kollegin das Betäubungsmittel verabreicht, sie ohne Einverständnis fotografiert und anderen Männern zur Vergewaltigung angeboten.[13] Es sind diese Geschichten, die das Problem mit der toxischen Männlichkeit und der sexualisierten Gewalt in den Reihen der Polizei auf gruselige Art und Weise beleuchten.

In der Polizeiforschung spricht man in diesem Zusammenhang sogar von einem »Kult der Maskulinität«. Die Soziologin Jennifer Brown argumentiert, dass der Machismo innerhalb der Polizei den Hauptantrieb für die gesamte Institution darstelle.[14] Zwar widerspreche ich dieser absoluten Sichtweise mit einer ganzheitlichen Analyse in diesem Buch, bei der politische Entscheidungsstrukturen, historisch gewachsene Funktionsweisen, Klasse oder rassistische Kontinuitäten ebenfalls eine wichtige Rolle spielen. Doch der Machismo bleibt ein zentraler Faktor, der den Polizeialltag prägt und viele Polizist*innen in ihrem Denken, Sprechen und Handeln leitet.

Mit Blick auf die Entstehungsgeschichte der Polizei verlangt diese Institution qua ihrer ursprünglichen Idee nach traditionellen und stereotypen Männlichkeitsbildern, die vor allem von Stärke, Gewalt, Kompromisslosigkeit und Durchsetzungsvermögen geprägt sind. So entstand über Jahrhunderte eine Institution, die über Landesgrenzen und Kulturkreise hinweg hypermännlich geprägt ist. Nicht nur in ihrer Zusammensetzung, sondern auch in ihrem Selbstverständnis. Zur Grundausbildung von Polizist*innen gehört – jetzt mal wirklich simpel ausgedrückt – ein breitbeiniges Auftreten gegenüber den Bürger*innen, also jenen, die es zu ordnen und kontrollieren gilt.

Darüber hinaus bedingen sich Männlichkeitsbilder aufseiten der zu polizierenden und der Polizei gegenseitig: Wenn Kriminalität sehr männlich geprägt ist, muss die Kriminalitätsbekämpfung noch männlicher sein. So zumindest eine fatale Logik hinter der Funktionsweise der Polizei. Und nicht zuletzt wird ein »hartes Durchgreifen« von weiten Teilen der Öffentlichkeit erwartet, sogar eingefordert. Alles gesellschaftlich konstruiert, versteht sich. Das hypermaskuline Eingreifen in den Alltag von Menschen (egal ob sie nun kriminell in Erscheinung getreten sind oder nicht) ist so dermaßen normalisiert, dass nur wenige Bürger*innen es kritisch reflektieren können. Deeskalation, Kommunikation oder das Aufbringen von Verständnis finden sich traditionell selten im polizeilichen Instrumentenkasten (siehe Kapitel 21). Dies sind relativ neue Ansätze, die von einzelnen Polizeibehörden ausprobiert werden – selten konsequent, wenn man sich das Gesamtbild der Polizeipraxis anschaut.

In einigen Gesprächen mit Lokalpolitiker*innen, Autor*innen oder Sozialarbeiter*innen ist mir aufgefallen, dass Ausnahmen von der toxischen Männlichkeit in der Polizeiarbeit hochgelobt werden. Weil diese Ausnahmen ungewohnt herausstechen. Dann ist zum Beispiel die Rede von diesem einen Verbindungsbeamten bei der Polizeibehörde in Düsseldorf. Er wird dafür gelobt, dass er »den Anderen« geduldig zuhöre, sich für ihre Perspektiven nachvollziehbar interessiere, bei Konflikten mit viel Fingerspitzengefühl vermittle, sodass es noch nicht mal zu einem regulären Polizeieinsatz kommen müsse ... Leider, schob die Gesprächspartnerin in diesem konkreten Fall nach, sei der nette Polizist aber schon längst im Ruhestand. Wie schade.

Die sonst als Standard geltende männliche Härte wird paradoxerweise vonseiten der Polizei oft mit einer männlichen Fragilität serviert. Performative Stärke und übertriebene Zerbrechlichkeit scheinen dabei zwei Seiten derselben Medaille zu sein. Ich möchte hier einige Statistiken kritisch besprechen, um diesen vermeintlichen Widerspruch aufzuzeigen: Jedes Jahr machen Zahlen Schlagzeilen, die eine angeblich steigende Gewalt gegen Polizist*innen abbilden sollen. So verkündete das Bundeskriminalamt für das Jahr 2021 zum Beispiel, dass 88 626 Beamt*innen in Deutschland »Opfer von Gewalttaten« geworden seien.[15] In der Berichterstattung zu dieser Angabe fehlte allerdings oft eine Differenzierung, die in der Statistik deutlich ausgewiesen wird: 48 Prozent dieser Fälle fallen unter die Kategorie »Widerstand gegen Vollstreckungsbeamte«.[16] Mit Blick auf das Phänomen des Widerstandsbeamtentums erscheinen die Angaben des BKA damit in einem anderen Licht.

Im Jahr 2017 meldete sich ein Polizist nach einem Einsatz krank. Er habe sich den Fuß verletzt. Dummerweise nahm der Beamte während seiner vermeintlichen Genesungszeit an einem Hindernislauf teil. Er rannte dabei kilometerweit, hat, lückenlos dokumentiert, Sandkuhlen, Tunnel, Strohballen und Schlammgraben überwunden und immerhin Platz 127 von 649 Teilnehmer*innen belegt. Das alles mit einer vermeintlichen Fußverletzung, die er sich im Dienst zugezogen haben soll. Als wäre das nicht genug, feierte sich der Polizist noch selbst auf Facebook für seine sportliche Leistung. Diese exemplarische Geschichte ist in einem Urteil des Verwaltungsgerichts Cottbus nachzulesen.[17] Denn der Beamte wurde von seiner Behörde aufgrund seines von ihm öffentlich gemachten Missbrauchs der Krankschreibung entlassen. Dabei kommt es nicht oft vor, dass Polizist*innen Konsequenzen für ihre (männliche) Fragilitätsperformance befürchten müssen. Er klagte – wie es viele Polizist*innen, aber auch andere Menschen in anderen Berufen und Branchen nun mal tun, wenn ihre Tricksereien auffliegen – gegen diese dienstrechtliche Maßnahme – auch hier vergeblich.

Ich habe in den vergangenen Jahren für mehrere Recherchen als Beobachter in Gerichtssälen gesessen. In vielen Verhandlungen kamen und kommen Polizist*innen als Zeug*innen vor. Sie sind nun mal oft involviert, wenn es um Kriminalfälle geht. Mir ist über die Jahre aufgefallen, dass viele Polizeibeamt*innen offiziell noch krankgeschrieben waren, als sie als Zeug*innen ausgesagt haben. So zum Beispiel bei Verhandlungen in Aachen, Berlin und Osnabrück, die ich vor Ort journalistisch begleitet habe. Bei einer Verhandlung vor dem Amtsgericht in Köln, bei der ich im Jahr 2016 dabei war, machten drei Polizisten im Wartebereich vor dem Gerichtssaal Witze, dass es schön sei, ein bisschen Extraurlaub dank der Krankschreibung zu bekommen. Ihnen ging es augenscheinlich gut, sehr gut, exzellent sogar. Sie lachten und scherzten, hatten keine Bedenken, an einem öffentlichen Ort ihre gute Laune zu teilen. Komischerweise änderten sich ihre Körpersprache, ihr Auftritt und überhaupt ihr Dasein im Zeugenstand. Da machten sie plötzlich einen kränklichen, etwas depressiven Eindruck – was den Richter selbst leider sehr beeindruckte (zur Auflösung dieser Seifenoper siehe Kapitel 7).

Nach Großeinsätzen ist mir aufgefallen, dass sich viele Polizist*innen systematisch krankmelden. Auf den ersten Blick ergibt das Sinn. Diese Einsätze sind nicht selten physisch und psychisch belastend, egal auf welcher Seite man dabei unterwegs ist. Mit diesen Krankschreibungen machen wiederum Vertreter*innen der Polizeigewerkschaften, Innenpolitiker*innen und rechte Medien gern Stimmung im Sinne der Polizei. So nach dem Motto: Schaut her, so viele Polizist*innen haben sich für uns und unsere Sicherheit geopfert. Allerdings wird selten ein qualitativer Blick auf die Umstände geworfen, warum sich die Polizist*innen krankgemeldet haben. Aus Gründen des Datenschutzes verweigern Polizeibehörden oft die Herausgabe dieser Angaben. Allerdings habe ich im Gespräch mit Insider*innen in mehreren Bundesländern immer wieder folgende Einschätzung gehört: Oft sollen sich Polizist*innen wegen *nichts* krankschreiben lassen, Polizeigewerkschaften unterstützen sie dabei, und einige Mediziner*innen bei den ärztlichen Diensten der Polizeibehörden sind sehr locker, wenn es um die Ausstellung eines Krankenscheins geht. Ganz ehrlich: Wer hat nicht schon mal nach so einer Arztpraxis Ausschau gehalten, um einer unangenehmen Verpflichtung zu entgehen oder sich am Arbeitsplatz als Opfer zu stilisieren? Bei der Polizei ist dieses Phänomen aber aus machtpolitischen Gründen eine ganz andere Kiste. Wenn Beamt*innen beim

Aussteigen aus dem Polizeiwagen ungeschickt umknicken, werden sie in der erwähnten BKA-Statistik mitgezählt. Wenn der Wind ihnen ihr eigenes Pfefferspray in die Augen weht, wenn sie unter ihren Helmen an heißen Tagen kollabieren, wenn sie sich beim Zuschlagen den Finger verstauchen oder wenn sie mal einfach eine Krankheit aus persönlichen oder politischen Gründen inszenieren möchten, gelten sie offiziell als krank und liefern ihren Dienstherren und den Medien Zahlen und Argumente, mehr Ressourcen für die Polizei einzufordern (siehe Kapitel 16).[18]

Eine meiner Quellen sagte mir: »Einige Kollegen fallen um, wenn sie von einem lauen Lüftchen erfasst werden.« Das passt so gar nicht zum harten Männlichkeitsbild, auf dem die Polizei fußt, aber sehr zur politisierten Forderungsmaschine aus Innenpolitik und Polizeigewerkschaften (siehe Kapitel 6). Um über anekdotische Beobachtungen hinaus neue Erkenntnisse über das Zusammenspiel von Männlichkeitsbildern der Stärke und der Fragilität zu gewinnen, bräuchte es an dieser Stelle allerdings einen Zugang zu den entsprechenden Daten und Studien der kritischen Polizeiforschung. Belastbare Zahlen zur Praxis der Krankschreibungen von Polizist*innen wären nicht nur im Sinne von Steuerzahler*innen, sondern mit jedem erdenklichen Ausgang im Sinne der Polizei selbst. Die Außenwirkung dieses Phänomens ist aus heutiger Sicht zumindest fatal. Es kommt nicht selten vor, dass zum Beispiel bei Demonstrationen Polizist*innen ohne Fremdeinwirkung umfallen und unschuldige Anwesende später dafür haftbar gemacht werden sollen. Diese Fälle treten häufig auf und sind für die Demokratie selbst eine große Belastung. Mit Blick auf das Machtgefälle besteht ein großer Unterschied, ob ein*e Polizist*in – einfach ausgedrückt – schummelt oder ein*e Bürger*in ohne Uniform. Wenn der Anschein besteht, dass die Polizei – also der Staat – angegriffen wird, schlägt die ganze Wucht der staatlichen Gewalt zurück.

Zur »Gewalt gegen Polizist*innen« wird auch die Beleidigung von Beamt*innen gezählt. Und die hat sehr unterhaltsamen Charakter. In der kompletten Hierarchie von ganz oben bis hin zum Streifenpolizisten ist hierbei eine besonders ausgeprägte Zerbrechlichkeit zu beobachten. Mit Beleidigungen um sich werfen, ist nie ein Kavaliersdelikt, nur fällt im polizeilichen Kontext auf, dass es oft an der Verhältnismäßigkeit mangelt, wenn Polizist*innen oder ihre Vorgesetzten verbal mal derber was zu hören bekommen. Im Jahr 2021 schaffte es zum Beispiel eine Lokalposse aus Hamburg bis in die *Washington Post*.[19] Die Schlagzeile lautete: »A Twitter user called German politician ›a pimmel‹. Police then raided his house.« Ich merke, dass ich diese Geschichte hier doch von vorne erzählen sollte:

Auf Twitter (heute *X*) hatte sich im Mai 2021 der Hamburger SPD-Innensenator Andy Grote über Bürger*innen aufgeregt, die sich nicht an die damals geltenden Corona-Schutzmaßnahmen gehalten hatten. Heikel: Grote selbst hatte ein Jahr zuvor mitten in einem Lockdown eine Party mit 30 Gäst*innen gefeiert und somit gegen die von seiner eigenen Stadtregierung erlassenen Schutzmaßnahmen verstoßen.[20] Grotes Aussagen werteten viele User*innen auf Twitter deswegen als scheinheilige Doppelmoral. Es hagelte Kritik. Im hitzigen Feld der Sozialen Medien tippte Marlon P. also eine etwas kindische Antwort unter den Tweet von Grote. »Du bist so 1 Pimmel«, lautete die Kritik im Stammtisch-Jargon. Mehr als drei Monate später stürmten mehrere Polizist*innen bei einer Razzia in die ehemalige Wohnung von P., in der er längst nicht mehr wohnte.[21] In Hamburg folgten daraufhin Auseinandersetzungen zwischen linken Gruppen und der Polizei: Die Staatsmacht war permanent damit beschäftigt, Sticker mit dem Spruch »Andy, du bist so 1 Pimmel« von Laternen und Fassaden in Hamburg zu kratzen.[22] Plakate wurden übermalt, Antifa-Gruppen machten sich einen Spaß daraus, sie in Nacht-und-Nebel-Aktionen wieder anzubringen. Dutzende Beamt*innen waren so, teils im Auftrag ihres politischen Dienstherren, gut beschäftigt. #PimmelGate war geboren. Fast ein Jahr später, im Sommer 2022, stellte ein Hamburger Generalstaatsanwalt das Verfahren ein und ließ damit alle Vorwürfe gegen Marlon P. fallen. Begründung: »Fehlendes öffentliches Interesse an der weiteren Strafverfolgung.«[23] Was blieb: die exemplarische Fragilität des obersten Dienstherren der Polizei in Hamburg, die eine monatelange Auseinandersetzung mit Bürger*innen und Gerichten auslöste. Diese Zerbrechlichkeit dient anscheinend als Inspiration für viele Polizist*innen.

Die leicht verletzbare Ehre der Staatsmacht findet sich wie erwähnt auf allen Ebenen der Polizeiarbeit wieder (siehe auch Kapitel 11). Ein weiterer skurriler Fall aus Hamburg aus dem Jahr 2021 begann mit leckeren Crêpes. Die Pfannkuchen mit Zimt und Zucker, Nutella oder Marmelade lösten im Stadtteil St. Pauli einen Polizeieinsatz aus und endeten vor Gericht wegen »Beleidigung eines Polizisten«. Was war passiert? Wieder ging es um die Corona-Schutzmaßnahmen. Ein anarchistisch-linker Laden im Stadtteil St. Pauli versuchte sich mit dem Fenster-Verkauf von selbst gemachten Süßigkeiten durch die Pandemie zu retten. Damals mussten viele Läden schließen, damit sich weniger Menschen in Innenräumen mit dem Virus ansteckten. Die Polizei bekam vom Crêpes-Verkauf Wind und kontrollierte den Laden, weil sie einen Verstoß gegen die Regeln vermutete. Es kam zu einer Diskussion zwischen dem Ladenbesitzer und dem Polizeibeamten G. Der Polizist soll im Gespräch behauptet haben: »Das, was Recht ist oder nicht, bestimmt die Polizei.« Was so natürlich nicht stimmt, aber so in deutschen Polizeibehörden seit dem 19. Jahrhundert imaginiert wird. Der Ladenbesitzer soll laut gelacht und erwidert haben: »Du Schülerlotse!« Darin sah G. eine Beleidigung und verklagte den Ladenbesitzer.[24] Die Fragilität der Polizei ist an sich nicht lustig, trotzdem ist hier lachen erlaubt. Dabei hat das Thema Corona nach der Pandemie auch die Polizei noch beschäftigt: Anfang 2024 wurde bekannt, dass zwei Angehörige der Berliner Polizei wie viele andere Betrüger*innen[25] mit fiktiven Abrechnungen von Corona-Tests betrogen haben sollen. Die Beamt*innen stehen im Verdacht, in ihrer privaten Teststelle ohne vorherige Testung Gefälligkeitsbescheinigungen ausgestellt und dafür Geld kassiert zu haben.[26] Polizist*innen sind beim Thema Kriminalität manchmal nicht mehr, aber auch nicht weniger kreativ als der Rest der Bevölkerung.

Einer geht noch: Im September 2018 machte ein Journalist in Wien Fotos von einem Rettungseinsatz, als es zu einer Auseinandersetzung zwischen ihm und einem Polizisten kam. Im Wortgefecht soll der Journalist das Wort »Oida« ausgesprochen haben. Ich habe nachgeschlagen: »Oida« ist ein Wienerischer Ausdruck und bedeutet auf Hochdeutsch so viel wie »Alter!«. Besonders in der Jugendsprache in der österreichischen Hauptstadt – oder auch in Bayern – wird »Oida« als Füllwort im Sprachfluss benutzt. Satzbeispiel: »Oida! Warum ist der Hamburger Innensenator so fragil, wenn ihn jemand auf Twitter als Pimmel bezeichnet?« oder »Oida! Hast du die verrückte Geschichte von diesem Schülerlotsen schon gehört?«

Der Wiener Polizist fühlte sich trotz dieser Definition höchst beleidigt und verklagte den Journalisten. Mehr als zwei Jahre später stellte ein Richter das Verfahren ein, weil er keinen Verstoß gegen den »öffentlichen Anstand« in der Aussprache des Wortes »Oida« sah. Die Sprachkritik des Gerichts möchte ich an dieser Stelle niemandem vorenthalten: »Oida hat sich zwischenzeitlich zu einer Art geschlechtsneutralem Füllwort ohne konkrete Bedeutung und bar jeden grammatikalischen Zusammenhangs gewandelt.«[27] Wieder was über exotische Kulturen gelernt.

Regelmäßig sorgt ein Akronym für beleidigte Gemüter unter Polizist*innen: ACAB. Es ist die Abkürzung des englischen Ausdrucks »All Cops Are Bastards« und wird gern von polizeikritischen, linken Gruppen genutzt, um ihrer Abneigung eine urban-deftige Note zu verleihen. Seinen Ursprung hat das Akronym im England der 1920er- bis 1940er-Jahre. Damals nutzten es streikende Arbeiter*innen als Widerstandsformel gegen die Polizei, die ihren Protest für mehr Arbeitsschutz und Menschenwürde gewalttätig niederschlug.[28] Aus dem etwas antiquierten »All Coppers are Bastards« wurde das zeitgenössische »All Cops Are Bastards«. Menschen in aller Welt ließen sich die Abkürzung als Tattoo stechen, bauten sie in Rap-Songs ein oder sprühten ACAB groß auf S-Bahnzüge. So ging das Akronym in eine Symbolsprache ein, die viele über Sprachbarrieren hinweg verstehen. Es findet sich zum Beispiel als Graffiti im Stadtbild vieler Metropolen weltweit wieder, ist schon auf Demonstrationen gesichtet worden oder auf Transparenten in Fußballstadien. Manchmal auch abgewandelt als Zahlenfolge 1312, gemäß den Buchstaben des Akronyms und ihrer Platzierungen im Alphabet. Es soll sogar Menschen geben, die den 13. Dezember als Feiertag begehen und sich um 13:12 Uhr gegenseitig gratulieren.

Doch sind wirklich alle Polizist*innen Bastarde? Geht diese Aussage nicht ein bisschen zu weit?

Oft klagten Polizist*innen und Polizeibehörden in der Vergangenheit gegen die Urheber*innen von ACAB-Transparenten oder wendeten Gewalt gegen sie an. Nicht nur in Deutschland ist die Liste der Verfolgung wegen der Verwendung von ACAB- oder 1312-Symbolik sehr lang.[29] Die Polizei, so die Botschaft dieser kompromisslosen Ahndung, lässt sich eine solche Beleidigung nicht gefallen. Und so musste sich im Jahr 2016 sogar das Bundesverfassungsgericht mit 1312 beschäftigen. Es urteilte: ACAB-Parolen seien nicht ohne Weiteres als Kollektivbeleidigung strafbar.[30] Die Aussage müsse im Kontext betrachtet werden und sei oft mit einer Kritik an den Strukturen der Polizei verknüpft. Sie ziele – in den konkreten Fällen, die dem Gericht vorlagen – nicht auf eine abgeschlossene Gruppe von Menschen, sondern auf ein System. ACAB ist demnach in den meisten Fällen eine von der Meinungsfreiheit abgedeckte Ausdrucksweise von Kritik am Polizeiproblem.

Um das Nachwuchsproblem besonders in Großstädten in den Griff zu bekommen, griff die Bundespolizei Anfang 2023 zu einer ungewöhnlichen Maßnahme und warb für sich mit dem Akronym ACAB. Leicht abgewandelt mit der Erläuterung: »All Cops Are Beautiful«. Spätestens seit dieser Plakataktion, die viel Spott auf sich zog, hat 1312 seine absolute Berechtigung im kritischen Polizeidiskurs bekommen.[31] Falls heute zufällig der 13. Dezember sein sollte: Herzlichen Glückwunsch.

Oft gehen vermeintliche Beleidigungen von Beamt*innen aber anders aus. Die Älteren unter uns können sich vielleicht noch an den Fall des Fußballers Stefan Effenberg erinnern. Er soll bei einer Polizeikontrolle einen Beamten als »Arschloch« bezeichnet haben. Effenberg beteuert, er habe »schönen Abend noch« gesagt. Ein Gericht in Braunschweig schenkte (natürlich) dem Polizisten Glauben und verurteilte den Fußballer zu einer saftigen Strafe von 100 000 Euro. Bei einer Beleidigung zwischen zwei Bürger*innen würde eine Strafe niemals so hoch ausfallen.[32] Die Gerichte schlagen sich oft auf die Seite von Polizist*innen und verstärken zusammen mit medialen Darstellungen und politischen Diskursen die Fragilität der Beamt*innen. Im Kölner Amtsgericht wurde der Angeklagte vom Richter gerügt, weil er die Beamten als »rassistisch« bezeichnet hatte. Ich saß auf der Zuschauertribüne und staunte nicht schlecht. Die Polizisten hatten den Angeklagten laut meinen Recherchen während einer *Racial Profiling*-Kontrolle rassistisch behandelt. Das Gericht wertete die (an sich sehr neutrale) Bezeichnung »rassistisch« dagegen als Beleidigung der Beamten, die sich wiederum wegen dieser Beleidigung und dem dazugehörigen Einsatz wochenlang haben krankschreiben lassen. Am Ende der Verhandlung kehrten sie fröhlich in ihren Sonderurlaub zurück.

Wenn Männer nur Probleme machen mit ihrer toxischen Männlichkeit und Fragilität, warum arbeiten als Lösung des Problems nicht einfach mehr Frauen im Polizeidienst? Das haben sich auch viele Feminist*innen gefragt und fordern seit Jahren eine Gleichberechtigung innerhalb der Reihen der Polizei. Nachdem Frauen bei der Polizeiausbildung und Einstellung vernachlässigt, ja sogar gedemütigt wurden, bemühen sich mittlerweile Polizeibehörden auf der ganzen Welt, mehr Frauen aufzunehmen.[33] In Deutschland und Österreich durften Frauen in Uniform bis in die 1970er-Jahre maximal den Parkraum überwachen, bis heute werden sie im Deutschen abwertend als »Politessen« bezeichnet. Heute gilt im Rahmen von Diversity-Strategien (siehe Kapitel 21): Je mehr Frauen, desto besser. Aber ist das wirklich die Lösung für das Männlichkeitsproblem der Polizei?

Ich habe in einer Zeitschrift mit dem Namen *Neue Kriminalpolitik* einen Aufsatz aus dem Jahr 1996 gefunden. Die Autorin heißt Waltraud Müller-Franke und ist mittlerweile Studiendekanin der Hochschule für Polizei in Baden-Württemberg in Villingen-Schwenningen, einer Institution, die sich in das Organigramm der Landespolizei eingliedert. Jener Landespolizei, an deren Spitze Männer stehen, die Dick-Pics an ihre Kolleginnen verschicken. Der Titel des Texts: »Frauen in der Polizei – Maskottchen oder Partnerinnen?« Darin werden Fälle von Sexismus in der »Männerdomäne Polizei« beschrieben und gleichzeitig ein steigender Frauenanteil zusammen mit Gleichberechtigung in Polizeibehörden als Lösung dafür gepriesen. Die Autorin erhofft sich Synergieeffekte von »einem Wandel in den Köpfen« und einer Förderung von Frauen im Polizeiberuf. Dies ist die stereotype Vorstellung von Vielfaltspolitik in allen erdenklichen Institutionen und Bereichen der Gesellschaft: Wenn die Mischung stimmt, ist alles gut. So einfach ist es allerdings nicht. In den vergangenen dreißig Jahren hat sich beispielsweise bei der Polizei in Niedersachsen der Frauenanteil signifikant auf 43,3 Prozent (Stand 2020) erhöht.[34] Das Männlichkeitsproblem ist geblieben.

Wie kann man eine Institution, die wie beschrieben auf toxischer Männlichkeit fußt, feministisch-egalitär gestalten? Die ernüchternde Antwort: Gar nicht. Denn die toxische Männlichkeit geht im konkreten Fall maßgeblich von cis-männlichen Polizisten aus, beschränkt sich allerdings nicht nur auf diese. Im Fall der sexistischen Chat-Gruppe aus London waren sieben Polizisten und eine Polizistin beteiligt. Jetzt könnte man sagen: Sieben gegen eine, das ist nicht fair. In Wahrheit stand es aber acht gegen null.

Innerhalb der Polizei greift laut meinen Beobachtungen und der kritischen Polizeiforschung der Effekt der Mimikry. Polizistinnen müssen, um intern zu überleben und nach außen Autorität aufzubauen, die toxische Männlichkeitstradition quasi übernehmen. Das gestaltet sich bei anderen Faktoren der Diversität nicht anders.

In diesem Fall hängt Maskulinität nicht zwischen den Beinen, also nicht am Geschlecht und der Geschlechtsidentität eine*r Polizist*in, sondern ist in die Uniform, in die Ausbildung, im Selbstverständnis der Institution eingewoben. Das gilt zum Beispiel auch für trans Polizist*innen. In einer Reportage, die die Emanzipation von trans Menschen abbilden soll, wird zum Beispiel eine trans Polizistin gezeigt, die ihre Kolleg*innen darin schult, Taser zu nutzen. Hier ist nicht die Geschlechtsidentität ausschlaggebend, sondern die Gewaltanwendung und das grundlegende Verständnis des Polizierens (siehe auch Kapitel 11).[35] Mit dieser kritischen Perspektive möchte ich in Kapitel 21 und 22 verschiedene Reformansätze besprechen, wie unter anderem auch das Männlichkeitsproblem innerhalb von Polizeibehörden abgemildert oder aufgehoben werden könnte.

5 Polizeiliche Blauäugigkeit

In meinem Buch *Der weiße Fleck* bin ich dem Ursprung des sehr deutschen Begriffs »Parallelgesellschaft« nachgegangen. Zur Erinnerung: In Deutschland benutzte der Soziologe Wilhelm Heitmeyer im Jahr 1996 das Wort Parallelgesellschaft zum ersten Mal in der Wochenzeitung *Die Zeit* im negativen Sinne, mit dem es heute im deutschen Sprachgebrauch bekannt ist und das vor allem migrantische Communitys stigmatisieren soll. Ich finde weiterhin, dass Parallelgesellschaft positiv gewendet auch anders verstanden werden kann: eine Gruppe von befreundeten Menschen, die in jeglicher Hinsicht dieselbe Sprache sprechen und eine gute Zeit miteinander verbringen. Die negative Definition zielt dagegen darauf, dass geschlossene Gruppen ein eigenes, meist schädliches Wertesystem pflegen und sich mit teils fragwürdigen Mitteln nach außen abschotten. Die Existenz dieser Gruppen verläuft parallel zum Rest der Gesellschaft, ohne jegliche Berührungspunkte. Ich möchte in diesem Kapitel mit wissenschaftlichen Erkenntnissen aufzeigen, dass diese negativ konnotierte Definition von Parallelgesellschaft in mehreren Punkten leider auf die Funktionsweise der Polizei zutrifft.

Der ehemalige Polizeibeamte Rafael Behr ist promovierter Kriminologe und Soziologe. Er lehrt in Hamburg und leitet dort die Forschungsstelle Kultur und Sicherheit. In der deutschsprachigen Polizeiforschung prägte Behr den Begriff der *Cop Culture*. Das Konzept ist aus der englischsprachigen Literatur entnommen und beschreibt einen abgeschlossenen Kulturkreis innerhalb von Polizeieinheiten, Polizeibehörden oder Polizeiakademien, der auf eigene Art und Weise funktioniert. Dieser Kulturkreis ist über lange Zeit historisch und institutionell gewachsen. Das ist an sich nicht besonders, es gibt auch andere Berufskulturkreise: Mediziner*innen oder Anwält*innen zum Beispiel oder breiter gefasst Absolvent*innen einer bestimmten Hochschule, die mit Pullovern, auf denen das Logo ihrer Universität prangt, und einem gewissen Selbstbewusstsein durch die Welt stolzieren und ein informelles Bündnis formen. Die Wirkmacht dieser beruflichen, teils uniformierten Kulturkreise sollte man nicht unterschätzen.

Die *Cop Culture*[1] ist aber dann doch sehr besonders, sie wird durch mehrere Faktoren beeinflusst, die ich im Folgenden aufzählen und auf die ich dann Schritt für Schritt eingehen möchte: festgefahrene Männlichkeitsbilder, eine Reihe von in der Gruppe geteilten Werten und Normen (siehe Kapitel 11), eingeübte Arbeitsweisen, informelle Regeln und einen Korpsgeist, der auf Ehre und Sanktionen basiert.

Besonders dieser letzte Punkt ist mir in den vergangenen Jahren während meiner Recherchen immer wieder aufgefallen. Es ist sehr schwer und verlangt viel Geduld und Reporterglück, gute Quellen innerhalb von Polizeibehörden zu finden oder zumindest Gesprächspartner*innen, mit denen man faktenbasiert diskutieren kann (siehe Kapitel 9). Das liegt in erster Linie an der Selbstabschottung großer Teile der Polizei in Kombination mit einer radikalen Identifikation mit dem eigenen Beruf und einem starken Wir-Gefühl. So wurde mir zum Beispiel im Gespräch mit der Soziologin Daniela Hunold von der Hochschule für Wirtschaft und Recht in Berlin klar, wie schwer es für die kritische Polizeiforschung ist, einen Zugang zu ihrem eigenen Forschungsfeld zu bekommen. In der Soziologie spricht man von einer *Blackbox*, einem verschlossenen Kasten, den man nur schwer öffnen kann. Weil politische Entscheider*innen, aber auch Polizist*innen oft keinen Zugang zur eigenen Gruppe, und damit zum Forschungsfeld, gewähren.

Simpel ausgedrückt: Polizeibeamt*innen und ihre (dienstlichen und politischen) Vorgesetzten sprechen nicht gern über ihre Arbeit und Macht mit Außenstehenden, schon gar nicht, wenn diese unabhängig sind und einen kritischen Blick mitbringen.[2] Ein grundlegendes Selbstverständnis der Organisation Polizei steht dabei im Weg: der ultimative, interne Zusammenhalt. Wer mit Wissenschaftler*innen, Journalist*innen oder selbst nur Bürger*innen offen spricht, gilt innerhalb der Polizei schnell als Verräter*in und wird bestraft. Die Sanktionen reichen von Verachtung bis hin zu aktivem Mobbing[3] und Ausschluss aus der – intern so wichtigen – Gemeinschaft. Ein Beispiel: Der Berliner Kriminalhauptkommissar Oliver von Dobrowolski. Er berichtet von Mobbing, Anfeindungen und Gewaltdrohungen durch Kolleg*innen, weil er die informellen Regeln der *Cop Culture* missachtet und öffentlich über Missstände innerhalb der Polizei spricht.[4]

Von einer dieser raren, selbstkritischen Reflexionen kann auch Simon Neumeyer berichten. Der junge Mann war bis 2016 Polizeischüler in Leipzig. »Polizist war damals mein Traumberuf. Ich dachte, dass ich mich so für die Demokratie einsetzen kann«, sagte er mir im Interview. Schon nach drei Wochen in der Polizeiausbildung erkannte er aber, dass der Alltag der sächsischen *Cop Culture* anders aussieht. »Wenn wir beim Mittagessen saßen, sprachen viele sehr positiv über die AfD. Als ich sagte, dass die AfD eine rechtsextreme Partei ist, kam direkt Widerstand.« Einer der jungen Polizeischüler habe dabei den Satz ausgesprochen: »Ich wähle lieber braun als grün.« Und das sei nicht nur Rhetorik gewesen, erzählte mir Simon Neumeyer weiter. »Einer von meinen Mitschülern war beim NPD-Parteifest und hat rechtsextreme Lieder gesungen.« Gruselige Anekdoten reihen sich im Gespräch mit Neumeyer aneinander: Ein Polizeiausbilder soll gesagt haben, dass man »wieder gut schießen lernen muss, weil so viele Flüchtlinge im Land sind«, ein anderer Dozent habe auffällig oft das N-Wort ausgesprochen, gesagt, man könne es ja heutzutage wegen »dieser politischen Korrektheit« nicht mehr benutzen, es aber mehrmals wiederholt – die ganze Klasse habe jedes Mal gejubelt. Ein Ethiklehrer habe pauschal und abwertend über Migrant*innen geredet, er fühle sich wegen ihnen nicht mehr sicher und sehe zum Beispiel an Silvester »viel zu viele von ihnen«. Neumeyer sagt, er habe sich aktiv Verbündete unter den 30 Polizeianwärter*innen in seiner Lehrgruppe gesucht – und einen gefunden. »Der wollte aber nur im Verborgenen mit mir reden.« Neumeyer wurde gemobbt und brach die Ausbildung schließlich nach neun Monaten wegen seiner politischen Haltung ab.

Ich wollte das Phänomen näher betrachten und habe deswegen mit Regina Arant, wissenschaftlicher Mitarbeiterin an der Jacobs University Bremen, gesprochen. Die Psychologin forscht zum Wir-Gefühl, zu Solidarität und Abschottung in geschlossenen Gruppen. »Beim Wir-Gefühl stellt sich ein Mensch zwei grundsätzliche Fragen: Wer möchte *ich* sein? Und wer möchten *wir* sein?«, erklärte mir Arant. Die Zugehörigkeit zu einer Gruppe werde so mit der eigenen Identität verknüpft. Hat die Gruppe Erfolg, verspüre jedes einzelne Mitglied ein wohliges, gutes Gefühl. Hat die Gruppe weniger oder keinen Erfolg, versuchen sich einzelne Mitglieder aus der damit verbundenen Identitätskrise zu befreien. So weit die Theorie.

Arant skizziert in ihrer psychologischen Forschung bei so einer gruppenbasierten Identitätskrise drei Handlungsoptionen und erklärt, warum sie mal mehr und mal weniger umsetzbar sind: Man könne entweder die Gruppe wechseln. »Das ist aber oft nicht möglich, zum Beispiel bei ethnischen Minderheiten.« Man könne sich aber auch einen anderen Vergleichsrahmen suchen. »Wenn man Fan von Werder Bremen ist, vergleicht man sich dann nicht mehr mit dem FC Bayern München, sondern mit einem Fußballklub, der weniger Erfolg hat. Zum Beispiel dem 1. FC Köln.« Die dritte Option: andere Menschen abwerten. »Das führt oft zu Rassismus. Damit sich die eigene Gruppe besser fühlt«, sagt Arant. Dieser Abgrenzungsmechanismus könne sich in einigen Gruppen durchaus verselbstständigen. Zum Beispiel innerhalb von Polizeistrukturen. In einigen Fällen kommt es also weniger darauf an, ob eine Gruppe Erfolg hat oder nicht. Der Zusammenhalt wird ein Stück weit zum Selbstzweck und führt zu einer Abschottung gegenüber der übrigen

Gesellschaft. Dadurch scheinen innerhalb der Gruppe Vergehen, Straftaten und der Bruch moralischer Standards legitimiert zu sein: alles im Namen der inneren Solidarität, der Polizei-Ehre und des Gruppen-Images. Es entsteht dabei eine Parallelgesellschaft im handelsüblichen, negativen Sinne.

Eine gute Erklärung für die Abschottung und bedingungslose Solidarität innerhalb von Polizeibehörden lieferte mir Dirk Baier in einem Interview. Er ist Leiter des Instituts für Delinquenz und Kriminalprävention an der Zürcher Hochschule für Angewandte Wissenschaften und brachte es wie folgt auf den Punkt: »Kollegen, auf die ich mich im Einsatz verlassen muss, falle ich nicht in den Rücken. Eine kritische Feedback-Kultur steht dabei nur im Weg, weil man unter Polizisten eine Schicksalsgemeinschaft formt.« Eigenständiges Denken werde so gehemmt. Die strikte Hierarchie in den Behörden sei ein strukturierender Faktor für die persönliche Entwicklung der einzelnen Beamt*innen. Existenzängste und eine Glorifizierung des Bildes der »guten Polizei« (siehe Kapitel 22) spielen wesentliche Rollen. Diese Faktoren führen zu einer Kette von Reaktionen: weghören, nichts tun, Konfrontation vermeiden. Für Rechtsextreme mit gefestigten Glaubenssätzen bietet die *Cop Culture* also ein gemütliches Umfeld.

Sehr anschaulich wird das Phänomen dieses absoluten Zusammenhalts oft in Fernsehkrimis abgebildet und gefeiert (siehe Kapitel 12). Damit das Kommissar*innen-Duo beim *Tatort* reibungslos funktioniert, müssen sich beide Figuren des Tandems absolut aufeinander verlassen können. Dieses Prinzip gilt in der Fiktion wie auch im wahren Leben, selbst wenn ein oder mehrere Mitglieder der Wir-Gruppe unmoralisch oder gar illegal handeln. Diese Selbstabschottung bringt dementsprechend ungeschriebene Regeln mit sich, wie die Polizei intern zu funktionieren hat. Die *Cop Culture* wird zur Grundlage, dass einzelne Polizist*innen oder Beamt*innen in Gruppen überhaupt ihre Macht missbrauchen können. Sie geht dabei Hand in Hand mit dem hierarchischen Aufbau des Sicherheitsapparats, der sich institutionell ebenfalls abschottet (siehe Kapitel 6). Eine wichtige Säule der *Cop Culture* lautet: Intransparenz.

Das beste Beispiel für die Funktionsweise des praktizierten polizeilichen Berufsethos sind die in den vergangenen Jahren bekannt gewordenen rechtsextremen Chats in vielen Polizeibehörden im ganzen Bundesgebiet (siehe Kapitel 18). Diese digitalen Foren der Menschenverachtung, die sich oft auf den Arbeitsalltag der Polizist*innen ausgedehnt haben oder von dort stammen, konnten nur existieren, weil alle drum herum auf gut Deutsch die Klappe gehalten haben. Unzählige Polizist*innen haben sich in solchen Chats rassistisch, antisemitisch und geschichtsrevisionistisch geäußert, unzählige andere Polizist*innen haben mitgelesen – und nichts gesagt.

Für diesen Skandal brauchte es beide Komponenten: das rechtsextreme Gedankengut und das Schweigekartell. Sie funktionieren quasi als unschlagbares Tandem. Eine intransparente Umgangsweise mit dem Problem innerhalb der Hierarchie in Polizeibehörden und Politik kommt noch hinzu.

Ein weiteres anschauliches Beispiel für den Machtmissbrauch auf Basis der *Cop Culture* liegt beim Thema Datenschutz. Der deutsche Staat möchte unbedingt wissen und dokumentieren, wer wo wohnt. Das kommt teilweise einer staatlichen Obsession gleich und bindet enorme bürokratische Ressourcen – nicht nur in den Einwohnermeldeämtern. Mit wenigen Klicks können Beamt*innen herausfinden, wo eine Person in Deutschland gemeldet ist. Gedacht ist diese Datenabfrage, rein gesetzlich betrachtet, nur für polizeilich notwendige Fahndungen. Die Datenbank der Einwohnermeldeämter wurde im Rahmen der *Cop Culture* in den vergangenen Jahren allerdings zigfach zum Selbstbedienungsladen für Polizist*innen.

Dieser intern an vielen Stellen normalisierte Datenmissbrauch gipfelt teilweise in skurrilen Phänomenen: Vor Helene-Fischer-Konzerten, so berichteten mehrere Medien im Jahr 2019[5], haben Polizisten in den entsprechenden Städten, in denen die berühmte Schlagersängerin aufgetreten war, auf internen Servern der Sicherheitsbehörden nach Fischers persönlichsten Daten gesucht. In Hessen fragten Polizisten allein in einer Nacht 83-mal die Daten von Helene Fischer ab. Interne Datenschutzmaßnahmen werden dabei nicht ernst genommen, oder es wird mit kindischem Trotz reagiert. Bei Stichproben verlangt das Polizeidatensystem in Hessen mittlerweile zum Beispiel automatisch eine plausible Begründung zur Abfrage. Ein Beamter versuchte daraufhin mit der Eingabe »Mickey Mouse« diese Hürde zu überwinden, wie die *Frankfurter Rundschau* berichtete.[6] Dieser trotzige Umgang mit Datenschutzrichtlinien im Berufsalltag kann mit einer überbordenden Männlichkeit und einem besonderen Sicherheitsgefühl erklärt werden: Kein Kollege wird mich verpetzen, denken sich viele dieser Täter*innen in Uniform. Beim Thema Datenschutz mischen außerdem oft noch persönliche Kränkungen einzelner Beamt*innen mit, ihr verletztes Ehrgefühl ist stärker als jede Datenschutzrichtlinie.

»Die Systeme werden immer wieder missbraucht, um Nachbarn, Familienmitglieder oder Kollegen auszuspionieren«, berichtete die ehemalige Berliner Datenschutzbeauftragte Maja Smoltczyk dem *Spiegel*. Dieser Datenmissbrauch ist ein Muster auf den Wachen der Republik: Polizist*innen fragen die Daten ihrer Ex-Partner*innen und deren neuen Familien ab oder rächen sich an Menschen, die sie schlicht nicht mögen. In Berlin hat zum Beispiel ein Polizist in den Jahren 2019 bis 2021 mehrmals Daten seiner Ex-Freundinnen abgeschöpft.[7] In einem anderen Berliner Fall belästigte ein Polizist eine Zeugin nach einer Vernehmung über ihre private Handynummer. Die hatte er sich nach der Vernehmung rechtswidrig aus der Datenbank besorgt.[8] Die Betroffene beschwerte sich, so kam der Missbrauch an die Öffentlichkeit.

Eine andere Berliner Beamtin hat Informationen über ihren neuen Lebenspartner abgefragt, um zu überprüfen, ob der Mann polizeilich in Erscheinung getreten war. Immer auf Nummer sicher gehen. Insgesamt gab es im Jahr 2022 allein in Berlin 124 verhängte Bußgelder[9] für Datenmissbrauch bei der Polizei, die Dunkelziffer müsste weit höher liegen. In Möglingen bei Stuttgart spionierte ein Polizist seine Ex-Ehefrau aus. Anfang 2023 flog der Datenmissbrauch auf.[10] Im Jahr 2020 wurde ein Polizeibeamter in Wien verurteilt, weil er nicht nur die Daten seiner Ex illegal abfragte. Auch die Daten ihres neuen Partners soll der Polizist abgeschöpft haben.[11] Das sind nur einige wenige Beispiele von sehr vielen – die in Femiziden enden können. Mitte Mai 2024 erschoss ein Angehöriger der Bundespolizei seine 23-jährige ehemalige Lebensgefährtin im hessischen Weilrod mit seiner Dienstwaffe.[12]

In den Datenschutzberichten aus den Bundesländern finden sich regelmäßig mehrere Fälle, bei denen Polizist*innen – durch die *Cop Culture* in Sicherheit gewiegt – immer wieder die Daten von Bürger*innen zum eigenen Zweck missbrauchen. Es gibt auch Fälle, in denen Beamt*innen durch die Datenabfrage Beweise vernichten und Zeugenaussagen verändern wollen.[13] Der Datenmissbrauch mündet dabei teilweise in rechtsradikale Netzwerke: Ein Polizist aus Dieburg in Südhessen gab im Jahr 2019 vertrauliche Angaben von Bürger*innen aus der polizeilichen Datenbank an seine rechtsextreme Ex-Freundin weiter[14]; in den Jahren 2019 und 2020 griffen Berliner Polizist*innen unerlaubt Daten von Opfern einer rechtsextremen Anschlagsserie im Bezirk Neukölln ab. Die Berliner Polizei verweigerte sich einer Zusammenarbeit mit der zuständigen Datenschutzbehörde und verhinderte somit eine Aufklärung, ob die Daten in das Netzwerk rund um die Anschlagsserie geflossen[15] sind; der bekannteste Fall der vergangenen Jahre ist der sogenannte NSU 2.0, bei denen mehrere Datenspuren bundesweit in verschiedene Polizeibehörden führen (siehe Kapitel 19).

Im Kosmos der Polizei, das zeigen diese Fälle, fehlt eine Grenzlinie zwischen den beruflichen Befugnissen, den politischen Ansichten einzelner Beamt*innen und ihrem persönlichen Ehrgefühl. Die *Cop Culture* sorgt dafür, dass bei der Polizei das Private beruflich ist und umgekehrt. Die radikale Identifikation mit dem Berufsstand führt dazu, dass Beamt*innen einen ebenso radikalen Zusammenhalt entwickeln – der sie im Kontext vieler Vergehen, nicht nur bei rechtsextremen Chats und illegalen Datenabfragen, schützt.

Dieser Korpsgeist ist also bezeichnend für das Selbstverständnis der Polizei. Der interne Zusammenhalt steht über geltenden Gesetzen, über einem auf Papier festgeschriebenen Arbeitsethos, über Gesellschaftsverträgen zur Moral und Menschlichkeit. Die Dunkelziffer, so schätzen es Expert*innen ein, muss bei diesen Grenzüberschreitungen wegen des polizeilichen Schweigekartells hoch sein. Wegen der *Cop Culture* kommen Polizist*innen, die sich aktiv an rechtsextremen Chats beteiligt haben, intern meist ungestraft davon. Im Gegenteil: Es sind jene, die es wagen, intern oder sogar nach außen Kritik zu äußern, die Sanktionen befürchten müssen. Deswegen bleiben interne Hinweise zu jeglichen Vergehen in den Reihen der Polizei eine Ausnahme. Institutionelle Meldestrukturen zu Regelverstößen in Polizeibehörden werden im Kontext der *Cop Culture* zur bloßen Makulatur, weil sie selten bis nie genutzt werden (siehe Kapitel 21).

Diese polizeiliche Blauäugigkeit ist also nicht ahnungslos oder naiv, sie ist eingewoben in die Kultur der Institution. Der Mensch ist ein Gewohnheitstier, heißt es. Und so gewöhnen sich Polizeibeamt*innen gemäß der *Cop Culture*, die in Deutschland, aber auch in den USA, Großbritannien oder Frankreich gut erforscht ist, an diese ungeschriebenen Regeln ihres Berufsstandes. Abläufe werden selten hinterfragt und werden automatisiert. Dann ist da halt dieser eine Kollege, der andauernd den Holocaust relativiert und Gewaltfantasien gegen Geflüchtete teilt. Die *Cop Culture* sorgt dafür, dass es innerhalb von Polizeibehörden (fast) keine Fehlerkultur gibt.

Dies hat auch eine Studie der Gesellschaft für Freiheitsrechte aus dem Jahr 2024 bestätigt.[16] Dafür wurden 558 Polizeibeamt*innen aus ganz Deutschland befragt. Die meisten gaben an, noch nie Fehler bei Kolleg*innen beobachtet zu haben. Gleichzeitig behauptete aber jede*r sechste*r befragte Beamt*in Fehlverhalten von Kolleg*innen bemerkt, aber nicht gemeldet zu haben. Dieses unlogische Antwortverhalten passt zu einer allgemeinen Unsicherheit, die oft als Begleitphänomen zur *Cop Culture* auftaucht. Warum werden Missstände nicht gemeldet? In der Studie gaben 55 Prozent der Befragten an, sie hätten Angst vor negativen Reaktionen der Kolleg*innen. 47 Prozent führten ihre Loyalität gegenüber der Polizei ins Feld. 42 Prozent befürchteten negative Konsequenzen für ihre eigene berufliche Laufbahn.[17] Das Resultat: Es werden intern selten bis keine Debatten geführt, Kritik von außen prallt an polizeilichen Institutionen ab.

Diese polizeiliche Kritikresistenz beschreibe ich anhand eines »Gesprächs« mit einem Polizeigewerkschafter im nächsten Kapitel näher. Es hat mich an von mir analysierte geheime Dokumente einer deutschen Polizeibehörde in einer Großstadt erinnert, in denen interne Feedback-Runden über die Jahre zu routinierten Theaterstücken für selbstbezogene Lobeshymnen mutierten. Jeden Tag um 9 Uhr morgens würden die Polizist*innen zusammenkommen und sich loben, sagte mir ein*e Informant*in. Die von mir eingesehenen Protokolle aus den Gesprächen unter Polizist*innen und ihrer Vorgesetzten zeigen, dass es so gut wie keine interne Kritik an der eigenen Arbeit gibt. Das hat mit Faktoren zu tun, die schwer zu greifen sind: Hier geht es um Emotionen und Empfindungen wie Stolz und Ehre, manchmal sogar einen Glauben an die eigene Unfehlbarkeit. Polizist*innen, das sind die Guten, das sind Freund*innen und Helfer*innen, die machen nichts Böses. Wenn man sich dieses Bild jeden Tag einhämmert, glaubt man, in Uniform gekleidet, dass man keine Fehler begehen kann. Vor allem, wenn es keine effektive Struktur gibt, die etwaige Fehler unabhängig aufdeckt (siehe Kapitel 21).

Viele Beamt*innen sehen in Entgleisungen oder im eigenen Machtmissbrauch eben kein Problem, oder sie suchen Ausreden, um eine rassistische Sprache oder eine (unverhältnismäßige) Gewaltausübung zu rechtfertigen. Bei Kritik von außen, egal ob über journalistische Recherchen, wissenschaftliche Studien oder polizeikritischen Aktivismus, wird eine Mauer hochgezogen. Die *Cop Culture* greift erneut mit einer ihrer wichtigsten Regeln: Nicht mit Außenstehenden sprechen. Und so wird die Polizei zu einer Art Parallelgesellschaft – im negativen Sinne.

6 Von der Polizeigewerkschaft bis hin zum Innenministerium

Ein Grundproblem in der Funktionsweise der modernen Polizei besteht darin, dass sie von der Politik – und dadurch auch demokratisch legitimiert von der Gesellschaft – den Auftrag bekommen hat, Straftaten nicht nur zu verfolgen und zu ahnden, sondern sie darüber hinaus vorherzusehen und erst gar nicht geschehen zu lassen. Die Kriminologin Schohreh Golian notiert dazu in einem wissenschaftlichen Aufsatz: »Seit der sogenannten proaktiven Wende der Polizeiarbeit Ende der 1970er-Jahre orientiert sich diese nicht mehr reaktiv an konkreten Straftatbeständen und kriminellen Handlungen von Individuen, sondern will Gefahren vor ihrer potenziellen Entstehung antizipieren, um die Risiken für die ›Sicherheit und Ordnung‹ zu minimieren.« Das klingt erst mal sehr gut. Wer ist schon dagegen, Kriminalität einzudämmen, bevor sie überhaupt entsteht? Ich nicht. Nur schließt sich hierbei die Frage an, welchen Preis diese Methode der Kriminalitätsbekämpfung verlangt (was ich zum Beispiel in Kapitel 14 diskutiere).

Während in der DDR die Stasi ihre Vormachtstellung ausbaute, kamen in der Bundesrepublik der 1970er-Jahre gleich mehrere Faktoren zusammen, die diese proaktive Wende in der Polizeipraxis bedingt haben: Die Gründung der RAF im Jahr 1970 lieferte ein perfektes Feindbild für den Sicherheitsapparat, der die Gefahr »mit allen Mitteln« zu bekämpfen versuchte. So wurde später die Schleierfahndung, also die polizeiliche Fahndung ohne konkreten Anlass, massiv ausgebaut. Wer sich kritisch gegenüber den herrschenden Verhältnissen äußerte, geriet direkt ins Visier der Sicherheitsbehörden. Ich saß als Redakteur Woche für Woche mit Helmut Schmidt in einem stickigen Raum in Hamburg und musste ihm geduldig stundenlang zuhören, wie er auf Keksen kaute und die alten Zeiten romantisierte, in denen er Kriminalität und Terror mit harter Hand bekämpfte. Ich erwähne das hier nur, weil ich weiß, dass viele Deutsche beeindruckt sein werden.

Während der Kanzlerschaft von Schmidt bedrohten nach dem sogenannten Wirtschaftswunder Ölkrisen den Wohlstand in Westdeutschland. Besitz galt es durch polizeiliche Maßnahmen zu schützen. Auch weil eine neoliberale Welle über Nordamerika und Westeuropa schwappte, die Privatisierungen und den Fokus auf Wachstum mit sich brachte und dem Kapital den absoluten Vorrang gewährte. So knüpfte die Polizei ab den 1970er-Jahren wieder an ihre alte Entstehungsgeschichte an (siehe Kapitel 2).

In diesem Mix entstand eine Sicherheitspolitisierung von Politik und Gesellschaft, die teilweise in einen Wahn in der Innenpolitik überging und später in das Erstarkten rechtsextremer Parteien in Deutschland und ganz Europa gipfeln sollte. Sicherheitspolitisierung meint, dass bei jedem Politikfeld das Thema Sicherheit in den Fokus genommen wird. So werden verschiedene politische Herausforderungen wie soziale Verwerfungen in der Stadt, Außenpolitik oder Migration stets unter der Prämisse betrachtet: Was bringt es aus innenpolitischer Sicht? Aus dieser Sicherheitspolitisierung jedes Themas entstanden wiederum Strukturen, die bis heute greifen und das Polizeiproblem prägen.

Beim Thema Migration ist die Fokussierung auf Sicherheit sehr ausgeprägt: Dabei sollen Menschen mit Gewalt an ihrer Mobilität gehindert werden, egal aus welchen Gründen sie von einem Land in das andere auswandern oder flüchten wollen. Im Sinne von vereinfachten Abschiebungen kamen in den vergangenen Jahren immer mehr Neuerungen auf, zuletzt im Oktober 2023: Die Polizei bekam von der Ampel-Regierung mehr Kompetenzen zugesprochen – die nicht nur ethisch, sondern auch juristisch umstritten sind.[1] Beamt*innen dürfen in Deutschland seitdem im Zuge von Abschiebungen andere Räume (von Fremden oder Dritten) durchsuchen und digitale Geräte wie Telefone oder Rechner (wieder von Unbeteiligten) durchforsten. Menschen können mit dieser Abschiebe-Reform bis zu 28 Tage festgehalten werden.[2] Mutmaßliche Schleuser, die lediglich unter Verdacht stehen, dürfen unkompliziert abgeschoben werden – ohne dass ein unabhängiges Gericht den Fall gründlich geprüft hat. So sieht es auch eine EU-Richtlinie vor. Es existieren Fälle, in denen Flüchtende anderen Flüchtenden das Leben gerettet haben, sie vor dem Ertrinken bewahrt haben und daraufhin als Schleuser galten.[3] Dabei ist klar: Die Sicherheitspolitisierung der Migration wird die Menschen nicht davon abhalten, sich in Sicherheit zu bringen.

Der wichtigste politische Link der Sicherheitspolitisierung ist die Etablierung einer gewissen Hierarchie zwischen Politik und Polizei im Kontext der Demokratie. Das klingt jetzt alles etwas hochgestochen, ist aber an sich ganz simpel. Man kann sich diese Hierarchie als Pyramide vorstellen. Die sowohl die funktionalen Akteure (also die Polizei) als auch die politischen Entscheider*innen (die Politik mit all ihren Zweigen) vereint. Nun stellt sich die Frage: Wo platziert sich welcher Akteur in dieser Pyramide. Wer steht ganz oben? Wer ganz unten?

Ohne Zweifel kommt an die Spitze das politische Personal, das die wegweisenden Entscheidungen trifft und in Deutschland demokratisch gewählt wird. Sprich: Die Innenministerien in Bund und Ländern als Dienstherren der Polizeibehörden. In Deutschland wird die innere Sicherheitspolitik aus historischen Gründen (siehe Kapitel 2) föderal organisiert, deswegen findet sich hier eine Vielzahl von Pyramiden, die miteinander interagieren. Siebzehn, um genau zu sein: sechzehn für die Bundesländer und eine für den Bund.

Die Innenministerkonferenz von Bund und Ländern, für die ich nach Kiel gereist war und bei der sich die Innenminister*innen absprechen und koordinieren, fand im Jahr 2019 in der Hauptstadt von Schleswig-Holstein statt. In einem Luxushotel unweit des Kieler Hauptbahnhofs. Mir ist bei dieser Veranstaltung keine andere nichtweiße Person aufgefallen, weder auf der Seite der Innenministerien und ihrer Verwaltungen noch auf der Seite der Journalist*innen. Sicherheitspolitisierung ist ein sehr weißes Geschäft, doch dies ist nicht der Kern des Problems. Der Aufbau des Sicherheitsapparats entscheidet darüber, was die einzelnen Akteure in der Pyramide tun. Dieses Phänomen möchte ich im Folgenden erläutern.

Am Rande der Konferenz konnten Journalist*innen kurze Interviews mit den Innenminister*innen führen. Im großen, lang gezogenen Konferenzraum wurden wenige Minuten zu Beginn der Veranstaltung reserviert, in denen insbesondere Fernsehteams Schnittbilder für ihre Beiträge aufnehmen konnten. Ich hatte also wenig zu tun und nahm direkt hinter der Delegation aus Sachsen Platz. Vor mir saßen vier Vertreter*innen des Innenministeriums aus Dresden. Ein Beamter drehte sich zu mir um und erschrak – mit meinem Gesicht hatte er seiner Mimik zufolge nicht gerechnet. Ich versuchte derweil auf ihre Dokumente auf dem Tisch zu schielen und erkannte, dass die Tagesordnung bei dieser Konferenz stark von der historisch gewachsenen Sicherheitspolitisierung geprägt war. Fast das ganze Programm war für das Thema Migration reserviert.[4]

In Deutschland wird Migration fast ausschließlich aus der sicherheitspolitischen Perspektive in solchen Entscheidungsräumen betrachtet. Für Rechtsextremismus blieb dagegen nur wenig Zeit – obwohl der rechtsextreme Mord an dem Kasseler Regierungspräsidenten Walter Lübcke nur wenige Tage zurücklag. Ich habe hier, in der zweiten Reihe direkt hinter den sicherheitspolitischen Entscheider*innen, verstanden, dass die polizeiliche Praxis von der politischen Entscheidungsfindung abhängt. Bis die Entscheidung getroffen wird, werden Informationen und Vorschläge über die Verwaltung gefiltert, vorsortiert, der Spitze des Ministeriums nahegelegt. Die Macht der vier Beamt*innen aus Sachsen sollte man also nicht unterschätzen. Die Entscheider*innen in der Verwaltung stehen zwar eindeutig ganz oben in der Pyramide, die Polizeibehörden selbst bilden aber die große und stabile Basis für den Alltag (und damit auch den Machtmissbrauch) im Polizeiberuf. Im Konferenzsaal ist mir dabei aufgefallen, dass es keinen großen Unterschied macht, welche Partei in den Innenministerien Deutschlands das Sagen hat.

Vorne im Saal an der Spitze der Konferenztafel saß der damalige Innenminister Horst Seehofer von der CSU, ihm gegenüber sein Kollege in Niedersachsen, Boris Pistorius von der SPD. Beide machten, wenn auch mit verschiedenen Tonalitäten, ähnliche Politik. Maßgeblich geprägt von Beamt*innen, die sich nicht nur dem Staat, sondern auch Recht und Ordnung verpflichtet fühlen. Denn Innenminister*in kann in Deutschland nur werden, wer innerhalb des Sicherheitsapparats einen Stallgeruch mitbringt oder schnell annimmt. Die größte Gefahr für ein*e Chef*in in einem Innenministerium ist eine gegen die eigene Spitze rebellierende Verwaltung. Das haben mir viele Insider*innen in den sechzehn innenpolitischen Hauptstädten Deutschlands über die Jahre bestätigt. Nancy Faeser von der SPD startete Anfang 2022 spektakulär in ihr Amt als Innenministerin. Damals war bekannt geworden, dass sie einen Gastbeitrag in einem »Antifa-Magazin« des Vereins »Vereinigung der Verfolgten des Naziregimes – Bund der Antifaschistinnen und Antifaschisten« veröffentlicht hatte. Dort schrieb Faeser als Oppositionelle in Hessen über rechtsextreme Strukturen in Deutschland, über den sogenannten NSU 2.0 (siehe Kapitel 19) und wie man dieses Problem bekämpfen kann.

Das gefiel nicht nur dem politischen Gegner nicht, für weite Teile der Verwaltung im Bundesinnenministerium und innerhalb der verschiedenen Polizeibehörden ist das Wort »Antifa« ein rotes Tuch. Schnell switchte Faeser also um und formulierte in den darauffolgenden Wochen und Monaten bei mehreren Gelegenheiten Sätze, die auch von ihrem Vorgänger Horst Seehofer hätten stammen können. Schon Ende 2022 rief sie bei einer Konferenz des Bundeskriminalamtes in den Saal, dass ihr der Kampf gegen die sogenannte Clan-Kriminalität besonders wichtig sei (siehe Kapitel 15). Und das, obwohl sie im Gegensatz zu ihren Kolleg*innen in den Bundesländern bei diesem Thema sehr wenige Kompetenzen besitzt. Dennoch machte Faeser Stimmung, diese Kriminalität sei »absolut inakzeptabel«. »Das müssen diese Leute lernen – wenn es sein muss, auf die harte Tour«, sagte Faeser zu den anwesenden Beamt*innen.[5] Diese müssen sich über den schnellen politischen Wandel ihrer Dienstherrin zumindest ein bisschen gefreut haben. Ein*e Insider*in im Berliner Regierungsviertel erklärte mir, dass daran gut zu erkennen sei, wie der über Jahre aufgebaute Sicherheitsapparat seine Spitze maßgeblich beeinflusst – und nicht umgekehrt. Diese Dynamik relativiert wiederum, wer politisch an der Spitze der Pyramide steht: Der Aufbau der Sicherheitsverwaltung gibt maßgeblich die Ausrichtung der Sicherheitspolitik vor.

Eine Etage tiefer, von der Spitze der Pyramide aus betrachtet, sitzen deswegen nicht etwa die Sicherheitsbehörden selbst, auch nicht – wie es in der Demokratie immer so schön heißt – der Souverän. Es sind die Interessenvertretungen der Polizei, die Polizeigewerkschaften, die in dieser Hierarchie ziemlich weit oben angesiedelt sind. Diese sehr speziellen Gewerkschaften wirken sowohl nach innen, in den Sicherheitsapparat und die Sicherheitspolitik hinein, als auch nach außen, über die Medien und eine aggressive Öffentlichkeitsarbeit. Das habe ich in Gesprächen selbst oft beobachten können.

Nachdem ein Polizist in Dortmund den 16-jährigen Mouhamed Dramé Mitte 2022 erschossen hatte, wurde ich bei einer Radiosendung eines öffentlich-rechtlichen Senders[6] live ins Studio zugeschaltet. Ich sollte meine Recherchen und Analysen zum Polizeiproblem mit dem Publikum teilen. Als »andere Seite« wurde ein Polizeigewerkschafter eingeladen. Was ich mehr als *False Balance* denn als Möglichkeit, ins Gespräch zu kommen, interpretierte (siehe Kapitel 9). Bevor die Sendung anfing, sprach ein Techniker mit uns, um zu testen, ob wir über den genutzten Messengerdienst auch gut zu hören waren. Als Profilbild meines Gesprächspartners tauchte auf meinem Bildschirm das Logo des Fußballvereins FC Schalke 04 auf. Er machte flapsige Witze, saß in seinem Auto und fuhr auf der Autobahn kurz rechts ran auf den Seitenstreifen. Das müsse in seinem Fall okay sein, sagte er und kicherte. Eigentlich herrscht auf der Autobahn striktes Halteverbot. Das weiß sogar ich, und ich bin eine Niete hinterm Lenkrad. Dieses Verhalten ist aber symptomatisch für das Selbstverständnis von Polizeigewerkschaften in Deutschland, die oftmals denken, sie stünden über dem Gesetz.

Wie ein Mantra, egal welche Statistik, egal welche Perspektive in der Sendung geteilt wurde, behauptete der Polizeigewerkschafter, dass seine Kolleg*innen »einen hervorragenden Job« machen würden. Nicht verwunderlich, ist es doch seine Aufgabe, alles schönzureden. Selbst als mehrere O-Töne eingespielt wurden, in denen von Rassismus betroffene Menschen ihre Angst vor der Polizei teilten, zuckte der Polizeigewerkschafter akustisch nur mit den Schultern. Jegliche Kritik oder Schilderungen von Polizeigewalt tat er als »Einzelmeinung« und als »unfair« ab. Man solle doch, so forderte er, die Ermittlungen zum Fall Mouhamed Dramé abwarten, die er fälschlicherweise als sorgfältig und gründlich bezeichnete (siehe Kapitel 17). Er schob noch in seiner letzten Antwort nach, dass die Polizei »professionell« arbeite. »Strukturelle Probleme verneine ich in den Reihen der Polizei«, sagte er. Nach Ende der Live-Sendung und bevor die Leitung zum Studio gekappt wurde, hörte ich, wie er Gas gab und kommentarlos auflegte.

In den vielen Jahren meiner polizeikritischen Recherchen habe ich gelernt, dass ein Gespräch mit Polizeigewerkschaften unmöglich ist. Polizeiliche Interessenvertretungen engagieren sich sehr gern in symbolischen, identitätspolitischen Debatten. Sie besetzen dabei Nebenschauplätze und fachen Diskussionen an: zum Beispiel, dass Polizist*innen während der Fußball-Europameisterschaft im Jahr 2024 Deutschlandfahnen im Dienst tragen sollen dürfen.[7] In relevanteren Auseinandersetzungen prallt an Polizeigewerkschaften jegliche Evidenz ab, jegliche Kritik wird mit martialischem Vokabular abgetan und als »polizeifeindlich« markiert. Polizist*innen werden von ihren Gewerkschaften (und das verwundert nicht) heroisiert, ja als unantastbar dargestellt. Und mit dieser Haltung dringen Polizeigewerkschaften in die Räume ein, in denen politische Entscheidungen getroffen werden. Also an die Spitze der Pyramide. So zum Beispiel in den Konferenzsaal des Kieler Luxushotels, in dem die Innenministerkonferenz stattfand. Im Kampf gegen die sogenannte Clan-Kriminalität folgen die Innenministerien zum Beispiel maßgeblich der Linie und den Wünschen der Polizeigewerkschaften. Obwohl die bisherige Strategie kläglich gescheitert ist (siehe Kapitel 15).

Ausgerechnet in den Sozialen Medien werden die politischen Ansichten der Gewerkschaften am deutlichsten formuliert. Dort, wo sie jede*r selbst nachlesen kann. Ein Polizeigewerkschafter bezeichnete auf Twitter nicht-weiße Menschen öffentlich als Affen.[8] Er schrieb auch den Satz »Rechts ist nichts Verwerfliches«[9] und ließ dabei bewusst den Korridor hin zum sehr rechten politischen Spektrum offen. Er posierte mit Meinungsmacher*innen aus dem Springer-Verlag lächelnd auf seinem Profil[10], im Springer-Fernsehen äußerte er zwischendurch seine Verachtung für unabhängigen Journalismus, insbesondere wetterte er gegen den öffentlich-rechtlichen Rundfunk. Zwischen Bildern in Tracht eines Schützenvereins postet er gern Tweets gegen Migrant*innen und alles, was er als »links« betitelt. Dieser eine Gewerkschafter steht in seinen Äußerungen und Forderungen repräsentativ für viele seiner Kolleg*innen. Es ist wichtig, hier festzuhalten, dass diese öffentlichen Repräsentant*innen der Polizei von Zehntausenden Polizist*innen, die Mitglieder in den Gewerkschaften sind, unterstützt werden. Jeder öffentliche Auftritt im Sinne von »Law and Order« ist stets ein Stück Wahlkampf. Je krasser die Sicherheitspolitisierung jedes Winkels der Gesellschaft, desto mehr Unterstützung gibt es in den eigenen Reihen.

Rainer Wendt ist Vorsitzender der deutschen Polizeigewerkschaft und bekannt für Worte, die sich stets an den Grenzen des Sagbaren orientieren. Auch er ist regelmäßig bei Springer-TV zu sehen, schreibt Bücher mit Titeln wie *Deutschland wird abgehängt* oder *Deutschland in Gefahr*. Sicherheitspolitisierung in Reinform – aus meiner Sicht als investigativer Journalist meist ohne jegliche Evidenz. Wendt geht es laut meiner Lesart bei seinen Wortbeiträgen oft darum, dass Migrant*innen, Linke oder alle, die nicht auf der Linie seiner Polizeigewerkschaft sind, eine Gefahr darstellen. Die Beschreibung seiner Person und seiner politischen Überzeugungen ist hier aus juristischen Gründen sehr milde ausgedrückt.

Nur drei Beispiele, die seine politischen Positionen illustrieren: Als im Jahr 2012 ein Gericht diskriminierende Kontrollen durch die Polizei als rechtswidrig einstufte (siehe Kapitel 14), bezeichnete Rainer Wendt dies als »schöngeistige Rechtspflege«[11]; im Jahr 2014 forderte Wendt »Nacktzelte«, in denen sich Besucher*innen von Fußballstadien ausziehen sollten, um entblößt von der Polizei kontrolliert werden zu können[12]; nach der Ankunft der Geflüchteten im Jahr 2015 schrieb Wendt: »Und jetzt gibt uns die Regierung eine Jahrhundertaufgabe, um die wir sie nicht gebeten haben. Und sagt uns, dass wir tolerant sein müssen und weltoffen. Das müssen wir nicht.«[13]

Im Jahr 2019 wurde Wendt vielleicht wegen dieser politischen Haltung als Staatssekretär im Innenministerium von Sachsen-Anhalt gehandelt.[14] Doch stolperte der oberste Polizeigewerkschafter über ein Disziplinarverfahren, bei dem es um nicht-deklarierte Einkünfte als Aufsichtsratsmitglied einer Versicherung ging.[15] Wendt kassierte doppelt aus der Staatskasse: als pensionierter Beamter und in seinen Nebenfunktionen. Das ist verboten. Gesetze scheinen viele Polizist*innen und vor allem Polizeigewerkschafter*innen für sich selbst anders anzuwenden. Sein Fall zeigt allerdings gut die Nähe zwischen Polizeigewerkschaften und Innenpolitik in Deutschland, die sich von Figuren wie Rainer Wendt in sicherheitspolitische Debatten tragen lässt.

Die proaktive Wende der Polizei brachte also seit den 1970er-Jahren ein Konglomerat aus politischen Vertreter*innen, Verwaltungen und Polizeigewerkschaften. Hinzu kam ein immer radikalerer sicherheitspolitisierter Diskurs. Wenn alles und jeder eine Gefahr darstellt, müssen immer mehr Maßnahmen im Sinne der Sicherheit her. Den Worten folgten sehr weit gefasste Interpretationsspielräume für die Polizei als Institution und für Polizist*innen als handelnde Subjekte. Dafür sorgten und sorgen insbesondere Polizeigewerkschaften, die politisch einen großen Spagat hinlegen: Neben ihrer Nähe zur »Law and Order«-Politik in Bund und Ländern an der Spitze der Pyramide engagiert sich zum Beispiel die Gewerkschaft der Polizei auch im Deutschen Gewerkschaftsbund.[16] Dort laufen teilweise jene linken Kräfte herum, die Polizeigewerkschafter an anderer Stelle bekämpfen. Die Welt der Polizeigewerkschaften muss allerdings keinen Sinn ergeben. Alles läuft bei ihnen auf eine konsequente Interessenvertretung ihrer uniformierten Mitglieder hinaus. In diesem Sinne kann man sie sogar als erfolgreichste Gewerkschaft Deutschlands bezeichnen, während die anderen Gewerkschaften an Bedeutung und Mitgliedern verlieren.[17]

Der harte Kurs der Polizeigewerkschaften und die oft zu beobachtende Hörigkeit der Politik bleiben allerdings nicht bei Worten oder Interpretationsspielräumen stehen. Sie gehen weiter und touchieren den Alltag vieler Menschen in Deutschland. So werden zum Beispiel urbane Paniken ausgelöst, indem die Sicherheitspolitik, Polizeigewerkschaften, die Polizei selbst und einige Medien »unsichere Orte« oder »gefährliche Orte«, sogenannte Kriminalitätsschwerpunkte in Städten, definieren. Rein statistisch betrachtet ist es nur logisch, dass die Kriminalitätsrate steigt, wenn mehr Menschen auf weniger Raum (zum Beispiel in einer Stadt) zusammenkommen. Oft werden über einen sicherheitspolitisierten Blick insbesondere migrantische Orte gebrandmarkt.

Im Jahr 2014 habe ich mir das konkret an der von Geflüchteten besetzten ehemaligen Gerhart-Hauptmann-Schule in Berlin-Kreuzberg angeschaut. Dort, so hieß es, würden regelmäßig Polizeieinsätze stattfinden, die die Kriminalitätsstatistik für diesen Ort in die Höhe getrieben hätten. Die Zahl der Polizeieinsätze sei um die Schule herum Ende 2012 um 60 Prozent gestiegen, hieß es in mehreren Berichten.[18] Tatsächlich wurden in und um das Gebäude mehrere Straftaten begangen, doch konnte ich mit einer Recherche nicht bestätigen, dass dieser Ort besonders gefährlich war. Als es noch möglich war, ging ich am Sicherheitsdienst vorbei und sprach regelmäßig mit mehreren Bewohner*innen des Schulgebäudes. Dabei habe ich selbst erlebt, wie solche Einträge in die Statistik zustande gekommen sind: Als sich ein Geflüchteter in der Schule das Bein gebrochen hatte, riefen Bewohner*innen die Feuerwehr. Erschienen sind unzählige Polizist*innen in mehreren Polizeiautos, die die Statistik allein mit ihrer Präsenz aufblähten (siehe zur Kritik an polizeilichen Statistiken auch Kapitel 15). Polizeigewerkschaften[19] und Innenpolitiker*innen sorgten allerdings dafür, dass die ehemalige Schule als ein »unsicherer Ort« deklariert wurde. Ihnen ging es dabei, so mein Verdacht, nicht um die Lösung eines konkreten Problems, sondern um die Durchsetzung weiterer langfristiger Maßnahmen im Sinne der proaktiven Wende.

Die Sicherheitspolitisierung sorgt nämlich dafür, dass Forderungen intern, aber auch nach außen besser durchgedrückt werden können: mehr Kompetenzen, mehr Überwachung, mehr Aufrüstung. Und so treffen sich Innenpolitiker*innen, Verwaltungsbeamt*innen und Polizeigewerkschafter unter Ausschluss der Öffentlichkeit regelmäßig bei großen Polizeimessen und gehen auf noch größere Shoppingtouren auf Kosten der Steuerzahler*innen: Dort freunden sie sich mit Hersteller*innen von Waffen an, fahren in kleinen Panzern durch Messehallen, lernen mit Tasern und Maschinenpistolen auf Körper zu schießen und schmieden neue Pläne, um noch mehr aufzurüsten.[20] Das große Vorbild: die USA. Dort wurden ab dem Ende der 1960er-Jahre Produktionsüberschüsse aus der Rüstungsindustrie in die Ausstattung von Polizeibehörden im ganzen Land umgeleitet. Alles im Namen der Sicherheit – die Minderheiten und allgemein die Gesellschaft bedroht.

7
Der kurze Arm der Justiz

Im September 2020 musste ein Fotograf vor dem Amtsgericht Brandenburg/Havel erscheinen. Zwei Polizisten warfen dem Mann vor, ihre Arbeit gewaltsam behindert zu haben. Sie gaben an, der Fotograf habe sie tätlich angegriffen. Der Anwalt des Fotografen präsentierte nach den unter Eid erfolgten Aussagen der Polizisten vor Gericht ein Video. Denn beim angeblichen Angriff des Fotografen lief seine Kamera von den Beamten unbemerkt weiter. Die Aufnahme dokumentiert eindeutig, dass es einer der Beamten war, der den Fotografen grundlos angegriffen und beleidigt hatte. Es ist sogar zu sehen, wie der Beamte den Fotografen lebensbedrohlich würgt.[1] Die Polizisten haben also gelogen. Ebenfalls im Video zu sehen: Drei weitere Polizisten, die die Szene mitbekommen, vor Ort nicht einschreiten und der späteren Täter-Opfer-Umkehr nicht widersprechen.[2] Der Fotograf wurde vom Gericht freigesprochen, gegen die beiden Polizisten wurde ein Disziplinarverfahren eingeleitet, und die Staatsanwaltschaft ermittelte wegen Falschaussagen unter Eid.[3] Dieser Fall ist eine gute Illustration der *Cop Culture*. Es ist nicht immer so eindeutig wie in dieser besonderen Folge von CSI *Brandenburg/Havel*. Ein vergleichbarer Fall ereignete sich Ende 2023 in Göttingen, nachdem eine Demonstration rund um eine leer stehende Immobilie in der Innenstadt nach einer Polizeiräumung eskalierte. Eine Polizistin sagte danach vor Gericht falsch aus, verdrehte Fakten und erfand

Warndurchsagen, die sie während der Demonstration gemacht haben soll. Ihre Falschaussagen wurden letztendlich durch ein Video entlarvt.[4] Es kommt also immer wieder vor, dass Polizist*innen lügen. Vor Gericht. Unter Eid. Und das ist ein großes Problem.

»Das, was Recht ist oder nicht, bestimmt die Polizei.« Dieses Denken stammt nicht nur aus den 1920er-Jahren (siehe Kapitel 2). Viele Polizist*innen denken bis heute, dass sie nicht das Recht verteidigen, hüten oder repräsentieren, sondern individuell und nach ihrem Gusto entscheiden, was legal und was illegal ist (siehe Kapitel 4). Erleben konnte ich dieses Phänomen aus nächster Nähe, wie schon erwähnt, im Amtsgericht Köln. Dort traf ich auf drei Polizisten, die sich im Warteraum absprachen und im Gerichtssaal eine Show abzogen. Laut meinen Recherchen haben die drei Polizisten dem Richter ins Gesicht gelogen – und der Richter in seiner Robe und mit der Aura der vermeintlichen Parteilosigkeit umgeben lächelte dabei. Er neigte den Kopf. Später trug er im Gerichtssaal eine Lobeshymne auf »unsere mutigen Polizisten« vor. Für mich als politischen Beobachter und Journalist war dies äußerst verstörend. Denn ein weiteres großes Problem besteht darin, dass viele Gerichte äußerst polizeifreundlich eingestellt sind, weit weg von unvoreingenommener Rechtsprechung. Zwar steigen die Fallzahlen von Polizeigewalt (zwischen 2017 und 2020 um 44 Prozent auf mehr als 2000 Fälle pro Jahr, Dunkelziffer wie immer viel höher), die Zahl der Gerichtsverfahren stagniert allerdings auf niedrigem Niveau.[5] Warum ist das so?

Polizeigewerkschaften und die deutsche Innenpolitik deuten die seltenen Gerichtsverfahren gegen Beamt*innen natürlich in ihrem Sinne: An dem Phänomen Polizeigewalt sei halt nichts dran. Laut einer Studie zum Thema juristische Verfolgung von Polizeigewalt der Uni Frankfurt landet nur ein Bruchteil der Fälle von Polizeigewalt überhaupt vor einem*einer Richter*in in Deutschland.[6] Die sogenannte Erledigungsstruktur beim Thema Polizeigewalt liegt bei deutschen Staatsanwaltschaften lediglich bei zwei Prozent. Bedeutet: Nur zwei Prozent der Verdachtsfälle führen zu einer Anklageerhebung durch die entsprechenden Staatsanwaltschaften. Der Polizeiforscher Tobias Singelnstein sagt, dass so ein niedriger Wert in keinem anderen Deliktsbereich zu beobachten ist. Das sorgt wiederum für eine Anomalie in der Statistik: Weil das Rechtssystem in Deutschland Polizist*innen systematisch bevorzugt und bei Vergehen weitestgehend deckt. Die meisten Ermittlungen werden dementsprechend von Staatsanwält*innen frühzeitig eingestellt.[7] Die Gewerkschaft der Polizei (GdP) freut sich über dieses »gute Ergebnis«. Es ist etwas zynisch, sich über ein dysfunktionales Rechtssystem zu freuen. Aber das nur als kleine Beobachtung am Rande.

Für diese statistischen Anomalien sind andere Faktoren verantwortlich: Gerichte, aber vor allem Staatsanwaltschaften ermitteln äußerst ungern und damit auch selten gegen ihre Buddies von der Polizei. Vor allem Staatsanwält*innen sind mit Landeskriminalämtern und dem Bundeskriminalamt stark verbunden. Gegen Polizist*innen zu ermitteln heißt oft, gegen Freund*innen zu ermitteln oder gegen seine eigene politische Einstellung. Das »Law and Order«-Prinzip, und das impliziert der Begriff ja bereits, erstreckt sich von Polizeibehörden bis hin ins Justizsystem. Dabei könnte ein wichtiger Reformansatz zur unabhängigen Registrierung und Verfolgung von Polizeigewalt helfen, um für mehr Aufklärung zu sorgen (siehe Kapitel 21). Die Realität juristischer Aufarbeitung von Polizeigewalt weist allerdings wenig Gerechtigkeit und Unvoreingenommenheit aus. Weil viele Betroffene davon wissen, ist die Anzeigebereitschaft (bei der Polizei gegen die Polizei und dann auch vor Gerichten) in Deutschland, aber auch in Österreich[8] und der Schweiz, verschwindend gering. Dies zeigen ausgerechnet die wenigen Fälle, bei denen Polizist*innen auf der Anklagebank Platz nehmen mussten.

Im Mai 2023 wurde im Amtsgericht Göttingen ein Fall verhandelt, in dem ein 33-jähriger Polizist einen Mann krankenhausreif geschlagen hatte. Es existieren Videoaufnahmen von diesem Vorfall, wenn auch verwackelt, Hinweise deuten auf eine unverhältnismäßige Gewaltanwendung des Polizisten hin. Dennoch, so steht es in mehreren Berichten[9], glaubte der Richter dem Polizisten, der sich vor Gericht als Opfer stilisierte. Der Polizist hatte angegeben, sich selbst verteidigt zu haben. Vor Gericht gab er an, »Bewusstlosigkeit, Schutzlosigkeit und Todesangst« befürchtet zu haben. Deswegen hatte er zugeschlagen. Sein Opfer hatte am Boden keine Chance. Der Polizist wurde vom Richter freigesprochen. Er habe in Notwehr gehandelt, lautete das Urteil. Nur die letzten beiden Schläge seien rechtswidrig gewesen, als das Opfer schon fixiert am Boden lag, hieß es später von einem Gerichtssprecher. Zwei dokumentierte Schläge, die das Gericht nicht rechtfertigen konnte und dann einfach als Bonus durchgehen ließ. Dafür berief sich der Richter sogar auf einen speziellen Paragrafen im Strafrecht zur »Überschreitung der Notwehr«. Der Polizist habe außerdem in einem »hochemotionalen Erregungszustand« gehandelt, hieß es vor Gericht. Ach ja: Die ganze Situation war im Übrigen eskaliert, weil das alkoholisierte Opfer sich nicht grundlos hatte kontrollieren lassen wollen. Der Richter sagte dazu: »Der war einfach auf Krawall gebürstet, da kann man als Polizeibeamter nicht einfach wegsehen.« Wen wundert es da, wenn Betroffene von Polizeigewalt sich bei diesen Verhältnissen scheuen, ein Gericht anzurufen?

Auch in größeren Kontexten zeigt sich die deutsche Justiz oft sehr polizeifreundlich. So zum Beispiel bei der Einstellung mehrerer Verfahren gegen Beamt*innen nach dem G-20-Gipfel in Hamburg im Jahr 2017.[10] In unzähligen (Video-)Dokumentationen[11] und journalistischen Rekonstruktionen[12] kam ein schlimmer Verdacht gegen mehrere Polizist*innen auf: Sie sollen unverhältnismäßige Gewalt gegen Demonstrant*innen angewendet und im Amt Menschen angegriffen und vorsätzlich verletzt haben. Juristisch aufgeklärt wurden diese Fälle bisher nicht, denn die Hamburger Staatsanwaltschaft stellte nach und nach alle Verfahren ein.[13] Erst im Jahr 2022 musste die Hamburger Polizeibehörde selbst Fälle von Polizeigewalt einräumen, die nicht mehr von der Hand zu weisen waren.[14] Ende 2023 wurde aufgrund der Berichterstattung und einem zivilgesellschaftlichen Druck die Staatsanwaltschaft in Hamburg doch aktiv und nahm zwei Fälle von Körperverletzung im Amt wieder auf.[15] Ob daraus eine juristische Aufklärung resultiert, stand zu diesem Zeitpunkt allerdings auf einem anderen Blatt. Zwei Fragen stehen bei der Beziehung zwischen Gerichten und Polizeibehörden im Raum: Deckt die deutsche Justiz (systematisch) polizeilichen Machtmissbrauch? Wird in deutschen Gerichten zugunsten von Polizist*innen geurteilt?

Im November 2023 habe ich genau dazu ein langes Interview mit der US-amerikanischen Rechtswissenschaftlerin Mitali Nagrecha geführt. Sie hat mit anderen Wissenschaftler*innen und Aktivist*innen das Projekt *Justice Collective* in Berlin gegründet, forscht in Kooperation mit der Universität Köln zu einem Feld, das in der Vergangenheit in den Rechts- und Sozialwissenschaften vernachlässigt wurde: Ungleichheiten im deutschen Justizsystem. In einem Forschungsteam haben sich die Wissenschaftler*innen eine repräsentative Anzahl von Gerichtsverhandlungen angeschaut, bei denen auf der Anklagebank nicht-weiße Menschen saßen. Meist ging es dabei um Klein- oder Kleinstdelikte: Besitz von weichen Drogen wie Cannabis, ÖPNV-Nutzung ohne gültiges Ticket oder versäumte Zahlungen von Rechnungen. Es geht in solchen Verfahren aber auch um Auflagen beim Aufenthaltsstatus, wie die Residenzpflicht an einem Ort, oder eine »illegale Grenzüberschreitung«. Von dieser Gesetzgebung sind in erster Linie Geflüchtete betroffen. Immer ist naheliegend auch die Polizei als Akteurin involviert.

Obwohl zum Zeitpunkt unseres Gesprächs die Auswertung der Protokolle aus dem Projekt des *Justice Collective* noch lief, konnte Nagrecha eine eindeutige Zwischenbilanz ziehen: In deutschen Gerichten werden nicht-weiße Menschen zu ihrem Nachteil behandelt aufgrund systematischer rassistischer Ansichten im Justizsystem selbst. Ein Knackpunkt bei den Beobachtungen: Oft stützten sich Richter*innen bei ihren Entscheidungen auf die Aussagen von Polizist*innen, die sich selbst oft als Opfer darstellen würden. Meist werden diese Aussagen von den Gerichten unkritisch und ohne weitere Prüfung des Wahrheitsgehalts für bare Münze genommen. So fließen rassistische Vorurteile aus der Polizeiarbeit ungefiltert in das Justizsystem. Diese diskriminierenden Strukturen verstärken sich so gegenseitig. Ungleichheiten entstehen dann, wenn nicht-weiße Angeklagte dementsprechend härter und häufiger belangt werden als weiße Angeklagte, die laut Studien aufgrund ihrer weißen Privilegien überhaupt weniger von der Polizei kontrolliert werden.[16] Die Polizei selbst, wenn ihren Beamt*innen ein Verstoß gegen geltende Gesetze vorgeworfen wird, profitiert in dieser Konstellation oft von Straffreiheit – wenn Polizist*innen nach Gesetzesverstößen überhaupt vor Gericht landen.[17]

Wenn ich schon über das Recht schreibe, möchte ich an dieser Stelle eine grundsätzliche Sache klarstellen: Was legal ist, ist nicht immer legitim. Es mag unter Umständen legal sein, Schutzsuchende an EU-Außengrenzen abzuweisen, wenn man es moralisch und politisch wendet, erscheint die Verweigerung von Schutz gegenüber Flüchtenden aber wenig legitim. Der Unterschied zwischen Legalität und Legitimität ist wichtig, um die herrschenden Verhältnisse überhaupt zu hinterfragen. Wenn alles Legale auch irgendwie in Ordnung ist, wie vor allem viele Jurist*innen argumentieren, dann braucht es dieses Buch nicht, keine Demo, keinen Diskurs, keinen Protest. Was im Gesetz steht, ist gemäß dieser Logik okay und nicht zu kritisieren. Dabei muss der Umgang von Gerichten mit dem Polizeiproblem kritisch reflektiert und diskutiert werden.

Die Verflechtung von Polizei und Justiz kann sich dabei schnell in einer illegitimen, aber auch illegalen Weise verselbstständigen. Gezeigt hat sich das auf eine besonders krasse Art im Mai 2023 in Bayern: Dort deklarierte das Landeskriminalamt in Zusammenarbeit mit der zuständigen Generalstaatsanwaltschaft München die Protestgruppe »Letzte Generation« kurzerhand als »kriminelle Vereinigung«.[18] Ohne Gerichtsverfahren, ohne jegliche gesetzliche Grundlage, ohne Ermittlungen. Als das LKA dementsprechend die Homepage der Gruppe beschlagnahmte, tauchte dort ein Hinweis auf: »Die Letzte Generation stellt eine kriminelle Vereinigung gemäß § 129 StGB dar!« Es brauchte mehrere journalistische Anfragen und die Einsicht der politischen Entscheidungsträger*innen, dass dieses Verhalten vonseiten der Behörden schlicht rechtsstaatswidrig war, damit die Maßnahme korrigiert wurde. Schnell verschwand der Hinweis zur willkürlichen Einstufung als kriminelle Vereinigung von der beschlagnahmten Homepage, was blieb, sind die Stigmatisierung und die Erkenntnis, dass Polizei und Justiz sich schnell zu autoritären Akteuren gegen die Menschenrechte entwickeln können.[19]

Vorher:

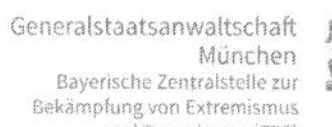
Generalstaatsanwaltschaft
München
Bayerische Zentralstelle zur
Bekämpfung von Extremismus
und Terrorismus (ZET)

**Die Homepage der „Letzten Generation“
wurde im Auftrag der Generalstaatsanwaltschaft München
- Bayerische Zentralstelle zur Bekämpfung
von Extremismus und Terrorismus (ZET) -
durch das Bayerische Landeskriminalamt beschlagnahmt.**

**Die Letzte Generation stellt eine kriminelle Vereinigung
gemäß § 129 StGB dar!
(Achtung: Spenden an die Letzte Generation stellen mithin
ein strafbares Unterstützen der kriminellen Vereinigung dar!)**

**The homepage of the „Letzte Generation“ has been seized
by the Bavarian State Criminal Police Office (BLKA)
on behalf of Attorney General's Office in Munich.**

**The „Letzte Generation“ represents a criminal organization
according to § 129 of the German Criminal Code (StGB).
(Attention: Donations to the „Letzte Generation“ constitute
an illegal support of the criminal organization!)**

Nach der Kritik:

Generalstaatsanwaltschaft
München
Bayerische Zentralstelle zur
Bekämpfung von Extremismus
und Terrorismus (ZET)

**Die Homepage der „Letzten Generation“
wurde im Auftrag der Generalstaatsanwaltschaft München
- Bayerische Zentralstelle zur Bekämpfung
von Extremismus und Terrorismus (ZET) -
durch das Bayerische Landeskriminalamt beschlagnahmt.**

**The homepage of the „Letzte Generation“ has been seized
by the Bavarian State Criminal Police Office (BLKA)
on behalf of Attorney General's Office in Munich.**

Es blieb allerdings nicht nur bei Hinweisen im Netz. Fast zeitgleich fanden in Berlin Razzien gegen die Klimaaktivist*innen statt. Daraufhin warf Carla Hinrichs, die Sprecherin der Gruppe, der Berliner Polizei vor, sie bei einer Durchsuchung mit vorgehaltener Waffe geweckt zu haben.[20] So als wäre sie eine Terroristin, kurz davor, ein Attentat zu verüben. In Regensburg wurden Klimaaktivist*innen präventiv in Polizeigewahrsam genommen.[21] Also noch bevor sie mutmaßlich überhaupt eine Straftat begehen konnten. Das sind polizeiliche und juristische Hebel, die Diktaturen ausmachen. In mehreren weiteren Fällen wurden seitdem unverhältnismäßige Maßnahmen gegen die Aktivist*innen dokumentiert oder der Polizei vorgeworfen: Auf einem Video vom September 2023 war zum Beispiel zu sehen, wie eine Polizistin in Mannheim Öl über den Kopf einer Aktivistin geschüttet hat. Später wird die »Letzte Generation« derselben Beamt*in vorwerfen, sie habe mehrere Aktivist*innen gezwungen, sich nackt auszuziehen, und sie daraufhin gedemütigt.[22] Die Ermittlungen gegen die Polizistin wurden trotz Videobeweis wenige Wochen später von der Staatsanwaltschaft Mannheim eingestellt.[23] Ein ähnlicher Fall aus Niedersachsen endete im März 2024 mit einer Klage – gegen eine betroffene Aktivistin, die sich wegen einer unverhältnismäßigen Gewaltanwendung beschwert hatte und der daraufhin von der Polizei »falsche Verdächtigung« vorgeworfen wurde.[24] Ebenfalls im März 2024 schockierten Videos[25] von Beamt*innen in Berlin, die minderjährigen Klimaaktivist*innen mit Gewalt begegneten. Ein Beamter drückte sein Knie gegen den Kopf einer Jugendlichen auf dem Boden, die schrie und weinte vor Schmerz.[26] Schon im Oktober 2023 wurde bekannt, dass deutsche Sicherheitsbehörden massenweise Daten von (teils minderjährigen) Klimaaktivist*innen abgeschöpft haben – teilweise weil sie im Netz Sticker zum Thema Klimaschutz bestellt hatten.[27] Zu dieser Eskalation gegenüber Demonstrant*innen haben Staatsanwält*innen und Richter*innen, aber auch Politiker*innen und natürlich Polizeibehörden in Deutschland beigetragen.

Wie deutsche Gerichte bei der Aufklärung von (tödlicher) Polizeigewalt komplett versagen, zeigt der Fall von Oury Jalloh. Um zu verstehen, wie hier die deutsche Justiz mehr verschleiert, als dass sie für Gerechtigkeit sorgt, habe ich in den vergangenen Jahren mit den Aktivist*innen der »Initiative in Gedenken an Oury Jalloh« gesprochen und sie in ihrem Kampf gegen die juristische Willkür und Polizeifreundlichkeit der Justiz begleitet. Vor allem Freund*innen von Oury Jalloh haben seit Jahren penibel Beweise gesammelt, mit kritischen Jurist*innen kooperiert und die Ergebnisse kräftezehrend in die Öffentlichkeit getragen.

Mouctar Bah lässt sich in ein flauschiges rotes Sofa in der Ecke eines Kreuzberger Cafés fallen. Auf seinem schwarzen Kapuzenpulli ist auf Höhe der Brust ein großzügiger, weißer Schriftzug zu lesen: »Oury Jalloh. Wir sind da!!!« Seit nun fast zwanzig Jahren arbeitet Bah mit mehreren Mitstreiter*innen unermüdlich daran, den Tod seines besten Freundes aufzuklären. Denn für Bah ist mittlerweile sehr klar, was am 7. Januar 2005 passiert sein muss, kurz bevor die verkohlte Leiche von Oury Jalloh im Keller einer Dessauer Polizeiwache entdeckt wurde: »Wir haben diesen Fall mit unserer Initiative längst aufgeklärt. Wir wissen genau, was passiert ist. Das war Mord! Wir müssen aber darauf warten, dass die Verbrecher alles für sich selbst aufklären. Das wird aber nie passieren.« Ich bin an dieser Stelle rechtlich verpflichtet zu erwähnen, dass die Polizei in Dessau und die beschuldigten Polizist*innen, die damals im Revier anwesend waren, den Vorwurf des Mordes von sich weisen und die Darstellung der Initiative Oury Jalloh ablehnen.

Mouctar Bah lehnt sich vor. Sein Handy-Akku ist bald leer, er will aber unbedingt noch ein Video vorspielen, dass die Faktenlage zum Tod von Oury Jalloh gut illustriere. Das Video stammt vom LKA Sachsen-Anhalt. Es zeigt die erste Begehung der Sicherheitsbehörden im Januar 2005 am Tatort in der Wache Wolfgangstraße in Dessau. Für den Ermittler, der die Kamera hält, ist von Anfang an klar, dass sich der damals 37-jährige Jalloh selbst angezündet habe. Es ist eine der ersten Behauptungen, die im Video zu hören sind. Monate und Jahre später werden mehrere Gutachten und Hinweise die Theorie des Selbstmords widerlegen. Über Jahre hat die »Initiative in Gedenken an Oury Jalloh« akribisch Beweise gesammelt, Demonstrationen organisiert, investigative Journalist*innen mit Informationen versorgt: Passiert ist nichts. Die Schuldigen am Tod von Jalloh wurden bis heute nicht zur Verantwortung gezogen. Und diese bittere Realität ist für Bah mehr als nur frustrierend. Er macht eine kurze Pause. Atmet tief durch. Trinkt einen Schluck Wasser. Schüttelt den Kopf.

»Ich vertraue dem System nicht mehr«, sagt Mouctar Bah, als er sich wieder gefangen hat. Er kann sich noch gut an Diskussionen mit Oury Jalloh erinnern. Sein Freund, der aus Sierra Leone stammte, habe sich in seiner Freizeit ellenlange Bundestagsdebatten angeschaut. »Oury hat dann über die Politiker bei uns in Afrika gelästert und gesagt, dass es hier in Deutschland Demokratie und Aufklärung gibt«, erinnert sich Bah. Jetzt sei sein Tod der beste Beweis, dass es in Deutschland nicht gut stehe mit der Demokratie, der Gerechtigkeit und vor allem der Sicherheit von Schwarzen Menschen und People of Color. »Es gab eine Zeit, da habe ich selbst an den deutschen Rechtsstaat geglaubt. Ich musste in den vergangenen Jahren aber mit anschauen, wie sich befreundete Polizisten, Juristen, Politiker in Sachsen-Anhalt und darüber hinaus gegenseitig deckten, wie sie versuchten, den Mord an Oury zu vertuschen.« Bah lässt sich wieder in den Sessel fallen. Man sieht ihm die Erschöpfung an, wenn er die vergangenen Jahre Revue passieren lässt. Er habe dabei aber eine wichtige Sache gelernt: Nur die Solidarität untereinander kann Minderheiten in Deutschland schützen, sonst nichts. Gerichte schon gar nicht.

Es hat etwas gedauert, bis ich die Strategie der Initiative für die Aufklärung des Todes von Oury Jalloh verstanden habe: Die Aktivist*innen haben sich durch alle deutschen Instanzen geklagt, sie hatten schon eine Ahnung, dass alle deutschen Gerichte im Sinne der Polizei urteilen werden. Doch ihr Ziel lag darin, den Weg zum Europäischen Gerichtshof für Menschenrechte in Straßburg frei zu machen. Das klappte endlich im Juli 2023.[28] Auch wenn dort nicht garantiert ist, dass die Richter*innen unvoreingenommen auf den

Fall Jalloh schauen, bleibt bei den Angehörigen und Freund*innen die Hoffnung, dass es gerechter zugehen werde als vor jedem deutschen Gericht.

Die Angehörigen von Hans-Jürgen Rose standen im Jahr 2024 dagegen noch am Anfang: Sie haben zu diesem Zeitpunkt vier Beamte mit Verweis auf eigens aufgedeckte, neue Erkenntnisse zum Tod von Rose erneut angezeigt, wie die *taz* zusammen mit dem »Recherche Zentrum« berichtete.[29] Am 7. Dezember 1997 war der dreifache Familienvater Hans-Jürgen Rose in ein städtisches Krankenhaus gebracht worden, wo er am Tag darauf mit nur 36 Jahren um 9:25 Uhr verstarb. Seine schweren inneren Verletzungen wurden vom medizinischen Personal dokumentiert: eine kurz vor dem Tod verursachte Querschnittslähmung, tiefe Hautunterblutungen, zerquetschte Hoden, ein Lungenabriss, durchgestoßene Zähne, ein zertrümmerter Lendenwirbel, ein offener Wirbelkanal. Dies alles, darauf deuten viele Indizien hin, soll Hans-Jürgen Rose im Dessauer Polizeirevier angetan worden sein – an dem Ort, wo Oury Jalloh sieben Jahre später sterben wird. So einige Gewalttaten ereigneten sich dort, nie wurde jemand zur Verantwortung gezogen. Die Schicksale von Rose und Jalloh eint die Anwesenheit des Polizeibeamten Hans-Ulrich M., er wurde im Fall Jalloh im Jahr 2008 vom Vorwurf der fahrlässigen Tötung freigesprochen. Auch nach dieser minutiösen Verdachtsberichterstattung und den Rekonstruktionen der Todesumstände von Hans-Jürgen Rose und Oury Jalloh bleiben viele offene, quälende Fragen, die vor allem die Angehörigen seit Jahrzehnten nicht loslassen. In akribischen Dokumentationen und ganzheitlich kuratierten Ausstellungen können sich Interessierte selbst über die Verhältnisse in diesem Dessauer Polizeirevier informieren.[30] Wer sich unvoreingenommen die Faktenlage anschaut, bleibt fassungslos zurück und versteht, warum die Hinterbliebenen noch so viele Jahre später weiterkämpfen. Die Erlangung von Gerechtigkeit und Aufklärung, das zeigen die Schicksale von Oury Jalloh und Hans-Jürgen Rose gleichermaßen, dauert in Deutschland nämlich Ewigkeiten. Auf deutsche Gerichte können sich die Angehörigen dabei selten verlassen.

8 Hinter Gittern

Im Jahr 2018 verbrannte Amad Ahmad in einer Zelle der Justizvollzugsanstalt Kleve. Recherchen beweisen, dass Ahmad zu Unrecht von der Polizei festgenommen und wochenlang eingesperrt worden war. Im Gefängnis wurde er quasi abgeschoben.[1] Den Sicherheits- und Justizbehörden war wochenlang bekannt, dass der junge Mann schlicht verwechselt wurde. Amad Ahmad starb, weil sich Polizei und Justiz in Deutschland nicht besonders für die Leben von Nicht-Weißen interessieren. Und dieses Desinteresse kulminiert oft in der Freiheitsberaubung in Gefängnissen.

Ohne das Gefängnissystem gäbe es kein Polizeiproblem. Weil viele Betroffene von Polizeiwillkür, wenn sie nicht getötet werden, eben hinter Gittern verschwinden, ist es wichtig, diese Verflechtung zu erwähnen. In Justizvollzugsanstalten herrscht ein Problem mit Gewalt, Rassismus und gesellschaftlichem Ausschluss an sich, allein darüber könnte man ein ganzes Buch schreiben. An dieser Stelle möchte ich nur betonen, dass die Rolle von Gefängnissen untrennbar mit der problematischen Verselbstständigung der Polizei hierzulande zusammenhängt.

Das kann man auch historisch durchdeklinieren. Ergänzend zu Kapitel 2 möchte ich hier nur ein Beispiel nennen: Ohne die Konzentrationslager, die als pervertierte Gefängnis- und Vernichtungsanlagen von den Nationalsozialisten ausgebaut wurden, hätte die deutsche Mordmaschine nicht funktioniert. In die Planung der KZs floss viel Energie, viele Ressourcen wurden reingesteckt und Personal indoktriniert. Eine der brutalsten SS-Divisionen bestand aus ehemaligen KZ-Wächtern, die organisatorisch, politisch, aber auch emotional darauf programmiert waren, die schlimmsten Menschheitsverbrechen zu verüben – ohne mit der Wimper zu zucken oder den kleinsten Zweifel zu hegen. Sie ging als SS-Totenkopf-Division in die dunkle deutsche Geschichte ein (siehe auch Kapitel 19) und lehrt uns, das Gefängnissystem stets kritisch zu hinterfragen. Genau das haben mehrere Philosoph*innen und Sozialwissenschaftler*innen im Laufe der Zeit getan.

Oberschlaue progressive Menschen werfen ja gern mit wichtigen Namen um sich, und so dauert es auf einigen Studi-Feiern nicht lange, bis jemand Foucault in die Runde ruft. Der französische Philosoph Michel Foucault machte sich in seinem Werk zentrale kritische Gedanken zur Funktion von Gefängnissen in modernen Gesellschaften. Man muss Foucault nicht gelesen haben, es reichen schon simple Fragen, um einen Denkprozess anzustoßen: Warum hat der Mensch Gefängnisse erfunden? Was sollen diese Institutionen heute erfüllen? Wie verändern sie die Gesellschaft und das Zusammenleben der Menschen? Am besten versteht man den Effekt des Gefängnissystems aber, wenn man mit den Betroffenen selbst spricht.

Mir ist bewusst, dass es nicht auf viel Sympathien stößt, mit Insassen in Justizvollzugsanstalten zu sprechen, ihre Perspektiven dabei ein Stück nachvollziehen zu wollen. Schließlich hat sie die Gesellschaft – frei nach Foucault – dorthin abgeschoben, um sie zu bestrafen, vielleicht sogar, um sich an ihnen für ihre Taten zu rächen. Ein Gespräch mit Menschen hinter Gittern bringt allerdings die wichtige und wenig überraschende Erkenntnis, dass selbst dort die diskriminierenden Strukturen in unserer vermeintlich egalitären Gesellschaft vorherrschen.

Anfang 2023 haben Häftlinge der JVA Tegel in Berlin, einem der größten Gefängnisse Deutschlands, einen Hilferuf per TikTok aus ihrer Haft versendet.[2] Systematische Diskriminierungen würden dort den Alltag beherrschen: Zum Beispiel seien nicht-weiße Insassen von Re-Sozialisierungsmaßnahmen ausgeschlossen worden, die ihnen rechtlich zustanden. Die Berliner Justizverwaltung wies in mehreren Presseberichten die Anschuldigungen zurück, verwies dabei auf interne und »vertrauliche Gespräche«. Die per TikTok angesprochenen Benachteiligungen der Insassen sollten dabei verwaltungsintern geklärt werden. Auch andere Insassen machten seitdem in den Sozialen Medien[3] auf die Missstände in Gefängnissen aufmerksam: ungenießbares Essen, fehlende Re-Sozialisierung, rassistische Diskriminierung durch andere Gefangene und das Gefängnispersonal. Aus meinen vielen Gesprächen mit aktuellen und ehemaligen Häftlingen aus ganz Deutschland, die ich hier aus persönlichkeitsrechtlichen Gründen nicht namentlich nennen kann, kam mir die beschriebene Diskriminierung in der JVA Tegel sehr bekannt vor. Vor allem, so habe ich mit den Jahren der Recherche gelernt, hält das deutsche Gefängnissystem arme und nicht-weiße Menschen in einem Teufelskreis gefangen: zwischen Justizvollzug, Gerichten und letztendlich immer wieder der Polizei. In der kritischen Sozialforschung wird dieses System *prison industrial complex* genannt.[4] Dieses System ist dabei vor allem mit seiner eigenen Erhaltung beschäftigt. In einigen Ländern, wie den USA, sind wegen der fortgeschrittenen Privatisierung und aggressiver Lobbygruppen viele profitorientierte Unternehmen involviert, die Gefängnisse betreiben, dabei Kosten drücken, um höhere Profite zu erwirtschaften. So wird aus dem sozial verankerten Verlangen vieler Menschen nach Bestrafung und Rache ein Geschäft, ein industrieller Komplex. Häftlinge werden darin höchstens als Statist*innen betrachtet, wenn nicht sogar entmenschlicht.

Für eine Recherche im Auftrag des SWR und im Rahmen des ARD-Radiofeatures habe ich knapp ein Jahr lang versucht, die Haftbedingungen für nicht-weiße Menschen in Deutschland nachzuvollziehen, mit Betroffenen gesprochen, mit Wissenschaftler*innen und politischen Verantwortlichen. Ein Interview wird mir dabei für immer in Erinnerung bleiben – auch weil es etwas anders als erwartet abgelaufen ist.

Im Oktober 2023 fuhr ich nach Erfurt, um mit der Justizministerin von Thüringen ausführlich über die Möglichkeit zu sprechen, diskriminierungsfreie, zumindest diskriminierungsarme Justizvollzugsanstalten in Deutschland zu ermöglichen. Doreen Denstädt wurde in Thüringen mitten in der Legislaturperiode der rot-rot-grünen Minderheitsregierung als Ministerin für Migration, Justiz und Verbraucherschutz vereidigt. Als erste Schwarze Frau in einem ostdeutschen Kabinett stand und steht sie für den Sieg von Vielfaltspolitiken. Eine durchaus spannende Gesprächspartnerin, dachte ich mir. Ich sollte nicht enttäuscht werden.

Natürlich bin ich bei solchen wichtigen Terminen immer überpünktlich. Drei Stunden Zeitpuffer vertrieb ich mir vor dem vereinbarten Interview damit, in der Innenstadt von Erfurt dabei zuzuschauen, wie Corona-Leugner*innen auf dem zentralen Anger-Platz eine antisemitische Installation präsentierten. Auf laminierten und an Wäscheleinen aufgehängten DIN-A4-Blättern wurde die Verschwörungstheorie verbreitet, Jüdinnen*Juden hätten die Pandemie nur erfunden, um die Weltherrschaft an sich zu reißen. Familien mit Kindern blieben stehen und nickten. Polizist*innen standen daneben und nickten zurück. Ich war also froh, als ich endlich ins Ministerium konnte. Dort wurde ich vom Pressesprecher empfangen und in ein Nachbarbüro der Ministerin geleitet. Doch Denstädt selbst ließ auf sich warten. Ihre Mitarbeiter*innen entschuldigten sich mehrmals bei mir, weil sie sicher waren, dass die Ministerin eigentlich Zeit für mich habe. Man wisse nicht, was los sei.

Nach knapp zwei Stunden Wartezeit kam Doreen Denstädt aus ihrem Büro getrottet. Knapp 18 Minuten hätten wir für unser Interview noch übrig. Er könne verstehen, wenn ich es nicht mehr führen wollen würde, sagte der Pressesprecher. Ich schüttelte den Kopf. Man nimmt, was man bekommt, sagte ich und schaltete mein Mikrofon an, stellte mich und meine Recherche vor:

Ich kümmere mich in meiner Recherche um diskriminierungsfreie Räume in Gefängnissen und in der Justiz. Deswegen finde ich Ihre Arbeit sehr spannend …
Denstädt: Wobei wir in diesem Bereich recht wenig tun …

Kurz nachdem mir die Ministerin ins Wort gefallen war, klingelte ihr Handy und sie verließ den Raum. Zurück blieben ihr Pressesprecher und ihre persönliche Referentin etwas schockiert von dieser ehrlichen Antwort auf Band. Die entsprechende Datei habe ich danach natürlich mehrfach gesichert. Nach ihrer Rückkehr konnten wir nur wenige Minuten sprechen, in denen ich meine Fragen nicht wirklich stellen konnte. Die Ministerin hatte nämlich einen wichtigen Anschlusstermin. Die Mitarbeiter*innen versprachen mir als Entschädigung für das aus ihrer Sicht verkorkste Interview, dass ich Denstädt in eine thüringische JVA begleiten dürfe. Der Knast-Besuch kam trotz mehrerer schriftlicher und telefonischer Nachfragen von mir nie zustande. Wirklich schade, ich hätte die thüringische Justizministerin, die von Beruf Polizistin ist, gern zu den Kontinuitäten zwischen Polizeiproblem und dem Gefängnissystem in Deutschland befragt.

9 Polizeireporter oder Pressesprecher?

In meinem ersten Buch *Unter Weißen* beschreibe ich eine Szene, die sich während meiner journalistischen Praktika (immerhin ein Dutzend davon habe ich während meines Studiums über mich ergehen lassen) fast täglich wiederholt und mich in meiner Arbeit geprägt hat. Ich saß als Prakti im Newsroom von regionalen und überregionalen Medienhäusern – Verlage sowie öffentlich-rechtlicher Rundfunk – und lauschte dem Polizeireporter bei seinen Telefonaten. Dabei machte ich Notizen, denn ich hatte den Eindruck, das könnte irgendwann mal relevant werden.

Meistens telefonierte der Kollege, der von Redaktion zu Redaktion irgendwie austauschbar schien, frühmorgens mit dem Polizeipressesprecher und fragte nach skurrilen Fällen aus der vergangenen Nacht. Schließlich mussten eine Webseite, eine Zeitung oder ein Programm schnell und unterhaltsam gefüllt werden. Der Reporter machte sich, den speckigen Telefonhörer zwischen Ohr und Schulter eingeklemmt, Notizen, nur um routinemäßig eine Frage nachzuschieben: Und der Täter? Welcher Landsmann ist der denn? Diese Frage ist laut Pressekodex nicht zulässig, wenn die Herkunft so gar keine Rolle bei der Tat spielt. Viele Journalist*innen pfeifen aber auf jeglichen Kodex für ein paar mehr Klicks und Abos, für eine bessere Quote. Aber vielleicht auch, weil sie manchmal politisch problematische Ansichten vertreten und ihrem Rassismus freien Lauf lassen wollen.

Je nach Antwort auf der anderen Seite der Leitung fiel die Meldung größer (wenn es ein Araber oder Türke oder sogar eine geflüchtete Person war) oder kleiner aus (wenn es sich zum Beispiel um einen betrunkenen Erasmus-Studenten handelte). Bei weißen deutschen Täter*innen schaffte es die Meldung manchmal gar nicht erst ins Programm, in die Zeitung oder auf die Homepage. Haralds kriminelle Machenschaften, das will halt niemand lesen. Und wenn es Harald doch in die Nachrichten geschafft hatte, dann kamen dort natürlich keine Angaben zu seiner Herkunft oder Hautfarbe vor – anders als bei den nicht-weißen Täter*innen.

Dieser voreingenommene Blick auf Kriminalität verzerrt die Wahrnehmung in der Bevölkerung sehr stark, und ich habe früh gelernt: Wenn bei einer Polizeimeldung beim Täter keine Angaben oder auch nur Andeutungen zum sogenannten Migrationshintergrund stehen, dann ist es mit hoher Sicherheit ein krimineller Harald gewesen. In *Unter Weißen* beschreibe ich, wie Kriminalität meist allein gemäß der Herkunft der Täter*innen in akzeptabel und unerträglich, in tolerierbar und widerwärtig, in gut und schlecht kategorisiert wird. Gute und schlechte Kriminalität, ja in diesen Kategorien wird gedacht, denn unsere Gesellschaften ticken halt gemäß rassistischer Vorstellungen. Redaktionen sind leider nicht immun dagegen, obwohl sie es sein sollten. Deshalb möchte ich mich hier einen Augenblick mit der romantischen Verbindung zwischen (Polizei-) Reportern und Pressesprechern der Polizei beschäftigen.

Im Journalismus gibt es nämlich ein riesiges Problem: Zu viele Kolleg*innen pflegen nicht die gebotene Distanz zu Polizeibehörden. Damit meine ich nicht ehemalige Polizist*innen, die irgendwie in Redaktionen gelandet sind und mich bei meinen Ausführungen zu meinen Recherchen am Konferenztisch am liebsten festgenommen hätten. Hier geht es um einen mainstreamigen, unkritischen und teilweise naiven Glauben in »unsere Polizei«, wie es ein Kollege mal in meiner Anwesenheit formuliert hat. Ein ehemaliger (wie schön, dieses Adjektiv hier nutzen zu können) Vorgesetzter von mir zitierte mich zu sich, als ich wieder mal eine polizeikritische Recherche vorgeschlagen hatte. Er fragte aus purer Neugierde, was ich denn gegen die Polizei habe. »Das sind doch die Guten!« Ihm würde ich am liebsten ein Exemplar dieses Buches zuschicken. Ich überlege mir noch, ob ich mir diesen etwas kindischen, aber bestimmt sehr befriedigenden Streich leisten werde. Einige Kolleg*innen reagieren weiterhin sehr emotional[1] bis aggressiv, wenn ich polizeikritische Recherchen veröffentliche. Ich kann gut nachvollziehen, warum, und möchte auf den Grund dafür später näher eingehen.

Aussagen im Sinne von »Was hast du gegen unsere Polizei?« haben mich als jungen Journalisten immer wieder enttäuscht, denn guter Journalismus richtet sich vor allem gegen Machtstrukturen, gegen die Mächtigen. Und die Polizei ist nun mal mit sehr viel Macht ausgestattet. So habe ich mich entschieden, zusammen mit relativ wenigen Kolleg*innen in der deutschsprachigen Medienlandschaft, diese Lücke im Recherche-Journalismus zu füllen – gegen die große Skepsis und manchmal sogar den Widerstand von einigen Entscheider*innen in unserer Branche.

So etwas wie absolute Objektivität kann dabei nicht existieren, sie ist eher ein Idealzustand, dem man sich als Journalist*in nähern kann. Beim Thema Polizei werfen einige Kolleg*innen dagegen jegliche Berührungsängste über Bord und umarmen Polizist*innen fröhlich, teilweise sogar demonstrativ. Und das nicht nur über speckige Telefonhörer. Das krasseste Beispiel bisher: zwei Journalisten einer großen Produktionsfirma, die regelmäßig lange Dokus veröffentlicht, welche die Polizei unkritisch in den Himmel loben. Die beiden Journalisten haben in meiner Wahrnehmung ein *Copaganda*-Buch geschrieben und es mit einem Zitat eines LKA-Mitarbeiters eingeleitet, das ganze Buch so sogar der Polizei gewidmet (zu *Copaganda* siehe auch Kapitel 12).[2]

Ein ebenfalls vielsagender Fall bot sich mir, als ich fest bei einer großen Wochenzeitung angestellt war. Damals kam ein branchenbekannter Reporter auf mich zu. Fröhlich verkündete er mir, dass er eine außergewöhnliche Idee habe, ein Projekt, das ihm sehr am Herzen liege. Auch weil das so noch nie gemacht worden sei. Ich fiel aus allen Wolken, als er mir endlich erklärte, um was es ging: Er begleitete wochenlang Polizist*innen in ihrem Alltag und beschrieb in einem (auf mich) sehr bräsig wirkenden Text, wie schwierig es doch jene hätten, die »auf uns aufpassen«.[3] Der Text war so tausendfach schon mal geschrieben, die Perspektive tausendfach in TV-Dokumentation abgespult worden, und ich verstand, dass einige Kolleg*innen halt in ihrer eigenen Welt leben. Denn dies ist kein machtkritischer Journalismus. Es ist Anbiederung. Formulierungen wie »sie passen auf uns auf« zeugen von mangelnder Distanz zur Polizei. Die Aussage »Freund und Helfer« bekommt im Zusammenhang mit einigen Journalist*innen da eine ganz andere Bedeutung. Ich habe meine eigene Positionierung, mache sie stets transparent, ich fühle mit einigen meiner Protagonist*innen mit. Aber als Journalist*in mit der Polizei zu sympathisieren, ist noch mal ein anderes Level von Befangenheit. Und wenig professionell: Denn die Polizei ist oft genug eine schlechte Quelle. Das zeigt sich regelmäßig zum Beispiel an Daten, die Polizeibehörden zu Demonstrationen veröffentlichen. Mir ist aufgefallen, dass in diesem Zusammenhang in polizeilichen Pressestellen massiv über- oder untertrieben wird. Je nach politischer Gegebenheit der jeweiligen Demonstration. Ein Beispiel: Nachdem die AfD und andere rechtsextrem-völkische Gruppen und Figuren Ende 2023 in der Villa Adlon bei Potsdam bei einem ihrer »Geheimtreffen« zu Massendeportationsplänen vom Recherchezentrum *Correctiv*[4] erwischt wurden, gingen in ganz Deutschland Hunderttausende auf die Straßen. In mehreren Städten unterschätzte die Polizei die Zahl der Demo-Teilnehmenden massiv.[5] In Hamburg ging die Polizei am Anfang von 50 000 Menschen aus. Auf hartnäckige Nachfrage der Veranstalter*innen wurde die Zahl später auf 180 000 Menschen nach oben korrigiert.[6]Da lag die Polizei um mehr als 350 Prozent daneben. Wichtige Regel: Es gehört sich im Sinne von Qualitätsjournalismus nicht, die Angaben der Polizei unkritisch zu übernehmen.

Dabei existiert in vielen Redaktionen durchaus eine kritische Haltung gegenüber der Polizei. Nur nicht gegenüber der deutschen Polizei. Ich habe während der Schreibphase dieses Buches immer wieder in Suchmaschinen für Nachrichtenmeldungen nachgeschaut, welche Texte unter den Schlagwörtern »Polizeigewalt«, »Polizei, Machtmissbrauch« und »Polizei, Gewalt« erscheinen. Oft beschäftigten sich weit über die Hälfte der Meldungen, wenn es an dem bestimmten Tag überhaupt welche gab, mit Polizeigewalt im Ausland. In deutschsprachigen Medien gibt es vor allem eine Fokussierung auf die USA. Klar, dort ist alles größer, schlimmer, skurriler. Dort wurden allein im Jahr 2022 im Durchschnitt pro Tag drei Menschen von der Polizei erschossen.[7] Dennoch fällt auf, dass sich deutsche Medien mit dem Polizeiproblem Tausende Kilometer weit entfernt mehr beschäftigen, als das Problem vor der Tür genauso oft und kritisch zu behandeln. Vor allem für progressive Menschen, vor allem jene, die ihre Progressivität zur Schau stellen wollen, ist es einfacher, die Polizei anderswo zu kritisieren. Dann kann man auf seine Kritik zeigen und sagen, man sei ja progressiv, denn *Black Lives Matter*. Wenn dagegen ein Schwarzes Kind in Deutschland von der Polizei erschossen wird (siehe Kapitel 17), kochen die Emotionen in den Kommentarspalten weniger hoch.

Die besondere Beziehung zwischen deutschen Polizeibehörden und vielen Redaktionen kann man gut daran erkennen, dass viele Journalist*innen hierzulande Angaben von der Polizei ungeprüft in ihre Texten übernehmen. Professionell arbeitende Redaktionen würden eine Information niemals durchgehen lassen, wenn sie nicht durch mindestens zwei Quellen belegt wurde. Die Quellen müssen dabei klar dokumentiert und intern transparent sein. Nur bei der Polizei nicken sehr viele Entscheidungsträger*innen im Journalismus und nehmen an: Das wird schon irgendwie stimmen (siehe dazu auch Kapitel 17). Deswegen reicht dieses eine Telefonat des Polizeireporters mit dem Polizeipressesprecher als Grundlage für so viele Texte, die ins Internet, auf Papier oder ins Programm gekippt werden. Dabei haben viele Fälle in der Vergangenheit gezeigt: Die Polizei lügt oft institutionell. Wenn man ihr nachrecherchiert, wird es für viele Journalist*innen mehr als nur peinlich. Das wird dann besonders deutlich, wenn sich viele Medien – und damit das halbe Land – über »die Gewalt gegen unsere Einsatzkräfte« aufregen und dabei zu wenig auf Quellenlage und Fakten achten.

Noch vor der Silvesternacht vom 31. Dezember 2022 auf den 1. Januar 2023 entbrannte wieder mal eine Debatte, ob es ökologisch sinnvoll und überhaupt moralisch sei, während der vollen Entfaltung der Klimakrise, einem aktiven Krieg in Europa und einer schwindelerregenden Inflationsrate, Millionen von Euros als Feuerwerk in die Luft zu jagen. Ich kann mich gut daran erinnern, wie libertäre Kommentator*innen das Menschenrecht aufs Böllern leidenschaftlich verteidigten.[8] Es gibt Leute, die haben komische Prioritäten im Leben. Doch diese Stimmung kippte schnell. Denn kurz nach der Silvesternacht machten Meldungen die Runde, dass Einsatzkräfte in mehreren deutschen Großstädten mit Pyrotechnik angegriffen worden seien. Vor allem in Berlin-Neukölln. Bilder von einem brennenden Bus direkt an einem Wohnhaus gingen viral. Plötzlich hieß es von denselben libertären Kommentator*innen: Ausländer haben UNSERE Polizei angegriffen! Nehmt ihnen das Feuerwerk (und sonst alle Menschenrechte) ab![9]

Diese Stimmung basierte darauf, dass viele Redaktionen ohne zusätzliche Überprüfung, also ohne gebotene zweite Quelle, die Angaben der Polizei einfach übernommen hatten. Ich versuche mal diesen journalistischen Tathergang nach der Berliner Silvesternacht geordnet zu rekonstruieren: Am Anfang hieß es, dass *** laut Polizei *** 145 Tatverdächtige festgenommen worden waren.[10] Einige Redaktionen schlugen unter Berufung auf einen Polizeisprecher noch ein paar Tatverdächtige obendrauf und gaben die Zahl mit 159 an.[11] So nach dem Motto: Mehr ist mehr. Ein nötiger Faktencheck erfolgte dabei nicht. Viele von diesen Verdächtigen hätten außerdem eine ausländische Staatsbürgerschaft, hieß es. Denn die deutsche Öffentlichkeit interessiert sich ja vor allem für die Herkunft und die Hautfarbe von (mutmaßlichen) Täter*innen.

Die Zahl 145 setzte sich in den Tagen nach Silvester letztendlich durch und tauchte überall auf, zusammen mit der immer gleichen Beschreibung von Polizeigewerkschaften, wie schlimm doch alles für ihre Kolleg*innen gewesen sei. In Regionalzeitungen, in überregionalen Nachrichtenangeboten, im Privatfernsehen und im öffentlich-rechtlichen Rundfunk, überall konnte die Polizei ohne jeglichen

Zweifel ihre Perspektive auf die Geschehnisse verbreiten. Einige Polizist*innen stellten es so dar, als seien sie bei den Krawallen nur knapp mit dem Leben davongekommen.[12] Polizeigewerkschafter gingen dazu über, aus der Silvesternacht Kapital zu schlagen, und stellten politische Forderungen auf. Rainer Wendt, Vorsitzender der deutschen Polizeigewerkschaft im Deutschen Beamtenbund, ging sogar so weit, auf Grundlage der Zahlen und Darstellungen einen Regierungswechsel in Berlin zu fordern.

Es dauerte neun ganze Tage und brauchte dann doch einige kritische Nachfragen, bis die Polizei die Zahl der mutmaßlichen Täter*innen von 145 auf nur noch 38 nach unten korrigierte.[13] Nun, so hieß es, trügen die meisten dieser Täter*innen doch die deutsche Staatsbürgerschaft. 47 Polizist*innen seien verletzt worden (was »verletzte Polizisten« so alles bedeuten kann, bespreche ich in Kapitel 4). Ich selbst war zu dieser Zeit in den USA in einer ganz anderen Zeitzone unterwegs, sonst hätte ich selbst diese korrigierten Zahlen kritisch in Berlin nachrecherchiert. Was bedeutet: Augenzeug*innen befragen, Videomaterial beschaffen und bewerten, mit den Angegriffenen reden und auch mit mutmaßlichen Angreifer*innen. Das wären alles valide zweite, dritte, vierte Quellen, um die Darstellung der Polizei zu überprüfen. Denn meine jahrelange journalistische Arbeit hat mir gezeigt, dass ein Blick hinter polizeilichen Angaben den ganzen Sachverhalt noch mal anders darstellen würde.

Doch die oberflächliche Korrektur durch den öffentlichen Druck kam zu spät. Ins kollektive Gedächtnis hat sich ein riesiger Gewaltexzess »gegen unsere Polizei« eingebrannt, im Berliner Wahlkampf wurde diese Stimmung Anfang 2023 von einigen mit Dankbarkeit aufgegriffen. Der CDU-Kandidat für das Bürgermeister*innenamt, Kai Wegner, ließ im Berliner Abgeordnetenhaus nach den Vornamen der mutmaßlichen Täter*innen fragen.[14] Wenn schon die meisten Täter*innen deutsche Staatsbürger*innen waren, wollte Kai Wegner einen anderen Indikator für sein *Racial Profiling,* für die ethnische Kategorisierung nach deutscher Tradition haben (siehe Kapitel 14). Ich kann mir förmlich vorstellen, wie Wegner in seiner Wahlkampfzentrale saß und die Daumen drückte, dass möglichst viele Mohameds dabei rausspringen würden. Er gewann auch ohne ausführliche Namensliste im Februar 2023 die Abgeordnetenhauswahl haushoch. Beobachter*innen der Berliner Landespolitik, mit denen ich mich austauschen konnte, sind der Überzeugung: Dieser Wahlsieg geht maßgeblich auf die unkritische Übernahme von Fantasiezahlen und der Perspektive der Polizei in Kombination mit der politischen Instrumentalisierung dieser Silvesternacht zurück. Im Nachhinein interessieren sich nur noch wenige dafür, dass es in jeder Silvesternacht und in allen Berliner Bezirken und deutschen Großstädten zu Krawallen kommt. Dass die Täter*innen ein Potpourri an Herkünften mitbringen. Wenige interessieren sich Tage oder Wochen nach so einem Ereignis für akkurate Zahlen und Fakten, alles, was bleibt, ist: Jemand muss unsere arme Polizei vor den Ausländern schützen. Medien haben ihren Anteil an dieser diskursiven Schieflage.

So wie der Kollege ein ganzes Dossier zum angeblichen schwierigen Alltag von Polizist*innen geschrieben hat, wollte auch ich ausführlich und mit aller Ruhe die Arbeit der Polizei als Journalist begleiten. Ich stellte also bei zwei Polizeibehörden auf Landesebene eine formelle Anfrage und bat um Erlaubnis, bei einer Polizeistreife als stiller Beobachter dabei sein zu dürfen. Als Recherche-Journalist ist meine Meinung, meine Haltung zur Polizei weniger wichtig, was zählt, ist die akkurate Beschreibung und informierte Einordnung der Realität, um an dieser Stelle mal die rhetorische Frage meines ehemaligen Vorgesetzten zu beantworten. In meiner Anfrage stand, dass ich nachvollziehen möchte, was Polizist*innen so erleben, welche Herausforderungen sie im Alltag überwinden müssen und wie Polizei überhaupt fernab von den polarisierenden Debatten funktioniert. Vom Berliner Polizeipräsidium bekam ich auf meine Anfrage keine Antwort, obwohl ich sonst immer Statements von dort erhalte. Eine Begleitung war denen wohl einfach zu viel des Guten.

Von der Brandenburger Behörde bekam ich eine Absage. Die Pressesprecherin ließ mich schriftlich wissen: »Gemäß Erlass bietet sich (…) die Begleitung einer Streife nur im besonders gelagerten Einzelfall an. Daher können wir Ihnen keine Begleitung anbieten.« Da ich für mein Leben gern journalistisch nerve, fragte ich höflich nach, was dieser Erlass überhaupt ist und warum er in meinem Fall, anders als so oft geschehen, nicht gilt. Die Antwort: »Medienbegleitungen werden durch die Polizei Brandenburg nach Prüfung im Einzelfall durchgeführt, wenn geeignetes Personal und die zeitliche Möglichkeit und dienstliche Interessen nicht im Wege stehen.« Das Stichwort »dienstliche Interessen« ist in diesem Zusammenhang sehr wichtig. Weiter hieß es in der Begründung für die Ablehnung: »Nur in besonders gelagerten Einzelfällen, bei denen ein klar zu definierendes polizeiliches Interesse vorliegt, ist eine Mitwirkung in Betracht zu ziehen.«

Ich möchte gern diese Begründung übersetzen: Kritische Journalist*innen möchte die Polizeibehörde nur ungern einladen, die eigene Arbeit aus der Nähe zu beobachten. Nur jene Kolleg*innen, bei denen es die Garantie gibt, dass die Polizei am Ende gut dastehen wird, dürfen auch nah an die Behörde heranrücken. Zum Beispiel der Reporter, der zeigen möchte, wie die Polizei »auf uns aufpasst«. Die Brandenburger Behörde informierte mich darüber hinaus, dass es keine gesetzliche Verpflichtung gibt, Journalist*innen eine Begleitung zu gestatten. Das stimmt. Es liegt im Ermessen der Polizeibehörde selbst, wer ihr (un-)abhängig und aus der Nähe auf die Finger schaut. Ausschlaggebend ist, dass sehr oft Journalist*innen mit auf Streife genommen werden, die in der Vergangenheit die Perspektive der Polizei eins zu eins wiedergegeben haben. So entsteht zwischen Journalismus und Polizei eine fragwürdige, gegenseitige Abhängigkeitsbeziehung.

Eine der Hauptaufgaben von Journalist*innen liegt darin, Quellen zu schützen und zu pflegen. Sie immer wieder zu treffen, nicht nur, wenn es etwas Konkretes zu besprechen gibt. Kontakt halten und Vertrauen aufbauen gehören zum Journalismus wie das dicke Make-up auf dem Gesicht von Moderator*innen beim HD-Fernsehen. Und so reagieren viele Kolleg*innen natürlich verschnupft, wenn ich oder andere Journalist*innen kritisch auf die Polizei schauen. Weil einige von *uns* mit Polizist*innen sehr gut befreundet sind, anders kann ich es nicht formulieren. Indem andere von *uns* schreiben, was alles schief bei der Polizei läuft, erscheinen polizeifreundliche Kolleg*innen natürlich in einem sehr ungünstigen Licht, das ihre freundschaftliche Abhängigkeit von der Polizei zeigt. So erkläre ich mir zumindest die emotionale Reaktion einiger Journalist*innen auf kritische Polizeiberichterstattung.

Dieses Abhängigkeitsverhältnis ist ein großes Problem, auch wenn Journalist*innen natürlich ebenfalls ein Recht auf Freundschaften haben. Erstaunlich ist, dass viele Journalist*innen, die einen sehr guten Draht zur Polizei pflegen, immer sehr früh Bescheid wissen, wenn es polizeifreundliche Bilder geben wird. Sei es bei einer überzogenen Clan-Razzia in Berlin-Neukölln (siehe Kapitel 15), bei der sich rechtzeitig mehrere Kamerateams zufällig einfinden, noch bevor die Straßen gesperrt werden, oder bei einem Antiterroreinsatz gegen sogenannte Reichsbürger. So geschehen im Dezember 2022. Der bis dahin größte Polizeieinsatz gegen rechtsterroristische Strukturen in Deutschland wurde streng geheim behandelt. Na ja, fast. Denn unheimlich viele Redaktionen dieser Republik wussten vorher Bescheid und platzierten ihre Reporter*innen und Kamerateams vor den Häusern der gefährlichen Reichsbürger, die einen Umsturz planten und durch die Medienpräsenz vorgewarnt wurden (mehr zur Rolle von Polizist*innen in diesen Gruppen in Kapitel 18).[15]

Selbst ich, den viele Polizeipressesprecher*innen nicht so mögen, wusste einige Stunden vorher Bescheid – über Kolleg*innen, die sich mit ihrem Informationsvorsprung schmückten. Sicherheitspolitiker*innen ärgerten sich, weil die mediale Voreile juristische Probleme mit sich bringen könnte. Die Reichsbürger könnten damit argumentieren und es als orchestrierte Vorführung ihrer Personen vor Gericht darstellen, erklärten mir Sicherheitspolitiker*innen im Berliner Regierungsviertel. Hinter dieser zu engen Zusammenarbeit steckt oft ein Klüngel zwischen Polizeibehörden und einzelnen Journalist*innen – und der Wunsch der Polizei, möglichst positiv dargestellt zu werden. Die Währungen in dieser Beziehung sind exklusive Informationen und vorteilhafte Darstellung. Informationen fließen, wenn Journalist*innen unkritisch Polizeibilder produzieren. Dass Ermittlungen bei dieser Imagepflege gefährdet werden können: zweitrangig.

Ein weiterer krasser Fall von zu viel Nähe zwischen Journalismus und Polizeibehörden zeigte sich im Mai 2023. Ein Polizist hatte einem Journalisten ein riesiges Geheimnis verraten: Ein anstehender Besuch des ukrainischen Präsidenten Wolodymyr Selenskyj in Berlin.[16] Die Polizei der Hauptstadt war in die Vorbereitungen eingeweiht. Selenskyj war zu dieser Zeit und ist es vielleicht immer noch, einer der am meisten gefährdeten Menschen dieser Welt. Das Regime im Kreml würde nur zu gern seinen ukrainischen Erzfeind eliminieren. Der Besuch war wegen der prorussischen Haltung deutscher Regierungen und Regierungsparteien, insbesondere der SPD, vor dem Angriffskrieg auf die Ukraine mit sehr viel politischer Symbolkraft aufgeladen. Ausgerechnet die mutmaßlich besondere Beziehung zwischen einem Polizisten und einem Journalisten gefährdete diese diplomatisch wichtige Reise, und Deutschland stand weltweit blamiert da. Selenskyjs anstehender Besuch war nicht mehr geheim und machte die Runde in den Medien. Alles nur, weil ein Polizist in der Öffentlichkeit und vor seinem journalistischen Gesprächspartner anscheinend gut dastehen wollte.

An einigen Stellen versuchen Polizeibehörden sogar Berichterstattung aktiv zu torpedieren. Als ich im Juli 2020 eine polizeikritische Recherche als freier Autor für den *Spiegel* vorbereitete und Anfragen an mehrere Polizeibehörden bundesweit verschickte, meldeten sich zwei Pressesprecher jeweils aus Bayern und Baden-Württemberg nicht bei mir zurück – sondern unabhängig voneinander bei der Chefredaktion des *Spiegels*. Es gab großen Aufruhr, und mehrere Kolleg*innen waren involviert, weil sich die Polizeisprecher aktiv über meine Anfragen aufregten. Zuerst bekommt man natürlich kurz Selbstzweifel, ich schaute auf meinen Fragenkatalog und kam aber zu dem Schluss, dass die Aufregung zwischen Bayern und Hamburg, wo der *Spiegel* seinen Sitz hat, nicht an meiner Mail liegen konnte. Sie klang wie jede andere nüchterne Presseanfrage. Mehr ging es darum, dass die beiden Pressesprecher einfach keine Auskunft geben wollten, obwohl sie in diesem Fall dazu verpflichtet waren. Deswegen petzten sie bei der Chefredaktion, und es endete damit, dass sie mir doch die Informationen übermitteln mussten, um die ich gebeten hatte.

Relativ häufig ernte ich bei meinen Recherchen ein paar beleidigte Reaktionen und Sticheleien. Ein Pressesprecher aus Sachsen-Anhalt schnauzte mich mal am Telefon an, dass er mir ja überhaupt gar keine Auskunft geben müsse. Ich erwiderte höflich, dass ich in diesem Fall in meinem Text vermerken müsse, dass die Polizei zum Sachverhalt keine Angaben machen *wolle*. Ich bekam dann die Info, die ich für meine Arbeit brauchte, und lernte wieder mal, dass viele Pressesprecher*innen bei der Polizei sich daran gewöhnt haben, mit Samthandschuhen angefasst zu werden. Dabei muss ich betonen: Ich schwöre auf alles, was mir heilig ist, ich formuliere meine Anfragen nüchtern, distanziert und respektvoll. Räume allein schon aus juristischen Gründen immer genug Zeit zur Beantwortung ein, je nach Recherche 24 Stunden, drei Tage oder sogar ein bis zwei Wochen, wenn es um sehr komplexe Sachverhalte geht. So in etwa klingt dann meine Mail an die Polizeisprecher*innen:

Sehr geehrtes Presseteam der Polizeibehörde X,

mein Name ist Mohamed Amjahid. Ich bin freier Journalist, im Anhang finden Sie eine Kopie meines Presseausweises. Für das Medium Y recherchiere ich zu Thema Z. Dazu habe ich die unten stehenden fünf Fragen an Ihre Behörde formuliert. Ich bitte Sie darum, mir bis Freitag, den 13. April 202… um 18 Uhr, Ihre Antworten schriftlich per Email zukommen zu lassen. Aufgrund redaktioneller Abläufe ist eine Aufschiebung der Frist leider nicht möglich. Für weitere Fragen Ihrerseits stehe ich Ihnen immer gerne zur Verfügung.

Mit freundlichen Grüßen
Mohamed Amjahid

Viele Pressestellen in Polizeibehörden haben sich anscheinend daran gewöhnt, dass Anfragen per WhatsApp kommen mit Herz-Emojis. Nur so kann ich mir erklären, dass jemand im Alltagsgeschäft beleidigt auf so eine Mail reagiert. Mit einem Kollegen vom *Spiegel* habe ich abgemacht, dass ich in meine Mails an die Polizei »immer SEHR gerne zur Verfügung« reinschreibe. Mehr Freundlichkeit schadet nicht, um Informationen zu erhalten, auf die ich als Journalist ein Anrecht habe, und gleichzeitig pragmatisch mit der polizeilichen Zerbrechlichkeit umzugehen. Diese unkritische Haltung betrifft allerdings nicht nur den Nachrichten- oder Recherche-Journalismus.

Im März 2021 wurde ich in eins von diesen neuen Talkshow-Formaten eingeladen, das sehr gut beim Publikum ankommt: ein bisschen Meinung, bekannte Moderation, leuchtendes Studio, unterhaltsame Gäst*innen, spielerisches Konzept.[17] Das Ziel der Sendung ist, Menschen mit verschiedenen Meinungen bei einem kontroversen Thema zu einem Kompromiss zu bewegen. Im wahrsten Sinne, denn sie sollen sich im Studio beim Diskutieren aufeinander zubewegen und sich am besten für ein Happy End vor den Kameras umarmen. Problem gelöst! Ach, wäre die Welt nur so einfach, wie es im Fernsehen manchmal suggeriert wird! Für mich als Autor sind solche Formate nicht einfach: Man erreicht mit den eigenen Recherchen unglaublich viele Zuschauer*innen, muss es aber aushalten, dass die Komplexität eines Themas dabei manchmal auf der Strecke bleibt. Dass es aber so unterkomplex werden wird, hätte ich als alter TV-Gasthase nie gedacht.

Das Thema sollte Polizeigewalt und sogenannte »Clan-Kriminalität« umfassen, ich habe dazu jahrelang recherchiert und wollte natürlich darüber aufklären (siehe hier Kapitel 15). Was ich vor solchen Sendungen immer mache: Fragen, wer sonst noch eingeladen wurde, und davon abhängig machen, ob ich überhaupt hingehen kann. Ich will vermeiden, neben Beatrix von Storch oder einem Springer-»Journalisten« zu landen und über meine eigene Existenz live im Fernsehen verhandeln zu müssen. Von der Redaktion der besagten Sendung wurde ich immer wieder vertröstet, dass die Info zu den anderen Gäst*innen noch folgen würde … dann kam der Tag der Aufnahme.

Ich saß schon in der U-Bahn Richtung Studio und fragte erneut nach, mit wem ich nun diskutieren werde. Die Antwort schockierte mich: eine Aktivistin und Ex-Journalistin, die ich schon in meinem Buch *Der weiße Fleck* erwähne und die fürs Fernsehen rassistische Fantasie-Geschichten erfunden hatte, um Stimmung gegen migrantische Communitys zu machen; ein angeblicher Islamwissenschaftler, der noch nie in seinem Leben einen wissenschaftlichen Aufsatz geschrieben, geschweige denn geforscht hat, zumindest habe ich trotz intensiver Suche in den wissenschaftlichen Datenbanken rein gar nichts von ihm finden können; und eine Polizistin. Dazu noch eine Anwältin, die sich gut mit der Perspektive der Betroffenen von Polizeigewalt auskennt, und ein Rapper, der als »Clan-Mitglied« eingeladen wurde und bei dem irgendein Producer darauf hoffte, dass er schon ein bisschen ausfällig werden wird – so für die Show.

Eigentlich wollte ich bei meiner Ankunft umdrehen und wieder gehen. Aber das hätte bedeutet, dass die ganze Sendung, die Arbeit von Dutzenden Menschen und ein großes investiertes Budget umsonst gewesen wären. So unkollegial wollte ich doch nicht sein. Meine schlechte Laune hat man mir dann sehr deutlich in der Sendung ansehen können. Und das noch, bevor die Debatte überhaupt startete. Der »Islamwissenschaftler« faselte so unglaublich rassistische Dinge, von wegen einige Araber trügen Kriminalität mit sich in ihrer Kultur, ja sogar in ihrer DNA – das war selbst für die Produktion und Redaktion zu heftig, sodass viele seiner Statements herausgeschnitten wurden. Die Aktivistin wollte einfach nur von allen geliebt werden, und die Polizistin berichtete von »ethnisch abgeschotteten Subkulturen« und von Polizist*innen, die »auch nur Menschen«, aber natürlich »objektiv« seien. Bei einigen Nachnamen würden auf den Polizeiwachen halt »die Alarmglocken angehen«. Ich wünsche mir manchmal, dass ich mit Fakten herausgefordert werde. In diesem Format kamen aber nur gefühlte Wahrheiten von der Gegenseite.

Ich weiß, dass es etwas überheblich klingen könnte, aber ich bin halt ein bisschen frustriert: Jahrelanger investigativer Journalismus und wissenschaftliche Erkenntnisse stehen einer Gruppe von Menschen gegenüber, die schlicht eine Meinung vertreten. Das nennt sich im Journalismus *False Balance*. Dabei wird so getan, dass eine bloße Meinung genauso viel Gewicht hat wie harte Fakten, aufwendige Recherchen und die Beschreibung und Einordnung von realen Strukturen. Nicht falsch verstehen: Jede*r kann (fast) jede Meinung vertreten, auch zur Polizei. Aber guter Journalismus ordnet ein und legt Wert darauf, dass Fakten im Vordergrund stehen und Behauptungen überprüft werden. Dazu standen mir im Studio noch einige Diskutant*innen mit eklatanten rassistischen Vorurteilen gegenüber. Ich habe mich nach der Aufnahme beim Moderator beschwert und gelte seitdem vielleicht ein bisschen als Talkshow-Diva. Haha! Damit kann ich gut leben. Am Ende wurde ich mit der Polizistin vor der Kamera gepaart, und wir wurden gefragt, was wir voneinander gelernt haben. Sie sagte, durch meine Erklärungen hätte sich der Blick auf die Statistiken ihrer eigenen Polizeibehörde verändert. »Da müssen wir uns auch hinterfragen«, sagte die Polizistin. Ich bot in meiner Antwort rotzfrech an, dass sie sich gern bei mir als Whistleblowerin melden könne. Quellenschutz garantiert. Als die Kameras ausgingen, kam die Polizistin noch zu mir und bewunderte lautstark meine langen Wimpern. Mein Leben macht manchmal wenig Sinn.

Aber zurück zum Journalismus. Zur Wahrheit gehört: Ohne Quellen innerhalb der Polizei könnte ich meine Arbeit nicht machen. Diese Quellen sind rar, ich kann sie an zwei, maximal drei Händen im ganzen Bundesgebiet abzählen. Das liegt einerseits an der *Cop Culture*, die die Polizei bis in alle Räume prägt, und andererseits an der Erfahrung, dass Whistleblowing innerhalb der Polizei formal zum Beispiel mit Disziplinarmaßnahmen hart bestraft wird. Informant*innen bekommen großen Ärger, wenn sie auffliegen. Es braucht sowieso ein kleines Wunder, dass jemand innerhalb von Polizeibehörden ein Gewissen entwickelt, sodass er*sie über mich oder andere Kolleg*innen an die Öffentlichkeit treten möchte. Immerhin braucht es auch ein bestimmtes Weltbild, um diesen Job überhaupt anzutreten (siehe Kapitel 11).

Das Resultat dieser Konstellation sind abenteuerliche Szenen, bei denen ich mir ein bisschen wie der James Bond des deutschen Journalismus vorkomme. Eine billige, nicht so elegant gekleidete Bond-

Version – ohne die Frauengeschichten, versteht sich. Da war zum Beispiel dieser Nachmittag, an dem mein Zug für wenige Minuten an einem großen Verkehrsknotenpunkt hielt. Der ICE rollte langsam auf das Gleis in den Bahnhof ein, an dem sich zu viele Menschen drängelten. Mitten unter ihnen ein Polizist mit einem braunen großen Umschlag. Er hatte jahrzehntelang miterlebt, wie seine Behörde »Scheiße baut«, wie er es ausdrückte. Mit der Weitergabe von Informationen, so kam es mir vor, wollte er auch sein Gewissen etwas beruhigen. Wir hatten uns geschrieben, dass wir die Übergabe der geheimen Dokumente unauffällig an diesem Bahnhof über die Bühne bringen würden. Ich ließ ihn die Wagennummer wissen, er platzierte sich am Bahnsteig. Die Türen gingen auf, es kam mir vor wie eine Ewigkeit, weil die Person vor mir natürlich nicht direkt auf den grünen Knopf drückte. Ich half noch einer Frau mit Kinderwagen, aus dem Zug auszusteigen. Hinter ihr sah ich meinen Informanten mit spiegelnder Sonnenbrille und unauffällig grau-grauer Jacke. Er reichte mir kommentarlos den Briefumschlag, kurz bevor das Signal zur Schließung der Türen ertönte. Ich sah noch, wie er sich umdrehte und zum Ausgang schlenderte. Möglichst unauffällig, obwohl der Puls bestimmt auf 180 war.

Im Umschlag lag neben den Dokumenten ein handgeschriebener Brief. Darin stand, dass der Informant große Angst habe, entdeckt zu werden. Er sei sowieso auf dem Radar seiner Kolleg*innen und Vorgesetzten, weil er schon kritische Anmerkungen zur Arbeitsweise in seiner Behörde formuliert habe. Es dauerte eine Weile, bis ich mehrere weitere Quellen gefunden hatte, die mir seine Kritik bestätigten (die ich an dieser Stelle aus Gründen des Quellenschutzes nicht ausführen werde). Nach der Veröffentlichung meines Texts schrieb er mir, dass er kaltgestellt wurde. Es gäbe keine eindeutigen Beweise, dass er der Informant gewesen sei, aber der bloße Verdacht habe ausgereicht, dass er nun erst mal »ins Archiv« abgeschoben worden sei. Zumindest in dieser Polizeibehörde gehen sie mit kritischer Berichterstattung nicht zimperlich um. Auch deswegen braucht es unbedingt ein Gesetz zum Schutz von Informant*innen (siehe Kapitel 21).

10
Frühreife Dienstunfähigkeit

Im Sommer 2020, mitten in einem Corona-Lockdown, bei dem Bars und Clubs in ganz Baden-Württemberg schließen mussten, entschieden sich einige Polizist*innen »routinemäßig«, ein paar Jugendliche in einer Parkanlage unweit vom Stuttgarter Hauptbahnhof zu kontrollieren. Die jungen Menschen hatten den Park rund um den Eckensee mitten in der Innenstadt als ihren Ort während des ersten Pandemiesommers ausgemacht und dort regelmäßig gechillt. Doch die polizeiliche Kontrolle eskalierte schnell an diesem Abend Ende Juni 2020. Rund 100 versammelte Beamt*innen standen 500 bis 600 teils aggressiven Jugendlichen gegenüber, viele von ihnen laut Berichten zwischen 13 und 19 Jahre alt. Es flogen Steine, Flaschen, Gegenstände durch die Luft, auf einem Video ist ein Halbwüchsiger zu sehen, wie er Anlauf nimmt und einen Polizisten in Kampfmontur tritt – fliegend wie in einem Film mit Jackie Chan.[1] Eine kleinere Gruppe von Jugendlichen fing an, in der Stuttgarter Innenstadt zu randalieren. Schaufenster gingen zu Bruch, Auslagen wurden ausgeraubt.[2] Ein Jahr später, im Sommer 2021, kam es erneut zu Konfrontationen zwischen der Polizei und alkoholisierten Jugendlichen, die von der Stadt verhängte Sperrstunden missachteten. Auf Videos sind junge Feiernde (jeder Herkunft und jedes Geschlechts) zu sehen, wie sie singen, tanzen, Polizist*innen provozieren, Geschäfte beschädigen und sich dabei für die Sozialen Medien mit ihren Handys filmen.[3]

Stuttgart, eigentlich ganz Deutschland war schockiert. Durch alle Medien liefen die Bilder kaputter Schaufenster von Schuhhändlern und Drogeriemärkten in Dauerschleife. Wenn Geschäfte beschädigt werden, schlagen in Deutschland die Emotionen nämlich hoch. Schließlich wirbt eine bekannte Drogeriekette mit dem von Goethes *Faust* entliehenen Spruch »Hier bin ich Mensch, hier kauf ich ein«. Deutsche können die Gewalt gegen Shampoo und Spüli nicht verkraften. Sie werten dies als Angriff auf ihre Menschlichkeit.

Natürlich geht so eine Gewaltausübung gar nicht, darüber müssen wir an dieser Stelle nicht groß diskutieren. Interessant sind allerdings die Umstände des Ausbruchs dieser Gewalt und des Framings bei der Debatte danach. Die Jugend greift *unsere* Polizei an, so oder so ähnlich formulierten es der damalige Bundesinnenminister Horst Seehofer und der grüne Ministerpräsident Winfried Kretschmann. Zusammen liefen sie am 22. Juni 2020 wenige Stunden nach den ersten Krawallen mitten in einem Pulk von Journalist*innen durch die Stuttgarter Innenstadt, ohne damals gebotenen Corona-Abstand, den die Jugendlichen ja unbedingt hätten einhalten sollen.[4] Die AfD und andere rechtsextreme Gruppierungen versuchten natürlich ihr rassistisches Weltbild auf die Ereignisse zu projizieren, obwohl es dafür keine Grundlage gab.[5] Ein Jahr später, trotz angekündigter Maßnahmen und Härte, wiederholten sich die Szenen in Stuttgart wieder. Das Gespenst von der Jugendgewalt machte während der Pandemie wieder mal die Runde. Sie richte sich, so lauteten viele Analysen, vor allem gegen *unsere* Polizei und damit *unseren* Staat.

Ich möchte hier kurz die Perspektive umdrehen. Jugendlichkeit und die uniformierte Repräsentation der Staatsgewalt nicht als Gegensätze begreifen. Sie vielmehr zusammendenken. Auch weil sie in der Praxis keine Gegensätze sind. Auf den Punkt gebracht: Polizist*innen können auch ziemlich jung sein. In den meisten Bundesländern kann man nämlich schon mit dem vollendeten 17. Lebensjahr in die Polizeiausbildung einsteigen (siehe Kapitel 3). In Bayern zum Beispiel. In einigen Bundesländern wie Baden-Württemberg[6] gilt ein Mindestalter von 16,5 Jahren, in Brandenburg[7],

Sachsen[8], Hamburg[9] oder Schleswig-Holstein[10] sogar von nur 16 Jahren. Wer bietet weniger? In Berlin[11] liegt das Mindestalter zum Einstieg in die Polizeiausbildung bei 15 Jahren und 8 Monaten. Aber da geht noch was. In Niedersachsen[12] gilt hochoffiziell gar kein Mindestalter, dort müssen Bewerber*innen nur im Besitz eines gültigen Führerscheins sein. Okay, in Niedersachsen kann man erst ab 17 Jahren in Begleitung eines Erwachsenen Auto fahren. Wir leben aber in Deutschland nach Vorschrift. Die hochoffizielle Angabe »kein Mindestalter« nehme ich als Autor natürlich gern mit.

Bei einer Ausbildungsdauer von in der Regel 2,5 Jahren[13] liegt der 18. Geburtstag der jüngsten Polizist*innen in Berlin lediglich zwei Monate zurück. Ab diesem Zeitpunkt tragen sie eigenverantwortlich Waffen und das Gewaltmonopol durch die Stadt. Nur so als Orientierungshilfe: Die Sängerin Billie Eilish veröffentlichte mit 18 Jahren ihr erstes Studioalbum. Jamal Musiala war noch nicht mal 18 Jahre alt, als er für den FC Bayern München auf dem Rasen der Bundesliga debütierte – aber alt genug, um in Niedersachsen in Begleitung Auto zu fahren. Harry Potter hätte schon beim dritten Teil der Filmreihe (*Harry Potter und der Gefangene von Askaban*) im Jahr 2004 theoretisch zur Berliner Polizei stoßen können. Was ich damit sagen möchte: Kinder können in Deutschland ziemlich früh bei der Polizei einsteigen. Dabei geht es hier nicht darum, ob zahlenmäßig mehr ältere oder jüngere Beamt*innen Streife fahren: In diesem Kapitel will ich den Effekt beleuchten, den die Präsenz von sehr jungen Polizist*innen auf den Polizeialltag hat.

Wichtig ist in diesem Zusammenhang, dass Polizeischüler*innen schon in der Ausbildung viel Verantwortung übernehmen. Nach sechs Monaten in der Ausbildung werden in einigen Bundesländern die Anwärter*innen in die alltägliche Polizeipraxis über Praktika eingebunden.[14] Es wird in allen Bundesländern stark damit geworben, dass die Ausbildung bei der Polizei sehr praktisch angelegt sei. Kontakt mit Waffen (und alles, was dazugehört: Männlichkeit, Korpsgeist, Sanktionsregime etc.) theoretisch schon mit 15 Jahren und 8 Monaten. In Berlin (so wie in vielen anderen Bundesländern) steht im ersten Semester Strafrecht, Schwimmen und Schießen auf dem Stundenplan.[15] Ich kenne Jugendliche in diesem Alter, die träumen noch davon, Harry Potter aus dem dritten Teil der Filmreihe zu sein oder zu knutschen.

Um eine feinere Datenbasis zu erlangen, habe ich Anfang 2023 eine Anfrage an das Innenministerium von Baden-Württemberg zur Altersstruktur von Polizist*innen im Bundesland gestellt.[16] Das Ergebnis: Im Jahr 2022 gab es in Baden-Württemberg 1410 Beamt*innen im Polizeivollzugsdienst, die unter 25 Jahre alt waren. Das Durchschnittsalter der im Jahr 2022 neu eingestellten Polizeibeamt*innen nach Beendigung ihrer Ausbildung betrug laufbahnübergreifend rund 21 Jahre. Damit gelten rund 5,7 Prozent der Beamt*innen im Fallbeispiel Baden-Württemberg als extrem jung. Damit sind Menschen im Alter zwischen 18 und 25 Jahren bei der Polizei Baden-Württemberg im Vergleich zur deutschen Gesamtbevölkerung ungefähr um den Faktor fünf überrepräsentiert.[17] Auf den ersten Blick klingen 5,7 Prozent dennoch eher wenig. Doch während ältere Beamt*innen im Laufe ihrer Polizeikarriere andere Aufgaben übernehmen, zum Beispiel bei der Koordinierung der Polizeiarbeit oder der Beantwortung von Notrufen in den Zentralen, wird die überwiegende Zahl der jungen Polizist*innen im athletisch anspruchsvollen Bereitschaftsdienst eingesetzt: Um zu schwierigen Einsätzen flexibel ausrücken zu können – wie in den Pandemiesommern geschehen. Ein weiteres Beispiel: Um bei Sondereinsatzkommandos (SEK) einsteigen zu können, wird ein Alter von Mitte 20 empfohlen, in einigen Bundesländern geht es aber schon ab 23 Jahren.[18] So werden teils noch sehr junge Menschen in Uniform früh Konfrontationen mit (oft anderen jungen) Bürger*innen ausgesetzt.

Ich habe mit Menschen gesprochen, die in den Jahren 2020 und 2021 selbst vor Ort am Eckensee waren. Einige von ihnen sind in der Initiative »Migrantifa Stuttgart« organisiert und haben Gedächtnisprotokolle von den Geschehnissen damals angefertigt – wie praktisch! Alle schildern das Gleiche: Damals sollen über die Pandemiesommer hinweg mehrere Gruppen von Polizist*innen in der Innenstadt patrouilliert haben. »Meist waren es sechs Beamt*innen, oft waren es fünf blutjunge Polizist*innen Anfang 20 und einer, der dann etwas älter war«, berichtete mir ein Augenzeuge. Unter den Jugendlichen der Stadt würden diese sehr jungen Polizist*innen als »Sternchenjäger« bezeichnet, da diese Beamt*innen im Dienst mehr Sterne an ihrer Uniform und damit einen höheren Rang anstreben würden. Ein Mitarbeiter der Jugendhilfe in Stuttgart beschrieb die Situation damals als sehr angespannt. Der Eckensee sei bis heute ein beliebter Aufenthaltsort für teils obdachlose, oft queere junge Menschen, teilweise erst 13 oder 14 Jahre alt, die aufgrund ihrer (sexuellen) Identität aus ihren Familien verbannt wurden. Die Polizist*innen, vor allem die jungen unter ihnen, seien mit den Jugendlichen und ihren Biografien schlicht überfordert gewesen. Einige Beamt*innen hätten anstatt mit Dialog bewusst mit Repressalien gearbeitet, sagte der Mitarbeiter der Stuttgarter Jugendarbeit. Wie beschrieben schaukelte sich die Gewalt im Rahmen der strengen Corona-Maßnahmen gegenseitig hoch.

Die meisten Analysen, die sich mit der Altersstruktur innerhalb von Polizeibehörden auf Landes- oder Bundesebene befassen, fokussieren sich auf ältere Beamt*innen. Der demografische Wandel macht auch vor der Polizei nicht halt, deshalb taufe ich Polizist*innen in meinen Kolumnen gern flapsig und generisch »Harry«, um zu verdeutlichen, dass viele Polizist*innen halt älter sind.[19] Harry an dieser Stelle deutsch ausgesprochen und nicht so wie in Harry Potter, versteht sich. Im Jahr 2020 waren 20 Prozent der Polizist*innen über 55 Jahre alt, 36 Prozent waren jünger als 35 Jahre.[20] Aber sie gibt es, die blutjungen Beamt*innen, die ich generisch eigentlich Alexander, Maximilian oder Leon (das sind die Top drei Baby-Namen aus dem Jahr 2005)[21] taufen müsste. Man kann Randale, wie jene aus der Stuttgarter Sommernacht von 2020, mit den von mir abgefragten Statistiken theoretisch anders lesen: Jugendliche Banden gehen aufeinander los. Die einen haben sich spontan zusammengefunden, die anderen sind 2,5 Jahre gemeinsam auf die Polizeiakademie gegangen. Stylish betrachtet trennt sie im Moment des Zusammenstoßes oft nur die Uniform.

Um die Ereignisse am Eckensee besser einordnen zu können,

richtete ich eine weitere Anfrage zur Altersstruktur von Polizist*innen an die Polizeidirektion in Stuttgart. Das Ergebnis (Stand 1. Januar 2024): Von 1943 Polizist*innen in der baden-württembergischen Landeshauptstadt waren 259 unter 25 Jahre alt. Damit waren 13,3 Prozent in Stuttgart extrem jung. Die meisten von ihnen, exakt 220 Beamt*innen, waren bei der Schutzpolizeidirektion beschäftigt. Also jener Organisationseinheit, die Polizist*innen auf die Straßen und Plätze Stuttgarts entsendet – auch zu Einsätzen bei Verstößen gegen die während der Pandemie geltenden Ausgangssperren. Bei der Schutzpolizeidirektion machten diese jungen Polizist*innen sogar 16,8 Prozent der Beamt*innen aus. Zum Stichtag 1. Januar 2024 waren 328 Beamt*innen der Schutzpolizeidirektion zwischen 26 und 28 Jahre alt. Viele von ihnen unter 25 während der Pandemiesommer.

Das junge Alter von Beamt*innen spielt bei vielen Aspekten des Polizeiproblems eine wesentliche Rolle: Die bekannt gewordenen Skandale rund um rechtsextreme Chats (siehe Kapitel 18) involvierten laut meinen Beobachtungen über die Jahre erstaunlich häufig Beamt*innen, die um die 25 Jahre alt waren. Natürlich beteiligten sich auch ältere Polizist*innen an den Chat-Verläufen mit Hakenkreuzen, antisemitischen Witzen und rassistischen Gewaltfantasien, aber immer wenn ich bei meinen Quellen nachgefragt habe, hieß es: Das sind zu großen Teilen Polizeischüler*innen oder jene, die frisch in den Polizeidienst eingestiegen sind.

Der Polizeiforscher Rafael Behr sieht bei dem Eintritt von Jugendlichen in den polizeilichen Apparat (egal ob in die Ausbildung oder beim Übergang in den Dienst) »eine Suche nach Identitätsbildung und gesellschaftlicher Integration«.[22] Dabei spielen eine institutionalisierte Männlichkeit (siehe Kapitel 4), der soziale Status innerhalb der Behörden und das Alter eine wesentliche Rolle. »Der Eintritt in die Polizei, so kann man zugespitzt sagen, bedeutet für die jungen Männer und Frauen dienstrechtlich das Ende der Jugend«, schreibt Behr. Daraus ergibt sich für viele Polizist*innen, die in der Regel sehr jung den Beruf ergreifen, ein abruptes Ende ihrer Kindheit. Sie orientieren sich dabei schnell an den geltenden Regeln innerhalb polizeilicher Strukturen wie der *Cop Culture* und behalten als Individuen noch lange ein kindliches oder jugendliches Denken bei. Andere Ausbildungsberufe oder das Studium verlangen jungen Menschen ebenfalls viel ab, wirken im Vergleich zum Polizeiberuf aber wie ein Puffer zwischen orientierungssuchender Jugendlichkeit und dem Status eines mündigen, erwachsenen Menschen: In den meisten anderen Ausbildungsberufen geht es nicht um eine unmittelbare Anwendung von Gewalt. Das ist der wesentliche Unterschied zwischen Polizeischüler*innen und Azubis zum Beispiel im Handwerk oder Studierenden an der Hochschule.

In einem Beitrag des RBB[23] aus dem Jahr 2023 berichtet die Berufsberaterin Cindy Forte von der Arbeitsagentur in Berlin-Charlottenburg von ihrer Arbeit bei der Rekrutierung für die Polizei. Etwa sieben bis zehn Prozent der Schüler*innen, mit denen sie Kontakt habe, würden sich für eine Polizeiausbildung entscheiden. Das ist für einen einzelnen Berufszweig sehr viel. Forte beschreibt dabei einen »verklärten Blick auf das Berufsbild Polizist«, der bei vielen Jugendlichen herrsche und auch der Forschung bekannt ist.[24] Die Berufsberaterin Forte beschreibt ihn pointiert als »Cobra-11-Blick«. Die Schüler*innen erwarteten im polizeilichen Berufsalltag Action und Verfolgungsjagden – übersetzt könnte man auch von Konfrontationen, Kräftemessen und dem exzessiven Einsatz von Gewalt sprechen. Bis diese Illusion aus Serien, Filmen und Videospielen in der Praxis abgebaut wird, dauert es teilweise einige Jahre. Manchmal tragen Polizeibeamt*innen diese Verklärung auch noch länger mit sich herum.

Alexander, Maximilian oder Leon bezeichnet der Polizeiforscher Rafael Behr deswegen als »gefährliche Jugend« im polizeilichen Männerbund. Wer noch die MTV-Serie *Jackass* von Anfang der 2000er kennt, bei denen »Jungs« gefährliche Mutproben machten mit selbst gebastelten Rennwagen auf steilen Pisten, Brandbeschleunigern, Feuerwerfern oder wilden Tieren: So in etwa kann man sich den Begriff der »gefährlichen Jugend« vorstellen. Es handelt sich um sehr junge Menschen, die Ausrüstung und Autorität ausgehändigt bekommen: bedingungsloser politischer Rückhalt, gesellschaftliche Anerkennung, Gewaltmonopol, exklusive Zugänge zu Informationen, uniformierte Performance von Macht und Waffen. Dies ist auch der Mechanismus, der meiner Beobachtung nach verfestigte Strukturen des Polizeiproblems überhaupt ermöglicht.

Jedes Regime versucht die Jugend in seinem Sinne zu indoktrinieren, das zeigen viele Beispiele aus der Menschheitsgeschichte. Bei der Polizeiausbildung und der Ausübung des Berufs selbst rutschen viele junge Menschen *abrupt* in ein System, mit dem sie sich radikal und unkritisch identifizieren. In dem sie aber auch als Konkurrent*innen agieren. Jugendliche spielen halt Spiele und testen Grenzen aus. Wer bietet mehr Rassismus und Antisemitismus? Wer kann am härtesten zuschlagen? Wer wird in Zukunft der harryste von allen Harrys? So spielt der Faktor Jugendlichkeit eine wesentliche Rolle beim Thema Polizeigewalt, Machtmissbrauch und öffentliche Zurschaustellung eines polizeilichen, angeblich überlegenen Status. So kann man einen wesentlichen Aspekt der Gewalteskalationen in den Stuttgarter Pandemiesommern 2020 und 2021 zumindest ebenfalls lesen.

Doch nicht nur in Stuttgart kam es unter zahlreichen geltenden Corona-Maßnahmen, wie einem Alkoholverbot, zu Ausschreitungen durch Jugendliche.[25] Zeitgleich gab es auch in anderen Städten Randale und Konfrontationen zwischen der Polizei und jungen Feiernden: In Hamburg zum Beispiel oder auch im ländlich geprägten Weiden in der Oberpfalz. Es folgten die üblichen Recht-und-Ordnung-Phrasen aus der Innenpolitik. Diese Routine spiegelt grundsätzlich den Fakt wider, dass eine politische Repräsentation von Jugendlichen gänzlich fehlt. Ihre Interessen werden im politischen System auf den verschiedensten Ebenen seltener berücksichtigt – das zeigte sich sehr deutlich während der Corona-Pandemie.[26] Viele Maßnahmen trafen vor allem junge Menschen zwischen 13 und 19 Jahren.

Kleinkinder haben Eltern, die sich für sie leidenschaftlich (manchmal sogar sehr sehr sehr sehr leidenschaftlich) einsetzen. Erwachsene prägen die Politik. Senior*innen dominieren sie vielleicht sogar. Dazwischen gehen 13- bis 19-Jährige unter. Die Interessen von Jugendlichen, die sich im Leben erst noch orientieren müssen, werden seltener effektiv vertreten.[27] Und so sind die Krawalle in verschiedenen Städten und ländlichen Gegenden aus den Jahren 2020 und 2021 vielleicht keine bewussten Revolten gegen die politischen Verhältnisse gewesen, vielleicht auch nicht aus einem Hass auf die Polizei im engen Sinne erwachsen. Sie können einfach Ausdruck eines tief sitzenden Frusts von jungen Menschen gewesen sein, die auch ohne Lockdowns in einer schwierigen Findungsphase stecken. Theoretisch müsste diese Frustration auch von jungen Polizist*innen ausgehen – nur verfügen diese halt über Waffen, das staatliche Gewaltmonopol und den offiziellen Auftrag, andere Jugendliche zu kontrollieren. Junge Menschen werden von einem Wettbewerb untereinander geprägt.[28] Wie das ausgehen kann, zeigte sich unter anderem am Eckensee in Stuttgart.

11
Die politische Einstellung macht's

Mitte Juni 2023 bot sich ein rarer, dafür aber deutlicher Blick auf die politische Überzeugung einer Polizistin. Claudia Pechstein, umstrittene ehemalige Spitzensportlerin und mehrfache Olympiasiegerin, trat an ein Pult.[1] Pechstein ist CDU-Politikerin, trat sogar bei Bundestagswahlen im Berliner Wahlkreis Treptow-Köpenick an und verlor. Bei einem Grundsatzkonvent der CDU in Berlin gab sie Mitte 2023 einen Impuls – in Polizeiuniform. Denn Pechstein ist auch aktive, verbeamtete Bundespolizistin. Sehr viele Rollen auf einmal.

Kurz zur rechtlichen Lage: Darf eine Polizistin in Uniform eine Parteirede schwingen? Darf sich ein aktiver Polizist dezidiert in der Öffentlichkeit politisch äußern? Auf dem Papier zumindest ist die Antwort deutlich. Laut Bundesbeamtengesetz (BBG) haben sich Staatsbedienstete, somit auch Polizist*innen, politisch zu mäßigen – in und außerhalb ihrer Dienstzeiten, also in Zivilkleidung, aber eben auch in Uniform. Es gilt also ein Mäßigungsgebot, bei dem sich insbesondere Bundespolizist*innen bei politischen Handlungen und Aussagen öffentlich zurückhalten müssen. »Beamtinnen und Beamte dienen dem ganzen Volk, nicht einer Partei«, heißt es in Paragraf 60 des BBG. Eine Bundespolizeibeamtin müsse im, aber auch außerhalb ihres Dienstes jeden Anschein vermeiden, sie nehme ihr Amt nicht unparteiisch wahr.[2]

Die Rede Pechsteins auf dem CDU-Konvent irritierte daher sehr viele Jurist*innen, aber auch Politiker*innen der Opposition und kritische Beobachter*innen.[3] Und das nicht, weil sie in der sechsminütigen, abgelesenen Rede offensichtlich Schwierigkeiten mit dem Lesefluss hatte, sich öfters verhaspelte und Wörter in ihrem Skript vertauschte. Inhaltlich sahen viele eine Grenzüberschreitung in ihrem Auftritt als Ganzes, der für mich aber eine gute Illustration des Problems mit der politischen Einstellung innerhalb von Polizeibehörden darstellt:

Angekündigt war ein Impuls zum Thema Breitensport, doch die frühere Eisschnellläuferin bog in ihrer Rede zügig rechts ab. Sie wetterte gegen das »Gendersternchen« und gegen die Verbannung rassistischer Sprache aus dem Alltag. Man solle nicht mehr diskutieren, so ihre Forderung, ob ein Konzert »deutscher Liederabend« genannt werden dürfe. Mit Blick auf dieses Liederabend-Programm noch mal zur Erinnerung: Auf dem Konvent ging es um die Zukunft der CDU als Volkspartei. Pechstein pries die »traditionelle Familie«, denn Kinder wollten »Mama und Papa«. Damit erntete sie großen Applaus im Publikum, in der ersten Reihe saß ein lächelnder CDU-Parteichef, Friedrich Merz wird später sagen, Pechsteins Auftritt sei »brillant« gewesen. Vor allem müsste ihm Pechsteins Forderung nach einer härteren Gangart bei Abschiebungen gefallen haben. Es verstehe niemand, dass »solche Menschen einfach hierbleiben dürfen«, wenn ein Richter zuvor zu dem Schluss gekommen sei, dass der Antragsteller kein Recht habe, hier zu leben, sagte Pechstein. Sie legte nahe, dass Frauen und ältere Menschen in Deutschland aufgrund von Flucht und Migration Angst hätten, mit den öffentlichen Verkehrsmitteln zu fahren. Damit bediente sie die altbekannte Andersmachung von nicht-weißen Menschen, vor denen sich die Weißen fürchten müssen. Wieder Applaus im Saal. Bis hierhin alles irgendwie vorhersehbar.

Im Nachgang dieser Rede entbrannte in den Sozialen Medien und den Kommentarspalten der Zeitungen eine Debatte rund um den Stolz, Uniform zu tragen, und um einzelne Paragrafen aus dem BBG, das sich im Vergleich zu Pechsteins Manuskript sehr spannend und flüssig liest. Die Genehmigung, als Beamtin politische Reden zu halten, insbesondere zu Themen, die die eigene polizeiliche Tätigkeit betreffen, kann rein rechtlich betrachtet nicht erteilt worden sein. Die Bundespolizei wollte das alles aber erst mal prüfen, verkündete die Behörde zunächst lapidar auf Twitter. Pechstein behauptete, ihr sei freigestellt worden, in Uniform aufzutreten, die sie darüber hinaus gern trage. Auf Presseanfrage kam heraus, dass Pechstein – anders als behauptet – die Bundespolizei nicht offiziell um Erlaubnis gebeten hatte.[4] Sie hatte also zuvor gelogen. Der Fall mündete auf öffentlichen Druck hin doch in ein Disziplinarverfahren für Pechstein und endete im April 2024 mit einer glimpflichen, ja der kleinstmöglichen Strafe: einer Bußgeldzahlung von nur 500 Euro.[5] Für mich war es auf jeden Fall erfrischend, dieses Bild geboten zu bekommen: Da liest eine Polizistin in sechs Minuten die vermutete politische Einstellung in einer der mächtigsten Behörden des Landes vor. Es stellt sich dennoch die Frage: Wie repräsentativ sind die politischen Ansichten von Claudia Pechstein? Was sagen sie darüber aus, wie Polizist*innen politisch ticken?

Fakt ist: Es kommt selten vor, dass eine Polizist*in an einem Pult vor Publikum und Kameras ihre politischen Überzeugungen aufzählt. Die politische Einstellung von Polizist*innen in Deutschland gleicht sonst eher einem verschlossenen Museum, das ich in diesem Kapitel gern öffnen möchte. Dafür braucht es allerdings eine Brechstange oder vielleicht besser eine unterhaltsame und schockierende Suche nach Anhaltspunkten, wie das entsprechende Schloss zum Museumstor geknackt werden könnte. Denn die Polizeibehörden in Deutschland hüten den Schlüssel dafür wie den Augapfel von Franz Josef Strauß, sie achten sehr genau darauf, ihre Bediensteten vor jeglichen kritischen Nachfragen abzuschotten. Anders als in anderen Ländern gibt es keine Erhebungen, die zeigen, wie sich die politische Einstellung innerhalb der Polizei in Deutschland seit 1945 entwickelt hat. Dass es eindeutige Kontinuitäten aus der Zeit davor gibt, habe ich in Kapitel 2 diskutiert. Hier soll es dagegen um zeitgenössische politische Einstellungen unter Polizist*innen gehen.

Einen besonderen Einblick in die Welt des Blaulichts erlauben die Memoiren von Polizist*innen in Buchform. Die haben sich in Deutschland in den vergangenen Jahren ordentlich verkauft. Vielleicht sollte ich Polizist werden, um als Autor mehr Leute zu erreichen? Zum Beispiel hat eine Beamtin namens Tania Kambouri im Jahr 2015 ein Buch mit dem Titel *Deutschland im Blaulicht: Notruf einer Polizistin* bei Piper veröffentlicht. Kambouri wurde damals von Talkshow zu Talkshow gereicht und durfte, anscheinend ohne dass es je nachgeprüft wurde, ihre Geschichten verbreiten (siehe auch Kapitel 9). Das Buch wurde vor allem von Polizist*innen[6] und rechten Medien[7] in den Himmel gelobt. So weit, so vorhersehbar. Dieses Buch zu lesen – was ich getan habe, damit Sie es nicht machen müssen – ist, wie einen Polizeihelm aufzusetzen. Man ist von allen Einflüssen von außen gut geschützt und sieht nur noch das, was Polizeibeamt*innen sehen: Gefahren, gefährliche Ausländer, noch mehr Gefahren, Ausländer überall.

Schon zu Beginn lässt ein Satz aufhorchen: »Das soll keine Pauschalverurteilung sein und schon gar keine rassistische Vorverurteilung aufgrund der Herkunft oder des Glaubens.« So nach dem Motto »Ich bin keine Rassistin, aber ...« folgen dann 240 Seiten voll mit rassistischen und imaginierten Vorurteilen gegenüber Minderheiten. Generell wird dieses vergiftete »aber« sehr oft im Buch bemüht. Kambouri hat eine griechische Familiengeschichte. Sie lebt und arbeitet im multikulturellen Bochum und stilisiert sich dabei selbst als gute Ausländerin. Sie benutzt das Wort »Ausländer« sehr oft. Das Buch kann eigentlich in einem Satz zusammengefasst werden: Eine Polizistin beklagt die »Respektlosigkeit« ihr gegenüber, insbesondere von Männern aus »muslimisch geprägten Ländern«, Osteuropa, insbesondere durch Sinti*zze und Romn*ja. Kambouri, so verstehe ich ihre Botschaft, hat den sogenannten »Migrationshintergrund« von Menschen als Hauptgrund für den Niedergang des Abendlandes, der uns »bislang erspart blieb«, ausgemacht. Sie geht in Schulen, fährt Bahn, spaziert durch die Straßen des Ruhrgebiets, und überall sieht sie nur: Gefahren, gefährliche Ausländer, noch mehr Gefahren, Ausländer überall. Immer mehr »Kopftuchträgerinnen« und die »deutlich höhere Geburtenrate« unter Migrant*innen bereiten ihr große Sorgen. Auf dem Cover prangt ein Bild von Kambouri in der Polizeiuniform von Nordrhein-Westfalen. Vom Betrachter aus gesehen schaut sie entschlossen nach rechts, die Arme sind verschränkt, auf dem Ärmel ihrer Uniform prangert das Landeswappen von Nordrhein-Westfalen. Eigentlich könnte das, mit Blick auf den Fall Pechstein, ebenfalls ein Verstoß gegen das Neutralitätsgebot gemäß BBG sein. Aber für Polizist*innen gelten augenscheinlich andere Maßstäbe.

Kambouri beschreibt in ihrem Buch die Gewalt gegen Polizist*innen im Arbeitsalltag, über die angeblich niemand spreche. Ein Argument, das logisch betrachtet seinen Sinn spätestens dann verloren hat, wenn Polizist*innen Bücher schreiben. Konkret sei sie selbst bei einem Polizeieinsatz nach einem Familienstreit »leicht verletzt« worden; was das genau bedeutet, bleibt offen. Bei einem weiteren Einsatz im Anschluss an eine Fahrkartenkontrolle sei sie bei einer Rangelei auf den Boden gefallen und habe sich an ihrer Hüfte verletzt.[8] Im Grundsatz geht es Kambouri im Text aber meist um mangelnden Respekt, dieser Vorwurf zieht sich durch das Buch wie ein rotes Flatterband.

Die Formulierungen »Respektlosigkeit«, »Mangel an Respekt«, »kein Respekt« oder so ähnlich kommen in ihrem Text mehr als 50-mal vor. Beamt*innen wie Kambouri warten anscheinend auf Pralinen und Blumen an jeder Straßenecke, in ihrem Buch trifft sie aber nur auf »Türken, Araber, Libanesen usw.«[9], die sie komisch anschauen, sich gegen (aus dem Buch-Kontext wenig erläuterte) polizeiliche Maßnahmen verbal zur Wehr setzen. Ich habe dieses Buch so gelesen: Fetzen aus Szenen werden nacherzählt, bei denen eigentlich wenig passiert, außer dass Kambouri und ihre Kolleg*innen direkt die Ethnie ihres Gegenübers überbetonen, Konflikte kulturalisieren, teils eskalieren lassen und keine Schokolade und Blumen als Dankeschön dafür überreicht bekommen. Außerdem wirkten mehrere Stellen im Buch auf mich als Leser so, dass Kambouri von allem, was in ihren Augen migrantisch erscheint – milde ausgedrückt –, schlicht genervt ist: wie sich Araber, Türkinnen oder Muslime allgemein kleiden, wie sie sprechen (Kambouri schreibt[10]: »Sie reden in ihrer ›Kanak Sprak‹, auch Kiezdeutsch genannt, halb Deutsch, halb Türkisch, ›isch, misch, disch‹«), dass migrantisch gelesene Menschen überhaupt im öffentlichen Raum existieren, scheint schlimm für sie zu sein. Sie könnte »manchmal fast ausflippen«, wenn sie sehe, wie sich »muslimische Jugendliche benehmen«[11]. An mehreren Stellen wirft sie nicht-weißen Menschen einen Mangel an Dankbarkeit, in Deutschland leben zu dürfen, vor sowie die Abwesenheit eines patriotischen Zugehörigkeitsgefühls.

Weiße Deutsche spielen dagegen als Täter*innen in ihrem Alltag eine untergeordnete Rolle. Man bekommt bei der Lektüre den Eindruck, dass sie mit besoffenen Fußballhooligans oder randalierenden Partygänger*innen im Bochumer Ausgehviertel Bermudadreieck mutmaßlich gar keine oder nur gute Erfahrungen gemacht hat. Neulich musste ich eine Nacht in einem Hotel im Bermudadreieck verbringen, stundenlang konnte ich aus dem Fenster mit ansehen, wie Polizist*innen vergeblich versuchten, die routinierte Randale dort im Griff zu behalten. Es waren an diesem Abend vor allem Partygäste aus den Niederlanden und weiße Deutsche anwesend. Nein, die voreingenommene Sicht dieser Polizistin deckt sich nicht mit der dokumentierten Realität des polizeilichen Alltags in Nordrhein-Westfalen und auch nicht mit der Kriminalitätsstatistik[12].

Rund um Bundesligaspiele gibt es zum Beispiel regelmäßig enorme Polizeieinsätze.[13] Allein in der Saison 2022/2023 leisteten die Polizeibehörden des Bundes und der Länder mehr als 1,6 Millionen Arbeitsstunden, um Spiele der Ersten und Zweiten Bundesliga abzusichern.[14] Beinahe jede zehnte Partie wird von den Behörden selbst als Risikoereignis gewertet[15], auch in NRW kommt es dabei regelmäßig zu Gewalttaten.[16] Kambouri erwähnt an einer einzigen Stelle im Buch, dass sie »bei Einsätzen mit Hooligans und Rockerbanden« dabei war – die strukturelle Gewalt, die von diesen nicht selten rechtsextrem geprägten Milieus ausgeht, erwähnt sie aber nicht. Auch spielen zum Beispiel italienisch geprägte mafiöse Strukturen, die in Nordrhein-Westfalen stark aktiv sind[17], keine Rolle in ihrer Empörungsschrift. Man könnte nach der Lektüre dieses Notrufs glatt den Eindruck gewinnen: Weiße Menschen sind gut, Ausländer einfach schlecht – zumindest jene, die Kambouri mit ihrem sehr speziellen Ausländer-Radar als anders identifiziert hat.

Apropos Ausländer: Damit meint Kambouri, wenn ich sie richtig verstehe, alle nicht-weißen Menschen. Weil ein »junger Türke mit Geburt automatisch die deutsche Staatsbürgerschaft erhält oder die deutsche Staatsbürgerschaft nachträglich annimmt«, zweifelt Kambouri an der Statistik ihrer eigenen Polizeibehörden. Zweifel sind da aus ganz anderen Gründen angebracht (siehe Kapitel 15), doch Kambouri sieht Ausländer sogar dort, wo keine sind. Deutscher Pass? Trotzdem Ausländer! Was soll daraus folgen? Die Wiedereinführung des Ariernachweises?

Bei der Taschenbuch-Ausgabe im Jahr 2017 legte Kambouri mit einer Vorbemerkung und einem Nachwort nach: »Noch immer gibt es Anlass für den Notruf einer Polizistin – ich bin sogar fest davon überzeugt, es gibt ihn mehr denn je.« Gemeint ist die »Flüchtlingskrise« von 2015, wie sie es nennt. Noch mehr Menschen, die undankbar an ihr vorbeilaufen oder sich gegen rassistische Polizeistrukturen wehren. Für Kambouri und andere Polizist*innen Grund genug, die 110 zu wählen und einen Notruf abzusetzen. Alle Beteiligten an diesem Buchprojekt scheinen nicht nur einen Helm getragen zu haben, das Visier müsste blickdicht abgeklebt gewesen sein. Nur so kann dieser evidenzbefreite »Notruf« in Buchform entstanden sein. Am Ende gibt es noch eine Literaturliste, die für sich selbst spricht und ebenfalls einen Anhaltspunkt für die politische Prägung von Polizist*innen liefert. Da fallen Namen wie Thilo Sarrazin, Heinz Buschkowsky, Hamed Abdel Samad und Seyran Ateş. Dieses Buch ist auch kein Einzelfall: Das Genre »Polizistin erzählt aus dem Nähkästchen« haben auch andere Verlage für sich entdeckt.[18]

Naheliegend ist: Viele, die den Polizeiberuf überhaupt ausüben, bringen eine gewisse Affinität zu »Recht und Ordnung« mit. Gleichzeitig ist diese Affinität konservativ geprägt, wenn man es mal zurückhaltend formulieren möchte. Dieses ausgeprägte Bewusstsein für Sicherheit und Gesetze muss gar nicht auf sie selbst als

Beamt*innen bezogen sein, wie an den vielen beschriebenen Gesetzesbrüchen durch die Polizei in diesem Buch deutlich wird. Es macht dennoch Sinn, dass Claudia Pechstein im rechtskonservativen bis rechtspatriotischen Flügel der CDU gelandet ist. Viele Politiker*innen mit Polizeihintergrund engagieren sich im rechten oder rechtsextremen Parteienspektrum. Laut einer Analyse der Investigativjournalist*innen Annelie Naumann und Alexej Hock sind Polizist*innen bei der AfD überrepräsentiert[19], im Vergleich zu allen anderen Parteien, selbst der CDU / CSU. Bei Linken, Grünen, FDP, SPD und der Union lag im Jahr 2020 die Quote bei den Bundestagsabgeordneten, die ehemals oder freigestellt als Polizist*innen gearbeitet haben, unter zwei Prozent. Bei der AfD-Bundestagsfraktion waren es mehr als sieben Prozent. Nimmt man alle Abgeordneten der Landesparlamente, in denen teilweise besonders extremistisch-völkische AfD-Figuren sitzen, liegt die Quote ebenfalls bei knapp sieben Prozent Polizist*innen unter AfD-Mandatsträger*innen. Das ist sehr viel für eine einzelne Berufsgruppe, die lediglich rund 0,4 Prozent der Bevölkerung ausmacht.[20]

Dass sich so viele Polizist*innen für eine Karriere am politisch rechtsextremen Rand entscheiden, sagt erst mal nicht viel über die politischen Überzeugungen in der Polizei-Population von über 333 600 (Stand 2020)[21] insgesamt aus. Rein theoretisch könnte es ja sein, dass sich ein paar AfD-affine Polizist*innen abkoppeln und politisch organisieren. Dennoch ist dieses parteipolitische Engagement ein guter Hinweis, wohin die Reise bei vielen aktiven und ehemaligen Polizist*innen geht. Es gibt auch andere Indizien, die nicht immer so deutlich sprechen wie ein Foto aus Jena. Im Jahr 2016 platzierten Polizisten in ihrem Wagen das laut Expert*innen rechtsextreme, rassistische, antisemitische, verschwörungstheoretisch geprägte und mittlerweile verbotene Magazin *Compact* gut sichtbar für alle hinter die Windschutzscheibe.[22] Und das ausgerechnet am Rande einer AfD-Kundgebung. Reden wie jene von Claudia Pechstein, ein Polizei-Wagen mit rechtsextremer Deko, das sind alles Anlässe, weiter nach dem Schlüssel zur Erkenntnis zu suchen: Wie ticken Polizeibeamt*innen politisch?

Ein weiterer Anhaltspunkt für die politische Einstellung von Polizist*innen ist das Wahlverhalten ihrer uniformierten Kolleg*innen in anderen Ländern. Es lohnt sich hier der Blick über den Tellerrand, weil anderswo durchaus belastbare Zahlen erhoben werden.[23] In Frankreich wurden über die Jahre mehrere repräsentative Studien zum Wahlverhalten von Polizist*innen erstellt. Im Jahr 2015 haben 51,5 Prozent der Polizist*innen, die zur Regionalwahl gegangen sind, dem rechtsextremen Front National ihre Stimme gegeben. Bei Präsidentschaftswahlen pendelten mehrere Studien um die 50 Prozent der Stimmen aus den Reihen von Polizist*innen, die auf die rechtsextreme Kandidatin Marine Le Pen gefallen sein sollen. Bei der ersten Runde der Präsidentschaftswahl 2017 wählten letztendlich 54 Prozent der (ehemaligen und aktiven) Polizist*innen Le Pen. Nimmt man nur die aktiven Polizist*innen, liegt die Zahl laut einer Umfrage aus dem Jahr 2016 sogar bei 67 bis 68 Prozent, die mit dem parteiorganisierten Rechtsextremismus sympathisieren und dafür stimmen.[24] Sieben von zehn französischen Polizeibeamt*innen im aktiven Dienst wählen eine völkisch-nationalistische Partei oder ihre Vertreter*innen im Rahmen von Regional- bis Präsidentschaftswahlen.

Nicht nur von unten, auch an der Spitze des politischen Systems ist in Frankreich eine starke Verbindung zwischen der Polizei und dem parteipolitisch organisierten Rechtsextremismus zu beobachten: Fabrice Leggeri musste im Jahr 2022 nach investigativen Recherchen[25] zu illegalen Pushbacks gegen Flüchtende an den EU-Außengrenzen als Frontex-Chef zurücktreten. Für den rechtsextremen Front National trat der führende Polizist im Jahr 2024 bei der Europawahl auf Listenplatz 3 an und errang so mit links (naja, eher rechts) ein Mandat.[26] Das nationale französische Wahlsystem ist nicht mit dem deutschen zu vergleichen, da es sehr zentralisiert und auf wenige Kandidat*innen fokussiert ist. Dennoch können Parallelen gezogen werden: In Frankreich wählen mehr als die Hälfte der Polizist*innen rechtsextrem, Tendenz steigend, in Frankreich landen Polizist*innen auf prominenten Posten bei rechtsextremen Parteien und Vereinigungen. Wie sieht es anderswo aus? Antwort: nicht besser.

So wie in Deutschland existieren auch in Österreich keine eindeutigen Zahlen zum Wahlverhalten von Polizist*innen. Allerdings gibt es einen Ort in der Hauptstadt Wien, der das Problem womöglich wie kein anderer in ganz Europa abbildet. Ottakring ist ein sehr migrantisch geprägter Bezirk. Die im ganzen Land bekannte Ottakringer Straße wird im Volksmund »Balkanstraße« genannt. Hier leben viele Menschen mit Familiengeschichten aus Bosnien, Albanien, Griechenland oder der Türkei. Ich habe unweit von der Balkanstraße köstliche Linsensuppe mit ofenfrischem Lawasch-Fladenbrot und als Dessert das beste Baklawa nördlich der Alpen gegessen. Es war ein Fest. In diesen Genuss kommen auch viele Polizist*innen und ihre Familienangehörigen, die in einer riesigen, in den 1930er-Jahren speziell für Polizeibedienstete bereitgestellten Siedlung mit 415 Wohnungen in der Mitte von Ottakring wohnen – nur einen Steinwurf von der Balkanstraße entfernt.[27] Die Mietpreise für die Polizist*innen liegen hier ein Viertel unter denen im Gemeindebau.

Aber auch aus Sicht der kritischen Wahlforschung ist dieser Ort sehr begehrt: Der »Wahlsprengel 44« in Ottakring ist ein eigenständiger Wahlabschnitt. Er umfasst circa 500 Wahlberechtigte, darin inbegriffen alle wahlberechtigten Erwachsenen, die in den 415 Wohnungen der Polizeisiedlung residieren. An dem Wahlergebnis dieses Sprengels kann repräsentativ also das Wahlverhalten von Polizist*innen in Wien und ganz Österreich abgelesen werden. Hab's doch gesagt: Voll praktisch!

Auf Karten mit den Ergebnissen verschiedenster Wahlen in Österreich erscheint Ottakring im Westen tiefgrün (hier wohnen bürgerliche Wiener*innen mit schlechtem Gewissen der Umwelt gegenüber) und im Osten tiefrot (hier wählen migrantische Haushalte vor allem die Sozialdemokratie, obwohl die nicht mehr das ist, was sie vorgibt zu sein). In der Mitte der Karte prangt der Wahlsprengel 44 dunkelblau heraus. Blau ist die Farbe der – laut politikwissenschaftlichen Analysen[28] – rechtsextremen FPÖ.

Bei der Bundespräsidentenwahl 2016 gingen hier 64,8 Prozent der Stimmen an den Kandidaten der FPÖ, Norbert Hofer. Im Landesdurchschnitt bekam Hofer 42,2 Prozent der Stimmen (ja, Österreich ist schon speziell). Als ehemaliger Verkehrsminister unter Bundeskanzler Sebastian Kurz schaffte er es in die Endrunde zur Wahl des Bundespräsidenten. Bekannt ist Hofer allerdings für rechtspatriotische politische Positionen als Ehrenmitglied der antidemokratischen, völkisch-nationalistischen Burschenschaft Marko-Germania[29]: Liberalisierung von Waffenbesitz, komplette Einstellung von Zuwanderung, Verbot von eingetragenen homosexuellen Partnerschaften und sonst noch ein Blumenstrauß von rechten Verschwörungstheorien.[30] Bei den Kommunalwahlen in Wien (wohin sehr viele links-liberale Österreicher*innen aus dem ganzen Land flüchten) schaffte die rechtsextreme Partei nach der Ibiza-Affäre, bei der FPÖ-Politiker das Land an russische Oligarchen verscherbeln wollten und dabei heimlich gefilmt wurden, und nach dem Zerfall der Koalition mit Sebastian Kurz im Jahr 2020 gerade einmal 7,1 Prozent. Im Sprengel 44 waren es immerhin 27,1 Prozent.[31] Noch ein schönes Detail: Die Bierpartei bekam im Blaulicht-Wahlbezirk 6,8 Prozent. Die Kleinstpartei trat nur in Wien an und versteht sich als »bierokratische Bewegung«. In einer »Bierokratie« soll die Macht vom Bier ausgehen, steht im Parteiprogramm.[32] Trotz dieser politischen Konkurrenz bleibt das Wahlpotenzial für die FPÖ im Sprengel 44 enorm und deutet darauf hin: In Österreich wählen die meisten Polizist*innen rechtsextrem.[33]

Auch außerhalb Europas ist dieses Wahlverhalten bei Polizeibeamt*innen zu beobachten: Bei den US-Präsidentschaftswahlen im Jahr 2020 unterstützten gleich mehrere große Polizeigewerkschaften den republikanischen Kandidaten Donald Trump, der bis dahin vier Jahre lang eine rechtsextrem-chaotische Präsidentschaft auf der Weltbühne präsentiert hatte.[34] Polizeigewerkschaften geben häufig die politischen Haltungen ihrer Mitglieder wieder (siehe Kapitel 6). Selbst nachdem Trump-Anhänger am 6. Januar 2021 sich in einem Umsturz versucht haben, das Kapitol in Washington stürmten und dabei mehrere Polizist*innen schwer verletzten, hielten die Gewerkschaften an ihrem Trump-Kurs fest. Fünf Beamt*innen starben im Zusammenhang mit den Ausschreitungen.[35]

Auch in anderen Ländern ist eine Nähe von Polizist*innen zum rechten politischen Spektrum zu beobachten. Wie ist diese rechtsnationale, erzkonservative politische Prägung zu verstehen?

Das Wahlverhalten eines Individuums oder einer (Berufs-)Gruppe sagt nur bedingt etwas über die Einstellungen dieses Individuums oder der Gruppe zu verschiedenen politischen Themenfeldern aus. Klar: Wenn jemand AfD wählt, ist die Chance sehr gering, dass die Person in der lokalen Antifa unterwegs ist. Das verschlossene Museum zur politischen Einstellung von deutschen Polizist*innen zu öffnen bedeutet also, verschiedene politische Themenfelder zu definieren und diese differenziert zu diskutieren. Das Wahlverhalten allein gibt nur Anhaltspunkte. Sie sind stark, ja. Aber bleiben halt auch nur Anhaltspunkte. Deswegen war die Rede von Claudia Pechstein beim CDU-Parteikonvent so wichtig als Ausstellungsstück in diesem Museum der polizeilichen Überzeugungen, das ich im folgenden Raum für Raum begehen möchte. Ich habe den Schlüssel gefunden, er lag die ganze Zeit in meinen Archiven auf Festplatten, in der Cloud und in meinen Notizbüchern.

Es folgen drei beispielhafte, wichtige Aspekte zum Thema politische Einstellungen bei Polizist*innen, die mehr Licht auf die ideologische Prägung des Polizeisystems an sich werfen. Begeben wir uns also bei dieser Ausstellung in drei verschiedene Räume, um zu verstehen, wie Polizeibehörden selbstverständlich ebenfalls von strukturellen Formen der Diskriminierung geprägt werden:

I. Queerfeindlichkeit: Claudia Pechstein betonte in ihrem Impuls bei der CDU die Rolle der traditionellen Familie mit »Mama und Papa« nicht, weil sie schon den Pudding für ihren Ehemann nach dem Feierabend aufgesetzt hatte. Für mich habe ich das wie folgt übersetzt: Diese Aussage ist als politischer Angriff auf Lesben, Schwule, Trans und Bisexuelle gemeint, die Regenbogenfamilie ist der Untergang des Abendlandes. Wie steht es also um das Thema Queerfeindlichkeit innerhalb der Polizei?

Bei der bunten Symbolpolitik ist die Polizei sehr oft mit dabei und fährt manchmal sogar in Polizeiwagen mit Regenbogenmotiv durch die Städte, so geschehen in Bremen[36] oder Kiel[37]. Für diese Symbolik gibt es sogar einen kritischen Fachbegriff: *Pinkwashing*. Damit soll ausgesagt werden, dass die politische Fassade einer Institution, aber auch eines Unternehmens oder Staats suggeriert, dass man solidarisch mit LGBTQs sei, während sich an den queerfeindlichen Strukturen nichts ändert.

Beim Christopher Street Day (CSD) im brandenburgischen Streelitz hießen die Organisator*innen im Jahr 2022 queere Polizist*innen ausdrücklich willkommen.[38] Es hatte Kritik gegeben, dass es nicht zu vertreten sei, uniformierte Polizist*innen bei der queeren Demo mitlaufen zu lassen, während queere Menschen von der Polizei aktiv diskriminiert werden. Die Kritiker*innen erinnerten daran, dass der Ursprung der CSD-Tradition an der New Yorker Christopher Street im Jahr 1969 liegt. Damals wehrten sich Schwule, Lesben und vor allem trans Frauen gegen ihre Kriminalisierung durch den Staat und brutalste Polizeirazzien gegen ihre Communitys. Der CSD sei ein Aufstand gegen die Polizei und keine Party mit der Polizei, lautete die Kritik. Dennoch ging im Juli 2022 beispielsweise das Video einer tanzenden Polizistin an der Strecke des CSD in Köln viral.[39] Sie hatte großen Spaß, und ein queerer Demonstrant tanzte die Beamtin sogar fröhlich zurück. Als wäre das nicht genug, lief im Hintergrund die für viele Queers heilige Hymne »I'm Coming Out« von Diana Ross. Auf Instagram und TikTok hagelte es Likes und Herzchen, ein bisschen Kritik gab es auch, aber eigentlich schien beim Anblick des fröhlichen Clips zwischen vielen Queers und ihrer Polizei alles irgendwie Regenbogen.

Dabei war ausgerechnet der Kölner CSD wenige Jahre zuvor Tatort eines schwulenfeindlichen Schauspiels, das die queere Community erschütterte, aber anscheinend in Sachen Polizeiproblem nicht genug aufgerüttelt hat. Ein Student wollte im Jahr 2016 auf dem CSD in Köln ausgiebig feiern. Der Tag endete für ihn im Krankenhaus. Er wurde am Rande der queeren Demonstration, laut Recherchen ohne ersichtliches Vergehen, von mehreren Beamt*innen an einem Kreisverkehr unweit vom Kölner Dom zu Boden geworfen, geschlagen und getreten.[40] Auf Bildern ist der Student mit mehreren Hämatomen im Gesicht und am Körper zu sehen. Nach der Prügelattacke war er kurzzeitig sogar bewusstlos.[41] Ein weiteres Bild zeigt ihn, wie er von Rettungskräften am Boden versorgt wird. Angeklagt wurde aber zunächst der Student selbst, unter anderem wegen »Widerstand gegen die Staatsgewalt«. Ein Gericht sprach ihn nach einem langen juristischen Kampf vier Jahre später frei. Ein weiteres Gericht sprach ihm 15 000 Euro Schmerzensgeld zu. Die verantwortlichen Beamt*innen wurden nie zur Rechenschaft gezogen.

Im Jahr 2021 gingen Polizist*innen beim CSD in Berlin gegen queere Teilnehmer*innen besonders rabiat vor. Im Rahmen der Corona-Schutzmaßnahmen soll es zu »Jagdszenen« an der Schöneberger Motzstraße gekommen sein, Teilnehmende der Demo berichten von besonders aggressiver Stimmung aufseiten der Polizei.[42] Es sollen queer- und körperfeindliche Schimpfwörter vonseiten der Polizist*innen gefallen sein. So soll ein Beamter einen Demonstranten als »Fettsack« beschimpft haben, bevor die Beamt*innen mit großer Gewalt auf die Menschen vor Ort einschlugen. Mehrere queere Demonstrant*innen wurden verletzt.[43] Auf Bildern sind sie mit geschwollenen Augen und Wunden im Gesicht zu sehen.[44] Im Netz machten Videos die Runde, die an die Polizeirazzien der Christopher Street aus dem Jahr 1969 erinnerten.[45]

Dies sind nur exemplarische Fälle, wenn es um das Thema Queerfeindlichkeit unter Polizist*innen geht. Gepflegte Männlichkeitsbilder in den Reihen von Polizeibeamt*innen (siehe Kapitel 4) lassen allerdings vermuten, dass Queerfeindlichkeit durchaus ein Thema in Polizeibehörden ist, die Anschluss finden an heteronormativen Parolen aus rechtskonservativen bis rechtsextremen Kreisen. Womit wir wieder bei Vorträgen über »Mama und Papa« auf CDU-Parteikonventen gelandet sind.

Auch der nächste Raum in diesem Museumsrundgang zu den politischen Einstellungen von Polizeibeamt*innen betrifft sehr viele Menschen auf eine negative Weise und trifft sie hart in ihrer Existenz:

II. Rassismus: Nach dem Lynchmord an George Floyd am 25. Mai 2020 entbrannte weltweit eine Debatte rund um antischwarzen Rassismus in polizeilichen Strukturen, ja sogar um die grundsätzliche

Idee, was Polizei überhaupt ist, wen sie vor wem vermeintlich schützt (siehe Kapitel 2 und 22). Auch in Deutschland kamen kritische Stimmen auf, die vor allem mehr Forschung zum Thema Rassismus in der Polizei forderten. Einige stellten die Durchführung einer entsprechenden Studie sogar als Lösung des Problems dar. Spätestens mit der Vorlage dieses Buches bin ich unverdächtig geworden, wissenschaftliche Forschung zum Thema nicht zu würdigen. Dennoch fand ich es interessant, dass es im Jahr 2020 anscheinend radikal war, eine Studie mit folgender Forschungsfrage zu fordern: Ist die Polizei rassistisch? Das wäre so, als würde man heutzutage dazu forschen, ob die Erde flach oder eine Kugel oder ein Kubus ist. Einige Erkenntnisse existieren, sie sind abgesichert, mehrfach beschrieben und nachgeprüft. Sie verlangen nach Wissensproduktion mit weiterführenden Fragestellungen, und wenn es nur ist: Warum ist die Polizei so rassistisch?

Der damalige Bundesinnenminister Horst Seehofer von der CSU sträubte sich trotz der wenig zielführenden Forschungsfrage gegen diese als »Polizeistudie« bekannt gewordene Forderung einiger Akteur*innen. Schließlich sei beispielsweise »Racial Profiling verboten und deswegen gebe es das auch nicht« argumentierte Seehofer (siehe Kapitel 14).[46] Manchmal frage ich mich schon, ob einige Politiker*innen mich gezielt veräppeln wollen, aber vielleicht geht es ja nur mir so. Ganz nüchtern betrachtet, verwundert es nicht, wenn der oberste Dienstherr und politische Repräsentant von »Recht und Ordnung« seinen Job macht und sich mit einem fragwürdigen Verständnis von Logik vor seine Polizei stellt (siehe Kapitel 6). Nach langem Hin und Her gab Seehofer nach und eine Studie in Auftrag.[47] Mit einem interessanten Wunsch, einer entscheidenden Änderung: Die Studie sollte nun schwerpunktmäßig den harten und belastenden Alltag von Polizist*innen untersuchen und abbilden. Die neue Forschungsfrage lautete: Wie viele Wehwehchen verspüren Polizist*innen so im Leben? (Siehe auch Kapitel 4.) So wird aus einer »Polizeistudie« schlicht *Copaganda*. Durchgeführt wurde die Studie letztendlich von der Deutschen Hochschule der Polizei in Münster. Die Trägerschaft der Hochschule liegt bei den Innenminister*innen von Bund und Ländern. Unabhängig klingt anders.[48] Das trifft – nebenbei gesagt – auch auf Fragen zur Bundeswehr zu, bei denen viele Medien auf Angestellte von Hochschulen der Bundeswehr als Gesprächspartner*innen zurückgreifen. Dabei ist es ausgeschlossen, dass Mitarbeitende von bundeswehrnahen Institutionen unabhängig auf die Bundeswehr selbst blicken können.

Warum ist das alles wichtig? Die Qualität von Daten bei diesen sensiblen Themen macht viel aus im politischen Diskurs. Manchmal werden Zahlen auf den Meinungsmarkt geworfen, ohne dass jemand den Ursprung hinterfragt. Beim polarisierenden Thema Polizeigewalt und Rassismus sowieso. Das ist mehr als nur problematisch. Hier möchte ich erst mal nur einen Befund der besagten Polizeistudie teilen. Ihn gilt es zu dekonstruieren. In der Studie wurden Polizist*innen mehrere Aussagen vorgelegt. Die Beamt*innen sollten sie per Fragebogen auf folgender Skala einschätzen:

stimme voll und ganz zu – stimme zu – teils/teils – stimme nicht zu – stimme gar nicht zu

Bei der Aussage »Ich hätte Probleme damit, wenn sich Sinti und Roma in meiner Gegend aufhalten«, antworteten 17 Prozent mit »stimme voll und ganz zu« oder »stimme zu«. 17 Prozent, das ist viel, vor allem, wenn man als Polizist*in weiß, dass die Ergebnisse dieser Studie kontrovers diskutiert und ein schlechtes Licht auf die eigene Institution werfen werden. Das Problem liegt aber im Design der Studie selbst: 20 Prozent der befragten Beamt*innen flüchteten sich ins uneindeutige »teils/teils«. Praktisch für jene, die sozial erwünscht antworten wollten, ohne dabei klar Stellung beziehen zu müssen. Auch auf Landesebene wurden mehrere Studien in Auftrag gegeben, um Rassismus in der Polizei erforschen zu lassen. So geschehen in Berlin[49] oder in Niedersachsen[50]. Auch hier gibt es ähnliche Probleme wie bei Seehofers Pseudostudie. Der Auftraggeber ist der oberste Dienstherr, sprich die jeweilige Polizeiverwaltung, die Methodologie ist nicht sauber, die Unabhängigkeit zu hinterfragen. Deswegen ist es beim Thema Rassismus innerhalb von Polizeistrukturen besser, auf die wenigen unabhängigen Studien in Deutschland auszuweichen – die es durchaus gibt.

Im Jahr 2020 präsentierte ein Forscherteam der Ruhr-Universität in Bochum eine qualitative Studie zum Thema rassistische Polizeigewalt.[51] Sie befragten in ausgedehnten Interviews Polizist*innen zu ihren Perspektiven im Dienst. Dabei kam Erstaunliches heraus. Ein Polizist wird wie folgt zitiert: »Heute gehen wir Türken jagen.« Dann sollen die Beamt*innen bei Streifenfahrten gezielt auf die Suche nach migrantischen Menschen gegangen sein. Kleinigkeiten – zum Beispiel, wenn jemand das Blinken vergessen hatte – seien von den Polizist*innen dann aufgebauscht worden.[52] Solche Aussagen sind mir bei Gesprächen mit Whistleblower*innen aus der Polizei mehrfach begegnet. Die eigene rassistische Haltung gegenüber nicht-weißen Menschen spielen Beamt*innen aus, konstruieren Anschuldigungen und missbrauchen dann für den eigenen Rausch ihre Macht. Es sind diese ehrlichen Antworten, gepaart mit einer unabhängigen Haltung der Forschenden und einem guten Zugang zum Forschungsfeld, die die Debatte rund um Seehofers Pseudostudie so absurd erscheinen lassen. Aber auch die Zahlen sprechen für sich: Zwischen 2018 und 2020 wurden für die Bochumer Studie insgesamt 3370 Menschen befragt und 63 Expert*inneninterviews geführt. Dabei haben mutmaßliche Opfer von rassistischer, islamfeindlicher und antisemitischer Gewalt berichtet – Polizeibeamt*innen haben diese Berichte bestätigt.

Die entsprechenden Fälle laufen bei Beratungsstellen zu rechter Gewalt im ganzen Bundesgebiet auf.[53] Im Laufe der Jahre habe ich mit Expert*innen dazu in fast allen Bundesländern reden können, dabei ist mir ein Muster aufgefallen: Der Kontakt von nicht-weißen Menschen mit der Polizei endet sehr oft in rassistischen Beleidigungen und Provokationen – die von der Polizei ausgehen. Sehr viele Fälle sind im Bereich des antimuslimischen Rassismus anzusiedeln. Das hat natürlich damit zu tun, dass Muslim*innen oder als muslimisch gelesene Menschen in Deutschland eine der größeren Minderheiten stellen. Es hängt aber auch damit zusammen, dass die politische Prägung bei Polizist*innen in Relation zu großen politischen Debatten in der Gesellschaft, in den Medien und Parlamenten steht. Tania Kambouri ist da nur ein anschauliches Beispiel. Wenn es eine monothematische rechtsextreme Partei gibt, färbt dies auf die politische Präferenz und Einstellung von Polizist*innen ab. Aber auch antischwarzer Rassismus oder die menschenfeindliche Haltung gegenüber Sinti*zze und Romn*ja prägen den Polizeialltag. Das fängt dann bei der vermehrten Kontrolle dieser Gruppen an, dehnt sich über üble rassistische Beschimpfungen durch Uniformierte bis hin zum Gebrauch von Schusswaffen und Mord aus (siehe Kapitel 17).

Zum derzeitigen Forschungsstand gehört aber auch die ehrliche Feststellung: Es ist sehr schwierig, den Rassismus innerhalb der Polizei zu quantifizieren, da es keine gesicherten, unabhängig erhobenen Daten für Deutschland gibt. Das liegt daran, dass viele unabhängige Wissenschaftler*innen keinen oder nur einen limitierten Zugang zu ihrem Forschungsfeld haben. Allerdings ist es bei einer ganzheitlichen Betrachtung des Polizeiproblems weniger relevant, ob 17 oder 37 Prozent oder sogar mehr Polizist*innen rassistisch über Sinti*zze und Romn*ja denken. Das Zusammenspiel von absolutem Machtgefälle, herausgehobener Stellung in der Gesellschaft und der Existenz eines rassistischen Gedankenguts (auch wenn es nur dem gesellschaftlichen Durchschnitt entsprechen würde, siehe dafür mein Buch *Der weiße Fleck*) macht die Polizei zur Gefahr für viele verletzbare Minderheiten. Es ist also nicht die Einstellung des einzelnen Polizisten, die ihn so gefährlich macht, sondern die ideologische Tendenz in seinem Berufsumfeld in Verknüpfung mit der strukturellen Machtposition seiner Institution.

Und auch hier existieren aus anderen Ländern Daten und Studien, die ebenfalls Rückschlüsse auf die Situation in Deutschland zulassen: Im Jahr 2022 deckte die investigative Zeitung *Mediapart* auf, dass die Regierung in Frankreich einen unabhängigen, 160-seitigen Bericht über den polizeilichen Rassismus im Land zurückgehalten hat. Dort heißt es: »Es muss zur Kenntnis genommen werden, dass sich die Sicherheitskräfte bei der Ausübung ihrer gesetzlichen Befugnisse unzulässig verhalten und Straftaten begehen.«[54] Im Bericht werden systematische und normalisierte rassistische Praktiken der Polizei beschrieben, die täglich zigfach auf allen Ebenen passieren. So häufig, dass einzelne Zahlen keine Rolle mehr spielen. An dieser Stelle nur einer von sehr vielen Fällen als Illustration: Im Februar

2017 wurde der damals 22-jährige Théo Luhaka im Pariser Vorort Aulnay-sous-Bois willkürlich im Zuge einer *Racial Profiling*-Kontrolle festgenommen. Luhaka wird von den Beamten daraufhin geschlagen und mit einem Teleskop-Stab vergewaltigt. Teile dieser schrecklichen Tat wurden von Passant*innen auf Video festgehalten.[55] Erst Anfang 2024, nach sieben Jahren voller Protest und zivilgesellschaftlichem Druck, wurden die beteiligten Polizisten von einem Gericht schuldig gesprochen und zu Bewährungsstrafen zwischen drei und zwölf Monaten verurteilt.[56] Der französische Polizeiapparat als Ganzes ist problematisch, hält der Bericht der Regierung fest. Wenig verwunderlich also, dass diese offizielle Erkenntnis, die viele in Frankreich klar sehen und täglich erleben, lange geheim gehalten wurde.

Eine unabhängige Studie[57] aus dem Jahr 2023 zur Polizei in der britischen Hauptstadt London wurde sogar noch deutlicher: Verschiedenste Formen von Diskriminierung, insbesondere Rassismus, sind ins System der Londoner Behörde »eingebacken«. Um das Problem nahe an der Täterschaft zu beschreiben, zitierte der Bericht mehrere rassistische Fälle *innerhalb* der Behörde auf: Beamte hatten einem muslimischen Kollegen Schweinespeck in die Schuhe gestopft, einem Beamten und Angehörigen der Sikh-Minderheit wurde der Bart abgeschnitten, nicht-weiße Beamte wurden gemobbt, von Vorgesetzten bestraft, gefeuert (zum Thema Diversity in der Polizei siehe Kapitel 21). Wenn das schon innerhalb der Behörde selbst passiert, wie kann man sich dann den Umgang von Polizist*innen gegenüber People of Color ohne Uniform vorstellen?

In Deutschland tauchen derweil Momente auf, in denen die Frage zu rassistischen Einstellungen in Polizeibehörden deutlich beantwortet wird: Im Juli 2024 feierten Polizist*innen gemeinschaftlich ein Fest in Sachsen zum Lied »L'Amour toujours« des italienischen DJs Gigi d'Agostino. Der Hit aus dem Jahr 1999 war zuvor von rechtsextremen Milieus gekapert und mit der Zeile »Deutschland den Deutschen, Ausländer raus« umgetextet worden. Etabliert wurde dieser abscheuliche Aufruf zur Gewalt und Volksverhetzung durch rechtsextreme Parteien wie die NPD, neu entdeckt wurde er während einer auf Video festgehaltenen Party auf Sylt, bei der gut betuchte

Deutsche im Sommer 2024 die rassistisch-völkische Parole zum Technobeat grölten. Danach machten es ihnen unzählige andere Deutsche nach – auf hunderten Dorf- und Stadtfesten in ganz Deutschland, bei der Fußball-Europameisterschaft und Partys unter Polizist*innen. Auf der sächsischen Polizei-Feier soll mindestens einer der Beamten*innen die Hand zum Hitlergruß gehoben haben.

Dieser Ausflug entwickelt sich von einem Museumsbesuch zu einem Abstecher ins Gruselkabinett. Der letzte Punkt bei diesem Rundgang im Museum der politischen Einstellungen unter Polizist*innen ist mit Blick auf die deutsche Geschichte besonders erschreckend:

III. Antisemitismus: Selbst die Seehofer-Studie, die ja im Sinne eines guten Polizei-Images angelegt wurde, zeigt, dass es innerhalb von Polizeibehörden antisemitisches Gedankengut gibt. 14 Prozent der befragten Polizist*innen haben der Aussage eher oder ganz zugestimmt, dass »es geheime Organisationen gibt, die großen Einfluss auf politische Entscheidungen haben«. 17 weitere Prozent flüchteten sich in die Antwortmöglichkeit »teils/teils«. Mit »geheime Organisationen« wird häufig das antisemitische Vorurteil bedient, Jüdinnen*Juden würden angeblich die Welt beherrschen. Dass die deutsche Polizei ein zeitgenössisches Problem mit Antisemitismus hat, das an alte Zeiten anknüpft, zeigen mehrere Fälle, in denen nicht nur antisemitische Sprache von Polizist*innen genutzt, sondern ganz aktiv jüdisches Leben gefährdet wurde.

Michael R. war lange Zeit polizeilicher Personenschützer von Charlotte Knobloch, der ehemaligen Vorsitzenden des Zentralrats der Juden in Deutschland und Präsidentin der Israelitischen Kultusgemeinde von München und Oberbayern. R. war, wie viele andere seiner Kolleg*innen, jahrelang in rassistische und antisemitische Chats eingebunden (siehe Kapitel 18).[58] Als R. als Personenschützer des israelischen Generalkonsuls arbeitete, schrieb er seinem Kollegen Philipp D., ihm wäre als Fahrtziel mit seinem Chef nicht Auschwitz oder Flossenbürg, sondern das näher gelegene Dachau lieber, da wäre man schneller wieder zu Hause. Kollege D. antwortete:

»Aber nicht der, der den Ofen sauber machen muss.« Diese Verunglimpfung der Opfer der Shoah ist nicht nur pietätlos, sondern auch noch historisch falsch.

Über Knobloch schrieb R.: »Ich scheiß ihr vor die Tür, schön braun, mit Fähnchen.« Da stand er wirklich vor ihrer Tür und sollte für die Sicherheit der bedrohten jüdischen Repräsentantin sorgen. In Sprachnachrichten mimte er die Stimme von Adolf Hitler nach, verschickte gern nationalsozialistische Symbole. So zum Beispiel einen Topflappen mit Hitler-Emblem und dem Kommentar: »Oma weiß halt noch, was gut ist.« R. nutzte außerdem inflationär die Abkürzungen »HH« und »SH« (im rechtsextremen Jargon stehen diese für »Heil Hitler« und »Sieg Heil«). Vor Gericht verteidigte sich R. damit, dass die Abkürzungen respektive für »Hey ha« und »Servus Homo« stünden. Mutmaßlich erfundene Plattitüden und Queerfeindlichkeit als Verteidigungsstrategie sind in diesem Fall eine durchaus makabre Wahl.

Ein Münchner Gericht urteilte dennoch, dass R. weiter als Polizist arbeiten dürfe – herabgestuft zum Kriminalmeister. Die Richterin betonte laut einem Bericht dabei nicht die unsäglichen antisemitischen Äußerungen, sondern wunderte sich vor allem über den unbedarften Umgang der Polizisten mit dem Messenger-Dienst WhatsApp. Ob R. denn wisse, was Telekommunikationsüberwachung bedeute, fragte die Richterin bei der Verkündung ihres Urteils. Wenn man sich die Masse der Fälle anschaut, ist R. allerdings nicht allein mit seiner Technik-Tapsigkeit.

Im Jahr 2019 konnte ich selbst einen eklatanten Fall von Antisemitismus innerhalb der Polizei nachrecherchieren. Er zeigt exemplarisch, wie gefährlich das Problem werden kann: Im Sommer 2018 spazierte Yitzhak Melamed, Philosophie-Professor an der Johns-Hopkins-Universität in Baltimore, mit einer Kollegin am Rheinufer in Bonn entlang. Die beiden begegneten einem jungen Mann. Als dieser Melameds schwarze Kippa erblickte, versuchte er, sie ihm vom Kopf zu schlagen. Immer wieder schrie er: »Keine Juden in Deutschland!« Es dauerte nicht lange, bis die ersten Polizist*innen am Tatort eintrafen.

Was dann geschah, lässt sich aus den Ermittlungsakten rekonstruieren. Der Schläger versuchte zu fliehen, Yitzhak Melamed folgte ihm intuitiv. Und die Beamt*innen? Sie folgten Melamed, überwältigten den jüdischen Professor, fixierten ihn am Boden und legten ihm Handschellen an. Einer der Polizist*innen schlug ihm mehrmals ins Gesicht. Melameds Brille brach entzwei, das Armband seiner Uhr riss. Fotos werden später mehrere Hämatome in Melameds rechter Gesichtshälfte zeigen. Der Professor verstand nicht, warum er attackiert wurde. Die Polizei wurde zu einem antisemitischen Vorfall gerufen, verprügelt wurde der Jude. Melamed betont, dass seine Kippa deutlich für die Polizist*innen sichtbar war und er sie auf seine Identität aufmerksam gemacht habe.

Zwei Tage nach der Prügelattacke durch die Polizei veröffentlichte Yitzhak Melamed einen langen, wütenden Beitrag bei Facebook, in dem er der Polizei Rassismus und Antisemitismus vorwarf. Er prangerte nicht nur die Brutalität der Polizist*innen an, er beschrieb auch die aggressive Stimmung auf dem Bonner Revier: Wie niemand Erste Hilfe leistete, obwohl er im Gesicht blutete. Wie man versucht habe, ihm einzureden, dass er zuerst ausfällig geworden sei. Melamed hielt fest: »Dann insinuierten sie, dass sie, wenn ich die Presse informiere, mich beschuldigen würden, ich hätte Widerstand geleistet.« Und genau das passierte. Die Bonner Polizeibeamt*innen verzerrten den Tathergang, um ihre Kolleg*innen zu entlasten. Erst versuchten sie die Schuld an Melameds Verletzungen auf den jungen Mann abzuwälzen, der, wie man inzwischen weiß, wegen Körperverletzung und schweren Raubs mehrfach vorbestraft war, an jenem Tag unter Drogeneinfluss stand und sich bei Melamed später entschuldigt hat. Als dann mehrere Augenzeug*innen, unter anderem Melameds Kollegin, widersprachen, änderten sie ihre Geschichte und behaupteten, der prügelnde Polizist habe sich gegen den aufsässigen Melamed nur verteidigt. Melamed bestreitet das bis heute, er habe sich nicht gewehrt. Er schaltete mehrere namhafte US-Politiker*innen ein, die Druck machten, sodass sich zumindest jemand in Deutschland mit dem Fall beschäftigen musste.

Kurz nach Yitzhak Melameds öffentlicher Beschwerde meldeten

sich die Bonner Polizeipräsidentin Ursula Brohl-Sowa, der nordrhein-westfälische Innenminister Herbert Reul und Emily Haber, die deutsche Botschafterin in Washington, bei ihm. Alle drei baten im Namen ihrer Behörde und der Bundesrepublik Deutschland um Entschuldigung für das Geschehene. Alle drei versprachen eine schonungslose Aufklärung. Anfang März 2019 stellte die Staatsanwaltschaft Bonn das Verfahren gegen den Polizisten ein. Der Beamte wurde von einer Augenzeugin entlastet. Diese ist nicht nur selbst Polizistin, sie ist auch die Lebensgefährtin des Beschuldigten und war ebenfalls am Tatort. Im Gespräch mit mir sah Yitzhak Melamed darin eine polizeiliche Tradition in Deutschland: Jüdinnen*Juden zu entmenschlichen und dann die Schuld auf Jüdinnen*Juden selbst zu schieben.

Während meines Einsatzes als Reporter nach dem Attentat von Halle am 9. Oktober 2019, bei dem ein rechtsextremer Terrorist versuchte, an Jom Kippur, einem der höchsten jüdischen Feiertage, einen Massenmord in der Synagoge der Stadt zu begehen, wurde mir schnell klar, dass dies auch eine Polizeigeschichte werden wird. Kurze Zeit später wurde öffentlich, dass die Gemeinde mehrfach um Objektschutz bei der Polizei von Halle gebeten hatte – ohne Erfolg.[59] Ihre Ängste wurden bei der Polizei schlicht nicht ernst genommen. Am Tag des Anschlags hielt nur eine uralte Tür den Attentäter davon ab, Dutzende jüdische Gläubige in der Synagoge zu töten. Er schoss später auf einer Straße und im Döner-Imbiss TEKIEZ (ehemals Kiez-Döner) zwei Menschen gezielt nieder. In Halle trafen antimuslimisch rassistische und antisemitische Gewalt aufeinander – die Polizei ließ sie geschehen. Zwei Jahre später kam heraus, dass eine junge Polizeikommissarin aus Sachsen-Anhalt eine Brieffreundschaft mit dem Attentäter hinter Gittern eingegangen war.[60] In den Briefen soll die Beamtin ihre Sympathie für seine Taten bekundet haben. Selbst das Innenministerium in Magdeburg kam daraufhin nicht darum herum, die Polizistin vom Dienst zu suspendieren.

Wenige Monate nach dem Anschlag von Halle, im Juni 2020, legte jemand mehrfach aus Taschentüchern ein Hakenkreuz vor dem Gebäude der jüdischen Gemeinde in Halle ab.[61] Im Fokus der Berichterstattung stand nicht nur die Suche nach dem unbekannten Täter, sondern auch ein Polizist: Er soll den Tatort manipuliert und Beweismaterial vernichtet haben. Der Beamte war in das Hakenkreuz aus den Taschentüchern getreten, hat es verändert und meldete danach, dass er nichts gefunden habe. Eine Videokamera zeichnete den Vorgang allerdings auf. Der Polizist wurde zur (milden) Strafe versetzt.

Ganz deutlich konnte man das Problem im Jahr 2020 an einem Fall in Brandenburg ablesen, im wahrsten Sinne des Wortes: Dort entschied sich ein Polizeianwärter, bei einer Übung folgende Begriffe hintereinander zu buchstabieren, wie es Polizist*innen im Dienst halt manchmal in ihre Walkie-Talkies machen: »Jude, Untermensch, Nazi, Gaskammer«. Die Polizeihochschule in Oranienburg entließ den 26-Jährigen darauf auf öffentlichen Druck. Die Staatsanwaltschaft sah aber keine Volksverhetzung in diesem Verhalten, der Polizeischüler klagte sich wieder ein.[62] Er habe ja die Wörter nur buchstabiert, es nicht wörtlich gemeint.

An dieser Stelle ist der Rundgang durch dieses besondere Polizei-Museum zu Ende. Diese kleinen und dann doch im Gesamtbild sehr großen Ausstellungsstücke zeigen: Queerfeindlichkeit, Rassismus oder Antisemitismus sind fester Bestandteil des Polizeialltags. Diese politischen Einstellungen sind in der Gesamtbevölkerung weitverbreitet. Es liegt daher sehr fern, dass innerhalb der Polizei der Trend in die andere Richtung geht. Im Gegenteil: Es liegt nahe, wegen der Betonung der Ordnung im Polizeiberuf an sich, dass viele Polizist*innen sehr empfänglich für rechtsextreme Ideen sind. Das äußert sich am deutlichsten in den zahlreichen bekannt gewordenen rechtsextremen Chats der vergangenen Jahre, die Polizist*innen jahrelang in verschiedensten Formen gepflegt haben und auf die ich ausführlich in Kapitel 18 eingehen werde. Darüber hinaus liegt zwischen politischer Einstellung und radikalisierter Tat nur ein kleiner Schritt, wie ich in Kapitel 19 bespreche und wie die vielen Fälle rechtsextremer Strukturen innerhalb der Polizei zeigen. Im April 2024 haben Journalist*innen des Magazins *Stern* und des Fernsehsenders RTL eine Umfrage[63] in den Bundesländern durchgeführt, bei der die Zahl der Disziplinarverfahren gegen mutmaßlich rechtsextreme Polizist*innen erfragt wurde. Ergebnis: Gegen mindestens 400 Beamt*innen wurden zu dem Zeitpunkt »Disziplinar- oder Ermittlungsverfahren wegen des Verdachts auf rechtsextremistische Gesinnung oder Unterstützung einer Verschwörungsideologie« geführt. Diese Zahl erscheint mit Blick auf das in diesem Buch beschriebene System hinter der Polizeigewalt sehr gering. Das liegt nicht einfach nur daran, dass die Bundesländer Berlin, Mecklenburg-Vorpommern, Bremen und Thüringen auf die Anfrage von *Stern* und RTL keine Zahlen geliefert haben. Eher geht es hier darum, dass die Hürden, überhaupt ein Ermittlungs- oder Disziplinarverfahren gegen Polizist*innen einzuleiten, unglaublich hoch sind (siehe Kapitel 7). Deswegen ist es auch an dieser Stelle wichtig zu betonen: Das Dunkelfeld in Sachen rechtsextreme Gesinnung in Polizeibehörden muss sehr weitläufig sein. Im Zusammenhang mit der *Cop Culture* sind dementsprechend verbreitete ideologische Prägungen unter Polizist*innen brandgefährlich. Sie haben nämlich einen direkten Einfluss auf die Arbeitsweise der Behörden.

In den Jahren 2023 und 2024 haben Journalist*innen des Medienportals »Recherche Nord«[64] mehrfach kritisch über Rechtsrock-Konzerte in Eisenach berichtet. Sie dokumentierten dabei Straftaten von Neonazis im Umfeld der rechtsextremen Konzerte mit Fotostrecken, die online veröffentlicht wurden. Auf den Bildern waren Teilnehmende der Rechtsrock-Konzerte mit strafbaren Neonazi-Tätowierungen und verbotenen rechtsextremen Symbolen zu sehen. Daraufhin ermittelte die Polizei – gegen die Journalist*innen.[65] Beamt*innen der Eisenacher Polizeibehörde haben Anzeigen wegen des »Zeigens verbotener Symbole« und wegen des »Verstoßes gegen das Recht am eigenen Bild« gegen die Journalist*innen gestellt.[66] In Eisenach bestehen nachgewiesene konkrete Verbindungen zwischen Polizist*innen und gewalttätigen Rechtsextremisten: Im März 2024 wurden zum Beispiel vier Mitglieder der Eisenacher Neonazi-Gruppierung »Knock-out 51« von der Bundesanwaltschaft wegen Bildung einer kriminellen Vereinigung und gefährlicher Körperverletzung angeklagt. Dabei ist auch ein Polizist aus Eisenach ins Visier geraten. Er soll interne Informationen an die Neonazis weitergegeben haben.[67]

Ein anderes Beispiel: Bei einer Gedenkveranstaltung zum vierten Jahrestag des Anschlags in Hanau wurden in der Innenstadt von Chemnitz im Februar 2024 von Trauernden Blumen und Kerzen niedergelegt. Kurze Zeit später haben Augenzeug*innen dokumentiert, wie vier Polizist*innen die Trauersymbole rabiat entfernten.[68] Dabei war die Trauerkundgebung ordnungsgemäß angemeldet, die antifaschistische Bedeutung des Jahrestags allgemein bekannt. Die Beamt*innen scheinen auf dem Video spontan das getan zu haben, was sie für richtig hielten: die Trauer und das Gedenken zu beseitigen. Es stellt sich die Frage: Was sagt dieses Vorgehen über solche Beamt*innen aus? Über ihre Überzeugungen und Weltbilder?

Neben der politischen Einstellung spielt aber natürlich auch die persönliche Entwicklung bei Polizist*innen eine Rolle. Die einzelne Betrachtung von Beamt*innen, ihrer beruflichen Laufbahn, ihrer Lebensläufe hat mich schon sehr oft ins Grübeln gebracht, weil es für mich sehr spannend ist, genau diese persönliche Perspektive mit den in diesem Buch diskutierten Ergebnissen der polizeikritischen Forschung und meinen entsprechenden journalistischen Recherchen, die ja die Strukturen stets im Blick haben, zu verknüpfen. Manchmal stockt mir der Atem bei diesem anstrengenden Denkprozess, und ich begebe mich – sagen wir mal – in unangenehme Situationen, um ein paar Polizist*innen näher persönlich kennenzulernen.

Als sich die Tür zum Gefangenentransport automatisch verriegelte, ich in diesem Käfig auf vier Rädern saß und die stickige Luft durch meine FFP2-Maske tief einatmete, kamen mir spontan folgende Worte in den Kopf: Scheiße, das war's wohl!

Der Fahrer brauchte einen Moment, bis er sich auf den Fahrersitz begab. Durch das feinmaschige Gitter sah ich, wie er draußen auf seinem Handy etwas tippte. Die Fahrerkabine war durch ein anderes Gitter von mir getrennt. An den Seiten ragten kleine, angeschweißte Metallringe heraus, in meiner Fantasie wurden daran die Handschellen der Gefangenen fixiert. Wie in den Filmen griff ich mir an mein Handgelenk und verzog dabei das Gesicht. Der Fantasieschmerz war real. Ich saß in der Falle, so strahlte es mir dieser klaustrophobiegeladene Raum auf der Rückbank des Polizeitransporters in mein Gehirn und mein Rückenmark.

Wie eine Ewigkeit kam es mir vor, bis es endlich losging und der Fahrer den Motor einschaltete. Ich hatte hinten in der kleinen Polizeiwanne also genug Zeit, um mir vorzustellen, was mir jetzt alles blühen könnte. Immerhin habe ich jahrelang als Reporter damit verbracht, Informant*innen innerhalb der Polizei zu interviewen, Betroffenen von Polizeigewalt zuzuhören, geheime Dokumente und Protokolle durchzulesen. Ich weiß genau, dass mir fast niemand in dieser zu großen Teilen polizeihörigen Gesellschaft glauben würde, falls in so einer Situation etwas Schlimmes passieren sollte. Niemand würde mir glauben, dass ich im Recht gewesen bin, dass ich in diesem Wagen der Polizeidirektion Braunschweig einfach an den Rand der Landstraße gefahren und verprügelt wurde, dass mir der Polizist zuvor rassistische und geschichtsrevisionistische Parolen durch das Gitter zugerufen hat wie in diesen berühmt gewordenen Chats. Im schlimmsten Fall könnte die Chose für mich im Krankenhaus enden oder sogar im Grab. Mit Sicherheit würde es danach in Leitartikeln, in Talkshows, am Pult des Landtags und an den Abendbrottischen der Deutschen heißen: Der arme Polizist, gut, dass er mit dem Leben davongekommen ist. Polizeigewerkschafter würden sich bestürzt zeigen über die »Verrohung der Gesellschaft gegenüber unserem Rechtsstaat« (siehe Kapitel 6), sie würden zu ihrer Empörung eine Begleitgeschichte erfinden, und Journalist*innen würden ihnen unkritisch ein Mikrofon unter die Nase halten (siehe Kapitel 9).

Ich neige ein wenig zur Dramatik. Sie haben es bei der Lektüre bestimmt schon bemerkt. Diese Dramatik ist beim Thema Polizeigewalt durchaus angebracht. Zur Wahrheit gehört in diesem Fall aber auch, dass die Chancen gut standen, dass ich diesen Gefangenentransport unversehrt überstehen würde. Hier also die etwas langweilige Vorgeschichte: Ich wurde in Braunschweig abgeholt, um von meinem Hotel dort zu einem Veranstaltungsort in Salzgitter zu kommen. Zusammen mit drei anderen Autor*innen hatte ich mich im September 2020 bereit erklärt, auf einer Veranstaltung der Polizei in Niedersachsen zu sprechen. Aus drei verschiedenen Standorten sollten Dutzende Polizist*innen digital zusammengeschaltet werden: Braunschweig, Wolfsburg und Salzgitter. Es ging um Diversität und Vielfalt, um bunte Gesellschaft und so. Alles, was ich ein bisschen verachte und bei dem ich als Recherche-Journalist mittlerweile weiß, dass es keine Lösung für strukturelle Probleme bieten kann (siehe Kapitel 21). Ich musste dennoch bei dieser Anfrage zugreifen. Der Polizei-Pfarrer der Region (ja, so etwas gibt es) hatte im Vorfeld abgesagt, weil diese Themen nicht zu seinen Aufgaben gehören, hieß es in einer Mail. Mehr Polizei, mehr Gefangenentransport, mehr Fantasieschmerz, mehr Feldforschung für mich!

Auf der Landstraße schaltete der Fahrer das Radio an. Antenne Niedersachsen war voreingestellt. Er schaute in den Rückspiegel, und als wüsste er, dass es für mich dahinten mehr als nur unangenehm war, sagte er mit sanfter Stimme: »Ich bin nur das Mädchen für alles, gar kein Polizist. Hausmeister, wenn man so will. Ich fahre für die manchmal Leute von A nach B und lasse dich in Salzgitter wieder raus aus dem Käfig. Haha!« Absurd, aber seine Worte beruhigten und beförderten mich wieder in die Realität. Es war schön zu wissen, dass am Steuer kein Polizist saß. Woher kommt nur diese tiefe Skepsis in so vielen von uns rassifizierten Menschen vor der polizeilichen Staatsgewalt? (Siehe Kapitel 14 und 15.)

Jahrelang habe ich in Niedersachsen zur Funktionsweise der Sicherheitsbehörden in Deutschland geforscht. Dass ich mir Niedersachsen ausgesucht habe, ist eher Zufall. Die Polizei in Deutschland ist föderal organisiert und fällt zu einem großen Teil in den Verantwortungsbereich der Landespolitik. Ich habe an meinem Schreibtisch irgendwann Ene-Mene-Muh gespielt – seitdem stand ich oft in niedersächsischen Dörfern und schaute Polizist*innen bei der Arbeit zu. Nur so viel: Wenn mich meine Recherchen zwischendurch nach Berlin, Bremen, Stuttgart oder Düsseldorf führten, war ich froh, eine kleine Abwechslung zu bekommen.

Auch wenn ich ein Grummeln im Bauch verspürte: Die Gelegenheit, gleich mit Dutzenden Polizist*innen ins Gespräch einzusteigen, machte mich hinten im Käfig besorgt und glücklich zugleich. Man muss nämlich wissen, dass Polizeibeamt*innen in freier Wildbahn scheue Wesen sind, wenn man sie mal direkt anspricht und etwas fragt. Als Journalist mache ich diese Beobachtung regelmäßig (siehe Kapitel 5). Die Brust unter der Uniform bläht sich dann auf, die Stimme wird tiefer und die Ansprache autoritär. Ein Gespräch kann so nicht zustande kommen. Kein Polizist und keine Polizistin mag es, die eigenen, ungeschminkten Gedanken einfach so zu teilen. Die Konferenz im Herzen der niedersächsischen Provinz konnte ich also nicht verpassen: Feldforschungsgold.

Bevor ich hier auf die Schilderung einer Oberkommissarin eingehe, die mir beim Mittagessen (es gab getrocknete Landjägerwürstchen, mit beißend riechender Salami belegte Brötchen und klaren Apfelsaft in kleinen Tetra-Päckchen) ihre Lebensgeschichte erzählte, möchte ich hier exklusiv die Ergebnisse eines Workshops teilen, der neben meinem Vortrag und dem Mittagessen eine Lücke im Programm füllte. Ich hatte also grundsätzlich erklärt, dass es ein Polizeiproblem gibt, über Rechtsextremismus in den Sicherheitsbehörden gesprochen, böse Blicke und Fragen geerntet. Die anderen Referent*innen untermauerten das alles mit Statistiken, was das Grummeln unter den Beamt*innen im Raum nur verstärkte. Ich saß allein unter Dutzenden Polizist*innen in Salzgitter und machte mir wieder ein bisschen Sorgen um meine Sicherheit. In den Pausen dröhnte aus den Lautsprechern viel zu laute Fahrstuhlmusik. Der Saal roch nach Metzgerei. Aber das alles war es wert.

Die Fragestellung des Workshops beim Tag der Vielfalt der Polizei in Salzgitter lautete: »Wie kann man den Dialog zwischen der Polizei und Menschen mit Migrationshintergrund fördern?« Interessant fand ich, dass diese beiden Gruppen durchgängig als Gegensätze betrachtet wurden, was ich und andere von Rassismus betroffene Menschen ja oft genau so fühlen. Schön, diese Bestätigung hier zu erlangen, dachte ich mir. In kleinen Gesprächskreisen setzten sich also die Polizist*innen, ihre Chefs und Chefchefs zusammen. Auf kleine bunte Kärtchen sollten sie Ideen schreiben und sammeln, wie das gute Zusammenleben zwischen der Staatsgewalt und den von der Staatsgewalt betroffenen Bürger*innen funktionieren könnte. Höflich lehnte ich es ab, mitzumachen, und beschränkte mich auf meine Rolle als stiller Beobachter am Rand. Meine Belohnung, für die ich das hier alles überhaupt eingegangen war. Es folgen meine fünf Lieblingsvorschläge aus dem Workshop, genüsslich als Countdown-Chart-Liste präsentiert:

Platz fünf: Mehr Polizist*innen in Kindergärten schicken, lautete ein Vorschlag. Ich hatte schon das Bild vor Augen, wie ungezogene Dreijährige abgeführt und in den vergitterten Gefangenentransport gesteckt werden, die Erzieher*innen und Eltern halb empört, halb erleichtert, dass sie endlich Unterstützung bekommen – doch gemeint waren uniformierte Stippvisiten. Denn je früher man die Kinder für Recht und Ordnung begeistere, desto mehr würden die Kleinen Polizeibeamt*innen auch später im Leben respektieren, anhimmeln, lieben. So zumindest das Kalkül dieses Vorschlags. Ich war kurz davor, die Erkenntnisse aus Kapitel 13 aus diesem Buch zu teilen, aber ich wollte mich ja zurückhalten und nur beobachten.

Platz vier: »Mehr Mohameds in die Polizei.« Als der eine Oberkommissar in der Runde diesen Vorschlag machte, lächelte er mich an, als wollte er mir sagen: Auch du kannst ein Teil von uns werden. Er setzte dann an, seinen Masterplan zu erklären: Eine bunte Polizei würde die Gesellschaft abbilden, und wenn die Polizei wie die Gesellschaft sei, würde die Gesellschaft auch keine Probleme mehr mit der Polizei haben. So oder so ähnlich klang es in meinen Ohren. Dabei ist klar, dass Vielfalt das Polizeiproblem nicht lösen kann (siehe Kapitel 21). Ja, für mich war es schon harte Arbeit, in der Runde einfach meine Fresse zu halten.

Platz drei: Ein Rap-Battle-Festival von Jugendlichen mit Polizist*innen. Als dieser Vorschlag kam, musste ich die Audiospur des Workshops kurz pausieren lassen und die berühmten Verse des Rappers Haftbefehl in meinem Kopf abspielen:

Zu oft wurden wir unterdrückt und vom Schäferhund gebissen
Schon als Jugendlicher schlugen sie in mein Gesicht
Handschellen häng' an unser'n Handgelenken, Blutergüsse
Und sie prügeln auf uns ein mit dem Knüppel ...
Bleihandschuhe als Verhütungsmittel für die Faust
Uns're Knochen sind geprellt, beide Augen blau

Aber vielleicht war der Polizist, der in der Runde diesen Vorschlag gemacht hat, ja Fan von Antenne Niedersachsen. Ich habe verstanden, dass die Polizist*innen hier Räume schaffen wollten, in denen sie auf Augenhöhe mit den »Anderen« auftreten können. Nur ist eine solche Augenhöhe in dem Augenblick, in dem die Uniform angezogen wird, nicht herzustellen. Selbst wenn einer dieser Jugendlichen Haftbefehl und seinen Song »CopKKKilla« zitieren würde, könnte dies einen echten Haftbefehl wegen Beamtenbeleidigung nie überbieten. Der Vorschlag kam aber sowieso nicht gut an im Workshop, die meisten Beamt*innen, hieß es, seien zu unmusikalisch.

Platz zwei: Im Ramadan sollen muslimische Familien Polizeibeamt*innen zum Fastenbrechen einladen. Es war für mich ein erhellender Moment, da mit dem deutsch-bürokratischen Begriff »Menschen mit Migrationshintergrund« oft verschleiert wird, um wen es eigentlich geht. Dieser Vorschlag brachte zumindest ein bisschen Klarheit, wen Polizist*innen im Sinn haben, wenn sie von ihren Gegenspieler*innen sprechen. Jemand in der Runde sagte, dass man dabei aufpassen solle, dass man die Schuhe in »muslimischen Wohnungen« ausziehen müsse. So habe er es in der interkulturellen Weiterbildung neulich gelernt (siehe Kapitel 21). »Die mögen keinen Straßenschmutz«, sagte er stolz. Ich fragte mich, ob das bedeutet, dass Nicht-Muslime Straßenschmutz auf dem Wohnzimmerteppich mögen, konnte diesen Gedanken aber nicht weiterspinnen, weil mir eingefallen war: Natürlich müssen wir dann noch für Polizist*innen kochen, sie bewirten, nachdem wir ohne Grund von ihnen festgenommen und gedemütigt wurden. Das ist schon immer die Lösung gewesen in diesem Land: Ausländer bringen ihre Gewürze mit und werden deswegen irgendwie toleriert. Dieser Vorschlag kam, wen wundert es, sehr gut in der Runde an. Bei der Abstimmung landete er unangefochten auf Platz eins unter den Workshop-Teilnehmenden.

Auf meinem persönlichen Platz eins landete dagegen der Vorschlag, ein Fußballturnier mit Polizist*innen und den berüchtigten Menschen mit Migrationshintergrund zu organisieren. Das Turnier soll dafür sorgen, die »Spielregeln in der Gesellschaft« festzusetzen und zu üben, dass sie auch ja alle einhalten. Mit »alle« waren natürlich wir Kanaken gemeint, um wenigstens hier mal Tacheles zu sprechen. Die pfiffige Idee hatte aber noch einen besonderen Dreh. »Es soll gemischte Teams geben, mit Polizisten und Ausländern. So lernen sie gemeinsam, anstatt gegeneinander zu spielen«, Frau Metzger lächelte breit, und alle nickten anerkennend. Der Vorschlag kam von der Oberkommissarin, die ich hier einfach Frau Metzger nenne und die mir später bei Landjäger, Salami-Brötchen und Apfelsaft ihre Geschichte erzählen wird. Ich habe bei diesem Gespräch besser verstanden, wie man überhaupt auf so eine Idee wie das Diversity-Polizei-Kanaken-Turnier kommen kann. Es hat mir geholfen, meine Gedanken zum Thema Polizeiproblem aus der Perspektive der Polizei selbst einzuordnen.

Frau Metzger suchte in den Pausen proaktiv das Gespräch mit mir. Sie hatte nach meinem Vortrag zwar keine Nachfragen, aber sie wollte mir unbedingt ihre Sicht der Dinge darlegen. Es fing damit an, dass sie auf dem Land ja »sehr viele junge Männer mit Migrationshintergrund« kenne, die null Respekt vor der Polizei hätten. Als ich nachfragte, um wie viele Männer es sich genau handelte, sagte sie, dass sie zwei konkrete Personen im Kopf habe. Manchmal muss man halt nur die richtigen Nachfragen stellen, um Dinge in ein realistisches Licht zu rücken. Aus »sehr viele« wurden schnell »zwei«. Aber Frau Metzger wollte eigentlich nicht über die beiden frechen Jungs in ihrem Revier sprechen, die nicht den Hut nehmen, wenn sie auftaucht. Frau Metzger wollte mir unbedingt von sich selbst erzählen. Eine redefreudige Polizistin trifft man als Reporter selten. Ich war in diesem Augenblick gar nicht mehr besorgt, nur noch glücklich.

Glücklich sei sie jetzt mit ihrem Job als Führungskraft in der Polizei, sagte Frau Metzger. Sie biss in die Wurst, lächelte sanft und schaute auf den mattgrauen Linoleumboden des tristen Nachkriegsbaus im Herzen von Salzgitter. Das sei nicht immer so gewesen. An einigen Tagen blicke sie noch verbittert auf ihren uniformierten Anblick im Spiegel, auf ihren Arbeitsalltag, auf ihren Job als Ganzes. Denn ihr Traum sei es einst gewesen, Jura zu studieren. Als Richterin Recht zu sprechen oder Anwältin zu werden. Was genau mit Jura sie später machen würde, sei ihr als Schülerin egal gewesen. Hauptsache: Recht. Aber sie sei damals (das müsste in den 80er-Jahren gewesen sein) an den Voraussetzungen zur Zulassung zum Jura-Studium gescheitert. »Ich habe keinen Studienplatz bekommen. Habe mich in Niedersachsen und sogar darüber hinaus überall beworben. Nix!«, sagte sie. Deswegen sei sie in ein tiefes Loch gefallen. Sie habe sich damals gefragt: Wie soll ich ohne Jura-Studium mein Gerechtigkeitsgefühl ausleben?

Wenn es mit dem Recht nicht klappt, habe sie sich dann gedacht, müsse halt die Ordnung her. Und so bewarb sie sich bei der Polizei und wurde prompt genommen (siehe Kapitel 3). »Ich war so glücklich. Die Polizei hat mir einen Sinn im Leben gegeben, der mir anderswo verwehrt wurde«, sagte Frau Metzger. Sie hatte die Wurst da schon verputzt. Ich verstand in diesem Augenblick natürlich, dass – wie es platt in verschiedenen Kontexten heißt – Polizist*innen auch nur Menschen sind. Doch in der Analyse des Polizeiproblems spielt dieser Aspekt keine signifikante Rolle. Diese Diskussion bezieht sich nämlich auf eine Struktur, auf ein System, das viel mächtiger ist als der einzelne Polizist oder seine Vorgesetzte in Uniform.

Dennoch war es faszinierend, Frau Metzger zuzuhören: Da stand sie vor mir, in ihrer dunkelblauen Uniform, erzählte mir von ihrer Verbitterung, dass sie einen ganz anderen Plan hatte und nun ihren Lebenssinn in die Institution Polizei projiziere, die ihre Menschlichkeit rettete. Wenn die zwei Halbstarken am Marktplatz bei ihr aufm Dorf ihr gegenüber »respektlos« auftreten, sich vor ihrer Lebensleistung nicht verneigen und sowieso nicht dankbar sind, dass sie überhaupt hier, im deutschen Rechtsstaat sein dürfen, nimmt Frau Metzger das persönlich. Nur ist sie halt mit dem Gewaltmonopol, einer Waffe, der absoluten politischen Legitimation und einer unbegrenzten institutionellen Autorität ausgestattet.

Der Gerechtigkeitssinn von Frau Metzger, dachte ich im weiteren Gespräch, hat sich transzendent ausgebreitet. Sie sorgt immerhin für Ordnung, glaubt daran, dass es ohne sie nicht gehe. In vielen wissenschaftlichen Texten habe ich vom Machtrausch gelesen, der vielen Polizist*innen zugeschrieben wird, zum ersten Mal stand der personifizierte Machtrausch vor mir, und er sah so gar nicht aus, wie ich ihn mir vorstellte. Frau Metzger war ein Mensch. Ihre Mission war es, zu verhindern, dass die »sehr vielen jungen Männer mit Migrationshintergrund« Niedersachsen übernehmen. Und so fantasiert man sich halt in eine Position, in der vieles erlaubt, moralisch, normal ist. Frau Metzger schilderte mir daraufhin, wie sie in ihrem Revier ganz konkret für Ordnung sorgt: Sie wisse, dass *Racial Profiling* nicht schön sei, mache es aber trotzdem, um »Präsenz und Stärke zu zeigen« (siehe Kapitel 14).

Sie war absolut sicher, obwohl sie keine Evidenz dafür in den Händen hielt, dass sie durch die besondere Polizierung von migrantischen Menschen und Communitys mehr Sicherheit herstelle. Ich versuchte noch nicht mal mit ihr darüber zu diskutieren. Dieses Denken ist so dermaßen in den Sicherheitsbehörden festgewachsen, man kann gar nicht mit Argumenten dagegenhalten. Das war in diesem Augenblick auch nicht meine Aufgabe, lieber habe ich ihr Füllfragen gestellt, damit Frau Metzger mir mehr über sich, ihr Denken und ihre Gefühlslage verrät. Ob sie *wirklich* glücklich sei, hakte ich nach. Sie nickte. Dann murmelte sie: »Wenn ich schon nicht als Juristin arbeiten darf, dann als Polizistin!« Und ich verstand wieder etwas, während sie sprach: Die Kombination aus dem missbrauchsanfälligen Polizeisystem und der rechten bis rechtsextremen Einstellung vieler Polizist*innen, die darüber hinaus persönlich noch tief gekränkt sein können, ist gar nicht gut.

12
Polizei und Popkultur I: *Tatort* Deutschland

Ich war erst frisch an der Uni angekommen, im beschaulich-spießigen Tübingen, als ich gemerkt habe, wie sehr Deutsche ihre Polizei vergöttern. Nicht immer bewusst und mit einem Salut an der Schläfe, sondern eher subtil und sozial eingeübt, normalisiert, in den Alltag und die selbstverständliche deutsche Leitkultur eingewoben. Es gab nämlich dieses eine Ritual, das gleich mehrere Studierende um mich herum wie einen heiligen Kult pflegten. Einen Anlass, den sie nutzten, um jeden Sonntag gemütlich zusammenzukommen und die Gemeinschaft zu zelebrieren: den *Tatort*.

Ja, ich kam an die Uni und war etwas naiv. Ich dachte, dass Studis am Wochenende eher eskalieren, sich die Kante geben und bis zur nächsten Vorlesung am Montagmorgen abtanzen. Die Realität sah anders aus: In Decken eingewickelt, mit winterlich duftenden Teekannen oder herb müffelnden Bierflaschen eingedeckt, mit großen, voller Vorfreude funkelnden Augen setzten sich viele meiner Kommiliton*innen in den Gemeinschaftsraum des Wohnheims vor die Fernsehleinwand und schauten Kriminalhauptkommissar Frank Thiel und Rechtsmediziner Prof. Dr. Dr. Karl-Friedrich Boerne zu, wie sie vor der beschaulichen Kulisse von Münster auf Verbrecherjagd gingen. Die Studierenden aßen dabei Nüsschen und Popcorn, hörten gebannt den Dialogen der

Polizist*innen zu, versuchten so leise wie nur möglich zu atmen, wenn überhaupt. Wie konnte aus der (teils performativ) studentisch-rebellischen 68er-Bewegung nur so eine bürgerliche Persiflage werden?

Ich weiß noch, wie ich beim ersten Mal *Tatort* an der Uni auf der Couch saß und eine Studentin, auf dem Boden in einen Schlafsack gehüllt, beobachtete. Sie schien von der Handlung auf der Leinwand wie absorbiert. Im Fernsehzimmer war es sehr leise, man hätte die berühmte Stecknadel fallen hören können, wären da nicht die lauten, rotzigen Stimmen der Polizisten aus den schäbigen Lautsprechern gewesen. Beim zweiten Mal *Tatort* war es für mich nur noch absurd. Ich würde lügen, wenn ich hier behaupten würde, dass ich den Plot der Folge noch auswendig kann. Aber es war mir vom Anfang der Episode an klar, dass der Ausländer natürlich der Täter war. Die Fantasie deutscher Serienmacher*innen hat oft sehr vorhersehbare Grenzen. Mir war also langweilig, und ich legte mir seit jenem Sonntag immer strategisch eine Ausrede zurecht, damit ich das *Tatort*-Public-Viewing schwänzen konnte. Das habe ich so lange durchgezogen, bis meine Mitbewohner*innen im Wohnheim aufgegeben haben, das *Tatort*-Ritual mit mir als Integrationskurs-Ersatz feiern zu wollen.

Im Schnitt schauten im Jahr 2023 rund 8,5 Millionen Menschen[1] den *Tatort* im linearen Fernsehen. Dazu kommen noch mal mehrere Millionen, die im Laufe der Zeit die Episoden in den dritten Kanälen, nachts in Wiederholungen oder vor allem im Internet in den Mediatheken nachschauen. In seinen Anfängen in den 1970er-Jahren und ohne Konkurrenzprogramm erreichte der *Tatort* manchmal sogar mehr als 25 Millionen Zuschauer*innen in der Bundesrepublik. Das entspricht einem Marktanteil von sechzig bis siebzig Prozent. Auch Jahrzehnte später ist des Deutschen liebster Fernsehkrimi unschlagbar beliebt und ein fester Bestandteil im Leben vieler Zuschauer*innen: Im Jahr 2010 waren zum Beispiel 13 der 15 erfolgreichsten Filme im deutschen Fernsehen *Tatorte*.[2] Im Schnitt kostet so eine Krimi-Episode 1,6 Millionen Euro an Gebührengeldern.[3] Die Studie eines Wissenschaftsteams aus Karlsruhe und Göttingen brachte im Jahr 2013 den Hauptgrund hervor, warum in Deutschland ein Krimi-Format über Jahrzehnte so erfolgreich sein kann[4]: Der Anblick der rechtsgeleiteten Polizei auf den Bildschirmen schenke Millionen von Deutschen schlicht eine unverwechselbare *Geborgenheit*.

Es dauerte noch einige Zeit, bis ich zu meiner qualitativen Beobachtung im Studi-Wohnheim die passenden Zahlen vor Augen hatte. In den Jahren 2013 und 2014 saß ich im Rahmen meiner journalistischen Ausbildung regelmäßig am *Backend* einer großen Nachrichtenseite im Internet. Ich durfte also mitentscheiden, welche Artikel oben auf der Seite platziert, welche in den Sozialen Medien beworben wurden. In einem Tool konnte ich Titel, Untertitel und Zusammenfassungen eintippen, Bilder aussuchen und Schlagwörter bestimmen, damit User*innen über Suchmaschinen die entsprechenden Texte auch finden würden. Damals, vor Einführung der Bezahlschranken im deutschsprachigen Online-Journalismus, war die einzige Währung im Internet die Reichweite. Montag war komischerweise immer ein sehr dankbarer Arbeitstag als Homepage-Manager – trotz der verbreiteten Meinung, dass Montage im Büro schlicht scheiße sind. Denn am Montag gab es die Garantie, dass ein Artikel immer besonders gut lief: die Nachbesprechung des sonntäglichen *Tatorts*. Darauf konnte ich mich verlassen, fast so zuverlässig, wie regelmäßig mit der *Racial Profiling*-Praxis der Bundespolizei konfrontiert zu werden (siehe Kapitel 14).

Ich konnte mich jeden Montagmorgen pünktlich zwischen 8 und 10 Uhr entspannt auf meinem Bürostuhl zurücklehnen und die Entwicklung der Aufrufe auf meinem Bildschirm in Echtzeit verfolgen. Sobald ich auf »Veröffentlichen« klickte, ging die Kurve zum Text »So war der *Tatort* in Münster« (oder Weimar oder Franken oder Wien oder Stuttgart oder Luzern … wie auch immer) steil nach oben. Das Erste, was viele Deutsche nach Ankunft in ihren Büros oder Vorlesungssälen am Montagmorgen machen: noch mal im Detail nachlesen, was gestern im *Tatort* so passierte und was andere Deutsche darüber denken. Ich weiß noch, wie ein Kollege an meinem ersten Montag als Homepage-Manager meinte: Die *Tatort*-Nachbesprechung rettet uns den nachrichtenarmen Wochenanfang.

Er lächelte breit und erleichtert. Ich war damals schon als Reporter polizeikritisch eingestellt (siehe Kapitel 9), als Homepage-Manager musste ich aber Vorgaben erfüllen und stellte die *Tatort*-Rezension natürlich ganz oben auf die Startseite, das brachte noch mehr spontane Klicks.

Fernseherlebnisse mit der Polizei verleihen Deutschen Lebenslust und Lebensfreude. Den statistischen Beweis hatte ich Woche für Woche als steile Kurve vor mir nach oben wandern sehen. Ich musste mich zwangsläufig daran erinnern, wie die Studierenden in meinem Wohnheim noch stundenlang, quasi bis zur ersten Vorlesung am Montagmorgen, über die Details der Ermittlungen diskutierten. Ich wollte mehr über dieses faszinierende Phänomen, über diese unkritische Begeisterung für die künstlerische Inszenierung der Polizei wissen und habe mich an die Ermittlungen gemacht, auf Spurensuche und Verfolgungsjagd. Ich möchte dieses Buch unbedingt auch für alle *Tatort*-Fans so spannend wie möglich gestalten.

Aber zunächst einmal muss ein bisschen trocken-theoretische Begriffserklärung her: *Copaganda* ist ein aktivistischer Begriff. Er meint die romantisierte Darstellung der Polizei in Kunst und Kultur, vor allem in jenen Kulturproduktionen, die von sehr vielen Menschen konsumiert werden: Filme, Serien oder Romane zum Beispiel. Der Begriff setzt sich aus den Wörtern *Cop* (für Polizist*in) und *Propaganda* (manipulierende Darstellung einer Sache) zusammen. Das Kofferwort beschreibt die wohlwollende Abbildung der Sicherheitsbehörden und -politik in der Öffentlichkeit, sowohl von der Polizei selbst ausgehend (siehe Kapitel 6 und 9) als auch fiktionalisiert. Um diese fiktionalisierte oder unterhaltungsorientierte Darstellung soll es in diesem und im nächsten Kapitel hauptsächlich gehen – weil vom *Tatort* und von anderen Formaten der fiktionalisierten *Copaganda* eine unheimliche, ordnende und zugleich auch beiläufige Kraft ausgeht.

Rund jedes vierte Buch, das in Deutschland gekauft, verschenkt und vielleicht sogar gelesen wird, ehrlicherweise manchmal aber auch jahrelang ungelesen im Regal verstaubt, ist ein Krimi.[5] Damit

gehören Geschichten, die fiktionale Kriminalfälle nacherzählen, zu den beliebtesten Genres in der deutschsprachigen Literatur. In den Erzählungen spielen oft Kommissare die Hauptrolle oder Figuren, die Kommissare mimen: so wie Sherlock Holmes oder Arsène Lupin oder Hercule Poirot oder Miss Marple oder Die drei ???. Detektive (auch privater Natur) sind in diesen Geschichten oft nur eine spezielle Sorte von Polizist*innen, oft arbeiten sie dem Staat mit seinem Gewaltmonopol zu (siehe dazu auch Kapitel 22).
Die Motive in den Krimis ähneln sich: Jemand hat etwas Schlimmes, Unmoralisches, Illegitimes und Illegales gemacht (Mord, Totschlag, Raub, Menschenhandel …) oder etwas, das die Gesellschaft kriminalisiert hat (Prostitution, Migration, Ehebruch, Drogenkonsum …). Dann kommt Miss Marple oder einer der Fragezeichen vorbei und schnappt sich den Täter oder die Täterin. Wir als Leser*innen klatschen dann freudig in die Hände. Solche Geschichten mögen wir als Menschen sehr, weil sie Erzählungen von Gerechtigkeit sind – und Vendetta. Menschen rächen sich gern an anderen Menschen, von denen sie den Eindruck haben, dass sie eine Strafe verdient hätten. Wenn man einen Schritt weiter denkt, kann man sogar literarische Figuren wie Zorro (vom Anfang des 20. Jahrhunderts) und sogar Robin Hood (aus dem Mittelalter bis hin ins 17. Jahrhundert) hier einordnen. Beide bekämpfen im Grunde mit ihren (zu hinterfragenden) Methoden Ungerechtigkeiten und schütten damit in unseren Köpfen[6] Glückshormone aus. Diese Schablone funktioniert bei Handlungen mit der Polizei als Heldenfundus ähnlich.

Auch im Kino gibt es seit Jahrzehnten immer wieder Filme zu sehen, in denen die Polizei im Mittelpunkt steht. Das hat Tradition: *M* aus dem Jahr 1931 (Synopsis: Die Polizei nutzt die damals modernsten Technologien, um einem Mörder auf die Schliche zu kommen), *RoboCop* aus dem Jahr 1987 (ein Supermenschpolizeiroboter schützt die Unschuldigen vor dem Bösen), *Police Academy* von 1984 oder *Die Nackte Kanone* von 1988 (einfach nur sinnbefreiter Polizei-Klamauk) oder *Cop Land* von 1997 (Sylvester Stallone spielt den heroischsten Polizeibeamten aller Zeiten, den man sich als Daddy-

Beschützer-Figur im Doppelbett herbeiwünscht). Diese Hollywood-zentrierte Filmgeschichte setzt sich auch auf den Streaming-Plattformen fort: In der beliebten Serie *Stranger Things* auf Netflix schützt zum Beispiel ein Kleinstadt-Sheriff die mit übernatürlichen Kräften und gegen das ultimative Böse kämpfende Heldin der Erzählung. Der Sheriff fungiert dabei als Oberheld. In vielen Kulturproduktionen (egal in welchem Genre und Format) ist also eine positiv besetzte Polizeifigur zu finden.

Im guten alten linearen Fernsehen ist diese Form der *Copaganda* sehr deutlich zu erkennen. Bevor ich erneut qualitativ auf einige Fernsehsendungen zu sprechen komme und um die Dimensionen des Problems zu beleuchten, möchte ich eine ganz normale Fernsehwoche hier abbilden. Dafür habe ich mir per Zufallsprinzip eine Woche (Montag bis Sonntag) herausgesucht und alle Sendungen, die im engen Sinne von der Polizei(arbeit) handeln, in eine Tabelle eingetragen. Es geht dabei um die 23. Woche aus dem Jahr 2023, die Tabelle bezieht sich auf folgende Sender: ARD, ZDF, Sat1, RTL, Vox und Kabel Eins. Weil mich diese Dokumentation – samt Faktencheck, ob es sich wirklich um positiv konnotierte *Copaganda* handelt – drei Tage meines Lebens gekostet hat, würde ich herzlich darum bitten, sich die Tabelle in aller Ruhe und mit viel Genuss für die Details anzugucken:

Polizei TV (5.–11. Juni 2023)

<table>
<tr><th></th><th>Montag</th><th>Dienstag</th><th>Mittwoch</th><th>Donnerstag</th><th>Freitag</th><th>Samstag</th><th>Sonntag</th></tr>
<tr><td>Das Erste (ARD)</td><td>0:00 Tatort | 18:50 Morden im Norden</td><td>18:50 WaPo Duisburg</td><td>18:50 Rentnercops</td><td>0:15 Der Usedom-Krimi | 1:50 Commissario Laurenti | 20:15 Der Usedom-Krimi</td><td>3:00 Brokenwood – Mord in Neuseeland | 22:20 Tatort | 23:50 Brokenwood – Mord in Neuseeland</td><td>1:15 Nord bei Nordwest | 2:50 Blind Ermittelt | 8:55/ 9:10 Die Pfefferkörner | 20:15 Nord bei Nordwest | 21:45 Blind ermittelt | 23:40 Zorn – vom Lieben und Sterben</td><td>20:15 Polizeiruf 110</td></tr>
<tr><td>ZDF</td><td>10:30 Notruf Hafenkante | 11:15 SOKO Wismar | 18:00 SOKO Hamburg | 20:15 Die Jägerin</td><td>2:00 Mord im Mittsommer | 3:30 Die Pembrokeshire Morde | 10:30 Notruf Hafenkante | 11:15 SOKO Wismar | 16:10 Die Rosenheim-Cops | 18:00 SOKO Köln | 19:25 Die Rosenheim-Cops</td><td>10:30 Notruf Hafenkante | 16:10 Die Rosenheim-Cops | 18:00 SOKO Wismar | 20:15 Marie Brand und die Leichen im Keller</td><td>10:30 Notruf Hafenkante | 11:30 SOKO Wismar | 16:10 Die Rosenheim-Cops | 18:00 SOKO Stuttgart | 19:25 Notruf Hafenkante</td><td>0:30 Ermittler! | 3:25 Stockholm Requiem | 10:30 Notruf Hafenkante | 11:15 SOKO Wismar | 16:10 Die Rosenheim-Cops | 18:00 SOKO Wien | 20:15 Die Chefin</td><td>2:10 Hard Sun | 10:10 Notruf Hafenkante | 16:10 Die Rosenheim-Cops | 18:05 SOKO München</td><td>1:05 Stockholm Requiem | 2:35 Modus – Der Mörder in uns (Folge ¼) | 16:15 Die Rosenheim-Cops | 22:15 Mord im Mittsommer</td></tr>
<tr><td>RTL</td><td>2:20/ 3:05/ 3:55/ 4:35/ 5:15 CSI | 22:35 Spiegel TV (Der Remmo Clan)</td><td>1:20/ 2:15/ 3:00/ 3:50/ 4:40 CSI</td><td>1:20/ 2:15/ 3:00/ 3:50/ 4:35/ 5:15 CSI</td><td>0:35 Hamburg abseits der Reeperbahn | 1:25/ 2:20/ 3:05/ 3:55/ 4:40/ 05:20 CSI</td><td>4:00 Der Blaulicht Report | 5:20 CSI | 5:00/ 5:45/ 6:45 Der Blaulicht Report</td><td>5:00/ 5:45/ 6:45 Der Blaulicht Report</td><td>2:20/ 3:00/ 3:50/ 4:30 CSI</td></tr>
<tr><td>SAT.1</td><td>1:35/ 2:25/ 3:10/ 3:55/ 4:45 Auf Streife | 10:00/ 10:30 | Die Ruhrpottwache | 11:00/ 12:00/ 13:00 Auf Streife | 16:10 Die Rosenheim-Cops</td><td>3:00/ 3:40/ 4:25/ 4:45 Auf Streife | 10:00/ 10:30 Die Ruhrpottwache | 11:00/ 12:00/ 13:00 Auf Streife</td><td>3:05/ 3:45/ 4:30 Auf Streife | 10:00/ 10:30 Die Ruhrpottwache | 11:00/ 12:00/ 13:00 Auf Streife</td><td>1:45/ 2:40/ 3:25/ 4:05/ 4:45/ 5:15 Auf Streife | 10:00/ 10:30 Die Ruhrpottwache | 11:00/ 12:00/ 13:00 Auf Streife</td><td>5:10 Auf Streife | 10:00/ 10:30 Die Ruhrpottwache | 11:00/ 12:00/ 13:00 Auf Streife</td><td>2:20 Mr. Brooks | 5:50/ 6:45/ 7:35/ 8:35/ 9:35 Auf Streife</td><td>4:05/ 4:45/ 5:40/ 6:40/ 7:40 Auf Streife</td></tr>
</table>

Vox	0:40/ 1:35/ 2:25/ 3:10/ 4:00 Medical Detectives | 4:55/ 5:00/ 5:45/ 6:30 CSI: NY | 7:15/ 8:10 CSI: Den Tätern auf der Spur | 9:10/ 10:00/ 10:55 CSI: Miami	0:00/ 1:00 Medical Detectives | 1:50 Snapped – wenn Frauen töten | 2:35/ 3:25/ 4:15 Medical Detectives | 5:45/ 6:30 CSI: NY | 7:10/ 8:15 CSI: Den Tätern auf der Spur | 9:10/ 10:05/ 11:00 CSI: Miami	0:20/ 1:20 Medical Detectives | 2:10 Snapped – wenn Frauen töten | 2:55/ 3:45/ 4:35 Medical Detectives | 5:00/ 5:45/ 6:30 CSI: NY | 7:20/ 8:15 CSI: Den Tätern auf der Spur | 9:10/ 10:05/ 11:00 CSI: Miami | 20:15/ 21:10/ 22:10/ 23:05 Bones – die Knochenjägerin	0:35/ 1:25/ 2:15/ 3:05/ 3:55/ 4:45 Medical Detectives | 5:05/ 5:50/ 6:35 CSI: NY | 7:25/ 8:20 CSI: Den Tätern auf der Spur | 9:15/ 10:10/ 11:05 CSI: Miami	0:35/ 1:25 Snapped – wenn Frauen töten | 2:10/ 3:00/ 3:50/ 4:40 Medical Detectives | 5:00/ 5:45/ 6:30 CSI: NY | 7:20/ 8:15 CSI: Den Tätern auf der Spur | 9:10/ 10:05/ 11:00 CSI: Miami	0:15/ 1:15/ 2:05/ 2:55/ 3:45/ 4:35/ 05:05 Medical Detectives | 5:50/ 6:35/ 7:30/ 8:20/ 9:15/ 10:00/ 10:55 Criminal Intent – Verbrechen im Visier	0:15/ 1:15/ 2:05/ 2:55/ 3:45/ 4:35/ 05:05 Medical Detectives | 5:54/ 6:45/ 7:40/ 8:35/ 9:25/ 10:10/ 11:05/ 12:00/ 12:45/ 13:35/ 14:25 Criminal Intent – Verbrechen im Visier
Kabel eins	4:15 Castle | 4:55 Hawaii Five-0 | 5:45 The Mentalist | 6:30/ 7:20/ 8:10/ 9:10 Blue Bloods | 10:05/ 11:00/ 12:00/ 12:55/ 13:55/ 14:50/ 16:00 Castle | 18:55 Achtung Kontrolle! | 20:15 Beverly Hills Cop | 22:35 Beverly Hills Cop 2	5:45/ 6:25/ 7:20/ 8:15/ 9:10 Hawaii Five-0 | 10:05/ 11:00/ 12:00/ 12:55/ 13:55 NCSI | 14:50/ 16:00 Castle | 18:55 Achtung Kontrolle! | 20:15 Beverly Hills Cop	2:20 Ich, beide & sie | 4:15 Castle | 11:10/ 12:05/ 13:00/ 13:55 NCIS | 14:50/ 16:00 Castle | 18:55 Achtung Kontrolle!	14:00 Beverly Hills Cop | 16:15 Beverly Hills Cop 2 | 18:15 Beverly Hills Cop 3	0:10/ 1:10/ 1:55/ 2:45 Criminal Minds | 3:25/ 4:05 Rosewood | 4:45 Castle | 5:50/ 6:35/ 7:25/ 8:25/ 9:15 Elementary | 10:15/ 11:10/ 12:05/ 13:00/ 14:00 The Mentalist | 14:50/ 16:00 Castle | 18:55 Achtung Kontrolle! | 20:15/ 21:15/ 22:15/ 23:15 Criminal Minds	0:10/ 1:05/ 4:50 Hawaii Five-0 | 5:25/ 6:15 The Mentalist | 7:05/ 8:00/ 8:55/ 9:50 Blue Bloods | 10:45/ 11:45/ 12:40/ 13:35/ 14:30 Castle | 15:30/ 16:35/ 17:30/ 18:25/ 19:15 Hawaii Five-0	2:15/ 3:20/ 4:25 Achtung Kontrolle! | 5:40/ 6:20 The Mentalist | 7:15/ 8:10/ 9:05/ 10.05/ 11:00 Elementary

Die Tabelle zeigt anschaulich, wie viel *Copaganda* eigentlich im Programm läuft. Das lineare Fernsehen wird von Redaktionen kuratiert und spiegelt zu einem großen Teil die Nachfrage des Publikums wider. Dabei sind Sendungen, in denen die Polizei ebenfalls positiv dargestellt wird, wenn auch eher am Rande, in dieser beispielhaften Stichprobe nicht erwähnt. Das können Nachrichtensendungen, Dokumentationsformate oder Gerichtsshows sein. Auch kommen – schlicht aus Platzgründen – in der Tabelle keine Spartensender vor, die in Dauerschleife Serien, Filme und Reality-Formate rund um die Polizei zeigen. Das Angebot in den Mediatheken und auf Streaming-Plattformen ist zudem eine einzige Polizeispielwiese.

Mir ist klar, dass sich die Fernsehprogramme mit der Zeit ändern, sie werden stets angepasst. Es gibt durchaus einige Experimente. Deswegen habe ich noch mehr wertvolle Lebenszeit investiert und in den vergangenen 24 Monaten immer wieder alte und aktuelle Programmzeitschriften studiert. Das Ergebnis: Polizei-TV ist eine feste Konstante im deutschen Fernsehen. Die Stichprobe ist ein guter Überblick, was seit Jahrzehnten in deutschsprachigen Wohnzimmern läuft. Aber auch, was die deutschsprachige TV-Industrie in andere Sprachkreise exportiert.

Kommissar Rex zum Beispiel spielt in Wien und handelt von einem tapferen Polizeihund, der zusammen mit mehreren Kriminalinspektoren ermittelt. Die Serie wurde nicht nur in mehrere Sprachen übersetzt und lief in mehr als 45 Ländern[7], sie wurde lokal immer wieder adaptiert und neu aufgenommen. Zum Beispiel in Rom für das italienische Fernsehen oder in der fiktionalen Stadt St. John's für das kanadische Publikum. Der deutsche Klassiker, die Bum-Bum-Action-Serie *Alarm für Cobra 11 – Die Autobahnpolizei* läuft, egal wo ich zufälligerweise auf dieser Welt an einem Fernsehgerät vorbeilaufe: auf Kuba, in der Türkei, in Südkorea oder Australien explodieren Autos fiktiv-sinnbefreit auf deutschen Straßen, Verbrecher werden am Rand der Fahrbahn in Handschellen abgeführt. In fast 120 Ländern wird die RTL-Serie über zwei Autobahnpolizisten aus Köln ausgestrahlt.[8] Sogar Bundeswehr TV nahm *Cobra 11* ins Programm. Was darauf spekulieren lässt, dass harte Männer auf Autos,

Explosionen, Verfolgungsjagden und eben die Polizei stehen (siehe Kapitel 4). Andersherum werden in Deutschland (und auch anderswo) gern skandinavische oder französische Krimireihen konsumiert. Der Erfolg dieser Formate deutet darauf hin, dass es sich bei der *Copaganda* natürlich nicht um ein rein deutsches Phänomen handelt. Es hat mehr mit der Natur des Menschen und seiner Sozialisierung im Zeitalter des Anthropozäns zu tun, um es mal sehr hochgestochen zu formulieren.

Egal ob Action-Serien wie *Alarm für Cobra 11*, Krimis wie der *Tatort* oder Comedy-Serien wie *Brooklyn Nine-Nine*, Scripted-Reality-Formate wie *Auf Streife* oder Polizei-Dokumentationen von großen Produktionsfirmen für den öffentlich-rechtlichen Rundfunk oder Privatsender: Diese Sendungen stellen die Arbeit und Wirkungsmacht der Polizei in einer unrealistischen Art und Weise dar. Fangen wir mal mit den Story-Lines an. Sie sind oft sehr simpel gestrickt. Es gibt Gut und Böse, innerhalb von 24 bis 55, manchmal 90 Minuten müssen die Spannungsbögen funktionieren, Plots sich auflösen, Verbrecher*innen hinter Gittern landen, Polizist*innen Erfolge feiern, und dabei darf auf gar keinen Fall an den Grundfesten der Zuschauer*innen gerüttelt werden. Spricht man mit einigen kritischen Fernsehmacher*innen, äußern diese oft ihren Unmut über die immer gleichen Drehbücher, die abgearbeitet werden müssen, weil sie seit Jahrzehnten stabil vom Publikum angenommen werden.

Dabei sind die Guten fast immer jene, die eine Polizeiuniform tragen. Dies entspricht leider nicht den Tatsachen, wie dieses Buch gründlich ausdiskutieren möchte. Die Wiederholung in der Endlosschleife formt in einer Gut-Böse-Dichotomie das Verständnis von Polizei zur Gesamtgesellschaft, oft aber auch das Verhältnis von Polizei zu bestimmten Communitys und verletzbaren Minderheiten. Eine wissenschaftliche Studie[9] der Migrationsforscherinnen Sünje Paasch-Colberg und Anna Küfner hat das transportierte Bild von Migrant*innen in *Tatort*-Filmen von 1970 bis 2009 untersucht. Das Ergebnis: »Knapp ein Drittel aller Akteure mit Migrationshintergrund werden kriminalisiert dargestellt. Und wenn ein Akteur mit

Migrationshintergrund eine Hauptrolle einnimmt, so stellt er in der Hälfte der Fälle einen Kriminellen dar.« Bei einem unterrepräsentierten Aufkommen von migrantischen Figuren wird bei ihrer kriminellen Darstellung gleichzeitig mehr als nur übertrieben. Selbst die Inszenierung »gut integrierter Migranten«, so geht aus der Studie hervor, arbeitet oft mit Klischees und Vorurteilen. Die Figuren sind dann äußerst zuvorkommend, übertrieben gastfreundlich oder religiös, überkorrekt superdeutsch, sprechen oft mit krassem Akzent und sind dabei selbstverständlich stets sehr polizeibegeistert. Diese schablonenhaften Darstellungen prägen die Wahrnehmung des Publikums – auch im wahren Leben.

Und genau das ist das Argument für all jene, die nun denken, ich sei ein Spielverderber. Die finden, man solle Fernsehen, Kino oder Literatur nicht politisieren und manchmal einfach nur genießen. Abgesehen davon, dass man den künstlerischen Mehrwert von *Alarm für Cobra 11* durchaus hinterfragen darf, prägen Künste und Kulturproduktionen, Belletristik, Serien und Filme die Realität, zumindest prägen sie, wie wir als Menschen die Realität betrachten oder was wir meinen, wie die Realität aussieht oder auszusehen hat. Das spiegelt sich in anderen Umfragen wider. Das Meinungsforschungsinstitut Forsa bat im Jahr 2020 in einer repräsentativen Stichprobe darum, Punkte zum Ansehen von 34 Berufsgruppen zu vergeben. Die Polizei landete dabei auf einem sehr soliden Platz 5, noch vor Pilot*innen oder Kindergärtner*innen und knapp hinter Pfleger*innen und Ärzt*innen.[10] Eine andere Umfrage[11], die nach »Vertrauen in Institutionen« gefragt hatte, sah die Polizei im Jahr 2021 sogar auf Platz 2, nur knapp hinter Mediziner*innen/Ärzt*innen. Das Ansehen einer bestimmten Berufsgruppe muss dabei nicht zwangsläufig mit der entsprechenden Arbeit oder Funktion dieser Berufsgruppe zu tun haben. In diesem Fall liegt es nahe, dass die *Copaganda* eine große Wirkung auf die Meinungsbildung in der Bevölkerung ausübt. Unter anderem auf dieser Grundlage werden politische Entscheidungen getroffen zur Ausrüstung, Stellung, zu rechtlichen Rahmenbedingungen oder Symbolik im Zusammenhang mit der Polizei (siehe Kapitel 6). Die Macht der *Copaganda* sollte daher nicht unterschätzt werden. Gleichzeitig: Es steht jeder Person frei, das zu schauen, was sie will. Von mir aus sogar vorhersehbare Krimis.

Dieses kulturelle Formen der öffentlichen Wahrnehmung hat darüber hinaus etwas Darwinistisches. Sprich: Wenn über Jahrzehnte immer wieder betont wird, wie gut die Polizei ist, Plots von Romanen darin münden, dass Beamt*innen menschlich und doch unfehlbar sind, der *Tatort* unwidersprochen zum Kult avanciert und damit auch polizeihörige Diskurse normalisiert werden, glauben die Menschen irgendwann an die Unfehlbarkeit der Polizei selbst. Sie werden Stück für Stück so sozialisiert, dass Kritik an dem System deplatziert sei, und geben diese Haltung an die nächsten Generationen weiter.

Perfide ist die Vermischung von *Copaganda* und Journalismus. Meist in Form von Dokumentationen oder Doku-Serien, auch jenen Produktionen, die mit realistischen Darstellungen kokettieren. Die entsprechenden Sendungen tragen so Namen wie *Die Ruhrpottwache* oder *Der Blaulichtreport* oder *Achtung, Kontrolle!*. Während es natürlich möglich ist, ausgewogene Dokus oder an der Realität orientierte Scripted-Formate zu produzieren, enden viele darin, die Polizeiarbeit zu romantisieren und schlicht irreführende Darstellungen zu verbreiten. In Kombination mit einer alltäglichen Ästhetik (wackelnde Kamera, waschechte Beamt*innen, spontane Verfolgungsjagden, Dialoge wie aus dem eigenen Familien-WhatsApp-Chat ...) werden Szenen normalisiert, die weit über die Kompetenzen der Polizei hinausreichen:

Für meine Recherche zu diesem Buch habe ich keine Mühen gescheut und habe mir an einem langen Wochenende Dutzende Scripted-Reality-Formate im deutschen Fernsehen reingezogen. Scripted Reality heißt in diesem Fall oft, dass Laienschauspieler*innen auf echte Polizeibeamt*innen in schlecht sitzenden Uniformen treffen. Meist treten Polizeipärchen auf: Thorsten und Torsten oder Bernd und Björn. Manchmal tauchen auch Polizistinnen auf – in der Fernsehstichprobe, die ich am besagten langen Wochenende sehen durfte, konnte sich aber die polizeiliche Manneskraft auf ganzer Strecke entfalten.

Die Geschichten, die erzählt werden, passen mehr in die Kategorie skurril als real. Hier die Überschriften der einzelnen Sendungen einer einzigen Strecke am Samstagmorgen: »Frau in Dessous verprügelt Spanner«, »Mann mit Sturmmaske enthüllt Überfall aus Liebe« oder »Nackter Bär führt zu Ehestreit«.

Erfunden sind allerdings nicht nur die kapriziösen Storylines, bei denen sixpacktragende Schauspieler in Boxershorts oder bikinitragende Schauspielerinnen mit üppiger Oberweite zur Befriedigung des voyeuristischen Blicks auftauchen müssen. Irreführende Darstellungen sorgen dafür, dass das Publikum gleich ein realitätsfernes Bild von der Polizeiarbeit im Allgemeinen verinnerlicht. Es geht dabei um entscheidende Details, die immer wieder vorkommen: Zwei Polizisten spazieren zum Beispiel wie selbstverständlich in die private Wohnung einer Person. Und nachdem Polizist Harry schon längst die Schwelle überschritten hat, fragt er nur noch mal rhetorisch, ob er reinkommen dürfe. Die Person in der Wohnung nickt erschrocken. Dabei darf die Polizei nicht einfach so in Privatwohnungen eindringen (siehe Kapitel 23). Ohne Durchsuchungsbefehl oder erkennbar drohende Gefahr ist für die Polizei rechtlich betrachtet an der Türschwelle Schluss.[12] Durch die *Copaganda* werden solche rechtlichen Grenzen allerdings verwischt. Das Postgeheimnis bleibt in den Serien ebenfalls auf der Strecke, wenn Harry wie selbstverständlich Briefe aus fremden Briefkästen fischt und öffnet. Handys werden willkürlich konfisziert, ihre Besitzer*innen dazu gedrängt, die PIN-Nummern auszuhändigen. All das ist illegal.

Gleich mehrere wissenschaftliche Studien[13] haben belegt, dass viele Zuschauer*innen allgemein bei Scripted-Reality-Formaten nicht mehr zwischen Realität und Skript unterscheiden können. Egal, ob es in den Formaten um den Schulalltag, das Leben in Großfamilien, die Arbeit von Feuerwehr und Rettungsdiensten oder eben die Polizei geht. Vor allem junge Menschen haben immer mehr Schwierigkeiten, faktenorientiert solche Sendungen zu gucken. In einer Studie mit Proband*innen zwischen 6 und 18 Jahren aus dem Jahr 2011 gaben lediglich 22 Prozent an, sie wüssten, dass es sich um erfundene Geschichten handelt. Fast jeder Dritte in der untersuchten Altersgruppe war der Ansicht, dass die Kameras reale Szenen in einer bestimmten Scripted-Reality-Sendung dokumentieren (siehe nächstes Kapitel zur Rezeption der *Copaganda* durch Kinder). Eine repräsentative Umfrage aus dem Jahr 2011 zeigte, dass bis zur Hälfte des Publikums bei solchen Formaten einen realistischen Eindruck in die Handlung projiziert.[14] Eine Studie zur Realitätsinszenierung in Scripted-Reality-Formaten aus dem Jahr 2014 unterstützt dieses Ergebnis.[15] In Kombination mit einer irreführenden (zum Beispiel rechtlich bedenklichen) Darstellung kann das auf lange Sicht und gesellschaftlich betrachtet fatale Auswirkungen haben.

Komischerweise ist mir bei meinem langen Wochenende mit den Scripted-Polizeiformaten vor allem eine Sache aufgefallen: Ausgerechnet bei den »diversen« Polizisten in den Sendungen werden die Erkenntnisse zum Thema Vielfalt im Polizeidienst aus Kapitel 21 bestätigt. So kommen zum Beispiel in der Sendung *Die Ruhrpottwache* auf dem Privatsender Sat.1 zwei migrantische Polizeibeamte im Tandem vor: Bora Aksu und Can Yildiz. Die beiden Diversity-Beamten verhalten sich dabei exakt so daneben wie ihre kartoffeligen Kolleg*innen. Man erkennt überhaupt keinen Unterschied in der Sprache, in der Körperhaltung, der Mimik, der Performance von Männlichkeit, im konkreten Verhalten gegenüber Verdächtigen und Opfern oder den regelmäßigen Überschreitungen polizeilicher Kompetenzen in den Handlungen. Diese gleichgeschaltete Arbeitsweise unter Beamt*innen ist – anders als sonst bei diesen Sendungen – sehr realitätsnah.

Deswegen: Beim Zuschauen (wenn man diese Sendungen unbedingt gucken möchte) kritisch bleiben oder lieber direkt nach einer kritischen Doku suchen. Ich habe selbst versucht, eine Polizeistreife journalistisch bei ihrer Arbeit zu begleiten (siehe Kapitel 9), und habe einen Korb kassiert. Bei der *Copaganda* hat die Polizei viel mitzureden, manchmal über Umwege. Es liegt nahe, dass sich niemand, auch keine Behörde oder Institution, selbst schlecht in der Öffentlichkeit darstellen möchte. Das will ich zum Ende dieses Kapitels an einem krassen Beispiel aus den USA verdeutlichen.

Aber erst mal zurück zu den rein fiktionalen Formaten im deutschsprachigen Raum: Auch im *Tatort* nehmen es die Drehbuch-

Autor*innen nicht so genau mit Recht und Ordnung. Eine Studie der TU Dortmund aus dem Jahr 2017[16] unter Leitung des Medienrecht-Professors Tobias Gostomzyk analysierte 34 *Tatort*-Folgen mit folgendem Erkenntnisinteresse: Wie realistisch wird das Bild der polizeilichen Arbeit mit Hinblick auf juristische Maßstäbe im *Tatort* transportiert? Das Ergebnis: Die TV-Ermittler*innen möchten meist schnell und effektiv die Fälle lösen, sie lassen sich häufig von privaten Motiven oder dem eigenen Gerechtigkeitsempfinden leiten. So zählt die Studie insgesamt 96 Rechtsverstöße auf. Hier nur ein paar wenige Beispiele:

- **Verdächtige werden gar nicht oder nur unzureichend belehrt**, meist mit schmissigen Sprüchen abgeführt. **Ermittler*innen drohen** ihnen mit harten Konsequenzen, Gefängnis oder persönlicher Rache. So im Sinne von: Ich weiß, wo du wohnst! Was ja die Polizei in der Regel wirklich weiß (siehe Kapitel 5).

- So wie in den gescripteten Darstellungen werden Wohnungen ohne richterliche Genehmigung betreten, Dokumente und Datenträger ohne Erlaubnis durchsucht. In einigen Szenen täuschen Kommissare vor, dass sie eine richterliche Vollmacht für die Durchsuchung erhalten haben. **Hausfriedensbruch** ist in den *Tatort*-Drehbüchern eine Konstante. Somit verstoßen die Ermittler*innen regelmäßig gegen **Artikel 13 des Grundgesetzes, der die private Wohnung schützt** und mit Blick auf die deutsche Geschichte unter dem Nationalsozialismus und der Stasi-Diktatur in der DDR eigentlich ernst genommen werden sollte (siehe Kapitel 2).

- **Die Ermittler*innen foltern sogar Verdächtige** bei der Vernehmung mit Schlafentzug, unter Einfluss von Drogen, mit körperlicher Gewalt. In einer Szene bricht ein *Tatort*-Kommissar einem angeketteten Verdächtigen den Finger, um ihn **zu einem Geständnis zu drängen**. Diese Vernehmungsmethoden sind in Deutschland verboten, weltweit geächtet. Eigentlich ein Fall für

Amnesty International. Für viele Menschen (darunter auch Beamt*innen) gehören sie allerdings zum Polizeialltag, der *Tatort* normalisiert diese Ansicht.

Die Dortmunder Studie zeigt auch: Knapp jeder zweite Rechtsverstoß führt die Ermittler*innen zum Erfolg. Sie lösen ihre Fälle, WEIL sie sich illegal verhalten. Diese Darstellung hat nicht nur einen Einfluss auf die breite Bevölkerung, die zu großen Teilen glaubt, dass die Polizei zum Beispiel jederzeit Zutritt zur privaten Wohnung hat, sie prägt höchstwahrscheinlich auch die Wahrnehmung echter Polizist*innen. Einst fragten die Fernsehzeitschrift *TV Spielfilm* und die Gewerkschaftspublikation *Polizeispiegel* Polizist*innen nach ihrem Lieblings-Ermittlerduo der *Tatort*-Reihe: Auf Platz eins landete der oft fantasievoll inszenierte *Tatort* aus Münster.[17] Die Macht des inszenierten und emotionalisierten Bildes sollte bei diesem speziellen Publikum zumindest nicht unterschätzt werden.

Bei einer Analyse der Unterhaltungsindustrie in Sachen *Copaganda* lohnt sich auch ein Blick in die USA. Nicht nur werden dort Filme und Serien für die ganze Welt produziert, auch deutschsprachige Filmemacher*innen, Autor*innen oder Produzent*innen lassen sich von Arbeitsweisen in Hollywood gern leiten. So analysierte im Jahr 2022 die politische Late-Night-Show *Last Week Tonight* mit Moderator John Oliver[18] die Wirkung von TV-Sendungen in den USA, die die Arbeit der Polizei propagandamäßig und im Vergleich zur Realität äußerst positiv darstellen. Besonders interessant dabei ist die Entstehung der Serie *Law & Order*, die auch im deutschen Fernsehen und auf Streamingplattformen ein großes Publikum erreicht, jahrelang sogar in der Dauerschleife lief und weiterhin läuft. In der kritischen Betrachtung wird klar, dass es bei *Law & Order* um drei wichtige Punkte geht:

- **Die äußerst polizeifreundliche Einstellung des Produzenten Dick Wolf bis hin zu einer sehr engen Zusammenarbeit mit Polizeibehörden zum Beispiel im Bundesstaat New York:** Recherchen ergaben, dass bei *Law & Order* die Polizei unrealistisch positiv dargestellt wurde, um über die Polizeibehörde schlicht einfacher an Drehgenehmigungen in New York City zu kommen. In einem Interview sagte Dick Wolf, dass er niemals einen Fall wie den von Abner Louima in seiner Sendung aufgreifen würde. Louima wurde 1997 als Schwarzer Mann von NYPD-Beamten kollektiv zusammengeschlagen und vergewaltigt. Der Macher der Serie möchte mit dieser Selbstzensur seine guten Kontakte zur Polizei wahren.

- **Die wenig akkurate Darstellung von Polizei und Justizsystem in den USA, vor allem im *Law & Order*-Ableger *Special Victims Unit*:** indem zum Beispiel die Aufklärungsraten von real nur rund 30 Prozent auf in der Sendung 97 Prozent aufgebauscht werden. In vielen Episoden werden die schuldigen Täter*innen schon zur Halbzeit festgenommen. So eine Trefferquote entspricht nicht der Realität in Sachen Kriminalitätsbekämpfung. Außerdem werden in der Serie vor allem weiße Männer als Täter dargestellt, die am Ende der Episoden ins Gefängnis wandern. Die Macher der Serie argumentieren damit, dass keine Lobby von weißen Männern existiere, die sich über diese wiederholte Darstellung beschweren würde. Sie machen sich das Leben damit also leichter. Dabei trifft der *Prison Industrial Complex* vor allem Schwarze Menschen, vor allem Schwarze Männer in den USA (siehe Kapitel 8).

- **Die Wirkung der Sendung auf das Publikum, ja sogar auf die Polizei selbst, die in den USA teilweise ihre Arbeit auf die fiktionalen Skripte stützt:** Dick Wolf sagte in einem Interview, dass *Law & Order* ein gutes »Recruiting-Tool«[19] für die Polizei sei und viele Beamt*innen über die Show für ihre eigene polizeiliche Arbeit dazulernen würden. Wissend, dass sich Sendungen wie *Law & Order* weit weg von realen Gegebenheiten bewegen und die Leidtragenden vor allem Angehörige von verletzbaren Minderheiten in den USA sind, insbesondere Schwarze Menschen, Latinx und Geflüchtete.

Eine Kritikfähigkeit gegenüber dem Polizeisystem wird mit dieser inszenierten *Copaganda* eingeschränkt. Mehr noch: Die mediale Sozialisierung durch solche Sendungen wirkt wie ein Propagandaschild für die Polizei im wahren Leben. Die polizeiliche Fiktion dient zur Legitimierung und Stabilisierung des Polizeiproblems, mit dem vor allem marginalisierte Menschen allein gelassen werden. Solche Verzerrungen sorgen dafür, dass auf unseren Bildschirmen – nicht nur bei *Law & Order* oder dem *Tatort* – und in unseren Köpfen ein unrealistisches, heroisiertes, hochstilisiertes Bild von der Polizei entsteht: Themen wie Rassismus, tatsächliche Aufklärungsraten, das reale Zusammenwirken von Justizsystem und Polizei oder die Polizeigewalt an sich werden ausgeblendet. Und wenn sie doch mal thematisiert werden, dann stets als Ausnahme von der Regel.

Beim *Tatort* tauchen in den Drehbüchern manchmal »faule Äpfel« aus den Polizeireihen auf. Gute Polizist*innen überführen sie dann natürlich, obwohl das in der Realität selten vorkommt (siehe zur *Cop Culture* Kapitel 5). In der weltweit beliebten und breit rezipierten Sitcom *Brooklyn Nine-Nine,* die in einer Polizeiwache in New York spielt, sahen selbst die Macher*innen der Serie irgendwann ein Problem. Nach dem Lynchmord an George Floyd am 25. Mai 2020 und den weltweiten Black-Lives-Matter-Protesten passte die äußerst leichte Polizeikomödienkost so gar nicht in den politischen Zeitgeist. Produktion und Auftraggeber entschieden sich, die achte und finale Staffel der Serie dem Thema Polizeireformen zu widmen. Nach jahrelanger *Copaganda* einmal noch schnell die Kurve bekommen und dann die ganze Serie absetzen, so sah der Plan von außen betrachtet aus.

Es folgt eine kurze Synopsis dieser finalen Sonderstaffel: Die guten Polizist*innen im Revier müssen gegen einen ihrer Vorgesetzten kämpfen, der Polizeigewalt vertuschen und Polizeireformen (siehe Kapitel 21) verhindern möchte. Eine Polizistin und laut Fan-Foren[20] mit die beliebteste Figur quittiert sogar den Dienst und wechselt die Seiten – nur um über die ganze Staffel hinweg als Privatermittlerin doch irgendwie das Böse zusammen mit ihren ehemaligen Kolleg*innen aus dem Revier mit der Nummer 99 zu besiegen.

Am Ende gewinnen natürlich die guten Cops, der Oberschurke in Uniform fällt tief, und alle können wieder Witze – untereinander im Revier und mit den polizeiliebenden Bürger*innen – reißen. Gäbe es doch nur im echten Leben auch solche Happy Ends!

13
Polizei und Popkultur II: süße Polizeihunde

Ich bin neulich für eine Veranstaltung mit dem Zug von Berlin nach Freiburg im Breisgau gefahren. Während meiner Lesereisen sind die Bahnfahrten definitiv die größte Belastung. Die Bahn ist mit ihren Verspätungen und vielen Ausfällen ein Hundesohn, um es mal diplomatisch auszudrücken und mir hier viele neue Friends zu machen. Aber ich wollte eigentlich darauf hinaus, dass ich während dieser stundenlangen Fahrt wieder mal eine spannende, familiensoziologische Beobachtung machen konnte: Verzweifelte Eltern, die ihre Kinder über drei, fünf, acht Stunden Reisezeit bespaßen müssen – Verspätung wegen Verzögerung im Betriebsablauf noch nicht eingerechnet.

Am Nebentisch saßen ein Vater, ich würde ihn auf Mitte 30 schätzen, und seine beiden kleinen Kinder, vielleicht drei und vier, maximal fünf Jahre alt. Die Geschwister fanden den ICE, in dem wir fuhren, und die Züge auf den Nebengleisen schon nach wenigen Momenten langweilig. Sie wurden hibbelig, weigerten sich, zum x-ten Mal Memory zu spielen, die »Ich sehe was, was du nicht siehst«-Offensive des Vaters scheiterte im dreckblau-grau-beige gehaltenen Waggon samt Outfits der Fahrgäste sehr schnell. Also packte er schon kurz nach Erfurt resigniert ein Tablet aus, traurig darüber, dass er seinem eigenen Fleisch und Blut nun die ultimative

Beruhigungspille verabreichen muss. Während er das Gerät aufstellte und einschaltete, seufzte er: »Ich mag diese Serie so gar nicht, aber was soll ich nur machen, Kinder? Hmmm? Mir bleibt ja auch nichts anderes übrig!«

Bis zum Schwarzwald herrschte Stille, denn die Kids waren in die Welt von *Paw Patrol* abgetaucht. Für Babys, die gerade erst laufen und mit dem Auge fokussieren gelernt haben, bis hin zu Kindern, die bald in die Schule gehen, ist die Pfoten-Patrouille der siebte Himmel. Seit nun mehr als zehn Jahren fasziniert die computeranimierte Serie aus Kanada Kinder weltweit. Der zehnjährige Ryder hat sechs Fellfreunde, die für Recht und Ordnung in der Abenteuerbucht sorgen. Manchmal sind sie in einer fliegenden Zentrale unterwegs, manchmal auf einem Schiff, manchmal fahren sie in den Dschungel, manchmal sind sie in der Arktis. Immer den Verbrechern auf der Spur oder bösen Ufos oder unkontrolliert wachsenden Pflanzen oder hilflosen Dinosauriern. Die Handlungen müssen nicht unbedingt Sinn ergeben, das habe ich bei der Analyse dieser Kinderserie gelernt.

Deswegen spare ich mal hier ein paar unwichtige Details aus, weil ich das, wie der Vater im ICE, alles nur schwer aushalte: Wichtig zu wissen, ist, dass Ryders Fellfreunde spezialisierte Hundebeamte, eher Welpenbeamte sind. Rubble hat so einen Bagger, Rocky bedient eine Art Multifunktionswerkzeug, Skye kann dank Düsenantrieb fliegen, Marshall ist ein Feuerwehrwelpe, und der wichtigste von allen Hundefiguren ist Chase.[1] Er ist der Polizist und löst zusammen mit seinem Freund und Lehrer Ryder die Fälle, die in der Abenteuerbucht Folge für Folge anfallen.

Chase hat einen kleinen Polizeihut auf, eine süße Stupsnase und obendrauf das Gewaltmonopol. Zumindest arbeitet die (demokratisch gewählte?) Dauerbürgermeisterin der Abenteuerbucht, Frau Gutherz, mit der Pfoten-Patrouille zusammen und ruft sie oft zu Hilfe. Chase ist außerdem wie ein echter Polizist mit der neuesten Technologie ausgerüstet: schnittiges Polizeiauto, Megafon, Tennisballkanone (mit der er aber auch andere Gegenstände abschießen kann), volle Kampfmontur (er könnte so Linke in Leipzig easy einkesseln), Nachtsicht- und Wärmebildkamera, Saugnapf-Schuhe für die senkrechte Verbrecherjagd, Seilrutsche, Radarantenne und natürlich auch Flugdrohnenkamera zur Überwachung. Es ist so, als ob die Pfoten-Patrouille auf einer wahren Polizeimesse eingekauft hätte (siehe Kapitel 6).

Die Forschung zur Darstellung von Kriminalität und Polizei in Kinderserien, der Kinderliteratur oder allgemein Kulturproduktionen, die sich an Kinder richten, kann noch ausgebaut werden. Es gibt viele Formate, in denen wie bei der Erwachsenenunterhaltung Recht und Ordnung eine große Rolle spielen: *Die drei ???*, *Die Pfefferkörner*, *Chip und Chap*, *Inspector Gadget*, *Detektiv Conan*, *Batman und Robin* und viele andere. In all diesen Serien dient die Polizei als Vorlage, die Ausübung von Gewalt und Gegengewalt ist eine Konstante, das Bestrafen stets das Ziel der Handlung. Ich selbst bin mit den *Power Rangers* und vor allem mit *Scooby Doo* aufgewachsen, da geht es ja am Ende jeder Episode darum, einen Verbrecher zu entlarven und ins Gefängnis zu stecken. Als Kind bin ich automatisch um kurz vor 6 Uhr aufgestanden, um nicht zu verpassen, wie der Sack vom Kopf des Verbrechers abgestreift wird, damit alle sehen, wer der Dieb war. Viel zu selten wird kritisch hinterfragt, was den Jüngsten in unseren Gesellschaften an Inhalten vorgesetzt wird. Zu *Paw Patrol* gibt es allerdings ausführliche wissenschaftliche Studien, die ich hier erläutern möchte, um zu verstehen, warum so viele kritische Eltern ein Unbehagen bei der beliebten Serie verspüren.

Eine wissenschaftliche Erhebung des King's College der Western University in Kanada[2] hat ergeben, dass in den Erzählungen von *Paw Patrol* bestimmte Darstellungen von Verbrechensbekämpfung und -sanktionierung systematisch wiederholt werden. Die Studie zeigt ein Muster auf, das in vielen Episoden zu finden ist und das auch ins Schema der *Copaganda* passt. Das fängt schon bei den imaginierten Problemmacher*innen (also Täter*innen) an: Sie kommen meist von außerhalb der Abenteuerbucht, überschreiten die Grenzen dorthin »illegal« und »benehmen sich daneben«. Wenn sie auftauchen, wird der »Notfall« ausgerufen. Die Fremden werden dann von der Pfoten-Patrouille außer Gefecht gesetzt oder sogar abgeschoben. So am Beispiel von bestimmten Figuren wie Mandy, dem

Affenweibchen, oder »den Pinguinen« erzählt, die oft nur in Gruppen auftauchen und somit gar keine Individualität entfalten können. Ein bisschen so wie bei der Berichterstattung über Geflüchtete, die oft in abstrakten, anonymen und bedrohlichen Massen gezeigt werden.

Der größte Antagonist der *Paw Patrol* ist Bürgermeister Humdinger (im Deutschen auch als Bürgermeister Besserwisser bekannt). Er steht der mysteriösen und tristen Gemeinde Foggy Bottom vor und ist schlicht böse. Er schickt oft seine Chaos-Kätzchen vor. Die Katzen stellen eigentlich eine kriminelle Vereinigung dar. Denn sie klauen, verbreiten Angst und Schrecken, stören schlicht die Idylle in der Abenteuerbucht und müssen deswegen jedes Mal aufs Neue weggeschafft werden. Das übernehmen – wie spätestens seit *Tom & Jerry* so oft in Kinderserien dargestellt – die Hunde. Mit solchen Dichotomien werden Motive aufgegriffen, die aus dem wahren Leben auf die Fantasiewelt projiziert werden: »wir« gegen »die anderen«. Dabei wird das »wir« in diesem Fall ultimativ von der Polizei verkörpert, die sich auch mit Blick auf Foggy Bottom verschwörungstheoretisch angehaucht um die Absicherung des eigenen Status kümmert (siehe Kapitel 2). Die Hundepolizei wird schon die richtigen Entscheidungen treffen und die dazugehörigen Methoden anwenden. Nicht umsonst heißt es im *Paw-Patrol*-Lied, gleichzeitig Intro der Serie, in einer Strophe (an alle Eltern: sorry für den Ohrwurm):

Paw Patrol
Paw Patrol
Wir sind sofort zur Stelle!
Kein Einsatz zu groß
Keine Pfote zu klein
Paw Patrol fällt stets was ein

Auf die Patrouille kann man sich also als Bürger*in unkritisch verlassen, so die Botschaft. Man könnte durchaus diskutieren, ob es gut oder schlecht ist, dass solche Parallelen aus der realen Welt in Kindersendungen gezogen werden. Allerdings sind die stereotype Darstellung »der Fremden« und die drakonischen Strafen, die sie teilweise für triviale »Verbrechen« von der Hunde-Patrouille aufgebrummt bekommen, Indizien dafür, dass Kinder an problematische Methoden des Polizierens, der Justiz und des Gefängnisses gewöhnt werden. Sie *lernen* über die Regeln in der Abenteuerbucht, wie die Welt zu funktionieren hat. Kinder, habe ich gehört, sollen sehr schnell Wissen und Eindrücke neugierig aufsaugen und anwenden können. Einmal gelernt, ist ein Verlernen mit großem Aufwand und Diskussionen verbunden. Umso wichtiger ist es, sich mal inhaltlich mit Serien auseinanderzusetzen, die Kinder auf einer stundenlangen Zugfahrt in eine andere Welt katapultieren.

Bürgermeister Besserwisser endet in einer Episode in einer Art Strafprogramm, in dem es Zwangsarbeit zu vollbringen gilt. Wenn man so will: ein Straflager. Er muss putzen, Müll einsammeln und ihn »gemäß den Vorschriften« recyceln. Diese Arbeiten werden als Strafen konstruiert, mit denen man »die Bösen« oder »Fremden« umerziehen könne. Eltern in meinem Umfeld haben mir berichtet, dass ihre Kinder diese Darstellung sehr ernst nehmen und im Alltag dazu übergehen, ebenfalls Strafen und Verfolgung einzufordern, wenn ihnen mal was nicht passt. Und die problematische Konstruktion in der Serie hört hier nicht auf: Bürgermeisterin Gutherz ist, wie ihr Name schon verrät, etwas naiv und dümmlich gezeichnet. Sie ist stets mit ihren Haushühnern zu sehen, zum Beispiel Chickaletta. Zwar ruft sie die *Paw Patrol* immer zu Hilfe, die politischen und operativen Entscheidungen trifft die Patrouille aber selbst. Dabei verlassen sich Ryder und seine Welpen auf ihren Instinkt, auf ihren ganz persönlichen Gerechtigkeitssinn, auf ihre heroische, natürliche, ja gottgegebene Rolle – und auf den technologischen Fortschritt.

Liam Kennedy, der die kanadische Studie zu *Paw Patrol* durchgeführt hat, fasst es wie folgt zusammen: »Politiker werden als inkompetent oder unethisch dargestellt, und der Staat, der entweder nicht in der Lage oder nicht bereit ist, den Bürgern grundlegende soziale Dienste bereitzustellen, verlässt sich auf die *Paw Patrol*, um Verbrechen aufzuklären.« Dabei spielen auch neoliberale Gedanken eine Rolle, die im nordamerikanischen Raum allgegenwärtig sind (siehe zum Beispiel den *Prison Industrial Complex* in Kapitel 8). Das Sicherheitsmanagement der Abenteuerbucht wird an die Patrouille als Paralleljustiz und -polizei quasi ausgelagert. Kinder lernen so schon früh einen bestimmten sicherheitspolitisierten Blick auf ihr Umfeld – oder auf alles, was vermeintlich nicht dazugehört.

Dennoch geben Eltern mit kritisch-politischer Einstellung schnell auf, wie mutmaßlich der Vater im ICE oder die Eltern in meinem eigenen Freund*innenkreis. Sie lassen ihre Kinder *Paw Patrol* gucken, obwohl sie bei der Betrachtung des *Copaganda*-Musters ein schlechtes Gefühl empfinden. Vor diesen Hunden gibt es nämlich kein Entrinnen. Spätestens im Kindergarten oder auf Spielplätzen kommen die Kleinen mit dieser viralen Serie in Berührung. Aber auch dort, wo man als Eltern selten gern quengelnde Kinder hat, ist man nicht sicher: beim Shoppen.

Kinder einer Freundin von mir standen eine Zeit lang voll auf Klebetattoos. Also habe ich mich in einer Einkaufsstraße auf die Suche danach gemacht. Es gab in vielen Läden keine oder nur ultra hässliche, die ich niemandem zumuten wollte. In den vielen Schreibwaren- und Ramschläden, in denen ich war, konnte ich wieder mal ein ernstes Phänomen der heteronormativen Kleinfamilie beobachten. Ich habe keine Kinder, aber die Verzweiflung einiger Eltern sprang sogar auf mich über. Nur eine kleine Szene: Eine Mutter stand in einem dieser 1-Euro-Läden (wo aber das halbe Sortiment viel mehr kostet, obwohl es niemand braucht) und diskutierte mit ihrem Sohn, der in wenigen Tagen eingeschult werden sollte. Es kam mir vor, als würden Mutter und Kind einen nationalen Dialog führen – und das Kind saß am längeren Hebel.

Die Mutter erklärte, dass der Schulranzen schon 200 Euro gekostet und sie nicht mehr so viel Geld übrig habe, um Mäppchen, Stifte und Radiergummi mit Disney-, Nickelodeon- oder Marvel-Motiven zu kaufen. »Wir können auch aufs Essen verzichten«, sagte sie triumphierend, weil sie dachte, das sei das ultimative Argument. Ihr Sohn blickte sie emotionslos an und erwiderte: »Muss nichts essen, brauche aber die *Paw-Patrol*-Sachen.« Sie hat letztendlich nachgegeben und den Hunde-Merch gekauft. Ich weiß nicht, ob die Familie danach verhungert ist.

Doch selbst im Supermarkt, in der Drogerie oder in Onlineshops sind Eltern vor dem Hundepolizeiterror nicht sicher. Es gibt *Paw-Patrol*-Eiernudeln, *Paw-Patrol*-Joghurt, *Paw-Patrol*-Multivitamin-Gummibärchen (gibt es auch in vegan ohne Gelatine), *Paw-Patrol*-Pudding (mit Plastikspielzeug gratis dazu), *Paw-Patrol*-Kekse (gleich in mehreren Sorten, einige sehen aus wie Hundeleckerlis in Knochenform), *Paw-Patrol*-Windeln, *Paw-Patrol*-Feuchttücher, *Paw-Patrol*-Bio-Power-Häppchen (das sind so Fruchtriegel mit viel zu hohem Zuckeranteil für noch mehr Hibbeligkeit), *Paw-Patrol*-Kindersekt-Partygetränk (laut Hersteller alkoholfrei), *Paw-Patrol*-Zuckerwatte, *Paw-Patrol*-Zahnpasta (für nach der Zuckerwatte), *Paw-Patrol*-Müsliriegel, *Paw-Patrol*-Quellwasser (normales überteuertes Wasser in einer Plastikflasche mit den Hunden auf dem Etikett), *Paw-Patrol*-Bio-Heldentrank (eine geschmacklich fragwürdige Mischung aus Fruchtnektaren und Früchtetee), *Paw-Patrol*-Schokoeier, *Paw-Patrol*-Pralinen, *Paw-Patrol*-Hackbällchen (angeblich auch für den menschlichen Verzehr genehmigt), *Paw-Patrol*-Getrocknete-Früchte, *Paw-Patrol*-Zuckerstangen, *Paw-Patrol*-Backmischungen, *Paw-Patrol*-Gewürzmischungen (für jeden Kindergeschmack: unter anderem für Kartoffelbrei, Bolognese, Pizza und Pommes), *Paw-Patrol*-Eis-am-Stiel, *Paw-Patrol*-Marshmallows, *Paw-Patrol*-Eau-de-Toilette (wie das Hundeparfüm wohl riecht?), *Paw-Patrol*-Antibakterielle-Seife, *Paw-Patrol*-Kinderklobrille, *Paw-Patrol*-Frühstückscerealien, *Paw-Patrol*-Torten (aus der Tiefkühlung, Benjamin Blümchen sollte sich warm anziehen), *Paw-Patrol*-Schaumbad, *Paw-Patrol*-Pflaster (komisch, dass es keinen Arzthund oder Krankenpflegerwelpen in der Serie gibt), *Paw-Patrol*-Klebestift, das *Paw-Patrol*-Magazin (meist fies platziert an der Kasse auf Augenhöhe der Kinder) oder die *Paw-Patrol*-Wundertüte, in der viele überteuerte Überraschungen stecken, wenn man sich als Kind nicht entscheiden kann, für welches *Copaganda*-Produkt man das Portemonnaie der Eltern pfändet.

Ich habe es etwas übertrieben mit der Auflistung, ich weiß. Aber ich konnte einfach nicht mehr aufhören – im Internet und den Regalen tauchten immer mehr Produkte mit der Patrouille auf. Die Liste könnte also noch viel länger und absurder werden. Von Freiburg aus hätte der Vater mit seinen Kindern aus dem ICE aussteigen und im benachbarten Frankreich geschnittene und in Plastikbehältern portionierte *Paw-Patrol*-Apfelstücke kaufen können. Und damit höre ich jetzt wirklich auf. Versprochen!

Mit dem Konsumrausch passend zum Hype um die Serie kassieren die Erfinder von *Paw Patrol* natürlich sehr viel Geld. Ronnen Harary und Anton Rabie sind die Gründer der kanadischen Spin Master Corp. Die Firma produziert *Paw Patrol* und hält die Rechte an der Serie. Das jeweilige Vermögen der beiden wird auf über eine Milliarde US-Dollar geschätzt.[3] Doch der Profit aus der Verzweiflung vieler Eltern ist noch nicht mal der Kern des Problems: Die allgegenwärtige Präsenz dieses auf Kinder zugeschnittenen *Copaganda*-Narrativs im öffentlichen und im privaten Raum, im Kontext von Konsum und Bildungseinrichtungen wie Kindergärten oder Schulhöfen formt Kinder schon sehr früh in eine bestimmte Richtung. Sie werden polizeihörig sozialisiert und geben in dieser Hinsicht ein Stück ihrer Mündigwerdung auf.

Die Kinder meiner Freundin finden Klebetattoos mittlerweile ein bisschen öde. Neulich sprach ich mit Anna, sie ist jetzt in der zweiten Klasse. Einen Tag vorher war eine Polizistin bei ihnen in der Schule zu Besuch gewesen. Anna hat natürlich mitbekommen, dass ihre Eltern (vielleicht nicht nur im Gespräch mit mir) eher differenziert auf die Polizei schauen. Deswegen äußerte sie sich kritisch über diesen Besuch. »Warum sollte eine Polizistin zu uns in die Klasse kommen? Ich mochte sie nicht«, sagte Anna. Die anderen Kinder dagegen seien begeistert gewesen von der Beamtin, ja regelrecht fasziniert vom Besuchsprogramm der uniformierten Repräsentantin des staatlichen Gewaltmonopols. Polizist*innen führen also, im Windschatten eines durchaus legitimen Bildungsauftrags zum Beispiel zum Thema Verkehrssicherheit, auch Schulbesuche durch und verzahnen somit Inszenierungen auf den Bildschirmen mit direktem Kontakt im wahren Leben. Eine andere gute (und kritische) Freundin berichtete mir schlicht, dass Kinder halt fasziniert seien von der Autorität, von der Suche nach Gerechtigkeit, den Grenzen des Machbaren, von der Polizei-Folklore an sich. Ihr Kind entschied sich, nachdem es mit knapp drei Jahren *Paw Patrol* und andere *Copaganda*-Formate entdeckt hatte, auf der Kirmes für das Polizeiauto am Kinderkarussell. Kurze Zeit später war das Feuerwehrauto doch spannender, aber ich beobachtete, wie Scharen von Kindern eben auf das Polizeiauto und nicht auf das Pferd, in die Tasse oder den Rennwagen wollten.

Erziehung ist in der Regel die Angelegenheit von Eltern, staatliche Behörden und gesellschaftliche Konventionen stellen sicher, dass das Kindeswohl im privaten und öffentlichen Raum gewahrt wird. In dieser Konstellation ist es angebracht zu überlegen, wie viel *Copaganda* man dem eigenen Kind und Kindern allgemein zumuten möchte. In den frühen Kindheitsjahren entwickeln sich nämlich Einstellungen, die später dafür sorgen, dass bestimmte Mechanismen im Zusammenhang mit der Position, Funktion und Praxis der Polizei für bestimmte Gruppen in der Gesellschaft lebensgefährlich werden können.

14

Racial Profiling: Die Missachtung der Menschenwürde

Ich muss eine Sache zurücknehmen, die ich in diesem Buch behauptet habe und die – nach weiterem Nachdenken – doch so nicht stimmt. Im vorherigen Kapitel steht folgender Satz: Während meiner Lesereisen sind die Bahnfahrten definitiv die größte Belastung. Das stimmt so nicht, ich bin einfach nur wütend auf die Bahn, und das ist mein gutes Recht. Aber die größte Belastung ist sie trotz ihres boshaften, tapsigen Missmanagements nicht. Die Bahn ist nur das zweitgrößte Problem in meinem Leben auf den Schienen.

Mein größtes Problem bei Bahnfahrten heißt: *Racial Profiling*. Es findet oft in der Nähe von nationalen Grenzen statt, an Flughäfen, sehr oft an Bahnhöfen und in Zügen. Als ich noch nicht die deutsche Staatsbürgerschaft besaß, überkam mich beim Einstieg in den Zug stets die Angst, eigentlich schon beim Betreten des Bahnhofsgeländes, dort, wo die Bundespolizei das Sagen hat. Fünf bis sechs Mal prüfte ich in meinem Rucksack nach, ob ich wirklich meinen grünen marokkanischen Pass samt Sticker mit Aufenthaltsgenehmigung dabeihatte. Denn oft genug sah ich, wie Beamt*innen Menschen aus den Waggons zerrten. Das löste schlicht Panik in mir aus, dieser staatlichen Gewalt wollte ich unbedingt entgehen.

Racial Profiling ist die polizeiliche Praxis der selektiven Überprüfung von nicht-weißen Menschen aufgrund äußerlicher Merkmale wie Haut- oder Haarfarbe, aber auch aufgrund erkennbarer kulturell-religiöser Symbole wie Kopftuch oder Kippa (siehe auch Kapitel 16). Aus großen Gruppen an öffentlichen Orten werden in vermeintlichen Stichproben einzelne Menschen herausgepickt, ihre Daten werden abgefragt, ihre Dokumente gegen das Licht gehalten, sie werden vor Ort vernommen, oft wie Kriminelle behandelt. Alles verdachtsunabhängig. Die meisten dürfen danach zwar weiterreisen, aber viele Betroffene werden lange aufgehalten und dabei in der Öffentlichkeit gedemütigt. Sie empfinden diese Praxis jedoch oft nicht nur als Demütigung, sondern als Entmenschlichung.

Während des Afrozensus[1] aus dem Jahr 2020, bei dem rund 5800 Schwarze, afrikanische und afrodiasporische Menschen in Deutschland konsultiert wurden, gaben bei der entsprechenden Frage 56,7 Prozent an, in ihrem Leben mindestens einmal ohne erkennbaren Grund von der Polizei kontrolliert worden zu sein. Das Forschungsprojekt »Körperverletzung im Amt durch Polizeibeamt*innen«[2] der Goethe Universität Frankfurt beschäftigt sich seit dem Jahr 2018 durchgehend mit dem Thema *Racial Profiling*. Fast zwei Drittel der befragten nicht-weißen Menschen gaben an, sich in mutmaßlichen Gewaltsituationen von der Polizei diskriminiert gefühlt zu haben. Bei weißen Personen (in der Studie als »ohne Migrationshintergrund« bezeichnet) waren es halb so viele. Rund die Hälfte der nicht-weißen Betroffenen in der Umfrage sagt, dass die Polizei sie wegen ihrer »ethnischen« oder kulturellen Zugehörigkeit diskriminiert.

Ein aus Guinea stammender Mann wurde – wie jeden Tag unzählige andere nicht-weiße Menschen in Deutschland – im März 2018 anlasslos und allein wegen rassistischer Vorurteile von der Polizei in Chemnitz kontrolliert. Er wurde dabei von den Beamt*innen schikaniert und körperlich durchsucht. Der Schwarze Mann klagte sich durch die Instanzen und konnte Jahre später vor einem Gericht in Dresden einen Sieg für alle Betroffenen erringen[3]: *Racial Profiling* ist rechtswidrig. Die Polizei darf nicht anlasslos und nach rassistischen

Kriterien Menschen belästigen, urteilte das Gericht mit Blick auf gültiges deutsches und europäisches Recht. Dabei wurden auch die Wahrung der Menschenwürde und das Verbot von Diskriminierung aus dem Grundgesetz herangezogen. Andere Gerichte folgten dieser Rechtsprechung – wegen der klaren Rechtslage und trotz polizeifreundlicher Einstellungen in der Justiz (siehe Kapitel 7).

Racial Profiling ist also rechtswidrig. Warum ist diese Feststellung hier wichtig? Polizeibeamt*innen, Polizeibehörden, Polizeigewerkschaften und die deutsche Innenpolitik waren in der Vergangenheit immer sehr kreativ, wenn es darum ging, *Racial Profiling* zu legitimieren. Sie nutzten jahrelang eine Rechtsunsicherheit aus, um Menschen, die aus ihrer Sicht »die falsche Hautfarbe« haben, extra zu kontrollieren, während weiße Menschen im öffentlichen Raum oft unbehelligt bleiben. Wenn man etwas weiter darüber nachdenkt, missachtet diese polizeiliche Praxis nicht nur die Menschenwürde, sie stellt ein Sicherheitsrisiko dar. Wie sieht jemand aus, der etwas Böses im Schilde führt? Und können dann alle, die nicht in das »böse Schema« vieler Polizist*innen passen, aber Böses im Sinn haben, unbehelligt durch die Republik reisen? Der Guinea-stämmige Mann habe »die Herausgabe seiner Papiere zu Recht verweigern können«, hieß es im Dresdener Gerichtsurteil. Die Beamt*innen hätten ihn nicht anlasslos kontrollieren dürfen. Dennoch geht es mit der diskriminierenden Polizeipraxis weiter. Davon kann ich leider auch persönlich berichten.

Der Morgen des 1. Dezember 2022 war kalt, aber immerhin trocken. Der Intercity mit der Nummer 1290 Richtung München kam überraschend pünktlich auf Gleis 1 des Hauptbahnhofs in Salzburg an. Wir stiegen ein, kurze Zeit später hielt der Zug im bayrischen Freilassing, und ein Dutzend Polizist*innen standen in den Fluren. Der Waggon, fast voll besetzt, durfte kollektiv frühmorgens dösen. Nur ich, zusammen mit zwei weißen Passagieren im selben Sechser-Abteil, musste meinen Ausweis vorzeigen. Die beiden anderen Passagiere mussten zwangsläufig kontrolliert werden, sonst wäre es zu offensichtlich *Racial Profiling* gewesen. Die Polizei lernt dazu. Spätestens jetzt war ich nicht mehr so überrascht. Die Passagiere in den Abteilen davor und danach wurden nicht überprüft. Im Großraumwaggon nur die nicht-weißen Passagiere.

Ich habe nachgezählt: Durchschnittlich bei jeder zehnten Bahnfahrt werde ich kontrolliert. Ich bin Vielfahrer. Es gibt immer wieder drei, vier zusammenhängende Wochen in meinem Kalender, in denen ich jeden Tag mindestens in einen Zug des Fern- oder Regionalverkehrs einsteige. In einigen Bundesländern ist meine persönliche Kontrollquote über das *Racial Profiling* höher: in Sachsen oder Baden-Württemberg zum Beispiel. In Bayern beobachte ich an Bahnhöfen jedes Mal mindestens einen Fall dieser diskriminierenden Polizeipraxis. Beamt*innen laufen durch die Bahnhofshallen und Tunnel von Würzburg, Nürnberg, München oder Augsburg und kontrollieren gezielt nicht-weiße Menschen, meist Schwarze und besonders oft als muslimisch, nahöstlich oder nordafrikanisch gelesene Männer.

Zurück in den IC1290 Richtung München: Der Ausweis einer weißen Frau wurde erst gar nicht richtig betrachtet. Sie lehnte sich wieder müde zurück auf ihren Sessel und schlief seelenruhig ein. Während mein Ausweis vier Mal gescannt wurde und Fragen kamen wie »Wo fahren Sie hin?«. Meine freche Antwort lautete natürlich »an mein Ziel«. »Ihr Ausweis sieht komisch aus«, folgte dann, obwohl es sich um einen stinknormalen deutschen Personalausweis handelt. Der dritte Passagier, ein weißer Mann mittleren Alters, hatte seinen Personalausweis vergessen und zeigte seinen Führerschein vor. Der Polizist meinte zu ihm: »Geht eigentlich nicht, aber okay, kein Problem.« Es war diese Szene, bei der ich mir dachte: Jetzt sagst du den Harrys mal, was hier falschläuft. Angesprochen auf den Missstand, dass einige kontrolliert werden, andere gar nicht und wieder andere dann doch mit einem Führerschein durchkommen, antworteten die Beamt*innen pampig und im Chor mit einem »Wir dürfen das«. Blöd nur, dass sie an den Falschen geraten waren. Ich, mittlerweile mit deutscher Staatsbürgerschaft ausgestattet, habe meine Panik abgebaut. Und habe die Bundespolizei auf ihrer *Racial Profiling*-Tour durch den IC1290 spontan als Reporter begleitet. Wenn ich gerade Zeit habe und in Laune bin, mache ich das mittlerweile – ein bescheidener Akt des Widerstands. Meinen Presseausweis habe ich immer dabei, und die Dokumentation dieser Ungerechtigkeit ist ein Teil der Lösung dieses Problems. Zwar haben mich die Polizist*innen argwöhnisch und genervt angesehen, ließen mich aber in dem Augenblick gewähren, in dem sie wussten, dass ich Journalist bin. Von ihrer Mission konnte sie meine Anwesenheit allerdings nicht abbringen – was mir zeigt, wie sehr Polizist*innen *Racial Profiling* für normal erachten.

Ganze Reihen ließen die Polizist*innen aus. Dort saßen weiße Menschen, die sie nicht stören wollten. Gefreut haben sie sich im übernächsten Waggon, wo sie einen jungen Mann rausfischen konnten. Aus der Diskussion ging hervor, dass bei diesem Fahrgast eigentlich alles okay sei. Er habe die bosnische Staatsbürgerschaft und ein spezielles, gültiges Visum im Pass kleben, das die Polizist*innen aber gern am Gleis in Rosenheim noch näher betrachten wollten. So als ginge es ihnen um einen privaten Spaß, Überkorrektheit aus Leidenschaft, so als wären sie am Zocken bei einem Videospiel. »Wir gucken uns das mal an«, sagte ein Polizist. Der Mann musste aussteigen. Ich ging wieder auf meinen Platz, machte aus dem Fenster aber noch ein Bild vom Polizeipulk und dem Bosnier. Der Fahrgast mit dem Führerschein sagte nur: »Was für verdammte Rassisten sind das denn?«

Als ich auf Twitter diese Szene mit meinen Follower*innen teilte[4], dauerte es nicht lange, bis die Bundespolizei Bayern über ihren offiziellen Account antwortete: »Grenzkontrollen finden ausschließlich aufgrund des Grenzübertritts statt. Grundlage: Bundespolizeigesetz.« Dann postete die Behörde noch zwei unkritische *Copaganda*-Artikel, die als Journalismus getarnt aus Sicht der Polizei *Racial Profiling* legitimieren. Mit Blick auf die Tatsachen an diesem Morgen ist das Argument mit dem Grenzübertritt schlicht gelogen. Denn mit dieser Begründung hätten alle im Zug kontrolliert werden müssen, weil alle die Grenze von Österreich nach Deutschland überquert hatten. In der Realität wurden nur »ausländisch aussehende« Menschen überprüft (zusätzlich zu zwei Alibi-Kontrollen von weißen

Fahrgästen in meinem Abteil), ich würde ja eher sagen: frühmorgens belästigt. Da der Zug in Rosenheim wegen der Polizist*innen länger als geplant hielt, verpassten Hunderte Passagiere ihre Anschlusszüge in München. Bahn und Bundespolizei ziehen am selben Strang dachte ich nur, Problem Nummer eins und Nummer zwei tun sich zusammen.

Beim Thema *Racial Profiling* geht es allerdings nicht um meine empfundene Wut oder Angst, es geht nicht um Anschlusszüge oder Termine, die ich wegen der entstandenen Verspätung verpasst habe, es geht nicht um meine Befindlichkeit und noch nicht mal um meine eigene Entmenschlichung. Die Fallhöhe ist bei diesem Thema viel größer. *Racial Profiling* ist ein Instrument, mit dem konkret Menschenrechte missachtet werden. Hier geht es mir vor allem um die bewusste Torpedierung eines fundamentalen Menschenrechts, wie ich auf einer anderen Zugfahrt beobachtet habe.

Auch der ICE Richtung Frankfurt am Main fuhr außergewöhnlich pünktlich am Berliner Hauptbahnhof ab. Der Teppichboden im Zug war borstig und rau. Durch eine Glastür konnte ich meinen vakanten Sitz sehen, es war der einzige leere Sitzplatz im ganzen Waggon. Um die anderen Passagiere nicht zu stören, eigentlich um keine bösen Blicke zu ernten, hatte ich mich in den Gang zurückgezogen, um mit einer Professorin auf Arabisch zu telefonieren. Als ich auflegte, sprach mich Saleh an. Er kam aus der Toilette heraus, wo er mein Telefonat mitbekommen hatte. Dann saßen wir auf dem Boden, und er erzählte mir, was bisher geschehen war.

Saleh, 20 Jahre alt, stammt aus dem syrischen Hasaka, lebte zuletzt in Istanbul, arbeitete dort sieben Tage die Woche und zehn Stunden am Tag in einer Textilfabrik, wurde schikaniert und von nationalistischen Türken angegriffen. Saleh war in den vergangenen sechs Monaten über Griechenland, die Balkanroute, Ungarn und Tschechien nach Deutschland gekommen – Teile der Strecke war er gelaufen. Er sagte, er habe in Griechenland und Ungarn mehrere Pushbacks erlebt, bei denen er von Beamt*innen zurück über die Grenze gedrängt wurde. Saleh zeigte mir auf dem Boden des ICEs einen Brief von der deutschen Bundespolizei. Dort stand, dass er vor

Kurzem gemäß Dublin-Abkommen nach Tschechien abgeschoben worden war. »Die tschechischen Polizisten haben uns eine Stunde später wieder über die deutsche Grenze gescheucht«, erzählte er. Jedes Mal, wenn er in der Nähe der Grenzen in einen Zug stieg, wurde er Opfer von *Racial Profiling,* denn die Bundespolizei sucht im Auftrag der demokratisch gewählten Bundesregierung aktiv nach Schutzsuchenden, um sie möglichst schnell und effektiv, noch vor der Stellung eines Asylantrags, abschieben zu können. An der deutsch-tschechischen Grenze spielen Polizeibehörden mit den Flüchtenden quasi Tennis. Sie kontrollieren Züge und Reisebusse. Es ist eben wie in einem Videospiel, bei dem Beamt*innen für ihre operativen und politischen Vorgesetzten Punkte sammeln. Je mehr abgeschoben werden, desto besser. Mittel der Wahl ist das *Racial Profiling.*

Saleh reiste stets ohne Gepäck. Er hatte auch diesmal, außer der Kleidung, die er am Leib trug, und dem Abschiebebescheid nur ein Ticket dabei. Ein Syrer am Berliner Hauptbahnhof hatte es ihm gekauft. Alle anderen Menschen im Bahnhof seien vor ihm weggelaufen, als er um Hilfe gebeten hatte. In die »Welcome Hall« für ukrainische Geflüchtete habe er sich nicht getraut. »Preis mit Bahncard 50« stand auf seinem Ticket. Natürlich besaß Saleh keine Bahncard. Die Schaffnerin hatte keine Lust auf *Polizeiruf 110,* hatte sich das Ticket nur lange angesehen und war dann einfach weitergegangen. Zu oft ruft das Bahnpersonal in diesen Fällen die Bundespolizei, Saleh hatte hier lediglich enormes Glück. Er hatte es dennoch mit der Angst zu tun bekommen und sich in der Toilette eingesperrt. Und nun saßen wir auf dem borstigen Teppichboden. Er legte sein angewinkeltes Knie auf mein Bein. Ein Verband war dilettantisch um seine geschwollene Wade gewickelt worden. An der serbisch-ungarischen Grenze sei er vor wenigen Wochen vor der Grenzpolizei weggelaufen, habe sich verletzt. Bei der Abschiebung neulich durch die deutsche Polizei nach Tschechien habe er so große Schmerzen gehabt, dass er fast in Ohnmacht gefallen war. Dennoch sagte er lapidar: »Eigentlich nicht der Rede wert, nur eine kleine Wunde.« Die hatte sich längst entzündet. Seitdem sein Bein taub sei, könne er wieder ein wenig schlafen. Im Wald oder an Bushaltestellen. Bald könne er bei Verwandten in einer Kleinstadt in Mitteldeutschland ausschlafen, sagte er. »Das wäre schön«, er lächelte.

Saleh und viele andere Menschen, die Schutz suchend fliehen, werden wegen der verbreiteten Praxis des *Racial Profiling* in Europa an ihrem Menschenrecht gehindert, Asyl zu beantragen. Das europäische Asylsystem ist dysfunktional. Beides, *Racial Profiling* und die intendierte Sabotage des Asylsystems, geben die Verantwortlichen mehr oder weniger sogar zu. Im Jahr 2014 habe ich zum ersten Mal einen Kommentar zum Thema *Racial Profiling* veröffentlicht. In der Wochenzeitung *Die Zeit* forderte ich damals: Entweder alle werden überprüft oder niemand.[5] Ich schilderte, wie ich allein aufgrund meiner Hautfarbe aus großen Menschenmengen an deutschen Bahnhöfen und Flughäfen herausgepickt werde, um doppelt und dreifach kontrolliert zu werden. Die Sicherheitspolitisierung (siehe Kapitel 6) aller Bereiche des öffentlichen Lebens hat in Deutschland mittlerweile dazu geführt, dass diese Praxis mit ihren »Kollateralschäden« weitestgehend gesellschaftlich akzeptiert ist – obwohl das Gesetz wie beschrieben eine solche Diskriminierung verbietet. Selten halte ich einen Vortrag über diese illegale und illegitime Praxis, ohne dabei privilegierte Menschen mit der richtigen Passfarbe oder einem gesicherten Aufenthalt zu beleidigen. »Aber unsere Grenzen müssen geschützt werden«, heißt es dann oft. Und das nicht nur aus rechtspatriotischen Ecken. Viele Menschen legen bei Flüchtenden halt andere Rechtsstandards an. Die Polizei auch: Es gab mehrere Fälle, in denen EU-Grenzpolizist*innen, zum Beispiel in Griechenland, Grenzen schützen sollten und gleichzeitig korrupt Geld eingesteckt haben, um flüchtende Menschen in die EU einzuschleusen. Das System sorgt selbst für seine Beschäftigung.[6]

Eine Woche nach meinem Zeitungskommentar antwortete mir Jörg Radek, Hauptkommissar und stellvertretender Bundesvorsitzender der Gewerkschaft der Polizei, mit einem Beitrag, der die Überschrift »Das ist unser Job«[7] trug. Radek verteidigte die polizeiliche Praxis der »bloßen Befragung einiger«, um »illegale Zuwanderung« zu unterbinden. Warum könne ein Ansprechen durch einen

Polizisten nicht genauso locker und selbstverständlich sein wie eine Fahrkartenkontrolle in der S-Bahn, fragte Radek in seinem Text, den er mit folgenden Sätzen einleitete: »Ich habe einen Wunsch. Den Wunsch, dass alle Menschen in Deutschland, auch die Zugewanderten, unser demokratisches Polizeibild für sich annehmen und ohne Misstrauen unterstützen.« Hier konnte ich vielleicht das erste Mal die ungefilterte Perspektive der Polizei zu ihrer eigenen, überhöhten Rolle betrachten (siehe Kapitel 5).

Radek sprach in seinem Beitrag vom »Polizeibild« – das bei vielen Betroffenen von *Racial Profiling* geprägt wird. Und das schon in jungen Jahren. Zwar findet die rassistische Polizeipraxis oft mit dem Hintergedanken statt, Menschen möglichst effektiv und schnell abzuschieben, sie reicht aber auch tief in den gesellschaftlichen Alltag hinein, weit weg von Verkehrsknotenpunkten und Landesgrenzen. Nur ein Beispiel von vielen, die ich hier nacherzählen könnte:

Am Kottbusser Tor in Berlin-Kreuzberg hatten Polizisten drei Männer mit handelsüblichen weißen Plastikschnüren aus dem Baumarkt gefesselt. Die Hände der Gefangenen waren fest auf ihrem Rücken fixiert. Es hatte vor wenigen Augenblicken noch geregnet, sodass sich neben dem Eingang zum U-Bahnhof kleine Wasserpfützen gesammelt hatten. Passanten, unter ihnen auch ich, blieben stehen, starrten auf die Szenerie, tuschelten, fragten sich: Was war geschehen? Die drei Festgenommenen werden im rassistischen Polizeijargon als »Nafris« bezeichnet (siehe Glossar Kapitel 24). Nordafrikanisch gelesene Männer sind in Deutschland gezielt von *Racial Profiling* betroffen. »Es hätte ja aber auch sein können, dass die Männer vor der Festnahme eine Straftat begangen haben und es somit einen triftigen Grund für ihre Festsetzung gibt«, so steht es in meinen Aufzeichnungen, die ich am selben Tag in mein Feldforschungstagebuch eingetragen hatte. Also blieb ich stehen und beobachtete die Polizei bei ihrer Arbeit.

Einem der gefesselten Männer war deutlich anzusehen, wie unangenehm ihm die ganze Situation war. Er wippte nervös mit dem rechten Bein und bewegte dabei seinen Oberkörper leicht nach links und rechts. Ein mit Schutzweste und vollbepacktem »Cowboy«-Gürtel (Schlagstock, Pfefferspray, Waffe) ausgestatteter Polizeibeamter forderte ihn zunächst auf, stillzustehen, drückte ihn dann ohne weitere Vorwarnung und mit aller Kraft auf den Boden. Der Mann saß aber nicht lange in der Pfütze. Nach circa zwei Minuten wurden die drei Männer wieder freigelassen. »Nix«, sagte die Beamtin, die zuvor die Personalien der Festgenommenen an die Zentrale durchgegeben hatte. Denn gegen die drei Männer lag schlicht nichts vor. Sie waren unschuldig, nun wieder frei, ihre Hosen waren nass. Sie waren allein aufgrund ihrer äußerlichen Merkmale festgenommen und gefesselt worden, sie waren schlicht zur falschen Zeit am falschen Ort, gepaart mit der Anwesenheit der Polizei, die mutmaßlich intern die Anweisungen bekommt, nicht-weiße Menschen extra zu kontrollieren.

Die drei Männer verschwanden verschämt in den U-Bahnhof. Die schaulustigen Passanten schlenderten weiter. Mich begleitet diese sehr kurze Szene seitdem in meiner Arbeit als Journalist und Autor. Bei allen Betroffenen und jenen, die die grundlegende Ungerechtigkeit im *Racial Profiling* erkennen, entsteht so ein sehr spezielles Polizeibild. Jörg Radek würde sich darüber wundern. Warum ist diese destruktive, diskriminierende, entwürdigende Praxis fester Bestandteil des Polizeialltags? Warum findet sich diese erniedrigende Praxis an jedem relevanten Ort der Öffentlichkeit, in dem ich und viele andere allein über unsere Körper als gefährlich und anders markiert werden? An öffentlichen Plätzen? In Zügen und Bahnhöfen? An Flughäfen?

Ich hasse Nachtflüge, fast so sehr wie die Deutsche Bahn. Und so kam ich nach einer langen Reise zerknautscht am Frankfurter Flughafen an. Als die Tür des Flugzeugs aufging, führte eine lange Fluggastbrücke ins Flughafengebäude. Am Ende, hinter einer kleinen Kurve, standen links und rechts jeweils vier Beamt*innen der Bundespolizei. Es waren also insgesamt acht Polizist*innen, die jeden nicht-weißen Passagier rausfischten, obwohl es sowieso für alle später durch die Passkontrolle ging. So nach dem Motto: Doppelt hält besser. Ich geriet an einen Beamten, der mit etwas Fantasie wie ein Cousin von mir in einem Polizei-Karnevalskostüm gekleidet war. »Ahmed, bist du es?«, ging es mir durch den Kopf. Aber ich riss mich zusammen und händigte ihm meinen grünen Pass aus (das war, bevor ich mir im Parcours der Behörden die deutsche Staatsbürgerschaft verdient hatte). Er schaute auf das Dokument, kam mir näher und flüsterte: »Du bist auch Marok?« Ich nickte konsterniert und nahm all meinen Mut für eine Gegenfrage zusammen: »Warum machst du das?«

Ahmed sprach nun noch leiser, er erklärte, dass sein Vorgesetzter klare Angaben mache, wer zu kontrollieren sei. Kurz: Alle, die wie Ausländer aussehen. Dieser polizeiliche Blick hat in der deutschen Geschichte eine lange Tradition (siehe Kapitel 2). Dann sagte der Beamte etwas, was mir noch absurder vorkam: »Wenn ich keine Uniform trage, werde ich auch ständig von der Polizei kontrolliert.« Er lächelte deplatziert und ich verstand, dass hinter dem *Racial Profiling* ein Kalkül steckt, das man gleichzeitig ganz einfach aushebeln kann. Abgesehen davon, dass die Zahlen dieser Polizeipraxis für sich sprechen: Auf die Spitze hat es die New Yorker Polizeibehörde NYDP mit dem *Racial Profiling* getrieben. Sie nannte ihre entsprechende Strategie in den 2000er-Jahren »stop and frisk«[8] (anhalten und filzen). Mehr als 4,4 Millionen[9] Mal wurden vor allem Schwarze, südamerikanisch-stämmige und als muslimisch gelesene Menschen zwischen den Jahren 2004 und 2012 von der Polizei in New York ohne Anlass kontrolliert. Verschiedene Studien haben gezeigt, dass die Kriminalitätsbekämpfung dadurch verschwindend gering profitiert hat. Waffenfunde bewegen sich in diesem Zeitraum im Promillebereich. Viele Menschen wurden also gezielt diskriminiert, fast keine Kriminalität dadurch verhindert. Weil Kriminalität selten bis nie an ethnischen Merkmalen festgemacht werden kann.

Ich hatte ja schon festgestellt, dass ich auf jeder zehnten Zugfahrt von der Polizei kontrolliert werde. Diese Quote lag mal deutlich höher. Ich habe sie mit einigen einfachen Maßnahmen gedrückt. Denn man kann einige Polizist*innen auf der Suche nach Punkten in ihrem persönlichen Videospiel ganz einfach blenden. Es braucht dafür nur eine kleine Performance. Wenn ich nur selbstbewusst genug eine große Wochenzeitung ausbreite, rechtzeitig, bevor die Polizist*innen durch den Waggon laufen, lassen sie mich in Ruhe. Wenn ich zufälligerweise (oder manchmal auch mit Kalkül) eines meiner schönen Hemden mit floralem Muster anhabe, wenn ich meine Beine elegant übereinanderschlage, vielleicht noch ein bisschen Make-up aufgetragen und meine schwarze Hornbrille auf der Nase platziert habe – dann ist die Bundespolizei etwas irritiert und geht manchmal weiter.

Ich schaue dann hinter dem vielen Papier hervor und lächele demonstrativ desinteressiert. Wer den inhaltslosen Leitartikel eines alten weißen Mannes liest, ist nur eine Zeitverschwendung, denken sich da wohl einige Beamt*innen. Sie spielen ihr Game anscheinend auch gegen die Uhr. Was für mich auch supergut funktioniert: eine kapitalistische Show abziehen. Schon habe ich sie vom Spielplan abgebracht. Meinen teuren Laptop einer bekannten Marke auspacken, daneben das ebenso teure Smartphone platzieren, auf dem Tisch noch ein teures Markenwasser aus dem Bahnhofskiosk und in die Tasten hacken, vertieft in den Bildschirm und erst gar nicht die Umgebung wahrnehmend. Zum Beispiel beim Schreiben eines polizeikritischen Buches. Die Polizei ignoriert einen dann manchmal, wenigstens ein kleiner *Hack* in diesem gewaltvollen, real gewordenen Videospiel, der gleichzeitig zeigt, wie sinnbefreit und willkürlich *Racial Profiling* ist.

15 Kommt eine Hundertschaft in eine Shisha-Bar …

Racial Profiling besteht nicht nur darin, dass nicht-weiße Menschen im öffentlichen Raum von der Polizei herausgepickt werden. Es gehört auch ein allgemeiner Generalverdacht gegenüber verletzbaren Minderheiten dazu, der den Staat bis in den privaten Raum treibt. Der Staat sucht sich eine bestimmte Gruppe aus und verfolgt sie »mit der ganzen Härte des Gesetzes« (siehe Kapitel 7). Dafür scheuen Sicherheitsbehörden keine Kosten, keine Mühen, keine politische Energie, wie ich seit Jahren über die Bekämpfung der sogenannten Clan-Kriminalität nachrecherchieren konnte. Angefangen hat meine Skepsis zu diesem polizeilichen Komplex – ich würde sagen der medienwirksamste in den vergangenen zehn Jahren – bei der Lektüre der Berichterstattung zu sogenannten arabischen Großfamilien (siehe auch Kapitel 9). Irgendetwas stimmte daran nicht: Die Polizei hatte immer recht, die besagten arabischen Kriminellen waren das absolute Böse. Dabei wusste ich, dass das reale Leben äußerst selten so eindeutig ist und bipolar funktioniert. Spektakuläre Fälle wie der Raub der riesigen Goldmünze aus dem Berliner Bode-Museum oder der Diamanten aus dem Grünen Gewölbe in Dresden elektrisierten die ganze Republik. Die Polizei, die Innenpolitik und Polizeigewerkschaften nutzten die Fälle als Grundlage für ihre *Copaganda*. Ich wollte journalistisch aber nicht zum x-ten Mal die Geschichte der Raubbanden erzählen, sondern die Perspektive wechseln. Also machte ich mich auf, der Polizei und ihren politischen Dienstherren bei ihren Methoden auf die Finger zu schauen. Wer an den Rechtsstaat in Deutschland glaubt, sollte einen tiefen Zug aus der Wasserpfeife nehmen.

Wie schon erwähnt, führte mich mein Schicksal oft nach Niedersachsen. Das Bundesland wurde von den Sicherheitsbehörden neben Bremen, Nordrhein-Westfalen und Berlin als »Brennpunkt« für die sogenannte Clan-Kriminalität deklariert. Bedeutet: Hier sind vermeintliche Clan-Netzwerke besonders aktiv. Das hängt vor allem mit der Ansiedlung von Geflüchteten aus dem Libanon und der Türkei in den 80er- und 90er-Jahren zusammen, darauf möchte ich aber später zurückkommen. An dieser Stelle ist es mir zunächst wichtig, Folgendes festzustellen: Es wäre sehr naiv zu behaupten, alle Mohameds seien Engel. Dem ist nicht so. Es gibt Kriminalität in jeder Bevölkerungsgruppe, aber aus irgendwelchen Gründen, die ich herausbekommen wollte, wird sie mit Blick auf einige Minderheiten von den Sicherheitsbehörden auffällig oft betont, dramatisiert und ethnisiert dargestellt. Dabei ist der Anteil von sogenannter Clan-Kriminalität an der Gesamt-Kriminalität in den einzelnen Bundesländern sehr gering.[1] Im Jahr 2022 machten Taten im Zusammenhang mit mutmaßlichen kriminellen Clans in Berlin 0,2 % der Gesamtkriminalität aus (872 Taten zu 519 827 Taten insgesamt), in Niedersachsen waren es 0,6 %, in NRW um die 0,5 %.

Um dieses polizeiliche Phänomen besser zu verstehen, besorgte ich monatelang interne Polizeidokumente, es waren Abertausende Seiten, die meinen Schreibtisch, eigentlich mein ganzes Arbeitszimmer einnahmen. Ich sprach mit Whistleblower*innen bei Polizeibehörden, tauschte mich mit Expert*innen aus. Denn beim investigativen Journalismus gilt: Nur evidenzbasiertes Wissen hat einen Wert, man braucht mindestens zwei unabhängige Quellen für eine Information, oder sie wandert direkt in den Papiermüll. Diese und weitere Recherchen brachten Erstaunliches zutage:

Am 18. April 2017 stoppten niedersächsische Polizist*innen einen Hochzeitskonvoi mit 13 Fahrzeugen auf der A2 nahe Hannover. Das

Vergehen: »Fahren mit einer Geschwindigkeit von circa 20 Kilometer pro Stunde auf allen drei Fahrstreifen über einen Zeitraum von circa zehn Minuten.« So steht es in einem internen Bericht des LKA Niedersachsen. Es gab keine Unfälle und keine Verletzten, auch keine unmittelbare Gewaltanwendung. Weil die 13 Fahrzeugführer allerdings einen bestimmten türkischen Nachnamen trugen, gingen 13 Einträge in die niedersächsische Statistik zur sogenannten Clan-Kriminalität ein. Das ist mein Lieblingsbeispiel, um die Arbeit der Polizei in Sachen Clan-Kriminalität zu illustrieren. Es stellt sich deshalb vor allem eine Frage: Ist das Problem mit den »Clans« tatsächlich so groß, wie einige Innenminister*innen gern betonen?

Doch das Problem mit der Polizeiperspektive auf dieses Phänomen fängt noch einen Schritt früher an. Bei der Lektüre der verschiedenen Definitionen von sogenannten Clans ist mir aufgefallen, dass jede Landesbehörde etwas anderes darunter versteht. Es soll grundsätzlich um Täter*innen gehen, die miteinander verwandt sind, einen sogenannten Migrationshintergrund haben (der ethnitisiert wird, wie ich gleich erklären werde) und Straftaten begehen: Drogenhandel, Menschenschmuggel, spektakuläre Einbrüche oder sogar Mordfälle. Fast täglich gibt es in Deutschland Razzien gegen diese Familien. Allein in NRW fanden 2019 laut Innenministerium des Landes rund 870 Großrazzien gegen dort ansässige Clans statt, zwischen 2019 und 2023 mehr als 2468 sogenannte Kontrollaktionen, bei denen weniger Beamt*innen unterwegs sind.[2] Seit Jahren ringen die Landesregierungen in Düsseldorf, Berlin, Bremen und Hannover um eine gemeinsame Strategie. Damit diese zustande kommt, braucht es Daten und Statistiken. Und genau diese habe ich mir vorgeknöpft.

Interne Dokumente der Sicherheitsbehörden in Niedersachsen beschreiben eine fragwürdige Datenerhebung im Zusammenhang mit der »Clan-Kriminalität«. Ja, es geht hier um die kritische Lektüre von Methoden der statistischen Erhebung bei Sicherheitsbehörden. Aber keine Sorge, ich kann versprechen, dass es nur langweilig klingt. Das Ganze ist sogar ziemlich aufregend.

Kern des Problems in Niedersachsen war ein sogenannter Hilfsindikator. Die ethnische Zugehörigkeit von Bürger*innen wird von deutschen Behörden eigentlich nicht erhoben: Dies ist eine Lehre aus der Verfolgung von Minderheiten während des Nationalsozialismus. Die in Niedersachsen geführte Statistik zur »Clan-Kriminalität« zielt allerdings genau darauf ab: die ethnische Herkunft der Täter*innen. Die politischen Entscheidungsträger*innen in den niedersächsischen Sicherheitsbehörden haben sich dafür den besagten Hilfsindikator einfallen lassen. In einer Tabelle in einem Dokument, das mir vorliegt, werden 46 Nachnamen von mutmaßlichen Familien-Clans aufgeführt. Rechnet man die verschiedenen Schreibweisen einzelner Nachnamen heraus, bleiben nur noch elf Clans übrig. In einer zweiten Tabelle werden zusätzlich 66 – teilweise ähnlich buchstabierte – Familiennamen aufgelistet. Dazu heißt es in einer Erläuterung: »Bei diesen ergänzenden Namen sind die Verfahren nicht zwangsläufig clankriminellen Strukturen zuzurechnen.« Es bleibt also fraglich, warum diese Namen im Zusammenhang mit der Clan-Statistik überhaupt fallen. Sie helfen der Polizei aber, die Zahlen aufzubauschen. Der »Hilfsindikator Familiennamen« spielt daher eine wichtige Rolle für das LKA in Niedersachsen und damit auch für andere Polizeibehörden in anderen Bundesländern. Er ermöglicht es indirekt, das Verbot zur Erhebung der ethnischen Zugehörigkeit auszuhebeln. Anstatt »arabisch« steht da ein arabischer Nachname, der als Synonym für die ethnische Zugehörigkeit einer Person verwendet wird. Eine Art Codierung, wenn man so will.

Ein*e Beamt*in am Bildschirm in der Wache denkt sich bei der Datenabfrage dann: »Aha! Ein Araber! Den wollen wir mal heute besonders hart polizieren!« Der Innenminister denkt sich bei der jährlichen Polizeistatistik: »Aha! So viele Araber! Denen werden wir es schon als Staat zeigen!« So oder so ähnlich muss man sich das vorstellen. Und das, obwohl andere ethnisch konnotierte Formen der Organisierten Kriminalität in Deutschland und Europa nüchtern betrachtet viel gefährlicher erscheinen: Zum Beispiel die süditalienische Ndrangheta, die einen großen Teil des Drogen- und Menschenhandels kontrolliert und mit anderen mafiösen Strukturen weltweit bestens vernetzt ist.[3] Nur taugt »italienisch« eben nicht so gut, um eine rassistische Dauerkampagne damit zu fahren. »Arabisch« ist da viel aufgeladener, geeigneter, um am rechten Rand nach Stimmen und Stimmungen zu fischen.

Auch spielen »Dirty Cops«, also korrupte Polizist*innen, nicht selten eine kriminelle Rolle im Zusammenhang mit mafiösen Strukturen, insbesondere bei illegalem Drogenhandel. Die Berliner Staatsanwaltschaft hat beispielsweise im Januar 2024 eine Polizistin wegen des Verdachts des »privaten Kokainkonsums« angeklagt. Die Beamtin soll beschlagnahmtes Kokain »in nicht geringer Menge« abgezweigt haben.[4] Für den Eigenkonsum, wie die Polizistin selbst später betonte. Bei einer Durchsuchung wurden bei der 45-jährigen Beamtin 2240 Gramm Kokain und 125 Gramm Stein-Kokain (auch bekannt als Crack) gefunden – eigentlich zu viel für den milder zu bestrafenden »Eigenkonsum«. Nur zum Vergleich: Für eine »Line«, also eine Portion Kokain für eine Person, werden lediglich 0,05 bis 0,1 Gramm benötigt.[5] Allein in Berlin gab es in den vergangenen Jahren mehrere Fälle, in denen Polizist*innen mit Dealern zusammengearbeitet haben.[6] Dabei wurden Drogenhändler*innen und Schmugglerringe vor Razzien gewarnt, interne Dokumente der Polizei weitergegeben, oder Polizist*innen dealten aktiv mit. Unter Beamt*innen finden sich aber auch Kleinkriminelle, einige von ihnen sind dabei groß organisiert: In Leipzig wurden im März 2024 zum Beispiel mindestens 265 geklaute Fahrräder sichergestellt. Eine Polizeihauptmeisterin soll sie aus der Asservatenkammer ihrer eigenen Behörde entwendet und profitorientiert vertickt haben – vor allem an ihre eigenen Kolleg*innen auf dem Revier.[7] Kann man da schon von Clan-Strukturen sprechen? Die meisten Verfahren gegen die bis zu 200 in Fahrradgate involvierten Beamt*innen und Beschäftigten der Justiz wurden jedenfalls eingestellt.

Aber zurück zur spannenden Methodendiskussion: Wie werden überhaupt die entsprechenden Daten zu den sogenannten arabischen Clans erhoben? Wie rutschen die 13 schleichenden Autofahrer auf der A2 bei Hannover in die Statistik? Ein Polizist aus dem Großraum Hannover, der Konsequenzen befürchtet und deswegen anonym bleiben möchte, berichtete mir während meiner Recherche:

»Wenn ein 15-jähriger Junge zum Beispiel die Schule schwänzt und in einem Kiosk am Hauptbahnhof aus Langeweile einen Schokoriegel klaut, landet er, weil er einen Nachnamen aus der Clan-Tabelle trägt, automatisch in der Clan-Statistik.« Denn jeder Beamte in Niedersachsen könne die dazu genutzte Software eigenständig bedienen und mit Daten füttern. Eine Prüfung dieser Daten finde nicht statt. »Wir werden von unseren Vorgesetzten angehalten, die Datenbank fleißig zu füllen. Das Motto lautet: Lieber ein Fall mehr als ein Fall weniger«, sagte mir der Polizist. Er beschrieb außerdem, dass viele Einträge in der niedersächsischen Clan-Statistik auf die Anzeigen weniger privater Ladendetektive zurückgehen (siehe Kapitel 22). »Es gibt zum Beispiel einen Detektiv in der Innenstadt von Hannover, der taucht besonders häufig als Anzeigender auf. Das ist für mich als Polizist zumindest fraglich.«

Ich habe die Software selbst nie gesehen, habe sie mir aber von guten Quellen beschreiben lassen. Es handelt sich dabei um eine schnöde Eingabemaske, wie wir sie alle aus dem Internet oder von unseren Rechnern kennen. In verschiedene Felder können verschiedene Informationen eingetippt werden. Beim Feld »Hilfsindikator Familienname« können eben die Nachnamen von Personen eingegeben werden, dann rechnet die Software automatisch mit den hinterlegten Tabellen die Clan-Kriminalität für die Jahresstatistik aus. Für die Software ist es dabei unerheblich, ob ein Schokoriegel geklaut, jemand zu langsam auf der Autobahn gefahren, ein Mord geschehen ist oder ob bei der Beschreibung einer mutmaßlichen Tat »Blub«, »Dingsi« oder »Ich mag einfach keine Ausländer« in die Maske eingegeben wurde. Jeder Eintrag von jeder Beamt*in zählt.

Ein Blick in einen internen Lagebericht des niedersächsischen LKA aus dem Jahr 2018 wirft noch mehr Fragen auf. Dort werden konkrete Straftaten im Zusammenhang mit familiären Verstrickungen beschrieben. Es geht teilweise um Mord, Totschlag oder Schießereien. Es geht aber oft auch um Geschwindigkeitsüberschreitungen mit »luxuriösen Pkw«, den Verkauf von Getränken in Dosen ohne Pfandsiegel oder »Respektlosigkeit gegenüber Beamten« (siehe zur polizeilichen Fragilität auch Kapitel 11). Neben schwerwiegenden Fällen befinden sich in der Statistik also auch Bagatelldelikte, die Tabellen und Auflistungen aufblähen. So kamen für das Jahr 2017 in Niedersachsen insgesamt 1408 Datensätze zusammen. Diese Zahl stieg von Jahr zu Jahr, und es stellt sich die Frage, ob diese Steigerungen politisch gewollt waren und sind. Weil sie der Innenpolitik die Argumentation im Sinne von »Recht und Ordnung« erleichtern.

Dabei erzählt jeder dieser Datensätze eine spannende Geschichte für sich. So langweilig ist die Methodenkritik wirklich nicht. Punkt 3.1.3. des erwähnten Lageberichts enthält beispielsweise eine Top-20-Liste mit Tätern, die Familiennamen aus dem »Hilfsindikator« tragen. Auf Platz eins liegt S. mit insgesamt 46 Straftaten in nur einem Jahr. S. war 2015 als 19-jähriger Asylbewerber aus dem Irak nach Deutschland gekommen. Er ist ein klassischer Intensivstraftäter. Zu seinem Fall steht im internen Lagebericht des LKA allerdings folgende Anmerkung: »Er entspricht eher nicht dem klassischen Profil eines Clan-Kriminellen (…). Seine Aktivitäten stehen jedoch exemplarisch für zukünftige Szenarien im Bereich clankrimineller Strukturen. Dies gilt insbesondere, wenn ein Aufenthalt den Nachzug entsprechend sozialisierter Angehöriger ermöglicht.« Mit anderen Worten: S. beging in Niedersachsen 46 Straftaten, ohne dass er Mitglied in einem sogenannten arabischen Clan war, dennoch wurden seine 46 Taten in die Clan-Datenbank eingepflegt. S. trägt nämlich einen Familiennamen aus dem »Hilfsindikator«, das reichte offenbar dem LKA-Niedersachsen. Auch bei arabischstämmigen Menschen gibt es Namen mit der Häufigkeit wie jene von Metzger, Schneider oder sogar Müller. Die Software kann die Statistik also aus vielen willkürlich zusammengestellten Fällen speisen.

Damit das hier nicht wie eine niedersächsische Ausnahme klingt, möchte ich kurz auf eine kleine Polizeipräsentation eingehen, die ich in Bremen fast zur gleichen Zeit erlebt habe. Eine Polizistin erklärte bei einem Vortrag, dass der Bremer Hauptbahnhof besonders kriminalitätsbelastet sei. Gut, dafür bräuchte man nicht unbedingt eine Polizeivorlesung, dafür muss man nur kurz in Bremen aussteigen, um zu sehen, dass dort die Gewalt groß ist: Beleidigungen, Drogenhandel, tätliche Angriffe. Auf jeden Fall zeigte die Polizistin bei ihrer Präsentation ein Tortendiagramm mit der ethnischen Zugehörigkeit der Täter*innen. Das ist wie schon erklärt aus historischen Gründen verboten, aber die Polizei steht in Deutschland ja seit jeher über dem Gesetz. Fast die Hälfte der Torte nahm die Kategorie »nordafrikanisch« ein. Ich stutzte und bat bei der Fragerunde am Ende der Präsentation intuitiv darum, die absolute Zahl der Täter*innen für die jeweilige Kategorie/ethnische Zuordnung zu bekommen. Die Polizistin lächelte nervös, denn sie hatte zumindest während ihres Vortrags verschwiegen, dass EIN Intensivstraftäter mit nordafrikanischer Herkunft die entsprechende Kategorie in der Statistik aufblähte. Ich habe manchmal den Eindruck, dass solche wichtigen Informationen mit Absicht zurückgehalten werden. Weil »fast die Hälfte aller Straftaten werden von Nafris begangen« einfach wuchtiger klingt. Dann muss noch geschaut werden, was dieser Intensivstraftäter überhaupt getan hat und ob die Hälfte aller Einträge »Respektlosigkeit gegen Beamte« sind. Die Polizistin konnte beim Vortrag nicht abschließend und glaubwürdig aufklären, was hinter ihrem Tortendiagramm steckte.

Aber zurück nach Niedersachsen, wo ich das Landeskriminalamt natürlich mit meinen Erkenntnissen konfrontiert habe. Die Behörde wies darauf hin, dass es sich bei der Grundlage meiner Recherche um ein behördeninternes Lagebild handele, das nicht für die Öffentlichkeit bestimmt und als »VS – Nur für den Dienstgebrauch« eingestuft sei. »Daher ist es uns nicht möglich, die Fragen presseoffen zu beantworten. Gleiches gilt für Abstimmungen zwischen den Sicherheitsbehörden des Bundes und der Länder.« Das Landeskriminalamt Niedersachsen behalte außerdem clankriminelle Strukturen in ihrer gesamten Bandbreite im Fokus, es betreibe keine clanspezifische Datenbank. »Im Data Warehouse werden alle polizeilich bekannt gewordenen Ereignisse und Straftaten festgehalten und dokumentiert. Mittels einer retrograden Recherche im Data Warehouse können dann phänomenbezogene Lagedaten für dieses abgebildet werden«, hieß es in der Antwort des LKA. Ich erlaube mir, dieses Polizei-Kauderwelsch mal in normale Sprache zu übersetzen: Meine

Recherche-Ergebnisse stimmen, und der Behörde ist keine gute Ausrede eingefallen.

Hannes Honecker ist stellvertretender Vorsitzender der Vereinigung Berliner Strafverteidiger. Seit mehr als zwei Jahrzehnten beschäftigt sich der Jurist mit der Politisierung sogenannter Clan-Kriminalität in Deutschland. »Ich bin mir sicher, dass dies nicht im Sinne einer seriösen Kriminalitätsbekämpfung sein kann. Erfahrene Kriminalisten und Polizisten tragen diese Praxis garantiert auch nicht mit«, sagte mir Honecker bei einem Interview. Der Rechtsanwalt erzählte, wie einige Familien bei ihm um Rat bitten würden. Sie hätten Angst, stigmatisiert zu werden – weil sie einen bestimmten Nachnamen tragen. »Der jugendliche Sohn hat zum Beispiel etwas geklaut, und es ist leider zu befürchten, dass er nicht wie eigentlich vorgesehen von der Privilegierung des Jugendstrafrechts profitiert.« Während jemand, der 14 Jahre sei und einen deutschen Nachnamen trage, lediglich einige Sozialstunden absolvieren müsse, bekomme der Jugendliche mit dem arabischen oder türkischen Nachnamen wahrscheinlich eine Verurteilung und einen Eintrag ins Erziehungsregister (siehe Kapitel 7). Wenn man nur lange genug suche, finde man überall potenzielle Einträge in die Kriminalitätsstatistik. Wenn es (zumindest theoretisch gesprochen) irgendwann die Müllers treffen sollte, dann wird es auf Papier den größten Clan aller Zeiten geben. Rette sich, wer kann!

»Das Thema Clan-Kriminalität in Niedersachsen ist ein Musterbeispiel dafür, wie die Polizei eine Lage konstruiert, um an mehr Ressourcen zu gelangen«, meinte zu mir der Polizist aus Hannover. »All diese Fälle aus dem Lagebericht haben weder einen sachlichen noch einen engen räumlichen Zusammenhang. Er entsteht erst aus dem Umstand, die Beteiligten ethnozentrisch einzuordnen und mit der Überschrift ›Clan‹ zu versehen«, lautete seine selbstkritische Analyse. So werden isolierte Ereignisse zu einem Konstrukt zusammengeführt. Die Clan-Statistik werde mit banalen Einträgen aufgeplustert, das Lagebild mit dieser Statistik »geschmückt«, bestätigte mir der Insider. Er saß ja jahrelang direkt am Tatort, also im Polizeirevier. Und als wäre das nicht genug: Ein Gesprächspartner aus einer Bremer Sicherheitsbehörde – er möchte ebenfalls anonym bleiben – sagte, es sei zudem nicht ausgeschlossen, dass Straftaten aus seinem Bundesland auch in der niedersächsischen Statistik gezählt werden. Demnach würde dieselbe Tat sowohl in Niedersachsen als auch in Bremen in die jeweilige Landesstatistik einfließen. Ziel: So viele Fälle wie möglich sammeln, auch wenn es dafür ein bisschen Fantasie braucht.

Eine ausführliche Studie[8] der Friedrich-Alexander-Universität Erlangen-Nürnberg, der Hochschule für Wirtschaft und Recht Berlin und der Technischen Universität Berlin, an der sogar das Bundeskriminalamt und verschiedene Landeskriminalämter beteiligt waren, hat Anfang 2024 bestätigt: Die Polizeibehörden der Länder können nicht gut begründen, warum sie so viele Ressourcen in diesen relativ kleinen Teilaspekt der Kriminalität stecken.[9] Polizeiintern ist diese Erkenntnis anscheinend etabliert, trotzdem tut sich in der Polizeipraxis wenig. Dabei kommen mehrere Punkte in der Studie zusammen: eine problematische Zählmethodik, bei der »Respektlosigkeit gegenüber Beamt*innen« oder Falschparken in eine Kategorie mit Raubdelikten oder Körperverletzung geworfen werden, eine Überschätzung der Rolle von Familien, unverhältnismäßige Polizeimaßnahmen und übertriebene innenpolitische Rhetorik, das Ausklammern anderer, relevanter Faktoren wie Armut, Schulabbruch oder häusliche Gewalt.[10] In der Studie wird insbesondere der von der Innenpolitik und den Polizeibehörden so betonte Clan-Charakter der entsprechenden Taten de-konstruiert: Einzelne kriminell aufgefallene Angehörige von arabischen oder arabischsprachigen Großfamilien handeln demnach in den meisten Fällen selbstständig, ohne dass sie ihre Angehörigen einbeziehen. Manchmal holen sie sich bei ihren Taten Unterstützung außerhalb der eigenen Familie – nicht selten von weißen Deutschen oder EU-Bürger*innen. Die von den Behörden selbst herausgegebenen Kriminalitätsstatistiken rechtfertigen nicht das Ausmaß der teils repressiven Maßnahmen der Polizei gegen eine ethnisch definierte Bevölkerungsgruppe.

Das zeigt sich manchmal auf skurrile Weise an Landesgrenzen:

Die Statistik im Stadtstaat Bremen liest sich im Vergleich zu den Zahlen aus Niedersachsen viel harmloser. In Bremen wird seit einigen Jahren mehr darauf geachtet, dass nur tatsächlich in Clan-Strukturen begangene Straftaten in die Statistik einfließen. Vor rund acht Jahren, bevor die Behörden in Bremen die Zählmethode geändert haben, waren die Zahlen dort noch sehr hoch. Die Rede war von 3500 bis 4500 potenziellen Täter*innen. Die Bremer Polizei konzentrierte sich unter politischem Druck aus der Zivilgesellschaft, vor allem der migrantischen Selbstorganisation und einer rot-grünen Landesregierung, die durchaus neue Ansätze in der Innenpolitik gewagt hat, nach 2015 aber auf 50 bis 100 Individuen, die tatsächlich in der Stadt als organisierte Straftäter*innen in sogenannten Clan-Strukturen auffallen. Dadurch entsteht auf dem Papier die absurde Vorstellung, man würde sich auf dem Weg von Bremen nach Hannover in größte Lebensgefahr begeben, von einem Clan-Mitglied überfallen, erschossen oder mit 20 km/h auf der Autobahn überfahren werden.

Es wird deutlich: Statistiken werden von Behörden gemacht und manchmal so gedreht, wie sie politisch gerade passen. Deswegen muss man sie stets kritisch lesen. In Niedersachsen zählt weiterhin: der Nachname. Auch wenn mir gegenüber in Hintergrundgesprächen meiner Recherche die politischen Verantwortlichen beteuerten, dass sie vom Missstand wissen (lustig, weil sie ihn zu verantworten haben) und dass bald die Struktur geändert werde. Ich saß mal mit dem jahrelangen Innenminister von Niedersachsen, Boris Pistorius, auf einem Podium in Hannover.[11] Ich habe ihn auf die beschriebenen Missstände in seinem Bundesland angesprochen und hatte den Eindruck, dass ich mit einer Wand spreche. Kurze Zeit später wurde er als Verteidigungsminister der sogenannten Zeitenwende befördert und kümmert sich seitdem um die Verteidigung der freien Welt. Vielleicht braucht es als Politiker auch eine gewisse Kaltschnäuzigkeit, um befördert zu werden.

Es gibt einen weiteren Hinweis auf die problematische Methodik der Datenerhebung im niedersächsischen Modell: Die Clan-Statistik spiegelt sich nicht in der Anzahl juristischer Verfahren wider, wie selbst in internen Papieren der Sicherheitsbehörden beschrieben wird. Das liegt einerseits daran, dass Familienmitglieder gegeneinander kaum aussagen, andererseits landen die meisten Vergehen, die von Polizisten in die Clan-Software eingespeist werden, erst gar nicht vor Gericht. »Weil sie konstruiert sind«, sagen sowohl Insider*innen als auch unabhängige Expert*innen zum Thema.

Weil kritische Methodenbetrachtungen von Polizeistatistiken in meinem Körper Glückshormone ausschütten, habe ich natürlich weiterrecherchiert. Diesmal in Berlin. Es ist wichtig, an verschiedenen Orten draufzuschauen, um präziser das Gesamtproblem einschätzen zu können. Sehr oft stand ich also in Neukölln und beobachtete, wie Hundertschaften von Polizist*innen dort zum Beispiel die Sonnenallee sperrten und Razzien durchführten. Die Beamt*innen bauten sich dann auf den Bürgersteigen auf, durchsuchten Wettbüros oder Privatwohnungen, in denen Aktivitäten im Umfeld der vermeintlichen Clan-Kriminalität vermutet wurden. Besonders im Fokus: Shisha-Bars. Sie wurden beim Kampf gegen die mutmaßlichen Clans als der Ort des ultimativen Bösen konstruiert, mit fatalen Folgen, wie ich später aufzeigen werde. Nach getaner Polizeiarbeit stellten sich die Beamt*innen in ihren Uniformen bei einem bekannten Laden für frittiertes Halal Chicken[12] an – mit den Menschen in der Schlange, die sie kurz vorher verallgemeinernd kriminalisiert hatten. Es ist schon absurd.

Bei diesen Razzien sind oft Ordnungs- und Finanzämter, Steuerfahndung, Lokalpolitiker*innen und ein Medientross anwesend. So erzählt zum Beispiel der Neuköllner Bezirksbürgermeister Martin Hikel (SPD) regelmäßig vor Kameras und Mikrofonen von seiner »Null-Toleranz-Politik«. Die Botschaft: Der Staat duldet kein Vergehen – egal wie klein es sein mag – aus den entsprechenden Milieus. Ich wollte also herausfinden, ob auch in Berlin niedersächsische Verhältnisse herrschen, habe mir dort die Statistiken und die entsprechende Polizeipraxis näher angeschaut.

Die Beamt*innen finden bei den beschriebenen Razzien tatsächlich manchmal Schusswaffen oder harte Drogen – manchmal aber auch nur unverzollten Shisha-Tabak, aus Polen importierte Getränkedosen ohne Pfand, noch viel weniger oder rein gar nichts. Einige Journalist*innen verfassen dennoch jedes Mal vage gehaltene Artikel, die sich wie Pressemeldungen der Polizei lesen (siehe Kapitel 9). Zu sehen sind dann Bilder mit vielen Polizist*innen, abgesperrte Straßen und heulende Sirenen. Selten fragt mal jemand im Anschluss, was beim Polizeiauflauf rumgekommen ist. Lange habe ich daran gearbeitet, bis mir in Berlin Dokumente in die Hand fielen, die mir endlich Fakten aus der Senatsverwaltung für Inneres lieferten. Demnach wurden zwischen August 2019 und August 2020 in der Hauptstadt insgesamt 213 Personen als Tatverdächtige mit Clan-Bezug gezählt, darunter 16 Minderjährige. 38 weitere Personen wurden dem erweiterten Umfeld zugeordnet. Diese Zahlen bringen zwar eine gewisse Dynamik mit sich, wenn zum Beispiel einer der Verdächtigen umzieht oder verstirbt, jemand Neues dauerhaft seinen Lebensmittelpunkt nach Berlin verlagert. Diese Zahlen spiegeln aber einen konstanten Richtwert für die Hauptstadt in den vergangenen Jahren wider. Zum Vergleich: Im ländlich geprägten Niedersachsen wurden 2019 exakt 1646 Beschuldigte mit Clan-Bezug gezählt, diese Zahl ist in den vergangenen Jahren gestiegen, im Jahr 2022 auf 3323 Tatverdächtige.[13] Woher kommt diese statistische Diskrepanz?

Um eine Erklärung dafür zu finden, muss auch hier wieder mal die zentrale Frage gestellt werden: Wie zählt die Polizei? In einer Antwort der Senatsverwaltung auf eine Anfrage von mir hieß es: Für die Erstellung der Statistik »erfolgt durch die Polizei Berlin eine umfangreiche Einzelfallprüfung anhand der Definition Clan-Kriminalität.« Diese Definition umfasse eine »Ausrichtung auf patriarchalisch-hierarchisch geprägte Familienstruktur«, »eine mangelnde Integrationsbereitschaft« oder »das Provozieren von Eskalationen«. Ist die Zahl 213 jetzt eher hoch oder eher niedrig? Ist sie verhältnismäßig mit Blick auf die »Null-Toleranz-Politik« der Berliner SPD und ihrer Koalitionspartner der vergangenen Jahre in der Hauptstadt?

In Berlin braucht es – zumindest offiziell und anders als in Niedersachsen – für eine Aufnahme in die Clan-Statistik immerhin einen triftigen Grund. Die Hürden sind auf dem Papier hoch. In Berlin wacht laut Senatsverwaltung zusätzlich die Datenschutzbeauftragte über die Statistik. Die Verarbeitung der Daten unterliege »erhöhten Anforderungen« und müsse »verhältnismäßig« sein. Die Senatsverwaltung stellt aber auch fest: Ob die Voraussetzungen für die Datenschutzrichtlinien »im Einzelfall erfüllt sind, entscheidet die Polizei«. Ich bin zu folgendem Ergebnis gekommen: Die Zahl 213 der Verdächtigen ist im Verhältnis zur Zahl der Razzien, ihrer Dimensionen und regelmäßigen Politisierung durch die Polizei, sehr niedrig. Allein in Neukölln gab es im Jahr 2021 exakt 125 Kontrolleinsätze gegen sogenannte Clans.[14] Jede Woche zwei bis drei Razzien. Irgendetwas stimmt da nicht. In Niedersachsen dagegen sind Zweifel an der Zählmethode der Verdächtigen erlaubt: Wer mit dem »falschen Nachnamen« geboren wurde, landet leicht als Tatverdächtiger im entsprechenden Datensatz der Sicherheitsbehörden. Denn es geht bei der Polizeiarbeit manchmal darum, mit viel Eifer und Fantasie Gesetzverstöße und Ordnungswidrigkeiten ausfindig zu machen. Eine Regel greift hierbei sehr zuverlässig: Wo man sucht, findet man auch immer etwas.

Aufgefallen war mir während meiner jahrelangen Recherchen nämlich eine Sache: Die Hundertschaften der Polizei rücken medienwirksam oft mit einem Großaufgebot zu diesen Einsätzen an, und zwar zusammen mit dem Zoll, dem Finanz- oder Gesundheitsamt. Eine interne Studie, die Ende 2020 von der Berliner Wirtschaftsverwaltung in Auftrag gegeben wurde und die ich mir danach natürlich geschnappt habe, sorgte in den beteiligten Behörden für heftige Diskussionen über die Sinnhaftigkeit dieser Einsätze und die Rolle der Polizei dabei.

Die Studienergebnisse zeigen gravierende Defizite im Zusammenhang mit der Gewerbeüberwachung auf und stellen den bisherigen Kampf gegen die sogenannte Clan-Kriminalität grundsätzlich infrage. Wissenschaftler*innen der Berliner Hochschule für Wirtschaft und Recht hatten im Zuge dieser Studie einen exklusiven Zugang zu den Behördenapparaten, den ich als Journalist so nicht haben kann, und konnten mit Insider*innen sprechen, die maßgeblich die Gewerbeüberwachung in Berlin prägen. Erstaunlich ehrlich berichteten Mitarbeitende von ihrer Unzufriedenheit und ihrer Skepsis gegenüber der Berliner Polizeistrategie gegen die vermeintlichen Clan-Strukturen. Zwei zuständige Mitarbeiter*innen äußerten sich zum Beispiel in der Studie verärgert über Methoden, mit denen migrantisierte Kleinbetriebe unter Generalverdacht gestellt würden.

Ein anonymisierter Mitarbeiter schildert exemplarisch die Situation im Zusammenhang mit einem Reisebüro, das Pilgerfahrten nach Mekka anbiete: »Plötzlich möchte man in Reisebüros einreiten, möchte dann da mal wissen, was kann man denn (...) in Reisebüros eigentlich kontrollieren. Und es war alles irgendwie so verkehrt rum.« Und weiter wird der Mitarbeiter zitiert: »Dann durften wir Vermerke schreiben, was darf denn jetzt die Polizei gewerbeüberwachungsmäßig in Reisebüros kontrollieren. Dann wollten sie aber nur rein (...), weil sie den Clans oder wem auch immer ans Leder wollten.« Die Studie strotzt vor Berichten, in denen Gründe konstruiert werden, um in Barbershops, Spätis oder Imbissbuden Kontrollen durchzuführen – in der Hoffnung, dann etwas zu finden. Das ist, wenn man es genau nimmt, so nicht legal. Die Polizei bricht mit dieser Praxis geltendes Recht und begeht wie in den *Copaganda*-TV-Serien Hausfriedensbruch (siehe Kapitel 12).

Selbst Angehörige des Berliner LKA, die in der Studie zu Wort kommen, lassen durchblicken, dass bei der polizeilichen Verhältnismäßigkeit in Sachen Clan-Bekämpfung etwas nicht stimmt. Ein*e hochrangige Beamt*in wird wie folgt zitiert: »Das ist im Grunde genommen das alte Lied von dem trojanischen Pferd, dass man also mit 'nem ›Guten Tag, wir machen mal Gewerbekontrolle‹ angeritten kommt und genau genommen im Vorfeld eines wirklichen profunden Verdachts, was einen veranlassen könnte, da meinetwegen eine Durchsuchung zu machen, agiert. Das ist natürlich 'ne Rechtsfrage, die kann man auch kritisch sehen.«

In den vergangenen Jahren haben sich im Berliner Abgeordnetenhaus, in den Bezirken und vonseiten der betroffenen Gewerbetreibenden mehrere Stimmen zu Wort gemeldet, die diese Praxis juristisch kritisch betrachten. So zum Beispiel die Initiative »Kein Generalverdacht«[15], in der sich Menschen aus Neukölln und anderen Bezirken zusammengefunden haben, um von der täglichen Schikane durch die Polizei zu berichten. Es stellt sich die Frage, warum die Sicherheitsbehörden in Berlin wie auch in anderen Bundesländern so viele Ressourcen in diese inszenierten Verbundeinsätze investieren. Wohin soll diese Überpolizierung migrantischer Orte führen?

Ein*e Insider*in aus der besagten Studie gibt darauf eine nüchterne Antwort: »Es kommt am Ende eigentlich nichts bei rum. Das muss man so sagen, es wird in der Presse anders verkauft.« Auch die mit der Studie beauftragten Wissenschaftler*innen sehen die Verbundeinsätze kritisch: »Die Verfolgung von Straftaten ist von den Ordnungsaufgaben in Gewerbeangelegenheiten streng zu trennen.« Demnach ist die beschriebene Methode des »trojanischen Pferdes« gesetzwidrig, weil dabei eine vorgeschobene Gewerbeüberwachung als Brücke zu einer verdachtsunabhängigen Strafverfolgung dient. »Das Gewerberecht ist kein Türöffner für die präventive Kontrolle von Straftaten«, heißt es in der Studie. In der Praxis halten sich Senat, LKA und Bezirke in Berlin allerdings nicht an dieses Rechtsprinzip.

Die passenden Bilder zu dieser Sicherheitspolitisierung von migrantischen Räumen deckten Kolleg*innen des investigativen WDR-Magazins *Monitor* und der *Süddeutschen Zeitung*[16] Anfang 2023 auf. Sie bekamen die Aufnahmen einer Überwachungskamera in einem Kiosk und einer Shisha-Bar in Frankfurt am Main zugespielt. Dort geriet der Besitzer als vermeintlicher Clan-Krimineller ins Visier der Polizei – aus unerklärlichen Gründen, vermutlich allein wegen seiner ethnischen Herkunft und seines Nachnamens.

Mehr als 150 Einsätze hat der 39-jährige Ladenbesitzer in seinem Kiosk und seiner Shisha-Bar seit 2019 gezählt. Auf den Kamerabildern ist zu sehen, wie Polizist*innen in voller Kampfmontur wie bei einem Antiterroreinsatz die Läden des Mannes stürmen, sie schreien, tragen Waffen, bedrohen alle, die sich in den Läden aufhalten. Die Bilder zeigen, wie die Beamt*innen äußerst grob mit dem Besitzer umgehen, ihn auf die Theke und an die Wand drücken. Mit den Jahren hat dieses Theater eine absurde Wendung genommen, man sieht, wie der Ladenbesitzer jedes Mal ein Protokoll in seinem Kopf abspult. Er blickt apathisch auf die in seine Läden stürmende Polizist*innen, hebt die Hände, dreht seinen Körper vorauseilend schon so, wie die Polizei es von ihm wenige Sekunden später verlangen wird. Alles passiert automatisch nach Dutzenden Einsätzen, in die kein Sinn interpretiert werden kann. Die Polizist*innen durchsuchen jedes Mal jeden Winkel, verschwinden meist ergebnislos und kommen kurze Zeit später wieder zurück – sodass alles von vorne anfängt. Straftaten konnten ihm laut der Recherche nicht nachgewiesen werden. Es scheint so, als wäre auch er ein Opfer des »Hilfsindikators Familienname«.

»Jedes Mal, wenn sie da waren, habe ich gefragt: Was mache ich falsch?«, sagte der Besitzer dem Fernsehteam.[17] Ich wollte ihm mit Blick auf meine eigenen Recherchen zurufen: Nix. Er berichtet, dass Nachbarinnen sich von ihm abgewendet haben. Weil die Polizei ja nicht ohne Grund so oft vorbeikommen und so brutal vorgehen würde, behaupteten mehrere Nachbar*innen. Im Zweifelsfall glauben die Menschen halt ihrer Polizei (siehe Kapitel 22). Dabei werden ohne kriminologischen Grund Menschen in Deutschland von der Polizei schikaniert. Das ist nicht meine Meinung, das ist das Ergebnis von aufwendigen Recherchen gegen großen Widerstand aus den Sicherheitsbehörden.

Spätestens nach der zehnten Razzia ohne Ergebnis könnte man vermuten, dass sich die Verantwortlichen kritische Fragen stellen würden. So im Sinne von: Was machen wir überhaupt dort? Stattdessen macht die Polizei (nicht nur in diesem Frankfurter Fall) einfach stur weiter, weil dieser polizeiliche Blick auf bestimmte migrantische Gruppen mittlerweile als Selbstzweck existiert. Beim Kampf gegen die Clan-Kriminalität geht es zu häufig nicht um vermeintliche Clans, nicht um Kriminalität, nicht um deren Bekämpfung, sondern allein um die Parallelwelt der Polizei und der Sicherheitspolitik. Natürlich wissen alle politischen Entscheider*innen über die hier genannten rechtsstaatlichen Missstände Bescheid, sie haben sie letztendlich zu verantworten. Anstatt Fehler einzugestehen, setzen sie aber noch einen drauf: In einem Diskussionspapier von Bund

und Ländern schlug SPD-Innenministerin Nancy Faeser im August 2023[18] vor, ausländische Angehörige von sogenannten Clans auch dann abzuschieben, wenn sie nicht kriminell in Erscheinung getreten sind. So könnte aus Tabellen mit dem »Hilfsindikator Familienname« eine Datenbank werden, um fundamentale Menschenrechte zu missachten. Dieser autoritäre Plan lässt sich mit einem Wort zusammenfassen: Sippenhaft. Die Basis für Deportationsfantasien der AfD und anderer rechtsextremer Kräfte unter dem Schlagwort »Remigration«. Die entsprechende rassistische Weltsicht nimmt dabei für die Taten einer einzelnen Person eine ganze ethnisch definierte Gruppe in Haftung, die Mehrheitsgesellschaft wird dagegen über weiße Überlegenheit definiert. Es ist eine generalisierende Politik, die ganze Existenzen zerstört, wie mir eine Geschichte aus Niedersachsen vor Augen geführt hat. Es kommt mir vor, als hätte ich sie nicht 2021, sondern erst gestern recherchiert.

Hadscha Z. nimmt eines der Bilder auf dem Esstisch in die Hand, führt es wenige Zentimeter an ihre dicken Augenringe heran. Ihre Stimme stockt abrupt. Sie lächelt. Auf dem Bild sitzt sie als junge Mutter mit langen schwarzen Haaren in einem blau funkelnden Gewand neben ihren beiden Söhnen Hadi und Osman. Die Kinder sind identisch gekleidet: weißes Hemd, etwas zu üppig geschneidertes, schwarz-weiß kariertes Jackett, eine Fliege, Topfhaarschnitt. Auf dem Tisch stehen Cola-Dosen, in der Mitte thronen zwei Sahnetorten – eine mit fünf, die andere mit drei Kerzen verziert. Man sieht Mutter und Söhne, wie sie zum Auspusten ansetzen. Niedersachsen 1995.

»Meine Babys waren unzertrennlich«, sagt sie. »Sie haben sich sehr geliebt. Sie waren gute Kinder. Ich weiß gar nicht, wie es so weit kommen konnte, dass beide nun getrennt in Gefängnissen sitzen.« Hadscha Z. weint, während sie diese Worte sagt. Sie trocknet ihre Wangen mit den langen Ärmeln ab. Ihre Söhne sitzen seit Ende 2020 in Untersuchungshaft. Anfang Juni 2020 begann vor dem Landgericht Osnabrück in Niedersachsen der Prozess gegen sie. Die beiden Brüder sollen die Köpfe einer der größten Clan-Banden Niedersachsens sein. 43 Verhandlungstage sind angesetzt – bis in den November hinein. Lokalzeitungen sprechen von Sicherheitsvorkehrungen, die nicht einmal bei Prozessen gegen mutmaßliche IS-Anhänger üblich sind. Es stellt sich dabei mehrfach die zentrale Frage nach der Verhältnismäßigkeit von polizeilichen Maßnahmen. Dieser Fall ist für meine Recherchen sehr relevant, also mache ich mich wieder mal auf den langen, beschwerlichen Weg aufs niedersächsische Land.

Bei diesem Prozess geht es um zahlreiche Straftaten: Diebstahl, Wohnungseinbrüche sowie Raub. Die Staatsanwaltschaft schätzt den Schaden auf 400 000 Euro. In den vergangenen fünf Jahren sollen die Brüder mit Unterstützung Dritter in Wohnungen, Geschäftsräume und Fitnessstudios eingebrochen sein. Sogar Weihnachtsgeschenke unter Christbäumen sollen sie mitgenommen haben. Nach der Festnahme der Brüder sprach die niedersächsische Landesregierung von einem »erfolgreichen Schlag gegen die Clan-Kriminalität«. Die Staatsanwaltschaft sagt: »Die Familienmitglieder stehen im Verdacht, abwechselnd mit einzelnen zur Bande gehörenden Beschuldigten Einbruchdiebstähle zu planen und auszuführen.« Die Familie Z. hingegen sagt: »Wir werden unfair behandelt, weil wir so heißen, wie wir heißen.« Für mich war dieser Fall eine journalistische Herausforderung, die sich am Ende lohnen sollte.

Das Haus der Familie Z. steht in einer kleinen Siedlung namens Bergfrieden: Einfamilienhäuser, flaches Land, Vogelgezwitscher und dahinter der Wald. Die abgeschiedene Siedlung gehört zur Zehntausend-Einwohner-Gemeinde Ostercappeln nahe Osnabrück. Dort, hinter hohen Zäunen und einem Stahltor, liegt das Wohnzimmer von Famile Z., der wohl meistgehassten Familie Niedersachsens.

Beginnen wir bei den Namen. Osman, der älteste Bruder, wurde bei seiner Geburt von einem Beamten versehentlich als »Easman« vermerkt, ein Schreibfehler, der bis heute nicht korrigiert wurde. Er soll in dieser Geschichte so buchstabiert werden, wie er von Familie und Freunden angesprochen wird: Osman. Hadscha, die Bezeichnung für die Mutter, bedeutet Pilgerin. Es ist eine respektvolle Ansprache für eine ältere Dame auf Arabisch. Der Vater der Familie, der neben seiner Frau im Wohnzimmer sitzt, wird demnach Hadsch genannt. Er klammert sich an seinen Rollstuhl, überprüft, dass sein Katheter am Urinbeutel richtig angebracht ist, hebt den rechten Finger und bringt erst mal kein Wort über die Lippen. Hadsch Z. zittert stark. Seitdem er mehrere Schlaganfälle erlitten hat, kann er nur noch abgehackt sprechen. Deswegen übersetzt seine Tochter für ihn, wenn er mitten im Satz aufgibt. Die 41-Jährige pflegt ihre betagten Eltern und spielt, wie alle Frauen in dieser vertrackten Familiengeschichte, eine wichtige Rolle.

Der Nachname Z. taucht in der Tabelle »Hilfsindikator Familienname« des LKA Niedersachsens auf. Für mich ist dies eine Chance, aus dem abstrakten Wust an Zahlen und Namen auf einen sehr konkreten Fall zu schauen.

Im Jahr 1990 flüchtete Hadsch Z. mit seiner Frau und seinen vier Kindern aus dem Libanon. Zehntausende verließen damals im Zuge des Krieges zwischen libanesischen Kräften und der israelischen Armee die Region, viele von ihnen waren Jahrzehnte vorher schon staaten- und rechtlos geworden. Sie leben heute in ganz Europa verstreut.

Der Verteilerschlüssel glich einer Art Lotteriespiel. Für Familie Z. loste er Niedersachsen als neue Heimat aus. Wenige Monate nach ihrer Ankunft kam erst Osman, zwei Jahre später Hadi zur Welt. Die beiden jüngsten Söhne feierten immer gemeinsam Geburtstag. So wie damals auf der Fotografie aus dem Jahr 1995. Dabei gab es bei der Familie wenig zu feiern: Alle Mitglieder leben seit ihrer Ankunft oder Geburt als Staatenlose mit Dauerduldungen in Deutschland. Stand 2024 haben laut Schätzungen knapp 30 000 Menschen in Deutschland einen ähnlichen Status.

Für ein gewisses Erspartes reicht es dennoch schnell. Die Familie bekommt Sozialleistungen und verrichtetet Gelegenheitsjobs. Ende der 90er-Jahre kauft sie das Haus, in dem sie bis heute lebt, laut eigenen Angaben für 30 000 D-Mark, umgerechnet 15 000 Euro. Das kommunale Gebäude sei günstig zu haben gewesen, weil es zuvor als Krankenstation für Tuberkulose-Patient*innen genutzt worden war. Heute erinnert das großzügige Grundstück an eine Festung. Vom Wohnzimmerfenster aus ist der große Garten und ein zwei Meter hoher Zaun zu sehen, eine Mauer aus grauem Kunststoff.

Warum hat sich die Familie eingeschlossen? »Kamerateams filmen in unser Haus, ohne vorher zu fragen. Spiegel TV war auch da«, sagt die Schwester. Wäre der Nachname Z. nicht, wäre dies maximal eine Geschichte für die Lokalpresse. Schlimmer als die vielen Journalist*innen seien aber die Razzien gewesen: Dutzende Polizisten seien mitten in der Nacht ins Haus gestürmt. Sie hätten Türen demoliert. »Beamte brüllten mich an, seitdem kann ich nicht mehr normal schlafen und muss Tabletten nehmen«, sagt Hadscha Z. Regionalsender strahlen Beiträge der Razzia aus. Man sieht Dutzende vermummte Einsatzkräfte mit Hunden vor dem Zaun des Hauses stehen. »Der Polizei und der Staatsanwaltschaft Osnabrück ist ein großer Schlag gegen die Organisierte Clan-Kriminalität gelungen«, heißt es im Beitrag. Bargeld, Luxusautos und Waffen seien beschlagnahmt worden. Laut meinen Nachrecherchen handelt es sich bei den Funden dieser Razzia vornehmlich um Messer und eine erlaubnisfreie Armbrust, die einer der Brüder für die Jagd im Wald genutzt haben soll, wie auf Bildern zu sehen ist. Außerdem Hunderte Kartons Kosmetika und hochwertige Kleidung. Die Schwester betont, dass die Drogerieprodukte Geschenke für Verwandte im Libanon gewesen seien, überprüfen konnte ich diese Angaben nicht einwandfrei.

Im Inneren des Hauses kramt die Tochter jetzt einen dicken Ordner hervor. Es ist ein Gutachten, das die Familie selbst in Auftrag gegeben hat. Dort sind Bilder des demolierten Hauses zu sehen. Im Wohnzimmer ist die Decke komplett heruntergerissen. Überall liegt Schutt. Beamte schlitzten das Sofa auf, schmissen alle Möbel um. Wieder stellt sich die Frage nach der Verhältnismäßigkeit.

Familie Z. steht schon länger im Fokus der Ermittlungen. Osman, der ältere Bruder, verursachte 2013 einen Verkehrsunfall. Das Amtsgericht verurteilte ihn damals wegen fahrlässiger Tötung zu einer Geldstrafe von 16 300 Euro. Danach saß er wegen Firmeneinbrüchen und illegalem Waffenbesitz in Haft und wurde erst 2018 wieder entlassen. Im Sommer 2019, als er gerade auf freiem Fuß war, tauchte ein Haufen Bauschutt im Ostercappelner Wald auf. Das war so: Eine Mieterin und Nachbarin der Familie Z. wohnt wenige Schritte vom meterhohen Gartenzaun entfernt in einem Haus, das der Tochter der Familie gehört. Im Juni 2019 soll aus diesem Haus heraus Bauschutt in einem nahe gelegenen Waldstück illegal entsorgt worden sein. Laut Gerichtsakte handelte es sich um drei leere Eimer, sechs leere Dosen, fünf leere Tuben Lack und Farbe, ein Drucksprühgerät, einige abgebrochene Fliesen und Steine und eine Abo-Zeitschrift mit der aufgedruckten Adresse der Mieterin. Die Polizei nahm das zum Anlass, ihre Wohnung per Durchsuchungsbefehl unter die Lupe zu nehmen. Ich habe mit zwei Jurist*innen über das Vorgehen der Polizei im Zusammenhang mit dem Bauschutt gesprochen, beide Expert*innen kamen zum Schluss: »unverhältnismäßig«. Die Vorgehensweise erinnere an das Berliner Modell: Die Polizei will einen kleinen Grund finden, um Hausfriedensbruch zu begehen. Heute ist bekannt, dass die Polizeiinspektion Osnabrück dafür sogar eine eigene Ermittlungskommission gründete: EK Bauschutt. Der Sicherheitsapparat stand unter politischem und öffentlichem Druck, Ergebnisse zu liefern. Die Anschuldigungen im Zusammenhang mit dem Bauschutt selbst werden später im Laufe des Verfahrens gegen die Brüder Z. eine untergeordnete Rolle spielen, sie dienten in erster Linie dazu, sich Einritt in das Haus der Familie zu verschaffen.

Mehrere Beamte hörten über mehrere Wochen Telefonate von Hadi Z. und seiner Familie ab, installierten Wanzen in einem Auto, registrierten Mobilfunkdaten und erstellten Bewegungsprofile, analysierten Bilder von Überwachungskameras, befragten Dutzende Zeug*innen, intensivierten die verdeckten Ermittlungen, suchten nach Gründen, um eine Razzia im Haus der Familie durchzuführen. Bei Nachbarn, die Kontakt zur Familie haben, wurden die Wohnungen durchsucht. Auf einem Video, das Hadi Z. aufgenommen hat, ist zu sehen, wie Beamte in Zivilkleidung Überwachungsdrohnen über dem Haus aufsteigen lassen, sich im nahe gelegenen Wald verschanzen. Dutzende Polizeibeamt*innen waren wochenlang damit beschäftigt, spätpubertierende Telefonate abzuhören, in denen »die Jungs« darüber sprachen, wessen Kacke am meisten stinke. Kacke ist hierbei kein Geheimwort für kriminelle Machenschaften. Sie haben wirklich über Exkremente gesprochen, weil Hadi Z. eine Stinkbombe im Bad hinterlassen habe. Ein dicker Stapel mit diesen transkribierten Telefonaten lag auf meinem Schreibtisch, und ich konnte es nicht fassen. Wie viele Steuergelder gingen für diesen Lauschangriff drauf? Und abermals stellte sich die Frage nach der Verhältnismäßigkeit.

Die von den Sicherheitsbehörden zusammengetragene Liste der Straftaten war aber dann doch lang. Zur Bande sollen neben Osman und Hadi Z. zwei weiße Deutsche gehören: In der Nacht vom 3. auf den 4. Juli 2019 sollen sie in einen Bettenladen in Paderborn eingebrochen sein, dort einen Kaffeevollautomaten, eine Digitalkamera und 1000 Euro entwendet haben. Einen Monat später sollen sie in einem anderen Bettengeschäft in Osnabrück 13 655 Euro in bar gestohlen haben. Nach einem Einbruch in einen Backshop in Steinfeld (Oldenburg) fehlten 1280 Euro in der Kasse und drei Flaschen Sputnik-Korn. Der schwerwiegendste Fall: Einer Rentnerin, die kurz vorher in Braunschweig 50 150 Euro bei einer Bank abgehoben hatte, wurde Ende März 2020 die Tasche aus ihrem Auto entwendet.

Teil meiner Arbeit als Reporter ist es, meinen Protagonist*innen lange zuzuhören und ihre Aussagen dann einzuordnen. »Jeder Mensch baut mal Scheiße«, sagt Hadi Z.s Schwester zum Umgang mit ihrer Familie. »Aber wir werden halt anders behandelt. Wir dürfen nichts im Leben, und die Polizei wirft uns so viele Sachen vor, die wir nicht getan haben.« Aus der Sicht der Familie gehe es nicht darum, was die Brüder gemacht haben oder nicht. »Die Deutschen wollen uns einfach fertigmachen. Sie hassen uns. Sie führen Krieg gegen uns. Das ist so unfair«, sagt die Schwester. Mit »uns« meint die Schwester auch, dass sie stets als Familie betrachtet und bestraft werden, selten als Individuen.

Im Zuge einer weiteren Razzia finden Beamt*innen im Haus der Familie den Kaffeevollautomaten, der zuvor im Paderborner Bettenladen entwendet wurde. Für die Ermittler ein voller Erfolg. Osman und Hadi Z. und ihre beiden weiß-deutschen mutmaßlichen Komplizen kommen in Untersuchungshaft. »Mein Sohn Hadi sitzt zu Unrecht im Gefängnis«, sagt Hadscha Z. im Interview. Über Osman verliert sie kein Wort, über ihn macht sie sich anscheinend weniger Sorgen, in seinem Fall kommt bei ihr das Wort »Unrecht« nicht vor.

Hadi Z. hat erstaunlich gerade und weiße Zähne. Wenn er lächelt, kommt im grellen Neonlicht sein symmetrisch angelegtes Gebiss voll zur Geltung. Eine Scheibe trennt ihn von seinem allerersten Besucher bisher im Gefängnis, von mir. Manchmal fährt er sanft mit seiner Hand über seinen langen Bart – den er, wie er später erklären wird, als Selbstverteidigung im Knast länger wachsen lasse. Das sieht männlicher aus, gefährlicher und sorgt für mehr Respekt bei den anderen Insassen. Er trägt ein original T-Shirt mit der Aufschrift »Versace«. Ich habe mir die Mühe gemacht und das Modell herausgesucht: Es kostet in mehreren Online-Shops um die 500 Euro. Der 28-Jährige sitzt in Untersuchungshaft in einer Justizvollzugsanstalt mitten auf einem Ackerland am Rande von Göttingen (siehe zur Rolle von Gefängnissen beim Polizeiproblem auch Kapitel 8).

»Mein größter Fehler«, sagt er, »war, dass ich in entscheidenden Momenten nicht Nein sagen konnte. Mein Leben ist so oder so sinnfrei.« Er habe sich im Gefängnis für ein Beschäftigungsprogramm angemeldet. Dort kann man simple Arbeiten für Firmen verrichten, Dinge zusammenschrauben zum Beispiel. »Ich habe noch keine Antwort bekommen, ob ich das machen darf. Neulich lag ich in meiner Zelle und dachte: Zum ersten Mal in meinem Leben dürfte ich überhaupt legal arbeiten, dafür musste ich aber vorher ins Gefängnis wandern. Nichts macht Sinn.«

In einem Schreiben der Anwälte von Hadi Z. ist zu lesen, dass er nach seiner Festnahme wochenlang in Isolationshaft gesessen habe. In einer Zelle mit Schädlingsbefall, ohne Tageslicht und Frischluftzufuhr. In einer Antwort an die Anwälte bestreitet die Justizvollzugsanstalt die beschriebenen Haftbedingungen nicht. Die Justizbehörden im Bundesland, das wird auch vor dem Gericht in Osnabrück deutlich, schieben sich gegenseitig die Verantwortung dafür zu.

»Mein Nachname verfolgt mich überallhin. Ich hatte mal einen Ausbildungsplatz zugesichert bekommen, dann hat der Chef des Unternehmens doch einen Rückzieher gemacht«, erzählt Hadi Z. Der Chef habe beim Familiennamen Z. ein schlechtes Gefühl bekommen. »Ich werde anders behandelt, weil ich einen falschen Nachnamen trage. Das Erste, was ich tun werde, wenn ich hier rauskomme, ist, meinen Nachnamen zu ändern. Ich kann nicht mehr so leben.« Ist das ein authentischer Hilferuf oder eine Inszenierung als Opfer?

Selbst im großen Saal des Landgerichts Osnabrück wächst die Skepsis gegenüber Medien und Rechtsstaat. Als Hadi Z. vermummt und in Handschellen beim Prozessauftakt Anfang Juni 2021 den Saal betritt, stürzen sich die Fotografen und Kameramänner auf ihn. Als wenige Minuten danach sein weiß-deutscher Mitangeklagter auftaucht, ist das Medieninteresse geringer. Später werden auf allen Kanälen fast nur Bilder der Brüder Z. zu sehen sein. Die Medien, die Politik, die Bevölkerung will Schwarzköpfe sehen.

Die »Null-Toleranz-Politik« oder »Politik der 1000 Nadelstiche« habe der Familie Z. das Leben erschwert, klagt sie. So bekam die Familie Z. neulich einen Brief vom Bauamt, der hohe, blickdichte Gartenzaun sei nicht genehmigt worden, heißt es dort. Der Familie Z. wird außerdem Sozialbetrug vorgeworfen. Egal, was sie tun, es sei falsch.

Um Hadi Z. zu verstehen, muss man auch Osman Z. betrachten. Immerhin sind die beiden Brüder seit ihrer Kindheit unzertrennlich. Mit mir will der 30-jährige Hauptangeklagte nicht sprechen. Eines wird schnell klar: Er ist die Antithese von Hadi. Osman Z. ist vorbestraft, saß wegen verschiedener Delikte mehrere Jahre im Gefängnis. Auf Fotos, die in den Gerichtsakten zu sehen sind und die von seinem Handy stammen, posiert er neben geschätzt 80 000 Euro in bar. Er hat zuvor sein Bett und den Boden seines Schlafzimmers mit den unzähligen 100- und 200-Euro-Scheinen fein säuberlich ausgelegt. Man sieht seinen breiten Rücken und den trainierten Bizeps in einer Siegerpose. Auf anderen Bildern posiert er mit einer Waffe in einer Schießanlage, mit zwei Luxuswagen und mit einer schweren Goldkette, auf der das Versace-Logo prangt. Versace mögen sie wohl alle.

Osman inszeniert sich als Boss und Gangster. Während sein Bruder Hadi den Gerichtssaal vermummt, gebückt, ja ängstlich betreten hat, stolziert der ältere Bruder mit erhobenem Haupt, eisernem Blick und nur mit einer dünnen OP-Maske vor Nase und Mund in den Schwurgerichtssaal. So als wolle er der Öffentlichkeit zurufen: Ihr wollt den Clan-Kriminellen aus den Netflix-Serien sehen? Ihr bekommt ihn! Mit mir reden wollte der große Bruder nicht.

Der Fall der Familie Z. ist nicht eindeutig, deswegen habe ich ihn mir als journalistische Herausforderung und als Fallbeispiel für eine tiefer gehende Recherche ausgesucht. Hier kann man weder von absoluten Unschuldslämmern (wie von der Familie selbst teilweise dargestellt) noch von krass gefährlichen Schwerkriminellen (wie teilweise von Polizei, Medien, Justiz und Politik dargestellt) sprechen. Mein Fazit nach mehreren Monaten Recherche lautet wie folgt: Osman Z. hat koordiniert kriminelle Straftaten begangen und andere zur Beihilfe angestiftet. Laut meinen Recherchen ist Hadi Z., sein Bruder, wenige Male mitgelaufen, war aber oft laut stichfesten Alibis, die auch vor Gericht anerkannt wurden, gar nicht dabei. Dennoch wird dieser Fall von der Polizei als »Clan-Kriminalität« eingestuft, weil die beiden eben den Namen Z. tragen und obwohl zwei Almans dabei waren, die ja qua schwammiger Definition keine Clan-Mitglieder sein können. Vor dem Gesetz sollten Menschen als Individuen betrachtet werden, nie als Familien oder ethnisch definierte Gruppen. Im Rahmen der Organisierten Kriminalität spielen über die ethnischen Zugehörigkeiten hinweg Verwandtschaftsverhältnisse manchmal eine Rolle, dennoch sollte jede Person für ihre eigenen Straftaten in einem Rechtsstaat belangt werden, nie für die Verfehlungen der Blutsverwandtschaft. So konstruiert die Polizei, im Zusammenspiel mit Justiz und Medien, ein Schreckensszenario, das viele Menschen unruhig macht und einige von ihnen in die rechte politische Ecke treibt. Das Motto der AfD »Hol dir dein Land zurück« kann hier unter anderem auf diese Strategie der Sicherheitsbehörden zurückgeführt werden. So hängt der Rechtsruck im Land mit der Arbeit der Polizei zusammen und der Darstellung nach außen.

Im September 2021 erschien meine Recherche zu Familie Z. unter anderem in der *Neuen Osnabrücker Zeitung*. Kurze Zeit später wurde Hadi Z. aus der Untersuchungshaft entlassen. Von 23 Straftaten werden bis zum Urteil im April 2022 vor Gericht neun Straftaten nachgewiesen, die Angeklagten bekommen Haftstrafen zwischen zwei Jahren und fünf Monaten und fünf Jahren und zehn Monaten. Unabhängige Beobachter*innen dieses Prozesses sehen zu viele Ungereimtheiten und fragen – so wie ich – nach der Verhältnismäßigkeit der Polizeistrategie in Sachen Bekämpfung der sogenannten Clan-Kriminalität.[19]

Vor allem die vorzeitige Entlassung von Hadi Z. aus der U-Haft nach meinem Bericht ist erstaunlich. Mir wurde erzählt, dass die kritische Berichterstattung daran einen Teil gehabt haben soll. Überprüfen kann ich das nicht, aber allein der Gedanke, dass man das Glück haben muss, dass jemand mehrere Monate so eine Ungerechtigkeit aufdeckt, lässt mich schaudern. Nach dem Urteilsspruch musste Hadi Z. den Rest seiner Haft absitzen. Im Sommer 2024 habe ich mit ihm über einen Video-Call gesprochen. Da saß er meherere Monate in der JVA Oldenburg in Haft: Ich hatte den Eindruck, dass das Gefängnis aus dem sanften Hadi Z. einen starken, mutigen Mann geformt hat, der sich jederzeit verteidigen kann – weil er es im Knast muss. Was für eine verfehlte Sicherheitspolitik. Auch schauderhaft: Ich bin bei einer großen deutschen Redaktion mit dieser Recherche abgeblitzt, weil sie »zu uneindeutig« sei. Der eine Bruder (Osman) habe ja kriminelle Energie an den Tag gelegt, der andere laut Aktenlage deutlich weniger. Man wisse nicht, so erklärte mir eine Kollegin, wer gut und wer böse in dieser Konstellation sei, und das zeigt, wie sehr die Polizeiperspektive auch in die Denke von Redaktionen eingesickert ist (siehe Kapitel 9).

Und diese absolute Dichotomie zwischen dem Guten (der Polizei) und dem absolut Kriminellen (den Clans) fassen einige in dieser Gesellschaft auf eigene Art und Weise auf. Parteien wie die AfD sind dabei nur ein Zwischenschritt in Richtung gesellschaftlicher Radikalisierung. Nachdem ich mir die Vorgeschichte und Aufarbeitung des Attentats von Hanau näher angeschaut habe, bin ich der Überzeugung, dass der Attentäter nicht willkürlich in die Arena-Bar eingedrungen und dort fünf Menschen erschossen und weitere schwer verletzt hat. Die Markierung solcher migrantischen Orte durch die Polizei als gefährlich macht sie für Rechtsextreme überhaupt erst zum attraktiven Ziel. Shisha-Bars werden über die Dauerwiederholung der Polizeiperspektive zu gefährlichen Orten – für von Rassismus betroffene Menschen. Anstatt zu deeskalieren und kriminologisch zielführend zu arbeiten, sorgen spektakulär inszenierte Razzien und Fälle vor Gericht dafür, dass gewaltbereite Rechtsextreme überhaupt auf Gedanken kommen. In Berlin-Neukölln ist das auch seit Jahren der Fall, nur trifft die Verquickung der Polizei und rechtsextremer Kreise einige Menschen in dieser Gesellschaft null, andere umso mehr (siehe Kapitel 19).

Das Tragische an dieser Sache: Sie hat nicht nur auf diskursiver Ebene längst eine gefährliche Wirkmacht entfaltet, sie sorgt auch dafür, dass migrantisierte Menschen ganz konkret in Gefahr sind. Laut einer Studie von Forensis, einer Recherche-Agentur mit Sitz in Berlin, sei der Notausgang der Arena-Bar, der die Rettung für die Gäste beim Terroranschlag hätte gewesen sein können, fest verriegelt gewesen. Weil die Polizei dafür gesorgt habe, dass niemand bei ihren unangekündigten Razzien fliehen kann.[20] Die hessischen Sicherheitsbehörden weisen diesen Vorwurf zurück, die Faktenlage spricht aber für die Forensis-Analyse. Deutsche Polizeibehörden agieren in diesem Sinne wie arabische Polizeidiktaturen im Nahen Osten und in Nordafrika. Ich weiß von meinen Recherchen, dass dieser Autoritarismus für viele unschuldige Menschen tödlich enden kann.

16
Polizeigewalt I: beiläufig und spontan

Es folgen einige Zahlen und Statistiken zum Thema Polizeigewalt:

- Im Jahr 2021 wurden in Deutschland exakt **2790 Ermittlungsverfahren** gegen Polizeikräfte wegen »rechtswidriger Gewaltausübung« registriert.[1] Diese ausgeübte Gewalt reicht von Schubsen bis hin zu Schmerzgriffen, Foltertaktiken wie Wasserentzug oder das Verprügeln von unbewaffneten und wehrlosen Bürger*innen mit Faustschlägen oder Schlagstöcken. Auch der Einsatz von Wasserwerfern spielt dabei eine Rolle.

- Betroffene von Polizeigewalt berichten von schweren Verletzungen wie Knochenbrüchen oder Verletzungen an Gelenken. **Sinnesorgane, vor allem Augen, wurden in 19 Prozent der Fälle verletzt**. Viele berichteten zudem von schweren psychischen Folgen (siehe Kapitel 19). Bei 31 Prozent dauerte der Heilungsprozess mehrere Wochen. Vier Prozent gaben an, **bleibende Schäden** nach ihrer Erfahrung mit Polizeigewalt erlitten zu haben.

Laut dem Projekt »Gewalt im Amt. Übermäßige polizeiliche Gewaltanwendung und ihre Aufarbeitung« eines Forschungsteams der

Universität Frankfurt findet diese übermäßige Gewaltanwendung zu mehr als **55 Prozent bei Demonstrationen oder politischen Aktionen** statt, 25 Prozent der Fälle werden im Kontext von Großveranstaltungen wie Fußballspielen[2] oder Festivals gezählt. Es kann also jede Person treffen.

- Insgesamt gab es 5252 »erledigte Ermittlungsverfahren gegen Polizeibedienstete« im Jahr 2021, darin inbegriffen sind die erwähnten 2790 Fälle von Gewaltanwendungen. Laut amtlicher Statistik **ermitteln deutsche Staatsanwaltschaften** im Jahresdurchschnitt **in rund 2000 Verdachtsfällen illegaler Polizeigewalt gegen rund 4000 Polizisten**.[3]

Diese Zahlen sagen viel aus und dann doch wieder nicht. Die genannten Daten wurden zwar gründlich von Forscher*innen und Journalist*innen ausgewertet, Meldungen zu Gewaltanwendungen im Polizeikontext werden in Deutschland allerdings nicht unabhängig und systematisch gesammelt. Die Datengrundlage ist problematisch, weil sie vor allem von Polizeibehörden erhoben wird. Weil Polizist*innen Daten über sich selbst oder ihre Kolleg*innen aufnehmen, ist die Statistik also, etwas flapsig formuliert, nicht ganz sauber. Statistiken auf Landesebene sind ebenfalls von diesem Problem betroffen, weil sie oft von den jeweiligen Innenministerien (also den politischen Dienstherren der Polizei) herausgegeben werden.[4]

Laut einer Studie[5] aus dem Jahr 2019 unter der Leitung des Kriminologen Tobias Singelnstein an der Ruhruniversität Bochum liegt die sogenannte Dunkelziffer in Sachen Polizeigewalt viel höher als die bisher bekannten rund 2000 Fälle pro Jahr. Die Studie geht sogar von bis zu 12 000 Fällen im Jahr aus. Das wäre eine Ratio von 1 zu 5 vom Hell- hin zum Dunkelfeld. Bedeutet: Auf einen bekannten Fall kommen fünf unbekannte Fälle, die in keiner Statistik festgehalten wurden. Die Forscher*innen sagen dazu, dass sie sehr konservativ und vorsichtig gerechnet hätten.[6] Ihre Studie stellt gleichzeitig klar, dass weniger als ein Prozent von diesen Fällen juristisch aufgeklärt werden. Um es noch mal zu unterstreichen: Weniger als E I N Prozent der Fälle von Polizeigewalt enden in Deutschland mit einer Verurteilung vor Gericht. Warum folgen in 99 Prozent der Fälle Schweigen, Vertuschung, Unrecht? Das hat mehrere Gründe, wie ich in Kapitel 5, 6, 7 und 17 bespreche.

Hier würde ich gern zur Datengrundlage in Sachen Polizeigewalt zurückkehren: Oft müssen Betroffene zur Polizei gehen, um die entsprechenden Fälle überhaupt anzuzeigen (siehe Kapitel 21). Dass dies viele Menschen mehr als nur in Not bringt, liegt auf der Hand. Deswegen entscheiden sich viele, ihre Gewalterfahrungen mit der Polizei erst gar nicht registrieren zu lassen, geschweige denn vor Gericht für ihr Recht zu kämpfen. Die Frankfurter Studie spricht in diesem Zusammenhang von einer »funktionalen Dominanz«. Die Polizei ist einfach zu mächtig, die meisten Betroffenen von Polizeigewalt geben da direkt auf.[7] Viele Betroffene berichten darüber hinaus von einem geringen Vertrauen in den Rechtsstaat an sich und seinen Aufklärungswillen, wenn Polizist*innen ihre Macht missbrauchen (siehe Kapitel 7).

Weil es also noch mehr unabhängige quantitative Betrachtungen der angewendeten Polizeigewalt bräuchte, lohnt sich ein qualitativer Blick auf die bekannten Fälle umso mehr. Das Studium einzelner Fälle erlaubt in der Gesamtschau auch Rückschlüsse auf den strukturellen Charakter der Polizeigewalt. Deswegen folgen hier sechs kurze Schilderungen aus den ersten sechs Monaten des Jahres 2023.* Sie zeigen, was man sich unter »rechtswidriger Gewaltausübung« so vorstellen kann. Bei der Lektüre bleibt erlaubt, sich zu fragen, was im Gegenzug »rechtskonforme Gewaltausübung« bedeuten soll:

- Im Januar 2023 macht ein Fall aus dem hessischen Idstein erneut Schlagzeilen in der Lokalpresse[8]: Liam Conway wird vor dem Polizeirevier der Kleinstadt von vier Beamt*innen geschlagen und verletzt. Conway war zuvor zu einem Termin in der Polizeiwache erschienen, um seinen Vater bei einer Vorsprache wegen eines Verkehrsdelikts zu begleiten.[9] Die Polizist*innen werden später

---

*

angeben, dass sie in Notwehr gehandelt hätten und die Gewalt von Conway ausgegangen sei. Der Betroffene behauptet das Gegenteil, sagt, er sei Opfer von Polizeigewalt geworden. Es steht Aussage gegen Aussage. Das alles ereignete sich schon im September 2020, Anfang 2023 tauchen aber Videos auf, die die Polizist*innen in Bedrängnis bringen, ihre Version grundsätzlich infrage stellen. Die Opposition im hessischen Landtag fordert Aufklärung vom Innenministerium.[10] Eine Überwachungskamera an der Polizeistation könnte Klarheit bringen, doch die Beamt*innen geben an, »das Videomaterial nicht gesichert zu haben«. Später tauchen allerdings mehrere eindeutige Videoaufnahmen von Passant*innen auf, die die Version von Conway stützen. Dort ist zu sehen, wie die vier Beamt*innen Liam Conway mit der flachen Hand und Fäusten ins Gesicht schlagen. Sein Arm verheddert sich dabei an der Leine einer Pfefferspray-Dose.[11] Obwohl dieser Vorwurf in der ursprünglichen Polizeiakte nicht auftaucht, behaupten die Beamt*innen später, Conway habe versucht, nach dem Pfefferspray zu greifen. Auf Videos stellt sich laut Medienberichten die Situation anders dar. Auf den Bildern sei zu sehen, wie einer der Polizist*innen sein Knie in den Nacken von Conway drückt und ihm tiefe Schürfwunden im Gesicht zufügt. Auf den Videos sei zu hören, wie sich Conway am Boden wie folgt äußert: »Ah, ah, ich kriege keine Luft!« und »Bitte, bitte! Ich kriege Panik!« Im September 2023 kam die Staatsanwaltschaft in Wiesbaden dennoch zu dem Schluss, dass die Schläge der Polizist*innen rechtmäßig gewesen seien.[12] Dagegen hat Conways Anwalt Beschwerde eingelegt. Conway selbst wurde von der Wiesbadener Staatsanwaltschaft indessen wegen Widerstand gegen Vollzugsbeamt*innen angeklagt.[13]

- Im Februar 2023 tauchen Handyvideos aus Hamburg auf.[14] Sie zeigen, wie ein Mann von Sicherheitspersonal der Deutschen Bahn und Bundespolizist*innen aus einer S-Bahn gezerrt wird. Die Bahn ist überfüllt, die Mitnahme von Fahrrädern nicht gestattet. Der Mann hat ein Fahrrad dabei – und will dennoch mitfahren, was die Bahn später als Grund für die Eskalation angeben wird. Zu sehen ist, wie mehrfach gegen Kopf und Körper des Mannes geschlagen wird. Er gibt an, dass einer der anwesenden Polizist*innen oder Bahn-Mitarbeiter*innen ihm ein Bein gestellt haben soll, sodass er zu Boden gefallen sei, wo er weiter geschlagen wurde. So ist es auch auf Bildern einer Videokamera zu sehen.[15] Das Opfer spricht außerdem von einem rassistischen Motiv der Beamt*innen.

- Am 1. Mai 2023 kesselt die Polizei in Hamburg eine Gruppe von Demonstrant*innen an einem Ausgang des U-Bahnhofs Schlump ein. Die Menschen wollen zu einer angemeldeten Demonstration mit anschließendem Konzert, die Polizist*innen halten die Menschen ohne triftige Begründung fest. In der Nähe des U-Bahnhofs befindet sich ein Kamerateam des NDR[16]. Es filmt, wie einzelne Demonstrant*innen von der Polizei weglaufen. Eine Menschenmenge strömt aus dem Bahnhofsgebäude, Polizist*innen rennen wild über den Vorplatz. Dann rammt ein Polizist in voller Kampfmontur einen 19-Jährigen – gezielt, mit voller Kraft und Absicht. Der junge Mann fällt zu Boden, prallt mit dem Kopf auf den Asphalt, ein Regenschirm, den er bei sich trägt, öffnet sich. Er erleidet einen Krampfanfall, sein ganzer Körper zittert stark und unkontrolliert.[17] Die Bilder sind nur schwer zu ertragen. Der Polizist blickt in einer Szene noch auf sein Opfer am Boden, dann kommen andere Beamt*innen und ein Rettungswagen hinzu. Der schwer verletzte junge Mann muss später auf der Intensivstation behandelt werden und überlebt die Attacke.[18]

- Im April und Mai 2023 tauchen in den Sozialen Medien und laut Medienberichten mehrere Videos auf, die Polizist*innen zeigen, wie sie demonstrierende Klimaaktivist*innen in Berlin mit Schmerzgriffen misshandeln und abführen.[19] Polizist*innen werden in Deutschland trainiert, mit gezielter Druckausübung auf Nervenkanäle, zum Beispiel am Handgelenk oder im Halsbereich, besonders große Schmerzen auszulösen und so den Widerstandswillen oder überhaupt die Körperkontrolle einer Person zu brechen. In einem Video des MDR[20] ist zum Beispiel zu sehen, wie zwei Polizisten bei einer Straßenblockade in Berlin einen Klimaaktivisten mit einem Schmerzgriff wegtragen. Ein Polizist versucht zunächst, einen Griff am Kiefer anzusetzen, sagt kurz vorher, dass dies zu lang anhaltenden Schmerzen beim Kauen oder Schlucken führen werde. Ein anderer Beamter packt den Aktivisten am rechten Handgelenk und verdreht es. Der erste Beamte packt den Aktivisten an den Füßen und scheint dort einen Schmerzgriff anzuwenden. Der junge Mann schreit, er fasst sich mit der linken Hand ans Gesicht, reißt intuitiv seine Augen auf, läuft rot an. Der Aktivist gibt flehend an, dass er große Schmerzen verspüre. In einem Interview mit der *Berliner Morgenpost*[21] rechtfertigte die Berliner Polizeipräsidentin Barbara Slowik den Einsatz dieser Schmerzgriffe und schob die Verantwortung auf die Demonstrant*innen ab: »Es gibt Griffe, die, wenn sich jemand etwa schwer macht oder fallen lässt beziehungsweise dem vorgegebenen Bewegungs- und Richtungsimpuls nicht folgt, zu Schmerzen führen können.«

- Im Mai 2023 taucht ein Video aus dem Stadtteil Simmering in Wien auf, zufälligerweise steht ein Kamerateam am Rande eines Tatorts, der nicht sichtbar abgesperrt wurde.[22] Als ein 19-jähriger Passant ahnungslos die Straße, laut eigenen Angaben in Richtung eines Bankautomaten, überqueren möchte, wird er zunächst von einem Polizisten angehalten. Doch die Situation eskaliert schnell, als der Polizist nach dem jungen Mann greift, ihn zu Boden wirft. Es eilen vier bis fünf weitere Beamt*innen hinzu. Die Kamera ist weiterhin deutlich auf das Geschehen gerichtet. Zunächst wehrt sich der junge Mann gegen seine offensichtlich überflüssige Festnahme. Zwischendurch liegt er auf dem Boden, sein Körper von zwei Polizist*innen fixiert – an den Armen und Beinen. Der Polizist, der ihn ursprünglich angegriffen hatte, schlägt den Kopf des Passanten zwei Mal mit voller Wucht auf den Gehweg, eine Blutlache bildet sich. Der junge Mann ist außer Gefecht. Mehrere

Polizist*innen fixieren ihn allerdings mit viel physischer Kraftausübung weiter auf dem Bürgersteig, obwohl er mittlerweile schwer verletzt und angekettet ist. Im Nachhinein rechtfertigt die Polizei Wien die Gewaltanwendung mit Selbstschutz der Polizist*innen, beantwortet Nachfragen zur Verhältnismäßigkeit dabei nicht.[23]

- Nach der Verurteilung von Lina E. Ende Mai 2023[24], einer Symbolfigur der linken Bewegung in Leipzig, verbietet die Stadt jegliche Demonstrationen, die mit dem Richterspruch zusammenhängen. Es kommt trotzdem zu mehreren angemeldeten und spontanen Demos, darunter auch einige, die sich allgemein für die Entkriminalisierung linker Räume und Gruppen einsetzen. Die Polizei in Leipzig kesselt Anfang Juni 2023 circa 1000 Menschen bei einer angemeldeten Versammlung am Alexis-Schumann-Platz[25] ein, viele von ihnen landen willkürlich in dieser besonderen Form des Polizeigewahrsams. Sie waren als Passant*innen zur falschen Zeit am falschen Ort. Unzählige Anwesende berichten, dass sie nur zufällig an dem Ort gewesen seien. Eine 17-Jährige sagt später dem MDR, dass der Kessel von der Polizei so eng gezogen worden sei, dass die Menschen »Haut an Haut aneinandergepresst« standen.[26] Menschen seien in Ohnmacht gefallen. Unter den Eingekesselten befinden sich viele Minderjährige. Bis zu elf Stunden müssen die Gefangenen auf ihren Füßen stehen, haben keinen Zugang zu Wasser, Nahrung, benötigten Medikamenten oder sanitären Anlagen. Anwesende berichten, dass Polizist*innen einige verzweifelte Menschen mit Gewalt immer wieder in den Polizeikessel zurückgedrängt hätten.[27] Nach dem Urteil gegen Lina E. wollte die Bundespolizei unrechtmäßig Infos über Fahrgäste »mit linken Erkennungszeichen« vom Verkehrsunternehmen Nordwestbahn abgreifen. Das Unternehmen lieferte eine Liste mit »auffälligen Merkmalen« wie »Dreadlocks« und »alternatives Aussehen« unter seinen Passagieren an diesem Tag und entschuldigte sich später für sein Verhalten.[28]

Neben den Ereignissen in Leipzig wurden in der ersten Jahreshälfte

2023 überdurchschnittlich viele Klimaaktivist*innen Opfer von Polizeigewalt. Dies deckt sich auch mit dem Studienergebnis, dass viele Polizist*innen ihre Macht vor allem im Kontext von Demonstrationen missbrauchen. Diese Fälle wurden bei den entsprechenden Protestaktionen erstaunlich gut dokumentiert – meist per Video, manchmal sogar von anwesenden Journalist*innen. Für mich als investigativem Journalist entstand so ein Fundus an Videomaterial, Aktenvermerken, unabhängigen Gutachten und Augenzeugenberichten, um das Thema Polizeigewalt tiefer gehend zu behandeln. Ich war selbst als Beobachter bei Aktionen der »Letzten Generation« in Berlin dabei, konnte dabei feststellen, dass die Deeskalationstaktik der Aktivist*innen, die sich wirklich durch nichts aus der Ruhe bringen lassen, oft genug auf eine aggressive Stimmung aufseiten der Polizei traf.

Diese Polizeigewalt kulminierte Anfang 2023 bei den Protesten im Dorf Lützerath auf halbem Weg zwischen Düsseldorf und Aachen. Der Ort wurde vom Konzern RWE mit Genehmigung der Landesregierung in Nordrhein-Westfalen für die Kohleförderung umgebuddelt. Unzählige Fälle von Polizeigewalt wurden in dieser Zeit und im Kontext der Proteste gegen die Förderung der klimaschädlichen Kohle bekannt. Die weltberühmte Klimaaktivistin Greta Thunberg, die ebenfalls in Lützerath anwesend war, wurde von drei Polizisten vor der versammelten Weltpresse an der Abbruchkante des Tagebaus lächelnd weggetragen. Bei unzähligen anderen Betroffenen griffen Beamt*innen grober zu. Aus den bekannt gewordenen Fällen von Polizeigewalt rund um die Proteste für den Erhalt von Lützerath habe ich einen Fall exemplarisch rekonstruiert, um die Methoden der Polizei gegenüber den Klimaaktivist*innen besser zu verstehen. Am Ende konnte ich einen politischen Familienausflug nach Lützerath minutiös nacherzählen, der in einer Katastrophe endete:

Als Familie A. am Vormittag des 14. Januar mit dem Auto zur Demonstration Richtung Lützerath fährt, herrscht gute Stimmung. Zwar standen sie am Vormittag mehr als eine Stunde im Stau und mussten im fünf Kilometer entfernten Wanlo parken, aber es fühlte sich irgendwie wie ein Familienausflug mit Sinn an. Ein Selfie zeigt den Ehemann, einen Diplomingenieur Anfang 40, lächelnd mit seiner Ehefrau, einer Ärztin, und dem 14-jährigen Neffen. Der Jugendliche sollte hier Demokratie live erleben. Auf dem Familienselfie sind im Hintergrund ein paar Demonstrant*innen zu sehen. Drei Menschen mit Kameras, vermutlich Vertreter*innen der Presse, stehen erhöht und überblicken die Menschenmasse am Rande von Lützerath. Dahinter folgt eine Reihe mit Polizeiwannen, vier frei stehende Gebäude und ein paar kahle Bäume – alles, was zu diesem Zeitpunkt noch von dem weltberühmten Dorf übrig geblieben war. Der Zeitstempel in den Metadaten des Selfies gibt den 14. Januar, 15.55 Uhr an.

Familie A. konnte nicht ahnen, dass der Protesttag in einer polizeilichen »Gewaltorgie« enden würde, wie es einige anwesende Beobachter*innen später beschreiben werden. Viele Menschen erheben seitdem schwere Vorwürfe gegen die Sicherheitsbehörden und RWE. Sie beklagen unverhältnismäßige Polizeigewalt gegen friedliche Proteste. NRW-Innenminister Herbert Reul verteidigte das Vorgehen seiner Polizei und nannte ihre Arbeit »hochprofessionell«. In Interviews sprach er von »zwei, drei Einzelfällen«, bei denen sich »ein Polizist nicht richtig verhalten habe« und deswegen »zur Rechenschaft gezogen werden müsse«. Diese Fälle lasse er überprüfen, sagte er in die Kameras.

Die Masse der dokumentarischen Videos und Bilder im Netz und der vielen Beschwerden von Demonstrant*innen stehen im krassen Kontrast zur Darstellung des CDU-Innenministers. Wenige Tage nach dem Polizeieinsatz in Lützerath haben sich bei der Initiative »Lützerath lebt« laut eigenen Angaben 145 verletzte Menschen gemeldet: 115 seien von Polizist*innen getreten oder geschlagen, 45 Menschen am Kopf verletzt worden, zehn Menschen hätten Knochenbrüche erlitten, 15 Menschen seien vom Notdienst oder im Krankenhaus behandelt worden. Der Fall der Familie A. steht also exemplarisch für ein Phänomen, das am 14. Januar 2023 ein kleines, ehemaliges Dorf in NRW und die ganze Weltöffentlichkeit in Atem hielt: Polizeigewalt gegen Klimaaktivist*innen.

Familie A. möchte nicht mit Klarnamen genannt werden. Sie hat

Angst davor, in einen medialen Strudel gezogen zu werden. Sie hat aber auch Angst vor der Polizeiwillkür, und das nicht unbegründet, wie sich wenige Monate nach ihrem Ausflug nach Lützerath zeigen wird. Mir sind die Klarnamen der Familie bekannt. »Am Anfang war die Atmosphäre locker«, sagt Herr A. Sie seien herumgelaufen, hätten den Ausblick auf die Äcker rund um Lützerath auf sich wirken lassen. Nach ein paar Stunden wollten sie dann den Heimweg antreten, im Stau könnte es ja wieder länger dauern. Dann aber seien sie doch noch spontan auf einen letzten Demonstrationszug aufgesprungen.

Auf einmal standen Polizist*innen vor ihnen, erinnert sich das Ehepaar A. Die Beamt*innen hätten die Demonstrant*innen geschubst. »Ich habe spontan ›Hey, hey, hey!‹ gerufen, daran kann ich mich erinnern«, sagt Herr A. Dann sei alles sehr schnell gegangen.

Auf Twitter kursierte kurze Zeit später ein sechs Sekunden langes Video. Ich habe lange gesucht und aus guten Quellen eine 19-sekündige Version der Aufnahme aufgetrieben. Zu sehen ist ein am Boden liegender Mann mit blauer Jeans, grauer Jacke, kräftiger Statur. Die Kleidung deutet darauf, dass es sich um Herrn A. handelt, so sieht er auf allen Selfies der Familie an diesem Tag aus. Ein Polizist hat ihn im Griff und schlägt mit der Faust in Richtung seines Gesichts. Im Video sind Schreie zu hören, jemand ruft laut: »Bitte! Meine Güte!« Ganz vorne steht ein Demonstrant in einer schwarzen Jacke mit dem Rücken zur Kamera. Er hat beide Arme angehoben, so als würde er fragen: *What the fuck* passiert hier gerade? Ein Polizist kommt von links ins Bild und schubst ihn weg. Vor dieser Szene, das ist auf anderen Aufnahmen zu sehen, versuchte die Polizeikette die Demonstrant*innen zurückzudrängen. Dabei sind zwei Männer – einer von ihnen Herr A. – offensichtlich zwischen die Fronten geraten. Die Ehefrau und der Neffe, ebenfalls gut an der Kleidung identifizierbar, sind direkt hinter der Polizeikette zu erkennen. Im März 2024 habe ich darüber hinaus Videomaterial zugespielt bekommen, das zum Zeitpunkt der Auseinandersetzungen von der Polizei selbst angefertigt wurde und die Darstellungen von A. unterstützt.

Herr A. sagt, dass er kurz vor der Attacke Augenkontakt mit dem

Polizisten gehabt habe. »Wir retten die Welt, was tut ihr?«, hatte Herr A. im Chor mit den anderen Demonstrant*innen gerufen. Kurz danach hätten ihn mindestens drei Faustschläge getroffen. »Ich hatte einfach Angst um meinen Neffen und wollte zu ihm. Ich hätte nie im Leben damit gerechnet, dass die Polizei so extrem mit Gewalt arbeitet«, sagt Herr A.

Als der Polizist von Herrn A. ablässt, soll er noch gerufen haben: »Hast du genug, Großer?« Herr A. soll immer wieder beteuert haben, dass er nichts getan habe. So stellt es die Familie dar. Danach wurde er von der Polizei abgeführt, von seiner Familie getrennt und – während die Dämmerung einsetzte – ins abgesperrte Gebiet in Lützerath gefahren. Medien berichten später, dass der RWE-Konzern bei dieser Aktion suspekt eng mit der Polizei kooperierte. So nutzte die Polizei vor Ort Transporter mit dem RWE-Logo, um ihre Gefangenen zwischen verschiedenen Orten und dem Brennpunkt in Lützerath zu transportieren.[29] Einer von ihnen war Herr A.: »Ich habe quasi eine Führung durch das Dorf bekommen, ich habe die abgerissenen Häuser und Baumhäuser gesehen. Es war alles so absurd.«

Die Polizei habe ihn auf dem RWE-Gelände in Lützerath durchsucht und seinen Rucksack ausgeräumt. Ein Beamter hat alles in einem Protokoll festgehalten. Freilich habe ich mir das Protokoll ebenfalls aus guten Quellen besorgt, interne Polizeidokumente, die ich gar nicht sehen darf, betrachte ich besonders gern. Auf dem Blatt steht, was im Rucksack von Herrn A. zu finden war: ein faltbarer Miniregenschirm, ein Mobiltelefon, eine Trinkflasche aus weichem Kunststoff, ein Baguette mit eingebackenen Peperoni und Feta und zwei Servietten, mit denen Herr A. später das Blut von seinem Gesicht wischen wird.

»Der Polizist, der mich geschlagen hat, war die ganze Zeit dabei«, sagt Herr A. Nachdem er mehrfach darum gebeten hatte, ärztlich behandelt zu werden, habe er ein Kühlakku für sein Gesicht bekommen. Der Polizist soll ein Kühlakku für seine Faust bekommen haben. Einige Stunden habe es gedauert, bis Herr A. entlassen wurde, in dieser Zeit habe sich niemand ernsthaft medizinisch um ihn gekümmert – obwohl er konstant im Gesicht geblutet habe.

Er sei dann von einer Polizistin in einem Gefangenentransport mit einzelnen Zellen eingesperrt und an einem Acker abgesetzt worden, sagt Herr A. Die Metadaten eines Selfies, das er kurz danach mit seinem Handy aufgenommen hat, zeigen 20.41 Uhr an. Es ist stockdunkel. Der Blitz leuchtet nur sein Gesicht aus. Die Nase von A. ist dick geschwollen, aus einer Platzwunde unter seinem linken, blau angelaufenen Auge fließt weiterhin Blut.

»Ich war orientierungslos, verdreckt, es hat stark geregnet, es gab keinen Gehweg, und Polizeiwagen rauschten gefährlich nah auf der Piste an mir vorbei«, sagt Herr A. Sein Handy habe ihm angezeigt, dass er bis Wenlo mehr als eine Stunde zu Fuß brauche. Er habe Angst gehabt, habe sich erniedrigt gefühlt: »Ich wurde wie Abfall behandelt.« Das Selfie mit den Wunden im Gesicht postet er in die Familiengruppe auf der Messenger-App Signal. Es dauert danach noch knapp zwei Stunden, bis er erschöpft zu seiner Familie ins Auto steigen kann.

Die Verletzungen im Gesicht von Herrn A. werden nach dem Chaos-Samstag in Lützerath am Tag darauf in der Uniklinik Düsseldorf begutachtet und genäht. Vom Ausmaß konnte ich mir dank mehrerer medizinischer Protokolle und eines rechtsmedizinischen Gutachtens der Ambulanz für Gewaltopfer in Düsseldorf ein Bild machen: eine gebrochene Nase, Hämatome im Gesicht, eine Platzwunde unter dem linken Auge. So beschrieb ich es in einer ausführlichen Rekonstruktion des Falls für die *taz* wenige Tage nach den Protesten.

Ein fester Bestandteil meiner journalistischen Arbeit besteht darin, Polizeibehörden und Innenministerien mit meinen Recherchen zu konfrontieren und ihnen genug Zeit einzuräumen, mir darauf zu antworten: Die zuständige Pressestelle des Polizeipräsidiums in Aachen hat meinen Fragenkatalog zum Fall der Familie A. bis heute unbeantwortet gelassen. Stattdessen meldete sich mehrere Wochen später ein Kriminaloberkommissar mit einer verstörenden Nachricht per E-Mail bei mir.

Der Polizist habe vergeblich nach meiner Adresse gesucht und ebenfalls versucht, mich telefonisch zu erreichen, schrieb er. Für die Bearbeitung einer Strafanzeige benötige er von mir sowohl die Daten von Familie A. als auch meine persönlichen Daten: Nachname, Geburtsname, Vorname, Geburtsdatum sowie Geburtsort, Meldeanschrift und telefonische Erreichbarkeit. Ich staunte nicht schlecht, weil insbesondere Ermittlungspolizist*innen wissen, dass Journalist*innen ihre Quellen schützen müssen. Die Weitergabe solcher Daten ist tabu, an staatliche Stellen unter allen Umständen ausgeschlossen. Ich pflege immer zu sagen: Quellenschutz ist für mich mehr als nur heilig. Die Tatsache, dass ich ebenfalls um meine persönlichen Daten gebeten wurde, konnte ich nur als Einschüchterungsversuch deuten. Herr A. dagegen bekam nicht nur eine E-Mail, sondern eine Vorladung. Er wurde – wie so viele Opfer von Polizeigewalt – selbst verklagt. Unter anderem wegen eines mutmaßlichen Angriffs auf Vollstreckungsbeamt*innen, den ich nach sorgfältiger Sichtung von dokumentarischem Videomaterial und internen Dokumenten, nach der minutiösen Rekonstruktion des 14. Januar 2023 in Lützerath, nirgendwo erkennen konnte. Der Polizist forderte von Herrn A. darüber hinaus Schmerzensgeld: Er habe sich an der Hand verletzt – vermutlich, als er Herrn A. mit voller Wucht ins Gesicht geschlagen hat.

Diese polizeiliche Eskalationsspirale zeigt sich auch in anderen politischen Debatten, die durchaus emotional geführt werden: Nach dem Terroranschlag der Hamas vom 7. Oktober 2023 im Süden Israels und der darauffolgenden Gegenoffensive des israelischen Militärs im Gazastreifen gingen auch in Deutschland viele Menschen auf die Straße, um gegen die laut ihrer Meinung unverhältnismäßige Gewalt gegen palästinensische Zivilist*innen zu demonstrieren. In den Wochen und Monaten nach dem Anschlag waren rund zwei Millionen palästinensische Zivilist*innen weiterhin im Gazastreifen gefangen, Zehntausende von ihnen sind zwischen den Fronten getötet worden.[30] In Deutschland wurde derweil ausgerechnet die Polizei zur Lösung der propalästinensischen Protestfrage von der Politik vorgeschickt.

In Neukölln habe ich die Berliner Polizei bei ihrer Arbeit im

Oktober 2023 an mehreren Tagen beobachtet. Noch nie hatte ich den Hermannplatz im Herzen des Bezirks so ruhig erlebt: Die Marktstände waren gut besucht, der Verkehr chaotisch wie immer, die Menschen waren anwesend, aber sie sagten wenig bis nichts – denn unzählige Beamt*innen in voller Kampfmontur standen an jeder Ecke. In diesen Tagen wurden Demonstrant*innen teils willkürlich festgenommen, sie trugen die Kufiya, auch als Palästinensertuch bekannt, oder eine palästinensische Flagge.[31] Das muss man nicht mögen, ein Grund für eine Festnahme sind diese Symbole aber nicht. Die gab es aber trotzdem. Selbst die Berliner Innensenatorin sah sich später mit Fragen konfrontiert und musste klarstellen, dass diese Symbole, rein juristisch betrachtet, keinen Rechtsverstoß darstellen.[32] Nach dem Terroranschlag wurden in Berlin und in anderen Städten propalästinensische Demonstrationen allerdings komplett verboten.[33] Ein tiefer Eingriff in die Meinungs- und Versammlungsfreiheit – den die Polizei durchsetzen sollte und durchgesetzt hat.

Am frühen Abend des 11. Oktober 2023 stand ich an einer Straßenecke vor einem großen Kaufhaus am Hermannplatz und beobachtete die vielen Polizist*innen bei ihrer Mission. Eine kleine, ältere Frau mit einem Einkaufskorb sprach mit vier Beamt*innen, die mit schusssicheren Westen und Helmen ausgestattet waren: »Endlich räumt mal die Polizei hier in Neukölln auf!« Ein Polizist, der mit seinem Körper und seiner Ausrüstung besonders viel Raum einnahm, zeigte mit dem Daumen nach oben. Ich machte mir Notizen und fragte mich: Um was geht es hier eigentlich genau? Kritische israelische Staatsbürger*innen, die gegen ihre Regierung und den Krieg in Gaza demonstrierten, wurden in diesen Tagen festgenommen.[34] Da ging es nicht um den wichtigen Kampf gegen Antisemitismus, die Polizei bekam einen Freifahrtschein der Bundes- und Landespolitik und zeigte, was sie kann: in unzähligen Fällen die Meinungsfreiheit beschränken.[35]

Selbst an Orten, die überhaupt von der Meinungsfreiheit leben, sorgte die Polizei für einen eingeschränkten Diskursraum: An der Freien Universität Berlin wurden von Augenzeug*innen Videos[36] und Fotos aufgenommen, auf denen Polizist*innen zu sehen waren, wie sie durch die Gänge und Hörsäle marschieren.[37] An der Berliner Humboldt Universität wurde im Mai 2024 ein Journalist der *Berliner Zeitung* aktiv daran gehindert, über eine polizeiliche Räumung eines Instituts zu berichten, der Kollege wurde von Polizist*innen zusammengeschlagen, stundenlang ohne medizinische Versorgung festgehalten.[38] Auch traf es einen Anwalt, der von der Polizei festgehalten wurde. Ich habe mit mehreren Studierenden und Mitarbeitenden an Berliner Hochschulen gesprochen, die sich bedroht fühlten, weil plötzlich die Polizei den Diskurs strukturieren sollte und nicht der wissenschaftliche und aktivistische Austausch. Der Regierende Bürgermeister Kai Wegner von der CDU setzte dabei von Anfang an auf die Polizei als politisches Instrument, um die Situation an den Berliner Universitäten unter diskursiver Kontrolle zu halten. Die vielen Beamt*innen auf dem Campus erinnerten vor allem Studierende aus autoritären Staaten an Verhältnisse, die sie eigentlich hinter sich gelassen hatten. Während es dokumentiert ein Problem mit antisemitischen und rassistischen Aussagen im Kontext von Demonstrationen, ein Problem mit Gewalt gegen die jeweiligen Minderheiten[39], ein Problem sowohl mit der Verherrlichung des Hamas-Terrors[40] als auch der Schadenfreude über die Toten in Gaza[41] gab und gibt, bleibt der Polizeieinsatz in Räumen der Wissenschaft, des Diskurses, des Protests, der Meinungsfreiheit umstritten. Viele Menschen, mit denen ich an der FU und HU Berlin gesprochen habe, machten sich angesichts der Polizeipräsenz an ihren Hochschulen Sorgen um ihre Wissenschaftsfreiheit und ihre körperliche Unversehrtheit. Ich kann diese Sorgen sehr gut nachvollziehen.

Die Ausübung physischer Polizeigewalt ist nämlich oft sehr spontan und für die Betroffenen unvorhersehbar. Viele Betroffene sind in den entsprechenden Situationen oft überrascht, dass ein*e Polizist*in entschieden hat, zuzuschlagen. Denn aus einem harmlosen Gespräch wird aus uniformierter Sicht schnell eine Konstellation, in der Macht ausgeübt und Autorität performt werden kann. Es soll auch Beamt*innen geben, die sich sehr bewusst auf die Suche nach Stress in ihrem Arbeitsalltag machen (siehe dazu Kapitel 11 und 18), es gibt aber auch jene Polizist*innen, die ihre Macht in der Situation und aus dem Bauch heraus missbrauchen. Das trifft oft auch auf sehr junge Beamt*innen zu (siehe Kapitel 10). Weil die Polizeistrukturen vielen Beamt*innen – die ausgestattet sind mit dem Gewaltmonopol und Waffen – versichern, mit ihrer Macht im Zweifelsfall tun zu können, was sie wollen.

Eine immer wiederkehrende Frage, wenn Polizist*innen exzessive Gewalt anwenden, lautet: *Was hat die betroffene Person denn getan, um von der Polizei so grob behandelt zu werden?* Das ist jetzt nicht fiktiv. Weitere Versionen dieser Frage: *Warum wurde der von der Polizei noch mal verprügelt? Hat er sich die Schläge denn verdient?* Man kann sich meine Wenigkeit jahrelang auf Podien, in Talkshows oder an Konferenztischen vorstellen, wie mir diese Frage begegnete. Nach jeder Recherche die Andeutung: Wenigstens gerechtfertigt? Dahinter steckt eine Suche nach Gründen, um Polizeigewalt zu legitimieren. Hier eine Sammlung der Ausreden:

Ach, der hat was in der Drogerie geklaut?!? Na ja, dann.
Okay, das war ein Asylbewerber.
Aha! Der war betrunken!
Der hat ja den Polizisten schief angeguckt!
Moment. Finde schon, dass Polizisten einen schwierigen Job haben.
Mmmmmh, weiß nicht. Mir kommt es vor, dass er zuerst provoziert hat.

Auch in den Schilderungen der Fälle in diesem Kapitel kommen Worte und Formulierung vor wie »grundlos« oder »ohne sichtbaren Grund«, wenn Polizist*innen zuschlagen. So zum Beispiel auch in den Meldungen zu einem Fall aus dem Oktober 2021. Damals tauchten gleich mehrere Handyvideos[42] im Netz auf, die aus verschiedenen Blickwinkeln zeigen, wie ein Polizist in Pforzheim auf einen gefesselten und am Boden liegenden Mann einschlägt. Er soll zuvor stark angetrunken Passanten belästigt haben.[43] Mit Fausthieben ins Gesicht und auf den Kopf wollte der Beamte den Mann gefügig machen – während er auf seinem Hals kniete. Später ist auf den Videos zu sehen, wie vier Beamt*innen mit vollem Körpergewicht auf dem Mann knien, ihn auf dem Boden fixieren. In Internetforen, in den Sozialen Medien und im Gespräch mit mir fragten viele: Was hat der Mann denn gemacht? Als Journalist gehört es dazu, auch die Vorgeschichte zu recherchieren und abzubilden. Kontext ist oft sehr wertvoll. Mit Blick auf Polizeigewalt ist wichtig festzustellen: Es ist beim Einsatz exzessiver Polizeigewalt ohne erkennbare Notwehr-Komponente eigentlich nie als Rechtfertigung zu verstehen, was der schon am Boden fixierte Mann vor dieser Szene getan oder nicht getan haben soll. Einen solchen Exzess an Gewalt hat niemand verdient. Auch wenn es ungewohnt klingt: Selbst jene, die etwas Kriminelles oder Gefährliches getan haben, sollten tunlichst nicht von Polizist*innen bewusstlos geschlagen oder gar erschossen werden (siehe nächstes Kapitel). Das ist kontraintuitiv, weil wir als Menschen gern in Gut und Böse einteilen und strafen wollen (siehe Kapitel 7 und 8). Polizeigewalt ist niemals zu rechtfertigen.

Die Sicherheitsbehörden liefern mittlerweile in den entsprechenden Pressemitteilungen oft direkt die Begründung mit, warum Polizist*innen zugeschlagen haben. Im Pforzheimer Fall hieß es, den Beamt*innen sei keine Wahl geblieben, der Mann habe sich »unkooperativ« gezeigt. Der Landesvorsitzende der Gewerkschaft der Polizei in Baden-Württemberg sprach auf Presseanfrage sogar von »Notwehr« der Polizist*innen. Auch eine gern genutzte Kommunikationsstrategie der Täter-Opfer-Umkehr. Deswegen ist Dokumentation und Rekonstruktion zur Wahrheitsfindung so wichtig: Auf den Videos aus der Tatnacht in Pforzheim ist zu hören, wie der wehrlose Mann am Boden laut weint, vergeblich versucht, sich aus der Situation zu befreien. Der Polizist schreit ihn an: »Du Arschloch!« Die Staatsanwaltschaft in Pforzheim stellte im Mai 2022 die Ermittlungen gegen die Beamt*innen ein.[44]

17
Polizeigewalt II: beiläufig, spontan und tödlich

Anfang August 2022 töteten deutsche Polizist*innen innerhalb von einer Woche vier Menschen.[1] Sieben Tage, die ein Schlaglicht auf das tödliche Polizeiproblem in Deutschland werfen. Ich möchte an dieser Stelle und bevor ich in die Details und Umstände der entsprechenden Polizeieinsätze gehe, noch einmal feststellen: Niemand, egal was er*sie vorher getan hat, »verdient« tödliche Schüsse. Die im Folgenden beschriebenen Fälle sind grundverschieden und illustrieren somit, welche Gefahren für alle Bürger*innen, aber insbesondere für verletzbare Gruppen von der Polizei in Deutschland ausgehen:

2. August 2022, Frankfurt am Main: An diesem Dienstagabend lädt der 23-jährige obdachlose Amin F. zwei Prostituierte in das Zimmer 303 im dritten Stock des Stundenhotels »Mosel« im Frankfurter Bahnhofsviertel ein. Die beiden Frauen, die im Hotel in einem anderen Zimmer übernachten, werden später berichten, dass Amin F. sie auf seinem Zimmer zum Drogenkonsum zwingen wollte. Als die beiden Sexarbeiterinnen dies ablehnen, soll F. sie mit einem Messer bedroht haben. Die Frauen können fliehen, kehren in ihr Zimmer zurück und verständigen einige Stunden später die Polizei. Der mutmaßliche Angreifer verbleibt in seinem eigenen Zimmer, die

Tür fest verschlossen. Andere Gäste berichten später, dass die Atmosphäre vor dem Eintreffen der Polizei für einige Stunden ruhig gewesen sei.

Als die Beamt*innen im Hotel erscheinen, brechen sie die Tür von Zimmer 303 auf. Polizist*innen berichten, dass F. aggressiv gewesen sein und unter Drogeneinfluss gestanden haben soll. Auch wird die Polizei später sagen, dass ihnen der obdachlose Mann aus dem Rotlichtviertel Frankfurts kein Unbekannter sei. In seiner Akte stünden Drogendelikte und Auseinandersetzungen mit anderen Obdachlosen. Nachdem die Einsatzkräfte die Zimmertür aufgebrochen haben, hetzen sie zunächst einen aggressiven Polizeihund auf Amin F. Der Hund wird von F. mit dem Messer verletzt, verliert viel Blut und muss später notoperiert werden. Das Tier überlebt den Polizeieinsatz. Amin F. nicht. So steht es in mehreren Meldungen.[2]

Was den weiteren Hergang betrifft, gehen die Schilderungen zeitweise auseinander: Polizist*innen berichten, dass die Situation eskaliert sei. Es sei ein Schuss aus einer Polizeiwaffe gelöst worden, der F. verletzt habe. Er soll daraufhin ins Krankenhaus gekommen und dort verstorben sein. So schildert es zum Beispiel auch ein Sprecher der Polizei Frankfurt dem Hessischen Rundfunk einen Tag nach dem tödlichen Polizeieinsatz. Einen weiteren Tag später gibt es auf journalistische Nachfragen bei der Polizei in Frankfurt neue Erkenntnisse, die der initialen Darstellung der Polizei grundsätzlich widersprechen: Sechs gezielte Schüsse sollen auf Amin F. gefeuert worden sein, gibt nun die Polizeibehörde nach kritischen Recherchen von Journalist*innen zu.[3] Fünf davon trafen den jungen Mann, eine Kugel in den Kopf. F. ist noch im Hotelzimmer an seinen schweren Verletzungen gestorben. Bilder vom Tatort zeigen Zimmer 303. Dort sind neben dem Bett und im Bad Blutlachen erkennbar. Die Spuren, quer durch das Zimmer und das Bad, deuten laut Expert*innen darauf hin, dass der angeschossene Amin F. noch um sein Leben gerungen haben könnte, so berichten es mehrere Medien. Die Staatsanwaltschaft Frankfurt nahm rund zehn Tage später Ermittlungen gegen die anwesenden Polizist*innen wegen Totschlags auf.[4] Die Familie F. erhebt schwere Vorwürfe gegen die Polizei in Frankfurt, sie habe Amin F. gezielt getötet.[5] Anfang Januar 2024 kam heraus, dass F. psychische Probleme hatte und in einer Einrichtung für psychisch erkrankte Menschen untergebracht war.[6]

3. August 2022, Köln: Der stadtbekannte Straßenmusiker Jozef B. hat Mietschulden. Ihm droht die Zwangsräumung, schon mehrfach hat ihn sein Vermieter aufgefordert, die Wohnung im Stadtteil Ostheim zu verlassen. Doch der 48-Jährige gibt an, keine alternative Wohnmöglichkeit zu haben. Eine Gerichtsvollzieherin wird eingeschaltet. Am 4. August 2022 soll die Zwangsräumung stattfinden. Da die Gerichtsvollzieherin vorher von B. verbal und mit einem Schraubenzieher bedroht worden sei, verständigt sie die Polizei. Die Beamt*innen leisten an diesem Tag offiziell Amtshilfe, rammen die Wohnungstür gewaltsam auf und begleiten die Zwangsräumung in der Wohnung.[7] Sie finden Jozef B. mit einem Messer vor. Später wird bekannt: Er stand unter Alkohol- und Drogeneinfluss. Boulevardmedien zeichnen von Jozef B. das Bild eines »Aggro-Mieters«, Menschen die ihn wirklich kannten, beschreiben einen Mann, der während der Corona-Pandemie in den Alkoholismus abrutschte, mehr und mehr verzweifelte und Hilfe brauchte.[8]

B. droht damit, sich selbst umzubringen. Die Beamt*innen setzen – wie so häufig in solchen Situationen – Pfefferspray gegen B. ein. Als die Polizist*innen ihn auffordern, das Messer abzulegen, soll B. auf die Beamt*innen losgegangen sein. Ein Polizist schießt auf B. Er stirbt noch in der Wohnung. Nach dem tödlichen Polizeieinsatz lässt die Polizei Köln mehrfach betonen, dass B. als gefährlich eingeschätzt wurde – von der Polizei Köln selbst.[9] Später wird ebenfalls bekannt, dass B. an einer schweren psychischen Erkrankung gelitten haben soll. Die Staatsanwaltschaft in Köln stellt sechs Monate nach dem tödlichen Polizeieinsatz ihre Ermittlungen gegen die Polizist*innen ein.[10]

7. August 2022, Oer-Erkenschwick: Dieser Ort im Kreis Recklinghausen ist normalerweise etwas verschlafen. Doch in dieser Sonntagnacht erschüttert ein großer, lauter Polizeieinsatz die Kleinstadt am Rand des Ruhrgebiets. Sascha H. soll in seiner eigenen Wohnung randaliert haben. Es gab einen Ehestreit. H. soll unter starkem Drogeneinfluss gestanden haben, wie die Obduktion später bestätigen wird. Anwohner*innen rufen die Polizei. Die erscheint laut Augenzeugenberichten, mindestens eine Stunde nachdem die Ehefrau die Wohnung längst verlassen hatte und wieder Ruhe in der Straße eingekehrt war.[11]

Mehrere Polizist*innen gehen nach oben in die Wohnung, zerren Sascha H. nackt durch das Treppenhaus vor die Haustür, setzen Pfefferspray gegen ihn ein und fixieren ihn auf dem Boden. In einem im Netz veröffentlichten Video, das von einem Balkon gegenüber aufgenommen wurde, ist zu hören, wie Sascha H. laut schreit. Anscheinend vor Schmerzen.[12] Der 39-jährige muskulös-kräftige Mann verliert daraufhin das Bewusstsein und verstirbt kurze Zeit später im Krankenhaus. Alle Wiederbelebungsversuche durch das Rettungspersonal und im Krankenhaus scheitern.[13] Eine Obduktion nach dem Tod des Mannes ergab keine konkrete Todesursache.[14]

Die Szene, wie Sascha H. um sein Leben ringt, beobachten bis zu 150 Zeug*innen in der unmittelbaren Nähe zum Polizeieinsatz auf der Straße von Fenstern und Balkonen aus. Viele Menschen filmen das Geschehen mit ihren Handys. Danach konfiszieren anwesende Beamt*innen einige Smartphones und löschen in mindestens einem Fall aktiv ein Video. Eine Polizistin soll darüber hinaus einen Reporter, der im Auftrag einer Foto-Agentur vor Ort war, aufgefordert haben, Bilder und Videos von seinen Geräten zu löschen. Dem kam der Reporter nicht nach (siehe Kapitel 23). Die Staatsanwaltschaft ermittelt später wegen Nötigung gegen vier anwesende Polizist*innen, gegen acht Beamt*innen wegen Körperverletzung im Amt.[15]

Der vierte Fall der besagten tödlichen Woche ereignet sich am **8. August 2022 in Dortmund**. Der 16-jährige Mouhamed Dramé ist erst kurz vorher als unbegleiteter Minderjähriger aus dem Senegal nach Deutschland geflüchtet und lebt seitdem in einer Jugendeinrichtung an der Holsteiner Straße in der Dortmunder Nordstadt. Der Jugendliche ist von seiner Flucht schwer traumatisiert, er leidet unter massiven Schlafproblemen. Nachts hören andere Jugendliche und Betreuer*innen in der Einrichtung, wie er leise weint, so steht es später in mehreren Berichten zum Fall.[16] Zu Freizeitaktivitäten und Ausflügen muss Mouhamed Dramé aufwendig motiviert werden. Nur eine Sache holt ihn aus seiner depressiven Lage heraus: Fußball. Seine Betreuer*innen hatten deswegen für ihn schon einen Plan entworfen: Mitgliedschaft in einem Fußballverein und regelmäßige Therapiesitzungen. Diesen Maßnahmen soll der Jugendliche zugestimmt haben. Doch bevor er die Hilfe in Anspruch nehmen kann, nimmt sein junges Leben ein jähes Ende.

Ein Betreuer in der Jugendeinrichtung verständigt am Montagnachmittag gegen 16:25 Uhr die Polizei.[17] Dramé sitze im Hof und halte sich ein Messer vor den Bauch. Er drohe damit, sich selbst zu töten, heißt es im Polizeiruf. Dem Sozialarbeiter ist bekannt, dass der Jugendliche psychisch erkrankt ist. Diese Information sollen die Beamt*innen, die kurze Zeit später vor Ort erscheinen, mitgeteilt bekommen haben. Dann geht alles schnell. Zunächst wird aus der Distanz Pfefferspray gegen den verwirrten und suizidgefährdeten Jugendlichen eingesetzt. Dann kommt ein Taser zum Einsatz. Wenige Augenblicke später liegt Mouhamed Dramé auf dem Boden. Mehrere Schüsse trafen den Jugendlichen in den Oberkörper. Eine Notoperation kann ihn nicht mehr retten. Kurze Zeit später wird er von Ärzt*innen im Dortmunder Klinikum Nord für tot erklärt.

Die Polizei Dortmund gibt zu diesem Einsatz noch am selben Tag eine Pressemitteilung heraus, die mehrere Medien inhaltlich in großen Teilen übernehmen.[18] In der Darstellung der Polizeibehörde heißt es: Mouhamed Dramé habe die zwölf anwesenden Beamt*innen mit dem Messer bedroht und versucht, sie anzugreifen. Die Polizist*innen hätten Angst um ihr Leib und Leben gehabt und in Notwehr gehandelt. Der Einsatz von Reizgas (also Pfefferspray) und einem Elektroschockgerät habe keine Wirkung gezeigt. Erst danach hätte einer der anwesenden Beamt*innen zu seiner Waffe gegriffen und auf Dramé geschossen. Diese ursprüngliche Meldung ist Monate später nicht mehr im öffentlich zugänglichen Archiv der Polizei Dortmund aufzufinden und wurde mutmaßlich gelöscht.[19]

Denn mehrere investigative Recherchen, aktivistischer Protest und journalistische Nachfragen bei den Behörden und der ermittelnden Staatsanwaltschaft entlarvten in den darauffolgenden Wochen und Monaten diese initiale Darstellung durch die Polizei als Lügenkonstrukt. Entscheidende Details wurden ausgelassen, Angaben stimmten nicht mit dem tatsächlichen Verlauf des tödlichen Polizeieinsatzes überein. Zunächst ist die Information wichtig, dass es sich bei der Tatwaffe um eine Maschinenpistole vom Typ MP5 des Herstellers Heckler und Koch handelte. Üblicherweise sind Polizist*innen in Nordrhein-Westfalen mit nicht automatischen Schusswaffen vom Typ Walther P99 ausgestattet, bei denen vor jedem einzelnen Schuss der Abzug erneut betätigt werden muss.[20] Seit Juli 2018 gibt das Innenministerium in Düsseldorf an, seien Beamt*innen in NRW aufgrund einer »gegenwärtigen abstrakten Terrorgefahr in Deutschland« zusätzlich mit Maschinenpistolen ausgestattet (siehe Kapitel 6). Für Mouhamed Dramé endete diese Aufrüstung tödlich.

An dieser Stelle möchte ich mit allen bekannten und abgesicherten Fakten den Tathergang am 8. August 2022 ab 16:25 Uhr rekonstruieren: Als die zwölf Polizist*innen am Hof der Jugendeinrichtung eintreffen, hockt Mouhamed Dramé in einer Ecke. Es ist wichtig zu betonen, dass die Beamt*innen nicht auf dem Hof, sondern hinter einem Zaun am Hof standen. Die Polizist*innen waren für die meiste Zeit, bis zur Erschießung also, durch die dicken Eisenstangen des Zauns vom Jugendlichen getrennt. Es bestand währenddessen keine Gefahr für die Beamt*innen. In seiner Hand, es ist nicht klar, ob rechts oder links, hält Mouhamed Dramé das besagte Messer. Er blickt laut Zeugenaussagen auf den Boden. Bekommt zunächst nicht mit, dass er von den Polizist*innen hinter dem Zaun angesprochen wird. Ein Polizist fragt Dramé auf Spanisch, ob es ihm gut gehe. Dramé reagiert darauf nicht.[21] Später wird in der Berichterstattung deutlich, dass es vonseiten der Polizei keinen Versuch gab, sich Dramé zu nähern, deeskalierend auf ihn einzuwirken, den Selbstmordversuch des Jugendlichen gewaltfrei aufzulösen, wie es sich in so einer Situation gehört.

Im Gegenteil: Laut Auswertung des Polizeifunks dauert es etwas weniger als zwei Minuten, bis die Einsatzleitung den Befehl gibt, das Pfefferspray einzusetzen. Da der Befehl zunächst akustisch nicht verständlich ist, wiederholt der Leiter seine Anweisung über Funk. Er sagt, dass die ganze Flasche Reizgas genutzt werden soll. Erst nachdem ein Beamter das Gas versprüht, rührt sich Dramé, richtet sich laut Zeug*innen langsam auf und geht Schritt für Schritt in Richtung der Beamt*innen. Die, und das nur als Erinnerung an dieser Stelle, mehrere Meter entfernt hinter einem Zaun stehen. Zwei Beamt*innen feuern daraufhin mit einem Taser auf Dramé. Dann ertönen sechs Schüsse aus der Maschinenpistole eines anwesenden Polizisten. Fünf Schüsse treffen Mouhamed Dramé: in den Bauch, in den Kiefer, in den Arm und die Schulter.[22] Er fällt zu Boden, windet sich vor Schmerzen. Die Beamt*innen legen ihm Handschellen an und nehmen sie erst ab, als die Sanitäter*innen vor Ort ankommen. Mouhamed Dramé stirbt kurze Zeit später im Krankenhaus.

Relevant bei dieser Rekonstruktion sind die Abstände zwischen der ersten Ansprache der Polizist*innen nach ihrem Eintreffen, dem Einsatz des Pfeffersprays, des Tasers und den tödlichen Schüssen auf Mouhamed Dramé. Laut mehreren Rekonstruktionen des Falls, unter anderem des Westdeutschen Rundfunks, der *taz* und des *Spiegels*, eskalierte die Lage erst, nachdem das Reizgas eingesetzt wurde. Dramé habe danach überhaupt erst gemerkt, dass die Polizei anwesend war, und sich aus der Ecke heraus nur in Richtung der Beamt*innen beweget. Ein Adjektiv ist in diesem Zusammenhang ebenfalls wichtig: langsam. Dramé hat sich nicht schnell bewegt, geschweige denn die Beamt*innen angegriffen, wie zuerst von der Polizei behauptet. Über die exakte Reihenfolge und die zeitlichen Abstände während des Einsatzes könnten die Bodycams der Polizist*innen Aufschluss geben. Allerdings waren alle an den Uniformen befestigten Kameras ausgeschaltet. Die Polizei Dortmund wird später behaupten, die Polizist*innen hätten in der Stresssituation schlicht vergessen, ihre Bodycams einzuschalten (siehe Kapitel 21).

Da einer der anwesenden Zeug*innen die 110 gewählt hatte und die ganze Zeit am Hörer geblieben ist, existiert vom Einsatz eine

Tonspur. Laut Auswertungen lagen zwischen dem Abfeuern des Tasers und des ersten Schusses aus der Maschinenpistole exakt 0,717 Sekunden: Null Komma sieben eins sieben Sekunden. Das ist weder Zeit für eine Eskalation vonseiten von Mouhamed Dramé noch einer gebotenen Deeskalation vonseiten der Polizei. Nur 0,717 Sekunden nach dem vermeintlich nicht tödlichen Einsatz des Elektroschockgeräts (siehe dazu Kapitel 21) hat es gedauert, bis sich einer der Polizist*innen entschieden hat, seine Waffe zu betätigen, die eigentlich für gefährliche Terroreinsätze gedacht ist. Im Februar 2023 erhebt die Staatsanwaltschaft Dortmund gegen fünf Polizist*innen Anklage, gegen einen von ihnen wegen Totschlags.[23] Der Prozess begann im Dezember 2023 am Dortmunder Landgericht.[24] Mehrere Kriminolog*innen, unter ihnen der renommierte Bochumer Professor Thomas Feltes, kritisieren den Polizeieinsatz und sehen die Schuld am Tod von Mouhamed Dramé bei der Polizei.[25] Beim Prozess behauptete einer der angeklagten Beamt*innen, dass für ihn die Hautfarbe von Mouhamed Dramé keine Rolle spielte.[26] »Mein Mandant und seine Familie sind durch dieses Strafverfahren sehr belastet«, gab der Anwalt des Polizisten zu Protokoll.[27]

Die tödlichen Polizeieinsätze aus Oer-Erkenschwick und Dortmund verbindet eine skurrile Konstellation: »Aus Neutralitätsgründen« ermittelt die Polizei Dortmund im Fall Sascha H. gegen die zuständige Polizei Recklinghausen, nach dem Tod von Mouhamed Dramé ermittelt die Polizei Recklinghausen gegen die zuständige Polizei in Dortmund. Tage nach dem Polizeieinsatz in Oer-Erkenschwick meldeten sich Beamt*innen aus Dortmund und Recklinghausen bei Augenzeug*innen zum Fall Sascha H. Während die Dortmunder Polizist*innen angegeben haben zu ermitteln, löschten Beamt*innen aus Recklinghausen weiter Beweismaterial auf Geräten von Zeug*innen. Eine Spezialfirma wird später von der Staatsanwaltschaft und Anwält*innen beauftragt, die gelöschten Daten aus den konfiszierten Handys aufwendig wiederherzustellen.[28] Der Verdacht einer Verquickung von Interessen von beiden Polizeibehörden liegt in der Luft, vielleicht sogar auf der Hand.

Amin F., Jozef B., Sascha H. und Mouhamed Dramé sind nur vier von sehr vielen Fällen tödlicher Polizeigewalt in Deutschland. Mir war es wichtig, diese Fälle faktenbasiert und zumindest ansatzweise auszuerzählen. Hinter den Namen von Opfern tödlicher Polizeigewalt stehen Menschen, sie haben Geschichten, hatten ein Leben, Angehörige, bis heute ein Anrecht auf Aufklärung. Es gibt Fälle von tödlich endenden Polizeieinsätzen im Kontext von Geiselnahmen und Schusswechseln mit Mitgliedern der Organisierten Kriminalität oder extremistischen Strukturen. Tödliche Polizeigewalt, das zeigt diese eine Woche Anfang August 2022, kann aber theoretisch jede Person treffen. Es gibt laut Kriminolog*innen mehrere Muster, bei denen es am Ende von Polizeieinsätzen Tote zu beklagen gibt und bei denen immer wieder Faktoren auftauchen, die Menschen in Anwesenheit von Polizist*innen besonders verletzbar machen: Obdachlosigkeit, psychische Erkrankungen, Drogenkonsum (zum Beispiel Alkohol), Armut, Sprachbarrieren, Betroffenheit von Rassismus.

In einigen Fällen können auch mehrere dieser Kriterien gleichzeitig vorkommen. Oft spielt allerdings eine psychische Erkrankung und die mangelnde polizeiliche Qualifikation, darauf zu reagieren, eine zentrale Rolle, wie ein durch das Rechercheportal *fragdenstaat.de* veröffentlichtes Geheimpapier der Polizei in NRW sogar offiziell bestätigt.[29] Laut dem Polizeiforscher Thomas Feltes waren in den vergangenen Jahren drei Viertel der Opfer tödlicher Polizeigewalt psychisch erkrankt.[30] Die Gefahr für Menschen in psychischen Ausnahmesituationen besteht in allen Bundesländern. Zum Beispiel in Bremen, wo die Polizei im Juni 2020 den marokkanischen Staatsbürger Mohamed Idrissi erschossen hat. Medienberichten zufolge wurde die Polizei gerufen, weil der psychisch erkrankte Idrissi mit einem Messer in der Hand in einem Hof Nachbarn angeschrien haben soll. Anstatt mit dem sozialpsychiatrischen Dienst deeskalierend auf Idrissi einzuwirken, endete dieser Einsatz, nachdem der Polizist Pfefferspray in Mohamed Idrissis Gesicht gesprüht hatte, mit tödlichen Schüssen. Der ganze Vorgang ist in einem Handyvideo dokumentiert und erinnert an die Tötung von Mouhamed Dramé. Hier ist ein Muster zu erkennen.

Die Fälle wiederholen und ähneln sich: Im niedersächsischen Nienburg wurde Ende März, am Ostersamstag 2024, der 46-jährige Gambier Lamin Touray von Polizist*innen erschossen. Laut Obduktionsbericht trafen ihn acht Schüsse, zwei davon tödlich. Laut Augenzeugenberichten sei Touray zuvor in einer psychischen Ausnahmesituation gewesen, er habe Menschen in seinem Umfeld bedroht, sei zeitweise mit einem Messer bewaffnet gewesen. Seine beiden engsten Vertrauten berichten, dass Lamin Touray unter psychischen Problemen gelitten habe. Kurz vor seinem Tod habe Touray »neben sich gestanden und wirre Dinge geredet«. Er habe professionelle psychologische Hilfe gebraucht. Es war laut einem Bericht der *taz* Lamin Tourays Freundin selbst, die am Ostersamstag 2024 »aus Sorge, dass dessen psychischer Zustand eine Gefahr für ihn selbst sein könnte«, den Notruf 112 gewählt hat. Statt eines Krankenwagens kamen mehrere Polizist*innen. Auf einem Handyvideo ist die Szene festgehalten, wie Touray hinter einem Gartenzaun erschossen wird. Eine Nachbarin berichtete der *taz* danach, wie die nackte Leiche von Lamin Touray ohne Sichtschutz auf der Terrasse gelegen habe. Ihre Kinder hätten alles gesehen und seien zutiefst verstört. »Mit Menschenwürde oder auch nur Respekt vor Toten hatte das nichts zu tun«, so lauteten die Worte der Nachbarin. Tourays Freundin fasste den Fall so zusammen: »Statt zu helfen, haben sie ihn wie ein Tier im Wald erschossen.« Ein weiterer Bekannter von Lamin Touray bestätigte diese Schilderungen. Es wurden dienstrechtliche Ermittlungen gegen einen Diensthundeführer der Polizei eingeleitet.[31] Nach den tödlichen Schüssen ermittelte das benachbarte Polizeirevier Verden gegen die Beamt*innen in Nienburg.[32]

Auch im Fall des 47-jährigen getöteten Ante P.[33] in Mannheim im Mai 2022 spielte eine psychische Erkrankung eine Rolle. Polizeibeamt*innen wurden damals von einem Arzt herbeigerufen, weil P. aus der Psychiatrie entflohen war und Hilfe brauchte. Die Polizei machte sich zusammen mit dem Arzt auf die Suche und fand Ante P. neben einem Supermarkt in der Innenstadt von Mannheim vor. Dort war P. bekannt, er sei immer friedlich geblieben, geben Zeug*innen später an. Dennoch wendeten die Beamt*innen Gewalt gegen den

Patienten der Psychiatrie an, der kurze Zeit später im Krankenhaus verstarb.[34] Auf Videos[35] ist zu sehen, wie einer der Beamt*innen auf den Kopf des Mannes einschlägt. Ein medizinisches Gutachten wird später zeigen, dass die Todesursache »im Rahmen eines gewaltsamen Übergriffs« durch die Polizei zu betrachten ist: »Der 47-Jährige ist an den Folgen einer lage- und fixationsbedingten Atembehinderung mit darauf folgender Stoffwechselentgleisung in Kombination mit einem Ersticken durch eine Blutung in die oberen Atemwege gestorben.«[36][37] Im polizeilichen Umgang mit psychisch erkrankten Menschen häufen sich die Fälle von tödlicher Gewalt durch Uniformierte gegen diese besonders verletzbare Gruppe.

Im Februar 2024 konnte ich mit dem Stuttgarter Anwalt Engin Sanli sprechen, der im Fall von Ante P. vor Gericht die Nebenklage vertreten hat. Sanli berichtete mir von einer speziellen Ermittlungsgruppe der Mannheimer Polizei, die das Netz nach Beweisvideos durchforstet habe – um die Urheber der Aufnahmen abzumahnen und anzuzeigen. Ich konnte auch mit einer Mannheimer Augenzeugin sprechen, die mir berichtete, wie Beamt*innen noch am Tatort Menschen eingeschüchtert haben sollen, Aufnahmen zu löschen. Viele Menschen seien aus Angst diesen Anweisungen gefolgt – obwohl die Videodokumentation solcher Situationen unter Umständen legal ist (siehe Kapitel 23). Engin Sanli berichtete mir, wie während des Prozesses am Landgericht Mannheim Beamt*innen in Zivil auf der Zuschauer*innentribüne Platz genommen haben, um ihre Kolleg*innen zu unterstützen. Sie hätten zwischendurch gelacht, Grimassen geschnitten, seien ohne große Kontrollen in den Gerichtssaal gelangt, was wiederum das Sicherheitsgefühl anderer Anwesender beeinträchtigt habe. Das Gericht habe mit einigen Anmerkungen seine Voreingenommenheit gegenüber der Polizei durchscheinen lassen, so habe der Richter formuliert, dass Polizisten ihre Rechte und Pflichten kennen würden, anstatt sie vor Gericht ordentlich zu belehren. Für die Polizist*innen, berichtete Sanli, seien mithilfe der Polizeigewerkschaft drei teure Gegengutachten angefertigt worden, die »einen plötzlichen Herzstillstand von Ante P.« beschrieben haben. So sollten die Beamt*innen entlastet werden. Anfang März 2024 verurteilte das Landgericht Mannheim den Hauptangeklagten zu einer Geldstrafe von 120 Tagessätzen à 50 Euro wegen Körperverletzung im Amt. Sein ebenfalls angeklagter Kollege wurde vom Vorwurf der fahrlässigen Tötung durch Unterlassen freigesprochen.[38] Mit diesem milden Urteil, und darum geht es oft, wenn solche Fälle überhaupt vor Gericht landen, können beide Polizisten im Dienst bleiben.

Aufgrund eines richterlichen Beschlusses soll Medard Mutombo am 14. September 2022 in einer geschlossenen Psychiatrie untergebracht werden. Um den Beschluss umzusetzen, fahren mehrere Polizist*innen zu dem Wohnheim, in dem der 64-jährige Mutombo seit mehr als zwanzig Jahren in Berlin-Spandau wohnt. In einer Pressemitteilung am 22. September 2022 entschließt sich die Berliner Polizei, den Fall überhaupt erst öffentlich zu machen. Die Polizist*innen seien um Amtshilfe gebeten worden, da Mutombo sich gegen seine Einweisung in die Psychiatrie gewehrt habe, heißt es darin. Daraufhin, so die Darstellung der Polizei, sei Medard Mutombo kollabiert. Seine Familie, insbesondere sein Bruder wurden darüber erst später informiert. Da lag Mutombo schon im Koma, mindestens 25 Minuten habe er während des Polizeieinsatzes einen Herzstillstand erlitten, heißt es in der medizinischen Akte, aus der die *taz* zitiert. Am 6. Oktober 2022 stirbt Mutombo in der Berliner Charité, und für seine Angehörigen beginnt ein langer Kampf um Aufklärung.[39] Die näheren Umstände des Todes müssten eigentlich durch eine neutrale Instanz geklärt werden. Zunächst stellte die Berliner Staatsanwaltschaft ihre Ermittlungen gegen die beteiligten Polizist*innen aber ein, nach einer Beschwerde von Mutombos Bruder nahm sie die Ermittlungen Monate später im August 2023 wieder auf.[40] Bei diesem Fall steht die Aufklärung ganz am Anfang und wird mit hoher Wahrscheinlichkeit nur erfolgen, wenn die Angehörigen ebendiese hartnäckig und ausdauernd einfordern.

Es ist oft eine Mischung aus Überforderung, der teils undurchdachten, automatisierten, teils gezielten, intentionalen Anwendung von Zwang und schlichten vorurteilsgeladenen Weltsichten gegenüber Obdachlosen oder psychisch Erkrankten, die Polizeigewalt tödlich enden lässt. Manchmal ist es auch nur Rassismus, wie der gut recherchierte Fall von Oury Jalloh zeigt (siehe Kapitel 7), der Tod von Amad Ahmad (siehe Kapitel 8) oder der Fall von Mike Ben Peter, der in Lausanne erstickte, nachdem Polizist*innen am 28. Februar 2018 minutenlang auf seinem Körper knieten.[41]

Eine Recherche von *Zeit Online* hat Anfang 2023 ergeben, dass die Polizeibehörden in Deutschland nicht wissen, wie viele Menschen sie bisher insgesamt bei Einsätzen getötet haben. Oder wollen sie es nicht wahrhaben? Die Behörden in den Ländern und im Bund führen schlicht keine Statistiken zu diesem Aspekt des Polizeiproblems.[42] Zivilgesellschaftliche Initiativen, lokale (migrantische) Antifa-Gruppen und wissenschaftliche Projekte sammeln Informationen separat in jeweils unvollständigen Datenbanken. So zum Beispiel das an der Humboldt Universität angesiedelte Projekt »Bürgerrechte und Polizei/CILIP«[43], das als Reaktion auf die autoritäre Sicherheitspolitik unter Bundeskanzler Helmut Schmidt schon Mitte der 1970er-Jahre gegründet wurde (siehe Kapitel 6). Das Projekt dokumentiert dabei nur jene Menschen, die durch Schüsse umgekommen sind. Zwischen 1976 und 2023 sollen es in Westdeutschland und später in der wiedervereinigten Bundesrepublik mehr als 477 Todesopfer gewesen sein. Fälle wie der von Sascha H. oder Medard Mutombo, bei denen keine Schüsse gefallen sind, tauchen in dieser Erhebung gar nicht auf. Es folgt für jedes Jahrzehnt ein exemplarischer Fall aus dieser Datenbank. Ich habe dazu weitere Fakten aus anderen Archiven zusammengetragen:

Maximilian Wichert, 35 Jahre, erschossen am 17. Mai 1979 in München: Bei der Festnahme durch zwei Polizist*innen im Dunkeln soll Wichert angeblich in seine Jackentasche gegriffen haben. Die beiden Beamt*innen vermuten eine Waffe und schießen. Später stellt sich heraus, dass Wichert unbewaffnet gewesen ist. Die Polizei München und die Staatsanwaltschaft behaupten dennoch, dass die Polizist*innen in Notwehr gehandelt hätten.

Kemal C., 13 Jahre, erschossen am 30. Juni 1989 in Essen: Kemal C. flüchtet nach einem von ihm verursachten Verkehrsunfall in einem Auto, das er selbst fährt. Es kommt zu einer Verfolgungsjagd durch den Essener Stadtteil Frohnhausen. C. wird gestellt. Bei einer Rangelei mit einem Polizisten greift Kemal C. nach der Dienstwaffe des Beamten. Zwei Beamt*innen erschießen den Jugendlichen.[44]

Klaus-Heinz Dittrich, 32 Jahre, erschossen am 19. August 1993 in Marienwerder, Brandenburg: Nach einer Verfolgungsjagd versucht ein entflohener Straftäter durch den Oder-Spree-Kanal zu entkommen. Zwei Beamte schießen auf Klaus-Heinz Dittrich, der nach einem Treffer in den Kopf im Kanal ertrinkt.

Dirk P., 38 Jahre, erschossen am 26. Dezember 2009 in Hamburg: Der psychisch erkrankte Dirk P. randaliert in seiner Wohnung. Seine Mutter versucht ihn vergeblich zu beruhigen. Nachbar*innen rufen die Polizei. Die eingetroffenen Beamt*innen brechen die verbarrikadierte Wohnungstür auf. Daraufhin greift Dirk P. sie mit einem Küchenmesser an. Zunächst wird Pfefferspray von einem der Polizist*innen versprüht, dann schießt ein Beamter und trifft Dirk P. tödlich in den Oberkörper. Die Mutter hatte die Polizei vor dem Einsatz auf die psychische Erkrankung ihres Sohnes hingewiesen.

Hussam Fadl, 29 Jahre, erschossen am 27. September 2016 in Berlin: Die Polizei wird nach einem Vorfall von sexualisierter Gewalt gegen die Tochter von Hussam Fadl in eine Unterkunft gerufen, in der die geflüchtete Familie Fadl untergebracht ist. Die Polizei nimmt den Täter fest und setzt ihn in einen Streifenwagen. Hussam Fadl stößt dazu. Daraufhin schießen mehrere Polizist*innen viermal auf den Vater, ein Schuss trifft ihn in den Rücken. Hussam Fadl stirbt. Die Polizei begründet die Schüsse mit Notwehr: Hussam Fadl soll ein Messer bei sich getragen haben. Dem widersprechen mehrere Augenzeug*innen. Ein später am Tatort sichergestelltes Küchenmesser weist keine Fingerabdrücke von Hussam Fadl auf.[45]

Soner Atasoy, 41 Jahre, erschossen am 22. Juni 2021 in Frankfurt am Main: Die Polizei wird wegen einer »Gefährdungslage« in einem Wohnhaus alarmiert. Die Behörde wird später behaupten, Atasoy habe ein Messer und eine Schusswaffe getragen. Angehörige und Anwält*innen bestreiten dies. Atasoy habe lediglich ein Taschenmesser in seiner Weste stecken gehabt und mit den Beamt*innen sogar gescherzt. Dennoch werden mehrere Schüsse auf ihn abgegeben. Es kommt zu einem Gerangel mit den Polizist*innen. Atasoy kann einem Beamten die Waffe entreißen und kehrt in seine Wohnung zurück. Ein SEK wird hinzugezogen. Soner Atasoy wird leblos auf dem Boden seiner Wohnung vorgefunden. Die Obduktion ergibt, dass er nach einem polizeilichen Schuss verblutet ist.

Diese und weitere Archive sind wichtig, um die Kontinuitäten der polizeilichen Gewalt in Deutschland aufzuzeigen. Diese wurde in der Öffentlichkeit vor allem mit dem Aufkommen von (Handy-)Videos und Sozialen Medien sichtbar(er) – was nicht bedeutet, dass vor dieser technischen Entwicklung keine Polizeigewalt existiert hätte (siehe Kapitel 23). Darüber hinaus braucht es aber auch einen kritischen Blick auf den Umgang, den die Polizei selbst mit diesem Problem pflegt.

Bei vielen Fällen, in denen Polizist*innen entweder von ihren Waffen tödlichen Gebrauch gemacht oder anderweitig mit Gewalt auf ihre Opfer eingewirkt haben, ist ein weiteres Muster zu erkennen, das in mehreren beschriebenen Fällen in diesem Kapitel vorkam. Wer aufmerksam mitgelesen hat, wird also nicht verwundert sein: Die nicht akkurate Darstellung der tödlichen Polizeieinsätze und die Manipulation von Beweismitteln durch die Polizei selbst stehen einer unabhängigen Aufklärung in den einzelnen Fällen oft im Weg. »Nicht akkurat« ist dabei eine von mir sehr diplomatisch gewählte Formulierung. Aktivist*innen sagen, dass Polizeibehörden in Deutschland systematisch lügen, um Polizeigewalt zu vertuschen. Die falschen Darstellungen werden heutzutage allerdings oft aufgedeckt, weil eine laute Öffentlichkeit entstanden ist, die polizeikritischen Aktivismus und Journalismus fördert. An folgendem Beispiel möchte ich erneut zeigen, warum es so wichtig ist, immer kritisch auf die Darstellung der Polizei zu schauen und dabei mehrere unabhängige Quellen einzubeziehen (siehe auch Kapitel 9).

Am 11. April 2023 nimmt die Polizei den Moldawier Vitali N. im brandenburgischen Königs Wusterhausen unweit von der Berliner Stadtgrenze fest. N. besitzt die bulgarische Staatsbürgerschaft und darf damit in der Europäischen Union arbeiten. Erst seit wenigen Tagen ist er hier in Brandenburg gemeldet. Laut Recherchen der *taz*[46], die von weiteren Medien bestätigt und ergänzt wurden[47], stellt sich der Polizeieinsatz an diesem Tag wie folgt dar:

Anwohner*innen haben die Polizei gerufen, als sie Vitali N. auf einem Grundstück bemerkt haben, sie beschreiben einen aggressiven Mann in einem Treppenhaus. Später wird in einer Polizeimeldung stehen: »Ein Mann hat sich unberechtigt auf einem Grundstück aufgehalten, auf Gegenstände und Autos geschlagen. Er verhielt sich aggressiv, biss.«[48] Als die Polizist*innen eintreffen, wird Vitali N. direkt überwältigt und auf dem Boden fixiert. Anwohner*innen helfen sogar den Beamt*innen dabei, sollen ihn ebenfalls auf den Boden gedrückt haben. Jemand drückt den Kopf von Vitali N. lange Zeit in feuchte Erde. N. wird bewusstlos, muss laut Berichten später vor Ort reanimiert und in ein Krankenhaus in Berlin-Neukölln gebracht werden, wo er am nächsten Tag an seinen Verletzungen stirbt. Ein Notarzt notiert in einem Bericht, dass in der Nase und im Mundbereich von Vitali N. Matsch vorgefunden wurde, außerdem sei der Mann von dem Arzt bewusstlos in Handschellen und in Anwesenheit der Polizist*innen aufgefunden worden. Gefesselte, bewusstlose Menschen haben ein höheres Risiko zu ersticken und an Hirnschäden zu sterben. Diese Befunde lassen vermuten, dass Vitali N. aufgrund der äußeren Einwirkung beim Polizeieinsatz gestorben ist. Die Obduktion zeigte allerdings, dass in der Lunge selbst keine Erdrückstände gefunden wurden.

Und es tauchen weitere Ungereimtheiten auf: Obwohl keine staatsanwaltliche Anordnung vorliegt, reisen Polizist*innen aus Königs Wusterhausen nach Berlin und beschlagnahmen die Kleidung und eine Blutprobe von Vitali N. Die zuständigen Behörden schieben sich wochenlang die Verantwortung zwischen den Landesgrenzen von Berlin und Brandenburg zu. Die zuständige Staatsanwaltschaft in Cottbus ist für Nachfragen nicht erreichbar. Die Behörden lassen mehrere journalistische Anfragen unbeantwortet. Vitali N. stirbt am 12. April 2022 um 17.57 Uhr im Klinikum Neukölln. Er soll allein gewesen sein. Die Polizei habe keine Angehörigen ermitteln können, heißt es. Später werden Journalist*innen mit dem Bruder von Vitali N. über das Leben des als ruhig beschriebenen Mannes und seine Todesursache beim Polizeieinsatz ausführlich sprechen. Eine Recherche der *taz* vom Dezember 2023[49] mit der Perspektive des Anwalts der Familie stellt in den Raum, dass die beteiligten Polizist*innen »gelogen und sich abgesprochen« haben sollen, die Ermittlungen zum Fall durch die Staatsanwaltschaft Cottbus seien »tendenziös und unbrauchbar«.

Legt man die erste Darstellung der Polizei nach ihrem Einsatz neben diese Recherchen, klingt die Perspektive der Polizei mehr als nur verkürzt: Am 12. April 2022 beschreibt die Polizei in Königs Wusterhausen in einer knappen Pressemitteilung, dass ein Mann »plötzlich ohnmächtig geworden« sei. Während der Notarzt noch zum Einsatzort unterwegs gewesen sei, hätten die Polizist*innen den Mann wiederbelebt. Ein weiterer Fall, warum Darstellungen der Polizei zumindest mit Vorsicht zu betrachten sind.

18

»Leute Leute Leute … ihr seid doch total durch. Und genau deswegen mag ich euch«

Die Kombination aus rechten bis rechtsextremen ideologischen Ansichten in den Reihen der Polizei (siehe Kapitel 11), einer strukturell angelegten Tendenz zur Gewaltanwendung (siehe Kapitel 16 und 17) und der *Cop Culture* (siehe Kapitel 5) bietet den idealen Nährboden für organisierte rechtsextreme Netzwerke innerhalb von Polizeibehörden. Die in den vergangenen Jahren aufgedeckten rechtsextremen Chats unter Polizist*innen illustrieren das besonders deutlich. Ich möchte diesem Phänomen hier ein ganzes Kapitel widmen. Denn es sind mehr als nur alberne GIFs und witzige Sprüche (Polizeihumor ist sehr speziell), wie die chattend ertappten Polizist*innen selbst oft behaupten. Diese Chats gehen über sprachlich geäußerte Menschenfeindlichkeit hinaus – als wäre diese nicht schon schlimm genug –, sie touchieren den Kern des Polizeiproblems, wie ich später erläutern möchte.

Erst mal zu den Dimensionen: Es sind viele Chats, sehr viele Chats, die in den vergangenen Jahren aufgeflogen sind. Große und kleine, städtische und ländlich geprägte, west-, ost-, süd-, nord- und mitteldeutsche Polizeibehörden sind betroffen, was den strukturellen Charakter dieses Problems unterstreicht. Essen[1], Berlin[2], Schwerin[3], Freiburg[4], Ulm[5], Koblenz[6], Frankfurt am Main[7], Leipzig[8], München[9], Münster[10], Köln, Aachen, Dortmund[11], Duisburg, Mühlheim an der Ruhr[12], Magdeburg[13] … die Liste ist sehr lang, und das sind ja auch nur jene Fälle, die bekannt geworden sind.

Anfang 2021 gab es zum Beispiel einen Verdacht gegen 251 Polizist*innen in NRW, sich in rechtsextremen Kreisen, vor allem in Chats, menschenverachtend und verfassungsfeindlich geäußert und vernetzt zu haben.[14] In Berlin wurden Anfang 2023 exakt 101 Ermittlungsverfahren innerhalb der Polizeibehörde der Hauptstadt in Sachen rechtsextreme Chat-Gruppen gezählt.[15] Mitte 2022 wurden allein in Hessen 67 rechtsextreme Chatgruppen unter Polizist*innen dokumentiert.[16] Ein Skandal mit Epizentrum in Mecklenburg-Vorpommern, auf den ich gegen Ende dieses Kapitels zurückkommen werde, löste zwischen 2017 und 2022 zahlreiche bundesweite Ermittlungen aus. Rechtsextreme Chat-Gruppen unter Polizist*innen sind also keine Einzelfälle.

An dieser Stelle möchte ich darauf hinweisen, dass im Folgenden aus dokumentarischen Gründen ungefiltert aus rassistischen, antisemitischen und geschichtsrevisionistischen Polizeichats zitiert wird. Es ist wichtig, einen ungetrübten Blick in die Gedankenwelt jener Polizist*innen zu werfen, die sich sicher genug gefühlt haben, ihre rechtsextremen Einstellungen in Chat-Gruppen zu teilen. Für meine Beweisführung habe ich mich dazu mit Expert*innen ausgetauscht und entschieden, dass ich in diesem Kapitel die Chats in Teilen abbilden werde. Eigentlich möchte ich die dahinterstehende polizeiliche Menschenfeindlichkeit tunlichst nicht reproduzieren, doch es scheint mir notwendig, um aufzuzeigen, wie viele Polizist*innen denken, demnach auch naheliegend handeln. Es ist ein Spagat zwischen dem Respekt vor der Menschenwürde verletzbarer Minderheiten und journalistisch-dokumentarischer Arbeit, die die Realität abzubilden hat.

In der Essener Polizeibehörde flogen in den Jahren 2020 und 2021 gleich mehrere Fälle im Zusammenhang rechtsextremer Chats mit heftigen Inhalten auf – nebenbei und zufällig. Eigentlich wurde innerhalb der Polizei ein Maulwurf gejagt, der Informationen an einen Journalisten weitergegeben haben soll. Die Ermittler*innen stießen auf dem privaten Handy des 32-jährigen Polizisten zufällig auf die rechtsextremen Chats. Von diesen dokumentierten Gesprächen unter Polizist*innen haben wiederum mehrere Medien Wind bekommen und darüber berichtet.

Es tauchten mit toxischer Männlichkeit vollgepumpte Namen von Chatgruppen auf: »Alphateam«, »Anton«, »A-Team« und »Best of A-Team« (siehe auch Kapitel 4). Insgesamt machte das gesicherte Datenvolumen aus diesen Chats 18,5 Terabyte aus. Für alle, die wenig IT-Expertise besitzen: Das ist unglaublich viel, in handelsübliche Handy-Datenspeicher umgerechnet rund 720 moderne Smartphones unter anderem mit rechtsextremen Texten, Bildern, Videos oder Sprachnachrichten. Im September 2020 sah sich NRW-Innenminister Herbert Reul, der sich stets schützend vor seine Polizist*innen stellt, auf öffentlichen Druck hin gezwungen, 29 Beamt*innen zu suspendieren. 25 von ihnen arbeiteten bei der Polizei in Essen.[17] Reul sprach von »übelster und widerwärtigster neonazistischer, rassistischer und flüchtlingsfeindlicher Hetze« in den Chats. Wenn der Innenminister das so formuliert, muss es sehr, sehr schlimm sein.

In einer Chat-Nachricht wurde ausführlich beschrieben, wie geflüchtete Menschen in Gaskammern von fiktiven und historischen Konzentrationslagern getrieben werden sollten. Als »Endlösung«. Vor allem muslimische Geflüchtete sollten nach dem Vorbild des Massenmords an den Jüdinnen*Juden Europas vergast werden, so schilderte es mir eine vertrauensvolle Quelle während meiner Recherchen. Jemand soll dementsprechend geschrieben haben: »Lass mal heute sechs Illegale erschießen! Heil Hitler! Hahaha!«

Die Shoah diente den Polizist*innen als Blaupause. Die Beamt*innen machten Witze und verteilten Herzchen für diese Menschenverachtung. Schwarze Menschen wurden im Chat routiniert mit dem

N-Wort bezeichnet, als Tiere dargestellt, ent-humanisiert. Sie sollten laut einigen Chat-Teilnehmer*innen in einer Reihe aufgestellt und erschossen werden. So wie damals im Krieg. Einige Polizist*innen in der Gruppe fantasieren sich in einen Krieg um ihre weiße Vorherrschaft und Überlegenheit, im Sinne der vermeintlich notwendigen Verteidigung ihres Abendlandes, so scheint es. Zu den Worten lieferten einige Mitglieder der Chat-Gruppe montierte Bilder, die diese gefährliche und extreme Ideologie propagandistisch unterstreichen sollten. Da waren Geflüchtete in Gaskammern und Schwarze Menschen vor Erschießungskommandos abgebildet, der Anblick dieser Bilder ist mehr als nur verstörend. Es sind polizeiliche Genozid-Fantasien, die in diesen Chats gepflegt wurden.

Hinzu kamen antisemitische Verschwörungstheorien, die nahelegen sollten, dass beispielsweise die Bundesregierung angeblich von dunklen Mächten gelenkt werde (siehe auch Kapitel 11). Generell griffen die Polizist*innen dieses Chat-Komplexes gern auf bekannte nationalsozialistische Symbole zurück, die in rechtsextremen Kreisen sehr beliebt sind: Der Chatverlauf strotzte nur so vor Hakenkreuzen, eisernen Kreuzen, der Zahl 88 (für »Heil Hitler«), Hitlergrüßen auf Bildern und dem Führer *himself*. Dutzende Fotos von Adolf Hitler glorifizierten im Chat-Verlauf die Diktatur im Nationalsozialismus.[18] Der Tenor lautete: Damals war alles gut, wir wünschen uns diese glorreiche Zeit in Deutschland zurück. Insgesamt seien allein in einer (wahrscheinlich schon 2013 gegründeten) Chatgruppe 126 strafrechtlich relevante Bilder gefunden worden.[19] Dabei verschickte die Hälfte der Mitglieder aktiv diese Inhalte (das sind die meisten der 29 suspendierten Beamt*innen), die andere Hälfte schaute sich passiv alles an.

Der Polizeipräsident von Essen sah sich im Februar 2021 gezwungen, einen Brief an den NRW-Innenminister zu schicken. Darin hieß es: »Es handelt sich bei den identifizierten Chatgruppen nicht um extremistische Chatgruppen, sondern um private Chatgruppen, die durch deviantes Verhalten missbräuchlich genutzt wurden, unter anderem durch das Einstellen von rechtsextremistischen, fremdenfeindlichen, rassistischen und antisemitischen Inhalten.«[20] Wo der

Polizeipräsident den Unterschied zwischen »extremistischen Chatgruppen« und »privaten Chatgruppen« sieht, ist nicht bekannt. Diese beiden Kategorisierungen werden allerdings hier gleich noch sehr wichtig. Ich habe noch mal nachgeschlagen, was »deviant« bedeutet: vom Üblichen abweichend. Der Brief suggeriert also, dass dieser Komplex, trotz seiner unfassbar schockierend großen Dimension, ein Einzelfall sei. Wichtig an dieser Stelle: Unter den Polizist*innen im Chat befanden sich Führungskräfte, so wie in Chats anderer Polizeibehörden auch.[21]

Bei der Polizei wenige Kilometer weiter in Mülheim an der Ruhr wurde im Jahr 2021 ein großer rechtsextremer Chat-Komplex bekannt. Bei den jahrelangen Ermittlungen danach wurden rund 12 750 Telefonnummern überprüft, die auf den Handys der ertappten Polizist*innen gefunden wurden und von denen aus viele mutmaßlich in andere rechtsextreme Netzwerke und Gruppen geführt haben.[22] Die endgültigen Ergebnisse dieser großen Datenabfrage wurden nicht öffentlich kommuniziert. Ein Untersuchungsbericht im Auftrag des Düsseldorfer Landtags bestätigte, dass im Grunde alle bei der Polizei in Mülheim von den Umtrieben in den rechtsextremen Chat-Gruppen zumindest gewusst haben müssen.[23] Unternommen wurde dagegen: nichts. Eine WhatsApp-Gruppe, die als Austausch für die polizeiliche Kegelmannschaft dienen sollte, beinhaltete laut der Untersuchung »besonders schlimme hetzerische« Inhalte. Das ganze Programm: Mordfantasien gegenüber Geflüchteten, Vergewaltigungsfantasien gegenüber geflüchteten Frauen, antisemitische Verschwörungstheorien, Revisionismus und Glorifizierung der nationalsozialistischen Mordmaschinerie. Das Schweigen dazu innerhalb der Behörde: *Cop Culture* in Reinform.

Der *Spiegel* berichtete im März 2023 über die Auswüchse dieser rechtsextremen Chats zwischen Mülheim an der Ruhr und Essen und zitierte einen beispielhaften Fall[24]: Ein Mülheimer Polizist postete im internen Chat einen Text mit dem Titel »das Volk aus dem Morgenland«. Darin war zu lesen: »Es wird geraubt, überfallen, verprügelt, vergewaltigt und gemordet, als wäre dies das Selbstverständlichste von der Welt. Klemmt euch eure Wunderlampe unter den

Arm, setzt euch auf euren Teppich und fliegt zurück hinter den Bosporus oder nach Afrika.« Der Polizist erntete mit diesem bekannt gewordenen Chat-Beitrag einen Strafbefehl wegen Volksverhetzung. Das aber auch nur, weil er »Bitte Teilen!« über seinen Post vermerkt hatte. Die juristische Ahndung dieser Komplexe erweist sich nämlich als große Herausforderung, bei der eine gewisse juristische Willkür und Voreingenommenheit ebenfalls eine Rolle spielen (siehe Kapitel 7).

Es gibt eindeutige polizeiliche Hetze, die sich in der Öffentlichkeit oder Halböffentlichkeit abspielt. So zum Beispiel der Fall eines Berliner Polizeibeamten, der öffentlich auf Facebook Gewaltfantasien gegen Klimaaktivist*innen gehegt hat.[25] Der *Tagesspiegel* berichtete Mitte 2023 über den Beamten R., der im Gesamtpersonalrat der Berliner Polizei arbeitet und innerhalb der Behörde sehr gut vernetzt ist. R. habe auf Facebook geschrieben, dass man Klimaktivist*innen »einsammeln« solle, sodass sie Zeit »in einem Wald bei Stalingrad« verbringen. In einem anderen Post wünschte er Mitgliedern der »Letzten Generation«, die sich in dieser Zeit aus Protest auf Straßen geklebt haben, noch deutlicher den Tod. »Sekundenkleber hält auf Eisenbahnschienen viel besser als auf Asphalt. Nur Mut«, schrieb R. Besonderen Hass hegte er gegen Geflüchtete, die er als »Asylvolk« verschmähte und aus Deutschland rausschaffen wollte. Bilder, die das »Dritte Reich« glorifizieren, und queerfeindliche Sprüche gehörten ebenfalls zu seinem Repertoire in den Sozialen Medien. Wochenlang war der Fall der Führung der Berliner Polizei bekannt. Passiert ist wenig. Dabei ist die juristische Handhabe bei problematischen Beiträgen, die öffentlich geteilt werden, sehr einfach. Arbeitsrechtliche Maßnahmen im Rahmen des Beamtenrechts wären juristisch wasserdicht gewesen. So auch bei den nächsten Fällen, dennoch folgen meist keine Konsequenzen.

Beim SEK in Münster wurde Ende 2022 bekannt, dass neben rechtsextremen Inhalten in Chats auch kinderpornografische Darstellungen geteilt wurden.[26] Innerhalb einer Chat-Gruppe bei der Polizei in Ulm[27] und einer anderen Gruppe mit Polizeianwärter*innen aus Sachsen-

Anhalt[28] soll Anfang 2023 unabhängig voneinander Kinderpornografie zum »normalen Programm« gehört haben. Schon 2021 gab es einen ähnlichen Fall unter Polizeibeamt*innen in Hessen.[29] Allein der Besitz dieses pädokriminellen Materials ist in Deutschland strafbar. Das Versenden ebenfalls. Generell zieht sich durch die meisten hier beschriebenen polizeilichen Chats ein pornografischer Blick auf Frauen, Queers, Kinder und nicht-weiße Menschen.

Im Münsteraner Fall wurden die meisten Verfahren gegen die Polizist*innen Mitte 2023 eingestellt.[30] Die Staatsanwaltschaft Münster begründete ihre Entscheidung damit, dass die Chats im Verborgenen stattgefunden haben und nicht für die Öffentlichkeit gedacht gewesen seien. Selbst die Verfahren gegen jene Beamt*innen, denen ein Besitzwille von kinderpornografischem Material nachgewiesen werden konnte, wurden gegen Zahlung einer Geldstrafe eingestellt. Die Polizist*innen gelten damit nicht als vorbestraft und dürfen weiter ihren Beruf ausüben, als wäre nichts gewesen. Die Netzwerke werden so nicht nur von der Polizei, sondern auch von der Politik und der Justiz gedeckt. Insbesondere viele Innenminister kümmern sich nicht ausreichend um dieses Problem.

In Frankfurt flog 2018 eine rechtsextreme, antisemitische, rassistische, sexistische, queerfeindliche und ableistische Polizei-Chatgruppe mit dem Namen »Itiotentreff« auf. Der Chat wird im nächsten Kapitel noch eine wichtige Rolle spielen. Die Recherche-Plattform fragdenstaat.de hat das komplette Gespräch unter den Polizist*innen aus Frankfurt veröffentlicht. Ein Team um den Satiriker Jan Böhmermann[31] arbeitete den Chat-Verlauf später grafisch auf, durch dessen verstörende Inhalte man unter der Internet-Adresse itiotentreff.chat nun scrollen kann. Hier ein paar (teils zensierte) Eindrücke aus diesen alltäglichen Gesprächen unter den Beamt*innen:

Zivilistin 1
😍💪 16:23

Polizist 4
Willkommen in unserer illustren Runde des gehobenen Humors! 🎉🍻 16:24

Zivilistin 1
Vielen Dank für die nette Begrüßung ❤ 16:25

Polizist Johannes S.
Jaja willkommen blabla 😂 Aber nicht nur genießen sondern auch krankes Zeug schicken 😜 17:11

Polizist 1

Polizist 4

Polizist 1

Dieses Meme zeigt eine Frau, wie sie den Leichnam eines auf der Flucht ertrunkenen Kindes als Surfbrett benutzt.

00:21

Polizist 1

Polizist 3

Dieses Bild zeigt eine schwarze Frau, deren rechter Arm amputiert ist. Textzeile: „Keine Rechte".

22:01

Polizist 1

Dann is wohl heute downi Tag 09:44

Polizist 3

Dieses Meme zeigt ein Kleinkind mit Trisomie 21, das im Meer ertrinkt. Textzeile: „Help! I'm downing!"

12:08

Polizist Johannes S.

Polizist 2

Mein neues Profilbild, gegen Menschen. Weltklasse 21:22

Polizist Johannes S.

Haha sehr gerne! Man könnte es auch auf die wache hängen 22:10

Polizist 3

Polizist 1

Dieses Meme zeigt zwei jüdische Männer, von denen einer eine Tafel in der Hand hält. Darauf ist zu lesen: „6.000 x 1.000 = 6.000.000“

22:46

Polizist 2
Leute Leute Leute....ihr seid doch total durch 22:02

Polizist 2
Und genau deswegen mag ich euch 😍 22:02

Polizist Johannes S.
😊😘 22:08

Polizist 3
🩶 22:09

Polizist Johannes S.
Oh hab wieder nen Highlight gefunden 😂 22:10

Polizist Johannes S.

Auf diesem Meme ist eine gewaltpornografische Darstellung zu sehen. 10:01

Polizist 1

Dieses Foto zeigt eine Rauchwolke. Textzeile: „Jüdisches Familienfoto“. 22:57

Polizist 1
Hahahhahahhahaha 12:56

Polizist 4

Polizist 3

Dieses Meme zeigt eine Ganzkörper-verhüllte Frau, wo an Stellen der Brüste und des Genitals Löcher ausgeschnitten sind. Textzeile: „Muslim Prostitute".

08:05

Polizist Johannes S.

Auf dem Bild ist eine Verpackung der Heilsalbe Bepanthen zu sehen. Auf der Verpackung steht: „Sieg- und Heilsalbe. Mit 100 % Zyklon B. Gegen Flüchtlinge und illegale Einwanderer. 50 g NSDAP." Zudem ist ein Hakenkreuz abgebildet.

00:37

Polizist 1

Das Foto zeigt den rechtsextremen Massenmörder Anders Breivik. Textzeile: „Was ist blond und stört beim Zelten?"

00:17

Viele Polizist*innen, die sich rechtsextrem, demokratiefeindlich, sexistisch, gewalttätig, rassistisch, antisemitisch oder geschichtsrevisionistisch in den besagten Chats geäußert haben, kamen in den vergangenen Jahren ungestraft davon. Zum Beispiel in einem Fall aus der Fachhochschule der Polizei in Aschersleben, Sachsen-Anhalt: In einem Klassenchat ehemaliger Polizeischüler*innen wurden zwischen September 2017 und Dezember 2021 mehr als 80 menschenfeindliche, gewaltverherrlichende und pornografische Beiträge gefunden. 18 Monate nach der Aufdeckung dieses Skandals stellte die Generalstaatsanwaltschaft Naumburg Mitte 2023 das Ermittlungsverfahren ein. Der Anfangsverdacht der Volksverhetzung, Gewaltdarstellung oder Teilung pornografischer Inhalte habe sich nicht bestätigt. Auch hier liest sich die Begründung der Staatsanwaltschaft verstörend: »Einige Inhalte der Chats sind zwar moralisch auf tiefster Stufe und verachtenswert, die Nachrichten sind allerdings ausschließlich innerhalb der Chat-Gruppe geteilt worden und störten nicht den öffentlichen Frieden.«[32] Mit diesem sehr polizeifreundlichen Maßstab werteten auch andere Staatsanwaltschaften und Gerichte das Phänomen der rechtsextremen Polizeichats. Das Frankfurter Oberlandesgericht hat Mitte Juli 2024 entschieden kein Verfahren gegen die Polizist*innen des »Itiotentreffs« zu eröffnen. Es bestehe kein hinreichender Tatverdacht.[33] Das Licht für die rechtsextremen Chat-Netzwerke leuchtet strukturell grün. Sanktionen bleiben die Ausnahme – sind aber juristisch nicht unmöglich.[34]

Denn diese Fälle können vor Gericht durchaus anders enden: Im August 2022 verurteilte das Amtsgericht Frankfurt am Main den Polizisten Timo S. zu einer Geldstrafe von 6300 Euro. Er hatte zwischen den Jahren 2014 und 2016 in einem Chat mit 56 Teilnehmern (ausschließlich Polizeibeamte) unzählige menschenfeindliche Beiträge geteilt: Zum Beispiel eine Bild-Montage, in der die Zeichentrickfigur Bob, der Baumeister, mit einem Hakenkreuz zu sehen war. Timo S. schrieb verachtend und gewaltverherrlichend über das Judentum und den Islam, stellte das Christentum als überlegen dar. Auch nach der Verurteilung stritt der 31-jährige Timo S. jegliche rassistische Gesinnung ab, er habe lediglich »niveaulose Bilder« geteilt, über die nach Feierabend alle geschmunzelt hätten.[35] Dennoch fiel das Urteil milder aus, weil das Gericht eine angebliche Reue beim Angeklagten erkannt habe. Immerhin: In anderen Fällen enden solche Chats mit Freispruch.

Dabei touchiert dieses Phänomen auch Räume der Demokratie, in denen rechtsextremes Gedankengut eigentlich nichts zu suchen hat. Mitte 2021 recherchierte die *taz* zu rechtsextremen Gruppen innerhalb der Bundestagspolizei. Das deutsche Parlament verfügt über eine eigene Polizeibehörde, die den Reichstag und alle anderen Gebäude des Bundestags absichern soll – und die anscheinend selbst eine Gefahr für die Demokratie darstellt.[36] In einem dienstlich genutzten Chat teilten Polizist*innen Gewaltfantasien gegen Minderheiten, insbesondere gegen Schwarze Menschen. Auf einem Bild, das eine Waffe zeigt, war zu lesen: »Springt der N**** wild herum, schalt' auf Automatik um.« Aktuelle politische Entwicklungen im Parlament und allgemein in Deutschland habe ein Polizist im Chat mit dem Spruch »Dem Führer hätte das nicht gefallen« kommentiert. Auch antisemitische Witze waren im dienstlichen Chat Normalität: Jemand fragte, wie viele Juden in einen Aschenbecher passen würden. Laut den Recherchen der *taz* sei dieses rassistische und antisemitische Vokabular nicht nur im digitalen Raum an der Tagesordnung gewesen. Begriffe wie »Kanake«, »N****« oder »Schwarzkopf« seien im direkten Austausch unter den Beamt*innen ebenfalls an der Tagesordnung gewesen.

So absurd das klingt, aber es ist gut, dass diese Chats aus dem Verborgenen der (Dienst-)Handys von unzähligen Polizist*innen an die Öffentlichkeit gelangt sind. Im Jahr 2013 wurden ein Freund von mir und ich bei einem Besuch im Berliner Paracelsus-Bad ausgeraubt. Heute machen wir Witze darüber, wie wir nur mit nassen Badehosen dastanden und alles andere weg war: Schuhe, Kleidung, Rucksäcke, Handys, Geldbörsen. Damals als Studierende war das nicht so witzig, wir waren knapp bei Kasse, die letzten Geldscheine waren weg, und wir konnten noch nicht mal in die U-Bahn steigen, weil das Semesterticket ebenfalls gestohlen worden war.

Die Bademeister*innen riefen die Polizei, wir bekamen aus der Kammer des Schwimmbads alte, verstaubte Blaumänner und setzten uns ins Polizeiauto. Nach langen Verhandlungen fuhren uns die Beamt*innen nach Hause, und wir konnten mit einem Ersatzschlüssel, den ich zum Glück bei einer Freundin deponiert hatte, in meine Wohnung. Es war für mich dennoch schlimm, weil ich zu dieser Zeit immer wieder zur Ausländerbehörde musste und dabei oft Angst hatte, meine Aufenthaltsgenehmigung könnte abgelehnt werden und ich würde dann in einem Polizeiauto Richtung Flughafen gefahren und abgeschoben werden. Dass ich im Polizeiwagen einen Blaumann über einer nassen Badehose tragen würde, sprengte dann doch meine Vorstellungskraft.

Wenige Monate später kam ein Brief. Ich solle in einem Polizeirevier vorsprechen. Die Polizei hätte den Täter gefasst. Als ich vor dem Kommissar saß, lächelte er mich an, wartete auf einen anerkennenden Spruch. Doch noch bevor ich etwas sagen konnte, machte er seinen Mund auf. Es erklangen folgende Worte: »Wir haben den dreckigen N**** geschnappt. Gut, wa!?« Damals war ich schon polizeikritisch eingestellt, hatte aber noch Manieren. Ich machte den Beamten sehr freundlich darauf aufmerksam, dass dieses rassistische Schimpfwort keinen Platz im demokratischen Sprachgebrauch habe. Er blickte mich mit großen Augen an, lachte und wendete sich an seinen Kollegen am Schreibtisch nebenan: »Schau mal, der Junge hier sagt, ich darf nicht mehr N**** sagen. Hahaha!« Ich wollte danach nur noch weg und grübelte lange über diese kleine Szene nach. Ich fragte mich: Wie wohl Polizist*innen untereinander über Schwarze Menschen, über Muslim*innen, Sinti*zze und Romn*ja, über Jüdinnen*Juden, Obdachlose oder Menschen mit Behinderung sprechen? Die aufgedeckten Chats beantworten diese Frage auf frappierende Art und Weise. Mehr »ohne Filter« geht nicht.

Meiner Meinung nach haben sich antirassistische Diskurse in den vergangenen Jahren zu sehr nur auf epistemologische Debatten fokussiert. Also auf jene Diskussionen, die sich ausschließlich auf Sprache und deren Nutzung beschränken: Was darf nun gesagt werden und was nicht? Kleine Zusammenfassung aus meiner Sicht:

Jede Person darf alles sagen; wenn sie sich für rassistische Sprache entscheidet, wird sie dafür halt zu Recht darauf hingewiesen und bei Bedarf öffentlich geächtet. Denn die Menschenwürde ist unantastbar – auch sprachlich. An Sprache können dabei auch gesellschaftliche Strukturen festgemacht werden. So habe ich bei einer Recherche im Jahr 2020, basierend auf wissenschaftlichen Erkenntnissen, herausgearbeitet, wie das negativ behaftete Wort »Südländer« über die Polizeiarbeit (genauer über die jahrzehntelange Nutzung in Polizeimeldungen) in den alltäglichen deutschen Sprachgebrauch gewandert ist.[37] Was diese sprachkritische Perspektive also immer begleiten sollte: die Kritik an Machtgefällen. Es geht nicht darum, dass ich (oder auch andere) verletzungsfrei an Supermarktregalen vorbeischlendern oder Fernsehen gucken wollen. Das ist nicht die Fallhöhe. Das N-Wort oder das Z-Wort, das Sinti*zze und Romn*ja rassistisch anders macht, tragen dazu bei, diese Gruppen innerhalb von Machtstrukturen zu unterdrücken. Sprache beeinflusst die Wahrnehmung von Menschen, das Denken, konkrete Handlungen, bereitet manchmal den Nährboden für Gewalt. Heute werden diese verletzbaren Gruppen in Polizei-Chats rassistisch betitelt, morgen von Polizist*innen gedemütigt, geschlagen, getötet. Das ist die Fallhöhe, die in den Polizeichats auf gruselige Art und Weise deutlich wird – und sich von hier aus sogar noch vergrößert.

Denn es bleibt im Zuge dieser Chats nicht bei simplen Worten. Im beschriebenen Essener Komplex kam später heraus, dass von einem Beamten aus den Beständen der Polizei eine Waffe entwendet worden war.[38] Einer der Beamten im Chat soll Mitglied der rechtsextremen Essener Hooligan-Gruppe »Alte Garde« gewesen sein und private Kontakte zur Rockerbande »Bandidos« gepflegt haben.[39] So finden rechtsextreme Netzwerke innerhalb von Polizeibehörden Anschluss an die Organisierte Kriminalität, die sich politisch ebenfalls extrem rechts positioniert. Und als wäre das nicht genug, geht das Problem sogar noch weiter: Es geht hier um rechtsnationalen Terror.

In den Jahren 2017 und 2018 wurde das sogenannte Hannibal-Netzwerk entdeckt.[40] Es bestand aus bundesweit agierenden, gewaltbereiten Preppergruppen mit Bezeichnungen wie Südkreuz, Westkreuz oder Nordkreuz. Letztere mit »Zentrale« in Mecklenburg-Vorpommern. Diese Gruppen agierten für sich, vernetzten sich allerdings auch untereinander, um sich auf einen »Tag X« vorzubereiten, an dem der deutsche Staat zusammenbrechen würde. In der Schublade der Nordkreuz-Gruppe lagen zum Beispiel Pläne, Geflüchtete oder Menschen, die sich für Geflüchtete einsetzen, zu töten. Es gab Feindeslisten mit 5000 Namen und Adressen von Politiker*innen und Journalist*innen, die liquidiert werden sollten.[41] Im Terrornetzwerk engagierten sich Anwält*innen, Ärzt*innen, Soldat*innen, aber auch – Polizist*innen.

In rechtsextremen Chats haben sich die Mitglieder ausgetauscht, Informationen weitergegeben, sich gegenseitig ideologisch aufgestachelt. Auf Schaubildern, die die Dimensionen dieser Netzwerke abbilden sollen, tauchen zwischen dem Dickicht von Linien und Kreisen immer wieder die Namen von Polizeibeamt*innen auf. Kolleg*innen der *taz* haben diese Daten gesammelt und aufbereitet: Haik J. (Kriminalpolizist und AfD-Politiker), Sven J. (Beamter bei der Wasserschutzpolizei), Marko S. (SEK-Beamter im Ruhestand), Ulf S. (Dozent an der Polizeihochschule in Brandenburg), Alexander D. (Bereitschaftspolizist aus Baden-Württemberg).[42] Diese und weitere Polizist*innen vernetzten sich untereinander, mit anderen rechtsextremen Figuren und Gruppierungen, um ihre Umsturzpläne zu verwirklichen. Es gibt laut meinen Recherchen und Gesprächen mit Whistleblower*innen Überschneidungen zwischen den beschriebenen rechtsextremen Chat-Gruppen innerhalb von Polizeibehörden bundesweit und diesen aktiv agierenden Terrornetzwerken, die (womöglich bisher nur teilweise) aufgeflogen sind.

Allen, denen auch das noch zu abstrakt ist, biete ich eine weitere Konkretisierung: Bei der Gruppe Nordkreuz spielte ein privat betriebener Schießstand in Güstrow, im Herzen von Mecklenburg-Vorpommern, eine zentrale Rolle. Hier trafen sich die Mitglieder des Netzwerks regelmäßig, tauschten sich aus und probten »den Ernstfall«. Das Übungsgelände wurde von Frank T. betrieben, der zeitweise auch in rechtsextremen Chats unterwegs gewesen sein soll. Regelmäßige Gäste von T. waren laut Berichterstattung vor allem unzählige Polizist*innen aus dem ganzen Bundesgebiet, die auf seinem Gelände das Schießen übten. Viele Polizeibeamt*innen ließen in diesem Zusammenhang Munition aus den Beständen mehrerer Bundesländer mitgehen, um sich in Güstrow *privat* mutmaßlich auf den »Tag X« vorzubereiten.[43] Munitionslager wurden von einzelnen Beteiligten gefüllt. Dies wurde von mehreren Medien dokumentiert.[44] Der damalige Innenminister von Mecklenburg-Vorpommern, Lorenz Caffier von der CDU, soll 2018 eine Waffe von Frank T. geschenkt bekommen haben. Caffier trat zurück und wurde 2021 wegen Vorteilsnahme verurteilt.[45] Auch Caffier soll an einem privaten »kostenlosen Schießtraining« teilgenommen haben.

Hier kommen wirklich alle politischen Ebenen des Polizeiproblems zusammen. Das wiederum illustriert gut, wo rechtsextreme Chats unter Polizist*innen anfangen und wo sie enden können. Bei mehreren Razzien gegen sogenannte Reichsbürger, die die Existenz der Bundesrepublik nicht anerkennen und zum Beispiel an die Fortführung des Kaiserreichs von 1914 glauben, waren immer wieder Polizist*innen involviert – aufseiten der Beschuldigten.[46] Reichsbürger sind Einzelpersonen und Gruppierungen, die teilweise Umsturzpläne in den Schubladen liegen haben, um mit Gewalt »die alte Ordnung« wiederherzustellen. Die Namen einiger der beteiligten Beamt*innen an diesen Terrornetzwerken tauchen parallel in Chat-Gruppen auf, bei denen im Nachhinein und im Zusammenhang mit menschenfeindlichen Inhalten von »albernen GIFs und Witzen im Privaten« gesprochen wird und die meist ohne Konsequenzen für die Polizist*innen ausgehen. Wenn also menschenfeindliches Gedankengut und terroristische Netzwerke auf die Träger*innen des Gewaltmonopols (und Waffen) treffen, wird aus der eher abstrakten Gefahr von »albernen GIFs und Witzen« in Chats eine ganz konkrete Gefahrenlage für die gesamte Bevölkerung.

19
Post vom NSU 2.0

Zu sehr überwog meine Angst, das Trauma wieder durchleben zu müssen, die offenen Fragen wieder aufzuwerfen, aus dem Haus zu gehen und nicht sicher sein zu können, heil wieder zurückzukommen, nicht sicher sein zu können, im eigenen Bett einzuschlafen und lebend wieder aufzuwachen, ohne Überlebensgarantie in den Supermarkt zu gehen, mich auf eine Bühne zu setzen mit der Gefahr, dass im Publikum jemand eine Waffe zückt. Zu sehr überwog auch die Angst, die missgünstige Skepsis von Kolleg*innen auf mich zu ziehen. Wie sieht das eigentlich aus? Ein investigativer Journalist, der über seine eigene Betroffenheit schreibt? Dazu noch bei einem Thema, das einen großen Teil seiner Arbeit ausmacht. Ich habe versucht, die Post vom sogenannten »NSU 2.0« tief zu vergraben, einfach zu vergessen, als hätte es diese Episode in meinem Leben niemals gegeben. Diese existenzielle, bis heute anhaltende Bedrohung kann und werde ich niemals vergessen, niemals vergeben. Und es ist letztendlich meine journalistische Überzeugung, transparent meine eigene Positionierung zu Papier zu bringen, die Wahrheit aufzudecken, die mich dazu bewogen hat, überhaupt dieses Buch und im Besonderen dieses schmerzvolle Kapitel doch aufzuschreiben.

Der sogenannte NSU 2.0 ist bisher eine Serie von Datenschutzskandalen und konkreten Morddrohungen gewesen. Recherchen zeigen Verquickungen der Polizei in gewaltbereite rechtsextreme

Kreise auf, die ideologisch, aber mutmaßlich auch ganz praktisch dem sogenannten Nationalsozialistischen Untergrund (NSU) nahestehen. Dazu kommt eine verschleppte, auffällig inszenierte Aufklärung, auf die ich später zurückkommen werde. Der NSU hatte zwischen den Jahren 2000 und 2006 neun rassistisch motivierte Morde in deutschen Großstädten verübt. Die Namen der Opfer lauten: Enver Şimşek, Abdurrahim Özüdoğru, Süleyman Taşköprü, Habil Kılıç, Mehmet Turgut, İsmail Yaşar, Theodoros Boulgarides, Mehmet Kubaşık und Halit Yozgat. Im Jahr 2007 töteten die Terroristen bei einer Polizeikontrolle die Beamtin Michéle Kiesewetter in Heilbronn. Im Jahr 2011 enttarnte sich ein Trio aus dem weitverzweigten NSU-Netzwerk selbst. Es konnte jahrelang ungehindert morden, weil die Sicherheitsbehörden es – wie es sehr viele Recherchen belegt haben – wissentlich morden ließen. Im Geiste dieses neonazistischen Netzwerks, das heute weiterhin nahtlos in rechtsextreme Parteien und Vereinigungen übergeht, startete im Jahr 2018 die Drohserie des »NSU 2.0«, die sehr viele von Rassismus betroffene Menschen, Antifaschist*innen, kritische Journalist*innen, unter ihnen vor allem Frauen und Queers, vor existenzielle Fragen stellte und dazu führte, dass sie sich in ihren eigenen vier Wänden unsicher fühlten, und sie in Todesangst versetzte.

Angefangen hat meine persönliche Geschichte in diesem Zusammenhang mit einem wirren Tweet, in dem ich mit meinem Handle @mamjahid erwähnt wurde. Am 20. Juli 2020 um 18:22 Uhr erschien auf einem Profil mit dem Namen @SolfrankStefan eine Kurznachricht. Darin war ein 34-sekündiges YouTube-Video verlinkt. Unterlegt war der Clip mit der Intro-Musik der Zeichentrick-Serie »Family Guy«, die ich, nebenbei gesagt, gern schaue. Sie ist eine Mischung aus Zynismus, strukturellen Analysen der Menschenfeindlichkeit und innerlinker Kritik. Genau mein Humor. Die Intro-Melodie im Video ging allerdings schnell in generische Computer-Sounds über. Da hat sich jemand offensichtlich viel Zeit genommen und große Mühe mit einem Amateur-Schnittprogramm gemacht. In neongrünen und neonroten Lettern war folgende Botschaft zu lesen:

Diese Nachricht geht an:
Die Atheisten ... ach, und an die ... Links-Faschisten.
Ich sag's einfach mit den Worten ... eines anderen fiktionalen Charakters:
Ich bin nicht gekommen ... um euren Krieg zu führen ...
Ich bin gekommen, um ihn zu beenden.
Fiktionaler Charakter ... Tz ... und die Welt ist eine Kugel.
21.12.2020, Bereit für die große Show?

Nun bekomme ich, seitdem ich als Autor arbeite, regelmäßig wirre Nachrichten auf allen Kanälen, in den Sozialen Medien, per Mail, per Brief, persönlich vorgetragen bei meinen Veranstaltungen. Wenn ich in Talkshows sitze, rufen rechtsverwirrte Menschen an und werden von der Redaktion ungefiltert live in die Sendung zugeschaltet. Rechtsextreme Parolen und Drohungen sind Teil meines Alltags geworden, denn sie sind ein fester Bestandteil deutscher Leitkultur. Nachdem ich über einen jahrelangen rechtsextremen Komplex in Berlin-Neukölln berichtet hatte[1], habe ich im Jahr 2018 Todesdrohungen erhalten. Später sollte sich ein Polizist aufseiten der Ermittlungen bei der Berliner Polizei als AfD-Mitglied und Mitglied einer rechtsextremen Polizei-Chatgruppe entpuppen. Außerdem soll der Beamte mit mindestens einem der Neuköllner Neonazis, die mehrere Anwohner*innen jahrelang bedroht und mehrfach lebensgefährlich angegriffen haben, private Kontakte gepflegt haben.[2] Ein Angehöriger der »Ermittlungsgruppe Rechtsextremismus« in Neukölln musste sich 2020 vor Gericht verantworten, nachdem er einen Geflüchteten brutal verprügelt hatte.[3] Im März 2024 wurde bekannt, dass es schon im Jahr 2012 konkrete Anhaltspunkte und Verdächtige zum rechtsextremen Neukölln-Komplex gab.[4] Es sind Fakten, die von der Polizei in Berlin lange schlicht ignoriert wurden. Es sollte nicht der einzige Fall bleiben, bei dem rassistische Beleidigungen, Morddrohungen und Spuren zu rechtsextremen Netzwerken auch in Polizeibehörden führen.

Als ich im Sommer 2023 wieder in einem Hetz-Artikel der *Bild*-Zeitung[5] namentlich genannt wurde und ein Kolumnist des *Zeit*

Magazins in einem seiner Texte daran anknüpfend nachlegte, kippten unzählige Rechtsextremisten ihren Frust, ihren Hass, ihren Rassismus und ihre Queerfeindlichkeit in meine Postfächer. Wenn in rechtsextremen Blogs Bilder von mir gepostet werden, taucht der digitale Mob auf und sucht kollektiv nach meiner Adresse, um »mir einen Besuch« abzustatten, mich »eigenhändig abzuschieben« oder mich »abzuschlachten, weil das ja so in deiner Kultur gemacht wird«. In meinen Postfächern tauchten auch diesmal Nachrichten von User*innen auf, die zumindest die Polizei sehr gut finden. Ob es Polizist*innen sind, kann ich nicht beweisen. Sie nennen sich »Robocop«, »freundundhelfer« oder schlicht »der beste Polizist«, sie posten auf ihren Profilen Teile von Polizeiuniformen und schicken mir Hakenkreuze. Mit dieser ur-deutschen Menschenfeindlichkeit habe ich mich irgendwie abgefunden. Aber mit dieser einen wirren Nachricht auf dem Profil @SolfrankStefan stimmte etwas grundsätzlich nicht. Einen Tag später wurde klar, dass mich mein Gefühl nicht getäuscht hatte.

In der Nacht von Montag, den 20. Juli 2020, auf Dienstag, den 21. Juli 2020, erreichten mich drei identische Sammel-Mails, um 2:40, 2:48 und 2:49 Uhr. Als ich sie am nächsten Morgen öffnete, wanderte mein Blick direkt nach unten, auf die damals schon in der Öffentlichkeit bekannte Unterschrift »NSU 2.0«. Der Absender: diebrieftaube@ok.de. In der Empfängerliste tauchten mehrere Mail-Adressen von Journalist*innen und Politiker*innen auf. Leider waren unter ihnen einige selbstzentrierte Figuren, die direkt Screenshots von den Drohnachrichten machten und sie unbedacht in den Sozialen Medien verbreiteten. Ich denke, dass einige der Betroffenen sich davon etwas mehr Aufmerksamkeit erhofft haben, obwohl es sehr naheliegt, dass solche Drohungen niemals direkt und ohne Kontext verbreitet werden sollten. Ich habe danach für die »Neuen Deutschen Medienmacher*innen«[6] einen Leitfaden für bedrohte Journalist*innen geschrieben. Zunächst, ohne meinen Namen dabei zu nennen. Eine Selbstverständlichkeit stand bei dieser Handreichung im Mittelpunkt: »Die direkte Veröffentlichung von Todesdrohungen bestätigt in vielen Fällen die Täter*innen und bringt möglicherweise andere potenzielle Täter*innen auf dumme Gedanken.« In der Vergangenheit haben sich Trittbettfahrer*innen so inspirieren lassen, um weitere Drohungen zu versenden. So geschehen zwischen den Jahren 2017 und 2023, als sich ein Rechtsextremist aus Hagen entschieden hat, selbstständig 41 Drohbriefe im Namen des »NSU 2.0« vor allem an Moscheen zu verschicken.[7] Solche Fälle erschweren wiederum mögliche Ermittlungen gegen die ursprüngliche Bedrohung, gegen das Netzwerk, das überhaupt damit angefangen hat. Auch ein weiterer Aspekt sollte hier bedacht werden, bevor man als Betroffene*r die eigene ›öffentliche‹ Community einbezieht: Mit einer Veröffentlichung von Drohschreiben oder einer Bedrohungslage zeigt man deutlich die eigene Verletzbarkeit und dass einem die Situation nahegeht. Deswegen ist davon abzuraten, sich damit direkt an die Öffentlichkeit zu wenden.

Ich habe also erst mal geschwiegen, um mich und andere im Moment nicht akut zu gefährden. Ich bin Fragen von Kolleg*innen ausgewichen, alles nur, um meinen eigenen Namen nicht in der Zeitung lesen zu müssen. Mein Name kommt in Zeitungen als Autor oft vor, nur als Betroffener wollte und konnte ich im Sommer 2020 dort nicht auftauchen. Die selbstzentrierten und unsolidarischen Posts von dem Sammeldrohschreiben haben wie befürchtet Trittbrettfahrer*innen im Netz inspiriert, noch mehr Drohungen zu formulieren. Fans von *Bild* und Co. oder von rechtsextremen Blogs scheinen kein Leben und viel Zeit zu haben. Und ich war von da an wie andere Betroffene damit beschäftigt, in der Flut des Menschenhasses »leere« von ernst zu nehmenden Drohungen zu unterscheiden. Mit der Zeit und dem Volumen der Zuschriften habe ich gelernt, wann die Alarmglocken auf maximaler Lautstärke läuten sollten und wann sie leiser läuten können. Eine Fähigkeit, auf die ich lieber würde verzichten können.

Hier folgt zu dokumentarischen Zwecken ein kleiner Ausschnitt mit sehr expliziten Gewaltfantasien aus dem Text der erwähnten, dreifach versendeten Mail:

Wir wissen alle genau, wo ihr wohnt.

Wir wissen, wann ihr das Haus verlässt, mit wem ihr euch abgibt.

Haben Zugriff auf vertrauliche Daten, kennen die Namen eurer Eltern.

(...) Wir Arier haben immer noch die Kontrolle über dieses Land der Germanen. Wir trauen alle unserem Führer nach, der in Unehre sterben musste.

Wir werden euch alle abschlachten. Eure Körperteile abschlachten (...). Ihr seid Menschendreck, aber die Frauen unter euch werden von unseren germanischen Männern doch zuerst mit deutscher Gründlichkeit vergewaltigt, bis ihr keinen Herzschlag mehr habt.

Eure Häuser werden danach angezündet.

Wir gewinnen über euch, Menschendreck. Wir vergasen euch.

In der Mail wurde angekündigt, dass alle »Musel-, Juden- und N****gestalten« getötet und an »N**** in Afrika« verfüttert würden. Um die Drohung zu unterstreichen, folgte eine Adresse einer bedrohten Person. Sie stimmte. Es war die tatsächliche Wohnadresse, an der diese eine Person vorzufinden war. Ganz am Ende, nach dem »NSU 2.0«, war die Mail mit einem groß geschriebenen »HEIL HITLER« unterschrieben. Um 2:51 Uhr kam eine vierte E-Mail in meinem Postfach an. Exklusiv für mich formuliert, in der Empfängerzeile stand nur meine E-Mail-Adresse. Die Nachricht kam von rudolfhess123.de@protonmail.com. Als Absendername erschien in meinem E-Mail-Programm »Der Bote des Untergrunds«. Auch hier die bekannte Unterschrift »NSU 2.0«, dazu »RUDOLF HEß« und »HEIL HITLER«. In der Mail fanden sich ebenso gewalttätige und menschenverachtende Drohungen, aus denen ich hier sparsam und ebenfalls zu dokumentarischen Zwecken zitieren möchte:

> *Hallo du Nafri-Gesicht,*
> *– wie lebt es sich in Deutschland von unseren Steuergeldern?*
> *(…) du willst doch sicherlich nicht zerstückelt im Keller landen? Wir wissen, wann du das Haus verlässt. Wissen, wo du deinen Einkauf tätigst. (…)*

Vom Ton oder der Aggressivität her haben sich diese Drohungen nicht von jenen unterschieden, die bei ihren Zuschriften stolz Springer oder verschwörungstheoretische Blogs zitieren. Dennoch brachten diese Drohnachrichten eine neue Dimension mit sich. Sie enthielten nämlich sensible Daten und akkurate Informationen, die kein Otto-Normal-Nazi wissen kann: Meldeadressen, Uhrzeiten, wer was wann macht, wer wann in welchen Supermarkt geht, wer wann in welchem Büro arbeitet, wer wann sein Kind in welche Schule bringt, Namen von Familienangehörigen, gruselig-akkurates Insiderwissen über die intimste Privatsphäre. Eine der bekanntesten Betroffenen dieser Drohserie ist die Frankfurter Anwältin Seda Başay Yıldız. Öffentlich bekannt ist, dass die an sie gerichteten Drohschreiben des sogenannten »NSU 2.0« Informationen über ihren Wohnort, ihren Arbeitsplatz und den Alltag ihrer Familie beinhaltete. Die Anwältin hatte nichts anderes getan, als ihrer Arbeit nachzugehen. Das reichte für die Rechtsextremisten aus, sie töten zu wollen. Denn sie hassen Menschenrechte, hassen es, wenn eine Frau namens Seda Başay Yıldız Menschenrechte verteidigt.

Der Fall Başay Yıldız[8] zeigt exemplarisch, welche Konsequenzen das Polizeiproblem in Deutschland insbesondere für von Rassismus betroffene Menschen haben kann. Das erste Drohschreiben mit der Unterschrift »NSU 2.0« ging im Sommer 2018 per Fax an die Frankfurter Anwältin. Spuren führten schnell zu fünf Polizisten und einer Polizistin des 1. Frankfurter Polizeireviers. Denn in dem Schreiben, so wie in jenen, die folgen sollten, kamen Daten vor, die nur aus dem

Melderegister entnommen und eigentlich nur von Computern in den Sicherheitsbehörden abgerufen werden können. Über interne Ermittlungen der Polizei in Hessen, auf die ich gleich noch aus meiner Sicht zu sprechen komme, wurde öffentlich, dass unmittelbar vor dem Versenden dieses Faxes, rund 90 Minuten vorher, um genau zu sein[9], im 1. Frankfurter Polizeirevier die Daten von Seda Başay Yıldız abgefragt worden sind. Und zwar eindeutig von einem Rechner der Polizeibehörde. Es muss schon ein sehr großer Zufall sein, dass an einer Stelle bei der Polizei die Daten abgeschöpft werden und nur kurze Zeit später bei der Anwältin das besagte Fax eingeht. Als wären das nicht genug Indizien: Die Beamt*innen sollen in der rechtsextremen Chat-Gruppe mit dem wirren Titel »Itiotentreff« Hitlerbilder, Hakenkreuze und menschenfeindliche Parolen geteilt haben, im vorherigen Kapitel habe ich ausführlich aus diesem Chat zitiert. »Itiot« ist laut *Urban Dictionary*[10] ein »IT-Idiot«. Würde passen, denn aufgrund der Spuren, die die Beamt*innen im Polizei-Intranet, im Netz und auf ihren Geräten hinterlassen haben, konnten sie ermittelt werden. Kurzzeitig wurde ein Polizist festgenommen, seine Wohnung wurde durchsucht. Er wurde kurz danach allerdings wieder freigelassen. Die Staatsanwaltschaft in Frankfurt sah nicht genug Gründe für einen Haftbefehl, und man fragt sich als Betroffener, als Journalist, als Mensch, welche Gründe es eigentlich braucht, damit sich die deutsche Justiz unvoreingenommen um das Polizeiproblem kümmert (siehe Kapitel 7).

Als in Hessen über mehrere Medienberichte öffentlich wurde, dass die eigene Polizei in eins der größten rechtsextremen Netzwerke verwickelt sein könnte, benannte das Innenministerium in Wiesbaden unter CDU-Innenminister Peter Beuth einen Sonderermittler, der sich auch mit den Morddrohungen in meinen Postfächern beschäftigte. Das alles war für mich nicht neu. Ich musste schon vor dem »NSU 2.0« mit konkreten Bedrohungen leben. Rechtsextremisten haben zwei meiner ehemaligen Wohnungen einen Besuch abgestattet, mal mehr, mal weniger subtile Drohungen hinterlassen. Beim ersten Mal unternahm die Polizei gar nichts. Beim zweiten Mal saß ich Polizeibeamt*innen gegenüber, die der Überzeugung waren, dass nicht Neonazis, sondern jemand anderes hinter den Drohungen steckt. Ein Polizist fragte mich: »Haben Sie nicht irgendeinen Onkel, der, sagen wir mal, nicht einverstanden ist mit Ihrer Lebensweise?« Einige Polizist*innen wollen das Problem einfach nicht erkennen. Ich hatte spätestens seitdem die Gewissheit, dass ich auf mich allein gestellt bin. Damals aktivierte ich meinen Arbeitgeber, mein journalistisches Umfeld, meinen Freund*innenkreis, um mir selbst zu helfen und für ein Mindestmaß an Sicherheit zu sorgen.

Es liegt auf der Hand, dass meine Rolle als Betroffener und als Journalist mit eigenen Quellen in den Behörden eine sehr komische war und ist. Lange habe ich also hart daran gearbeitet, dass meine Betroffenheit durch die rechtsextreme Bedrohung in Deutschland nicht öffentlich wird. Leider hat das Verhalten einiger Kolleg*innen in Redaktionen es für mich und viele andere Betroffene nicht einfacher gemacht. Natürlich wollten mehrere Journalist*innen diesen Komplex aufarbeiten, den Urheber*innen dieser Drohschreiben nachrecherchieren. Das kann ich nur zu gut nachvollziehen. Allerdings sorgte die Veröffentlichung mancher Namen dafür, dass einige Betroffene besonders im Fokus der Öffentlichkeit standen. Drohungen richteten sich an den Zentralrat der Juden in Deutschland, an verschiedene Moscheegemeinden, an Stiftungen, an die Walter-Lübcke-Schule im hessischen Wolfhagen, aber auch an Personen der Öffentlichkeit. Darunter zum Beispiel die Kabarettistin Idil Baydar, die Bundestagsabgeordnete Martina Renner und ihre Linken-Parteivorsitzende Janine Wissler, die schon erwähnte Anwältin Seda Başay Yıldız oder der*die Schriftsteller*in Hengameh Yaghoobifarah. Einige von ihnen gingen medial daraufhin in die Offensive. Ich blieb, bis jetzt, eher im Hintergrund.

Verstärkt wurde die Situation für Hengameh Yaghoobifarah durch eine Sommerloch-Kampagne, die der damalige Innenminister Horst Seehofer entscheidend mitinitiierte. Yaghoobifarah schrieb am 15. Juni 2020 in einer satirischen Kolumne der *taz* einen kurzen, fiktiven Text. Darin stand die Frage im Mittelpunkt, welchen Job Polizist*innen machen könnten, falls die Polizei eines Tages abgeschafft werden würde[11] (siehe Kapitel 22). Die Pointe: Polizist*innen könnten ja auf der Mülldeponie arbeiten. Andere lasen darin einen direkten Vergleich von Polizist*innen mit Müll. Diesen Humor muss man nicht teilen. Eine entsprechende Satirefeindlichkeit haben nach dem Erscheinen der Kolumne erstaunlich viele berühmte Menschen zur Schau gestellt. Ihrer Polizei sind sie alle beigesprungen. Aus allen erdenklichen politischen Richtungen kamen die empörten Reaktionen. Ich hatte vermeintlich progressive Autor*innen an der Strippe, die Wert darauf legten, dass man die Polizei nicht auf die Mülldeponie verfrachten dürfe. So als wären die Menschen, die unseren Müll entsorgen und damit die Umwelt retten, keine Menschen. Aber das ist doch auch das Schöne an der Meinungsfreiheit: Jede*r hat das Anrecht auf seine*ihre Meinung, solange sie sich nicht grundsätzlich gegen die Menschenwürde richtet. In diesem Sinne muss man der*die Autor*in eines einzeln betrachtet wenig wichtigen Kolumnentexts nicht einem rechtsextremen Netzwerk innerhalb der eigenen Behörden zum Fraß vorwerfen, wenn man den entsprechenden satirischen Text zufällig nicht mag. Auch Yaghoobifarahs Daten wurden im Netzwerk des »NSU 2.0« geleaked: Adressen, Angaben zu Familienangehörigen, private Daten, die an dieser Stelle privat bleiben sollen.

Wochenlang wurde im Sommer 2020 mit der entsprechenden Kampagne durch das Bundesinnenministerium, der Polizeigewerkschaften und rechtsnationaler Medien zum Beispiel aus dem Hause Springer[12], aber auch teilweise aus der *taz*-Redaktion[13] selbst, vom »NSU 2.0« abgelenkt. Journalist*innen machten sich Sorgen um ihre Polizei und riefen bei der Kritik am Polizeiproblem bitte schön zur Mäßigung auf. Teilweise waren es dieselben, die an anderer Stelle vor Maulkörben für Satire durch die »politische Korrektheit« warnen. Nicht nur mir erschienen die Leidenschaft, mit der die Polizei verteidigt wurde, und die abgebrühte Gleichgültigkeit gegenüber dem Polizeiproblem (siehe Kapitel 22) skurril.

Ich bekam im Hintergrund außerdem mit, wie die besagte *taz*-Kolumne von Sicherheitsbehörden dankend angenommen wurde, um ein *Derailing*, also eine gezielte Ablenkung, vom eigentlichen

Problem zu betreiben. An entscheidenden Stellen in verschiedenen Ministerien und im Polizeiapparat wollten sie schlicht öffentlich das Thema wechseln, von den rechtsextremen Netzwerken in den eigenen Reihen ablenken, eine Opfer-Täter-Umkehr propagieren, Nebelkerzen in den aufgeheizten Diskursraum werfen. Nebel, der bis in die Redaktion der vermeintlich linken *taz* zog. Ich habe die entsprechende Berichterstattung aus meiner Perspektive so beobachtet: Dort erschienen als politischer Zirkus einiger Alt-68er gleich mehrere »konträre Texte«, um die »Binnenpluralität« der Zeitung abzubilden. Der Autor Stefan Reinicke formulierte im vorhersehbaren Feuilleton-Deutsch zum Beispiel einen Beitrag in dieser Serie: »Eine Gruppe wird beschimpft, ausgegrenzt, entwürdigt. Das erinnert an rechte Hate Speech (…) Die Hybris, diskursive Regeln ignorieren zu dürfen, gedeiht offenbar auf dem Humus des Bewusstseins, Betroffene zu repräsentieren, recht gut.« Nur zur Erinnerung: Diese Zeilen galten nicht dem »NSU 2.0«, sondern eine*r – wie damals schon bekannt war – Betroffenen der rechtsextremen Morddrohungen.

Es hat also geklappt mit dem *Derailing*. Wochenlang redete die (Medien-)Republik aufgeregt über 3000 Zeichen einer satirischen Kolumne – anstatt sich mit dem Polizeiproblem auseinanderzusetzen. Ich habe also etwas getan, was ich als Journalist sonst nie tue: Zusammen mit anderen Kolleg*innen einen offenen Brief aufgesetzt und unterschrieben. Gerichtet war er damals an Bundeskanzlerin Angela Merkel, die ihren Innenminister zurückpfeifen sollte, weil es hier nicht um Polizei-Witze, sondern um die Sicherheit von durch Neonazi-Netzwerke bedrohte Menschen ging, auch meine eigene Sicherheit.[14] Zehn Tage dauerte die *Derailing*-Kampagne, bis Horst Seehofer doch auf eine von Anfang an aussichtslose und schlicht als politisierte Drohung zu wertende Anzeige gegen Yaghoobifarah verzichtete.[15]

Es ging und geht darum, dass sich bekennende Rechtsextremisten, die sich ideologisch in die Tradition des Nationalsozialismus einreihen, mit Waffen, Uniformen und dem Sicherheitsmonopol ausgestattet, frei durch das Land bewegen. Ja, ich habe mir im Sommer 2020 erlaubt, egoistisch an mich selbst zu denken, an meine Sicherheit, an die Sicherheit und die körperliche Unversehrtheit meiner Liebsten. Denn bei einem Konterschlag nach einer geäußerten Kritik am Polizeiproblem könnte es mich auch eines Tages dementsprechend hart oder noch härter treffen. Und als wäre das nicht genug, ging es bei der Causa Mülldeponie-Satire um noch viel mehr: um nichts Geringeres als die Meinungs- und Pressefreiheit selbst.

Zwischen dem ganzen Getöse rund um Seehofers Ablenkungsmanöver startete bei mir die Aufarbeitung des eigentlichen Polizeiskandals, der ungewöhnlich persönlich wurde. Ich sage ganz offen, dass diese Drohungen mich in ein tiefes Loch gerissen haben. Die damit verbundene Recherche war so eine Art Therapie für mich. Ich bin dabei auf mich allein gestellt, das sage ich mir noch heute. Ich muss die Dinge selbst in die Hand nehmen – und wenn es die Aufklärung einer der größten, zeitgenössischen Polizeiskandale Deutschlands sein soll, dann ist das halt so. Das klingt so selbstbewusst, so energiestrotzend. Hinter dieser Einstellung stecken aber auch Verletzbarkeit und Verzweiflung.

Ich sitze oft auf Bühnen, spreche in der Öffentlichkeit, werde manchmal auf der Straße oder im Zug erkannt. Die Angst zog in diesen Wochen und Monaten in mein Leben ein. Ein Fan – etwas komisch, dass ich als Journalist überhaupt so etwas habe – sprach mich an einer Kreuzung in Berlin-Neukölln an. Ich musste meinen Reflex stoppen, der Person ins Gesicht zu schlagen. Weil mir in diesen Tagen Unbekannte damit drohten, mich an einer Kreuzung in Neukölln abschlachten zu wollen, wollte ich einen Menschen schlagen. Eine andere Person erkannte mich vor einer Postfiliale in einem Einkaufszentrum, während ich auf einer Rolltreppe aufwärts fuhr. Die Person platzierte sich oben, am Ende der Rolltreppe, und rief: »Sind Sie nicht Mohamed Amjahid?« Ich war mir absolut sicher: Das war es, du wirst jetzt von einem Bullen-Nazi in einem Einkaufszentrum neben einem Ein-Euro-Shop erstochen. Das sind Gedanken, die kann man nicht unterdrücken, nicht kontrollieren, sie kommen einem in den Sinn, weil sie gar nicht so unrealistisch waren und sind. In der E-Mail vom »NSU 2.0« stand ja »wir wissen, wo du deinen Einkauf tätigst«. Ich blickte hinter mich, auf der Rolltreppe ein, drei, fünf Stufen weiter unten standen Eltern mit ihren quengelnden Kindern, Senior*innen mit ihren Rollatoren links und rechts. Ich hasse es, wenn die Regeln der Großstadt nicht eingehalten werden: rechts stehen, links gehen, ihr Wichser, dachte ich nur. Ich fuhr also, ohne es verhindern zu können, in die Arme der Person oben, die sagte: »Danke für deine Arbeit. Echt cool.« Mir kamen die Tränen. So eine Bedrohungslage kann jemand wie Stefan Reinicke anscheinend nicht nachvollziehen.

In meinem Buch *Der weiße Fleck* beschreibe ich, wie schwierig es ist, für von Rassismus betroffene Menschen einen adäquaten Therapieplatz zu bekommen, um die rassistischen Erlebnisse im Alltag zu verarbeiten. Es hat mir ein Stück weit meine Lebens- und Arbeitsgrundlage gerettet, dass ein Bekannter von mir mein Buch gelesen und mir den Tipp für eine Therapeutin gegeben hat. Sie ist selbst von Rassismus betroffen, dahingehend geschult worden und hat mich trotz voller Auslastung ausnahmsweise als Patient aufgenommen. Nur dank der Gespräche mit ihr konnte ich überhaupt weiterarbeiten, lernen, mit der permanenten Bedrohung irgendwie umzugehen, meine eigene Therapie mit der Recherche über die Jahre durchzuhalten. Denn die Drohbriefe rissen nicht ab. Einen Monat nach der ersten Mail des »NSU 2.0« traf im Büro meines ehemaligen Arbeitgebers zum Beispiel ein Papierbrief ein. Die Kollegin im Sekretariat war mehr als nur schockiert, als sie diesen öffnete. Es war auch bei diesem Schreiben keine Neuerung, dass ich übelst beschimpft, mir mit dem Tod gedroht wurde. Doch dieser Brief war ein weiteres Puzzleteil in der Bedrohungslage. Er beinhaltete nicht frei zugängliche Daten und schien aus den Revieren der Republik zu kommen

(…) Nafri-Schmutzfink!
Ist deine Putzfrau-Mutti, die so gerne weiß deutsche Schwänze auslutscht, stolz auf dich???
(…) Du bist Dreck inshallah!

Auffallend war ein Aufkleber mit dem Logo der SS-Totenkopf-Division[16], der oben auf dem Blatt Papier als Briefkopf angebracht war. Dieser Frontverband hatte unter der Führung von Adolf Hitler seinen Ursprung am Anfang des sogenannten Dritten Reiches und bestand hauptsächlich aus KZ-Wachverbänden. Sie schlossen sich unter dem Namen SS-Totenkopfverbände zusammen und machten es sich zur Aufgabe, die deutschen Konzentrationslager zu bewachen, zu betreiben, das deutsche Menschheitsverbrechen praktisch umzusetzen. Diese Symbolik taucht laut meinen Recherchen in mehreren Drohschreiben auf, die mit »NSU 2.0« unterschrieben wurden. Zumindest in den Akten anderer Betroffener, in die ich einen Blick werfen konnte, findet sich das Logo der SS-Totenkopf-Division an mehreren Stellen wieder.

Der stilisierte Schädel mit zwei quer gelegten Knochen dahinter wurde dabei nicht willkürlich als Logo durch den sogenannten »NSU 2.0« gewählt: Diese ausgeliehene Symbolik zeigt die ideologische Nähe zum Nationalsozialismus auf, so wie es schon beim NSU-Netzwerk der Fall war und ist. Die Logo-Auswahl unterstreicht aber auch die praktische Perspektive, die auf die Drohungen folgen sollte. Die Botschaft: Das sind hier nicht nur leere Worte, du wirst bald sterben. In Kombination mit dem Zugang zu Waffen, dem Gewaltmonopol, den Daten aus Polizei-Servern würde jeder betroffenen Person etwas bange werden.

Bei *Aktenzeichen XY … ungelöst* würde Eduard Zimmermann in diesem Zusammenhang von Indizien sprechen. Es gibt zwar keine eindeutigen, bekannten Beweise, wer konkret hinter diesem Netzwerk steckt, aber starke Anhaltspunkte, Indizien eben, wie sich das Netzwerk zusammensetzt. Das Logo taucht an mehreren Stellen auf, in Kombination mit verschiedenen abgeschöpften privaten Daten, Schriftzügen in Briefen, mehreren Adressat*innen (unter ihnen auch ich, der im Sommer 2020 ja nicht als Betroffener der Drohserie öffentlich bekannt war) und zu verschiedenen Zeiten: Die Wahrscheinlichkeit, dass die Drohbriefserie von einem Einzeltäter ausging, ist nicht ausgeräumt, aber sehr gering. Es liegt nahe, dass hinter diesem Komplex mehrere Täter*innen stecken. Indizien führten in mehrere Bundesländer: Hessen, Berlin, Baden-Württemberg. Nimmt man allein den Fall von Seda Başay Yıldız, bietet dieser genug Indizien für diese kriminologische These. Bei *Aktenzeichen XY … ungelöst*« würde jetzt eine Tafel auftauchen mit mehreren Schattensilhouetten: Diese möglichen Täter*innen und Kompliz*innen gilt es ausfindig zu machen. Legt man alle Fälle nebeneinander, erscheint die Einzeltäter-Theorie im besten Fall zweit-, wenn nicht sogar drittrangig.

Recherche ist Therapie, Wissen ist Selbstschutz. Mit solchen Erkenntnissen, mit der Unterstützung meiner engsten Freund*innen, mit dem Rat meines Anwalts und dank der engagierten Zusammenarbeit mit meinem Verlag kümmere ich mich um meine Sicherheit, sodass ich meine Arbeit fortführen kann. Eine andere Wahl habe ich nicht: Seit Beginn der Drohserie wurde mir das immer wieder vor Augen geführt.

Am Telefon sprach ich kurze Zeit, nachdem ich den Brief mit dem Totenkopf-Logo bekam, mit einem Ermittler der Polizei in Hessen. Er fragte mich, ob ich als Journalist eigentlich selbst zum »NSU 2.0« recherchieren würde, und falls ich neue Erkenntnisse herausfinden sollte, ob ich sie mit ihm doch bitte teilen könne. Ich dachte, ich höre nicht richtig. Die Polizei war am anderen Ende der Leitung. Die Polizei schickte mir und anderen Menschen mutmaßlich Drohbriefe oder ließ sie verschicken. Die Polizei bat mich darum, den rechtsextremen Komplex in ihren eigenen Reihen aufzuklären. Nichts ergab mehr Sinn, und ich entschied mich, für mich selbst so viel wie möglich aufzuarbeiten. Denn es folgten weitere konkrete Gefährdungen und Drohungen:

Im Jahr 2021 zum Beispiel, kurz vor einer Veranstaltung in einer mittelgroßen deutschen Universitätsstadt, erreichten mich Dutzende Nachrichten auf Facebook von einem Profil mit dem Namen »Alex Koel«. Die Drohungen passten mit ihrer rassistischen Sprache in die »NSU 2.0«-Reihe. Zudem ergaben meine Recherchen, dass der Urheber des Facebook-Profils im Netz einen Streaming-Kanal auf der Plattform *Twitch* und einen *YouTube*-Kanal frisch eingerichtet hatte, bevor er ankündigte, bei meiner Veranstaltung vorbeizukommen. Ich musste daran denken, dass die Attentäter von Halle und Christchurch im Jahr 2019 ihre Terroranschläge auf eine Synagoge, einen Döner-Imbiss und eine Moschee live ins Internet übertrugen. Eine Kollegin aus dem Piper Verlag, die mich täglich unermüdlich bei meiner Arbeit unterstützt und die ich an dieser Stelle herzlich umarme, sagte mir: »Lieber eine Absage zu viel als eine Absage zu wenig.« Das ist die Realität im Leben eines Journalisten, der kritisch zum Polizeiproblem in Deutschland recherchiert. Ich nahm am Ende per Videoschalte an der Veranstaltung teil.

Kurz vor meiner sicherheitsbedingten Absage dieser Veranstaltung wurde Anfang Mai 2021 der 53-jährige Alexander Horst M. in Berlin festgenommen. Die Medien titelten von einem Durchbruch im Fall der Drohbriefe und des »NSU 2.0«-Komplexes. Ich saß an meinem Schreibtisch und übte mich in gesunder Skepsis gegenüber den Angaben der Sicherheitsbehörden: M., so lautete die offizielle Version, die für den Großteil der Öffentlichkeit auch so bestehen bleiben sollte, habe als Einzeltäter die Drohungen formuliert und verschickt. Er wird als wirrer, hochintelligenter Einzelgänger beschrieben. Dutzende Drohmails und mindestens 87 konkrete Bombendrohungen sollen auf sein Konto gehen. Diese Informationen, die von mehreren Kolleg*innen mit wenig Kontext wiedergegeben wurden, stammen zu einem großen Teil aus den Sicherheitsbehörden selbst. Später kam auch das Landgericht Frankfurt zu der Überzeugung, dass Alexander M. allein gehandelt hat.[17] Er wurde zu fünf Jahren und zehn Monaten Haft verurteilt.[18] M. schweigt zu möglichen Komplizen. Doch der vermeintliche juristische Abschluss dieses Falls wirft mehr Fragen auf, als er Antworten liefert.

Wie konnte M. zum Beispiel an die privaten Daten aus den Polizei-Computern kommen? Die offizielle Version der Behörden: M. besitze eine dermaßen ausgeprägte Autorität, er habe schlicht in den Polizeirevieren angerufen, sich selbst als Polizist oder Mitarbeiter von Ämtern ausgegeben und um die Durchgabe der Daten am Telefon gebeten.[19] In Dutzenden Fällen sollen Polizist*innen bundesweit, unter anderem auch jene aus der rechtsextremen Chatgruppe im 1. Revier in Frankfurt, die Daten an ihren Rechnern abgefragt und ihm gutmütig weitergegeben haben. Unter ihnen der Polizist Johannes S. Eine Auswahl seiner Beiträge in der Frankfurter Chatgruppe »Itiotentreff« ist im vorherigen Kapitel zu bestaunen. Mehrere Anhaltspunkte belasten S. schwer[20]: Ein Drohschreiben erreichte die Anwältin Seda Başay Yıldız über einen Fax-Dienst, der über einen verschlüsselten Tor-Browser bedient wurde. Johannes S. ist nachgewiesen Experte im Umgang mit diesem Browser, der in kriminellen und rechtsextremen Kreisen sehr beliebt ist[21]. Die Gesinnung von Johannes S. passt auch zum Fall: Über den bekannten Chatverlauf hinaus war S. als rechtsextrem innerhalb der Behörde bekannt. Von S. existieren mehrere Bilder, auf denen er den Hitlergruß zeigt. Auf seiner Hochzeitstorte wurde er stilisiert in SS-Uniform dargestellt. Am Kragen trug er darauf den Dienstgrad eines »Obersturmbannführers«. So wurden auch mehrere »NSU 2.0«-Schreiben unterschrieben.[22] Auf dem Handy von Johannes S. fanden sich darüber hinaus Suchen nach »Yildiz in Frankfurt« und nach Filmzitaten, die später in »NSU 2.0«-Drohbriefen auftauchten. Auch in meinen Postfächern und Kanälen in den Sozialen Medien.

Dennoch bleibt die offizielle Darstellung der Justiz und der Sicherheitsbehörden: Die mindestens 116 dokumentierten Drohschreiben sollen allein auf das Konto von Alexander M. gehen.[23] Auf dieser Grundlage stellte die Frankfurter Staatsanwaltschaft die Ermittlungen gegen Johannes S. und einer weiteren Beamtin im Februar 2024 ein.[24] Der Anwältin Seda Başay Yıldız wurde die Akteneinsicht dazu verwehrt. Die Verteidigungsstrategie der Behörden, sich doof zu stellen und selbst als hypernaiv zu porträtieren, zeigt, wie infantil mit diesem Fall umgegangen wird. Laut meinen Quellen kann die Einzeltäter- bzw. Einzelfall-Version nicht stimmen. Jene, die an der Arbeitsweise der Polizei sehr nah dran sind und selbst die Polizei scharf kritisieren, sagen: So doof sind wir dann doch nicht (siehe auch Kapitel 3). Niemals könnte es Alexander Horst M. in so vielen Fällen gelungen sein, die sensiblen Daten von so vielen Menschen über das Festnetztelefon abzugreifen – ohne die Komplizenschaft von Polizist*innen. Hier nur drei exemplarische Fälle von Polizei-

Rechnern, an denen kurz vor dem Versand der Drohungen private Daten abgefragt wurden:

- Nur zur Erinnerung: Zwischen dem Drohfax an Seda Başay Yıldız und der Abfrage ihrer persönlichen, nicht öffentlichen Daten auf dem 1. Revier in Frankfurt liegen 90 Minuten.

- Idil Baydar: Bevor und nachdem die Kabarettist*in Drohungen zum Beispiel per SMS auf ihr privates Handy erhielt, wurden ihre Daten am 5. März 2019 fast zeitgleich unabhängig voneinander von drei Polizist*innen abgerufen, im 4. Revier in Wiesbaden und auf Polizeirevieren in Berlin-Spandau und Berlin-Neukölln.[25] Die Gleichzeitigkeit deutet auf eine Chat-Kommunikation zwischen den Polizist*innen hin.

- Jan Böhmermanns Daten wurden am 25. Juli 2019 von einem Berliner Polizisten abgefragt, kurz danach ging eine Drohmail vom »NSU 2.0« beim Satiriker ein.[26]

Es ist dabei nicht auszuschließen, dass der Trick, im Revier anzurufen, punktuell funktionieren könnte: »Hallo? Ich hätte gern die persönlichen Daten einer kritischen Anwältin oder von bekannten Menschen aus der Unterhaltungsbranche.« Nicht auszuschließen, dass Beamt*innen am anderen Ende der Leitung dann einfach Adressen, die Namen von Verwandten, Telefonnummern oder Alltagsroutinen herausrücken. Hier ist es aber wichtig zu wissen, dass es in Polizeibehörden für solche Datenabfragen geordnete Verfahren gibt, Formulare, offizielle Auskunftsanfragen, um (theoretisch) den Datenschutz der Bürger*innen zu gewährleisten. Dass der Telefon-Trick gleich mehrfach, teilweise sogar parallel in verschiedenen Polizeibehörden funktioniert haben soll, ist laut meinen Beobachtungen nicht realistisch. Basierend auf diesen Indizien und auf meinen Gesprächen mit Insider*innen liegt es nahe, dass die längst als vermeintliche Wahrheit etablierte Einzeltätertheorie sehr abwegig ist. In meinem Fall hat die Polizei wenig bis gar nicht ermittelt – zumindest für mich nicht ersichtlich. Weder nach der Urheberschaft verschiedener Mails noch der Briefe. DNA-Analysen auf den Briefen, Nachverfolgung der Poststempel oder digitale Abdrücke, vor allem über die Speicherung von IP-Adressen, hätten nichts ergeben, hieß es mir gegenüber. Das hat meiner Ansicht nach auch etwas damit zu tun, dass der politische Aufklärungswille in diesem Fall fehlte. Anstatt den Zirkus rund um eine *taz*-Kolumne zu veranstalten, hätten die Innenministerien in Bund und Ländern – gemäß ihrer eigenen Agenda im Kampf gegen Extremismus und Kriminalität auf Verbrecherjagd gehen können. Der E-Mail-Provider »protonmail.com« hat seinen Sitz in der Schweiz, an die Daten dort heranzukommen, ist sehr kompliziert, hoch aufwendig. Der Provider ist deswegen beliebt bei Journalist*innen, die investigativ arbeiten, aber auch bei Kriminellen oder Extremisten, die etwas zu verbergen haben. Den Datenschutz zu umgehen und für Ermittlungen an die Besitzer*innen einzelner Mail-Adressen zu kommen, ist also fast unmöglich. Es sei denn, eine Regierung nimmt ihre Aufgabe ernst, die eigenen Bürger*innen (vor dem eigenen Apparat) zu schützen, und ist bereit, die eigene diplomatische Maschinerie anzuwerfen. In der Politik ist nichts unmöglich. Der E-Mail-Provider »ok.de« hat seinen Sitz sogar in Berlin. Um den Besitzer der Adresse diebrieftaube@ok.de zu ermitteln, hätte Seehofer höchstpersönlich mit einem gezielten Durchsuchungsbefehl reinmaschieren können. Er war aber beschäftigt und überließ die Aufklärung den Betroffenen.

Für weite Teile der Politik, der Sicherheitsbehörden, der Justiz und einer Mehrheit in der Gesellschaft scheint der sogenannte »NSU 2.0« Geschichte. Für die Betroffenen von Polizeigewalt geht diese Geschichte allerdings weiter, auch weil weiter Drohschreiben im Namen des »NSU 2.0« verschickt werden.

20 Aufstände gegen die Polizei

Bisher ging es in diesem Buch um die Versäumnisse, die Missstände und Fälle von Machtmissbrauch innerhalb von Polizeibehörden, um damit zusammenhängende Verhältnisse in Politik, Justiz und Medien. In diesem Kapitel soll es um den Widerstand gegen das Polizeiproblem weltweit gehen. An dieser Stelle möchte ich ein Schlaglicht darauf werfen, dass die meisten sozialen Aufstände in den verschiedensten zeitlichen und geografischen Kontexten als Revolte gegen die Polizei gewertet werden können. Egal an welche Revolution, egal an welche Massenmobilisierung der vergangenen Jahre und Jahrzehnte ich denke, der Wille, sich von einer polizeilichen Unterdrückung zu befreien, war zumindest ein Hauptantrieb, warum Menschen auf die Straße gegangen sind und zu Zehn- oder Hunderttausenden, manchmal sogar millionenfach bei Demonstrationen gegen die Staatsgewalt ihr Leben riskiert haben.

Bei den Revolutionen im Nahen Osten und in Nordafrika ab dem Jahr 2011 war ich jahrelang selbst als Reporter unterwegs. Überall in den Ländern zwischen Marokko und Bahrain kamen unzählige Faktoren zusammen, die eine jeweilige Mobilisierung überhaupt nötig und möglich gemacht haben. Doch die normalisierte und alltägliche Polizeigewalt und -willkür im Namen autoritärer Regime war definitiv der Hauptgrund, der die Menschen auf die Straßen trieb.

Egal in welches Land der Region man schaut, der Kontext der

Proteste zeigt stets einen Zusammenhang mit dem Polizeiproblem auf: Mohamed Bouazizi war ein Gemüsehändler, der im tunesischen Sidi Bouzid geboren wurde und nach dem Tod seines Vaters eine ganze Familie ernähren musste. Mit einem Verkaufsstand auf dem lokalen Markt der Kleinstadt im vernachlässigten Zentrum des Landes versuchte sich der 26-Jährige irgendwie durch die kapitalistische Maschinerie zu boxen. Dabei wurde er mehrfach von Polizist*innen gedemütigt, die auf dem Markt wiederholt seinen Stand schlossen, seine Ware und Waage beschlagnahmten. Es ist eine etablierte Umgangsweise von Polizist*innen insbesondere mit armen Menschen, sie in dieser Art und Weise zu schikanieren. Das ist in Tunesien, aber auch in anderen Ländern der Region so. Oft geht es auch darum, Schmiergelder zu kassieren. Jene, die sich weigern oder wie Mohamed Bouazizi wehren, bekommen es mit der Staatsgewalt zu tun. Als sich Bouazizi bei der Stadtverwaltung beschwerte, blickte man dort nur auf ihn herab, schickte ihn weg, entwürdigte ihn dabei, machte sich über ihn lustig und beleidigte ihn.[1] Eine Beamtin schlug ihn vor ihren Kolleg*innen.[2] Und auf einer Polizeiwache wurde Bouazizi von Polizist*innen misshandelt.[3] Er sah keinen anderen Ausweg mehr und setzte sich aus Protest gegen diese Ungerechtigkeit selbst in Brand. Am 4. Januar 2011 starb Bouazizi an seinen Verletzungen. Millionen von Menschen in Tunesien und darüber hinaus konnten sich mit seiner Geschichte mehr als nur identifizieren. Ihnen kam die Unterdrückung durch die Polizei, die Repräsentantin des staatlichen Autoritarismus, zu bekannt vor.

In Ägypten gingen Ende 2010 und Anfang 2011 Millionen Menschen auf die Straße. Der weltbekannte Slogan dieser Revolution: Brot, Menschenwürde, soziale Gerechtigkeit. Damit wurde den Forderungen nach wirtschaftlicher und gesellschaftlicher Teilhabe einerseits und nach dem Abbau der polizeilichen Willkür andererseits Nachdruck verliehen. Ein Fall hat es nicht in die Geschichtsbücher geschafft, wie es eigentlich sein sollte: Der Mord an dem 28-jährigen Programmierer Khaled Said am 6. Juni 2010 in der ägyptischen Hafenstadt Alexandria. Said wurde willkürlich von Geheimpolizisten in einem Internetcafé festgenommen und laut detaillierten Rekonstruktionen des Falls von den Beamten zu Tode geprügelt.[4] Bilder von Saids misshandeltem Körper entfachten in der Bevölkerung die Wut auf den autoritären Polizeiapparat, der sich als Staat im Staat in Ägypten längst verselbstständigt hatte. Diese Wut gipfelte sechs Monate später im Ausbruch der Revolution – am 25. Januar 2011, dem »Nationalen Polizeifeiertag« in Ägypten. Mit diesem Datum wollten die Demonstrant*innen ihrer Ablehnung gegenüber dem Polizeistaat Ausdruck verleihen. Die Massenmobilisierung am Polizeipropagandatag des Regimes dauerten schließlich 18 Tage an. Said war nämlich kein Einzelfall. Fälle von Polizeigewalt wie der Mord an Khaled Said wurden in Ägypten über Jahrzehnte von der Öffentlichkeit als polizeiliche Normalität aufgefasst. Es gehörte halt irgendwie dazu, dass Polizist*innen ihre Kompetenzen regelmäßig überschreiten. Auf dem Kairorer Tahrir-Platz riefen Millionen von Demonstrant*innen daher zur Abschaffung der Polizei auf (siehe Kapitel 22). Auch weil ebendiese Polizei (später zusammen mit dem Militär) mit aller Macht versuchte, die Menschenwürde niederzuknüppeln und die Revolution blutig niederzuschlagen.

Ganz nah dran war ich als Reporter Ende Oktober 2016 am Fall des in der nordmarokkanischen Stadt Hoceima von Polizisten ermordeten Fischverkäufers Mohcine Fikri. Er hatte versucht, sich mit dem Verkauf von frisch geangeltem Fisch aus dem Mittelmeer über Wasser zu halten. Wiederholt wurde er dabei von Polizisten schikaniert, gedemütigt, letztendlich getötet. »Fick seine Mutter!« soll ein Polizist laut Berichten dabei gerufen haben, die Ware wurde dann ohne Erklärung beschlagnahmt.[5] Der Fall von Fikri erinnert stark an das Schicksal von Mohamed Bouazizi, weil dem Umgang der Polizei mit armen Menschen ein grundsätzliches, historisch gewachsenes polizeiliches Selbstverständnis zugrunde liegt (siehe Kapitel 2). Am 28. Oktober 2016 ließen die Beamt*innen die Ware von Mohcine Fikri, eine Ladung Schwertfisch, in einem Müllwagen entsorgen. Der 31-Jährige sprang seiner Existenzgrundlage hinterher, jemand bediente den Hebel für die Müllpresse. Fikri wurde im Müllwagen zermalmt. Ein Polizist soll dem Fahrer des Müllwagens die Anweisung gegeben haben: »zerdrück seine Mutter«.[6] Mohcine

Fikri soll mindestens 75 Minuten in der Metallpresse einklemmt gewesen sein, bevor er verstarb. Ein*e Augenzeug*in hat danach ein Video davon auf YouTube hochgeladen. Es folgten wochenlange Proteste in Nordmarokko gegen die soziale Verwahrlosung in der Region und vor allem gegen die polizeiliche Unterdrückung durch den Staat. Dieser schickte natürlich seinen Polizeiapparat und eine voreingenommene Justiz vor, um die Proteste zu unterdrücken und ihre Führungsfiguren zu jahrelangen Haftstrafen verurteilen zu lassen. Doch den Menschen konnte die Wut auf das Polizeiproblem nicht genommen werden.[7]

Es gibt so viele, zu viele Beispiele, die zeigen, dass das Polizeiproblem überall auf der Welt die Menschen berührt, vor allem jene Communitys, die von dieser Gewalt strukturell betroffen sind. Die Kontexte sind verschieden, der Kampf aber ist sehr ähnlich: Die Menschen gehen in Massen auf die Straßen und machen ihrem Unmut Luft. Die Black-Lives-Matter-Bewegung existierte zum Beispiel schon lange vor dem Lynchmord an George Floyd in Minneapolis im Mai 2020. Der Fall verlieh dem strukturellen antischwarzen Rassismus innerhalb der Polizeibehörden in den USA aber mehr Aufmerksamkeit und sorgte im Anschluss für Massenproteste, die in die Geschichte eingegangen sind. In den USA folgten in den vergangenen Jahren immer wieder große Mobilisierungsschübe nach Morden an Schwarzen Menschen durch Polizist*innen: Trayvon Martin, der am 26. Februar 2012 mit 17 Jahren von einem Polizisten in Florida erschossen wurde; Tamir Rice, der im Alter von nur 12 Jahren am 23. November 2014 von einem Polizisten in Cleveland erschossen wurde; Breonna Taylor, die in ihrer eigenen Wohnung in Louisville in der Nacht vom 13. März 2020 von der Polizei erschossen wurde. Diese schmerzvolle und für sich sprechende Liste mit den Namen Schwarzer Opfer von Polizeigewalt ist leider sehr lang.

Auch in Frankreich existiert ein ähnlich gelagertes, kolonial geprägtes Polizeiproblem. Am besten wurde es im Film *La Haine*[8] *(Der Hass)* von Mathieu Kassovitz aus dem Jahr 1995 abgebildet. Die Handlung zeigt 24 Stunden aus dem trostlosen Leben von drei Jugendlichen in der Cité des Muguets. Geprägt ist dieses Leben vor den Toren des wohlhabenden Zentrums der Republik von Armut und einer hasserfüllten Polizeigewalt. Stets sind die drei Freunde damit beschäftigt, vor der Polizei wegzurennen, sich zu verstecken, sich in Sicherheit zu bringen, sich zu verteidigen. Alle Menschen hier scheinen von der Willkür der Beamt*innen bedroht zu sein, egal was sie tun oder lassen, sie versuchen sich zu organisieren. Fatalerweise auch in Banden, die niemals die Machtposition der Polizei infrage stellen können. Einer der Hauptdarsteller spricht einen in Frankreich unter von Polizeigewalt betroffenen Menschen ikonischen Satz aus: »La haine attire la haine.« (Hass zieht Hass an.) Mehrere Jugendliche sterben in diesem Film, erschossen von korrupten, herzlosen Polizisten, die die »Anderen« im Auftrag des Zentrums in Schach halten, das Leben in der Vorstadt nach Gusto des Staates ordnen sollen und dabei ihre Macht missbrauchen. Der Film ist stark, weil diese Fiktion stark an die Realität angelehnt ist.

Im Jahr 2005 versuchten sich die beiden Jugendlichen Zyed Benna (17 Jahre alt) und Bouna Traoré (15 Jahre alt) im Pariser Vorort Clichy-sous-Bois vor einer rassistischen Polizeikontrolle in Sicherheit zu bringen. Diese Kontrollen gehören zum Alltag in den Vorstädten Frankreichs, vor allem in den Banlieues von Paris. Zyed Benna und Bouna Traoré versteckten sich in einem Elektrokasten und kamen dort durch einen Stromschlag ums Leben. Einige Wochen zuvor hatte der damalige Innenminister und spätere Präsident Nicolas Sarkozy medienwirksam vor Kameras und mithilfe seiner Polizei versprochen, die Vororte von Paris »von diesem Abschaum zu reinigen«. Für viele Menschen in den Vororten hängt dieses entmenschlichende Zitat und der Umgang der Polizei mit Jugendlichen wie Zyed Benna und Bouna Traoré zusammen. Sarkozy hat aus der Sicht der Menschen in den Banlieues geliefert, was er angekündigt hat. Viele bringen diese Zeit in Frankreich mit Begriffen wie »Randale« oder »Ausschreitungen« in Verbindung, es waren allerdings Proteste gegen die Entmenschlichung durch die Polizei, gegen den rassistischen Blick der Staatsmacht, von den uniformierten Körpern der Beamt*innen auf die Körper der Bewohner*innen der Vorstädte.

Auch hier ist die Liste mit den Namen der Opfer sehr lang, die französische Polizei ist mit die tödlichste in ganz Europa.

Als Reporter konnte ich in Paris, Marseille oder Nantes die Strategie der französischen Sicherheitsbehörde aus nächster Nähe beobachten: Lieber einmal mehr schießen, lautet das Motto in Frankreich. Egal ob es sich um Gummigeschosse, Tränengaskartuschen oder Schüsse aus Maschinengewehren handelt. In den Jahren 2021 und 2022 töteten französische Polizist*innen laut einer unabhängigen Zählung 44 Menschen. Eine Verdoppelung zum vorherigen Zeitraum, zu dem es vor allem Daten von Polizeibehörden gibt. 44 Tote innerhalb von 24 Monaten: Das ist trauriger Rekord in Europa.[9] Das liegt auch an einem im Jahr 2017 von Polizeigewerkschaften geforderten und der (demokratisch gewählten) Regierung erlassenen Gesetz[10], das Polizist*innen erlaubt, bei Verkehrskontrollen zu schießen, wenn »Anweisungen« nicht befolgt werden. Schön schwammig formuliert, sodass die Polizei die Regelung nach Gusto anwenden kann.

Am 27. Juni 2023 wurde der 17-Jährige Nahel M. bei einer Verkehrskontrolle im Pariser Vorort Nanterre von einem Polizisten aus nächster Nähe mit einem Schuss in die Brust vor laufenden Handykameras und Augenzeug*innen niedergeschossen. Der Beamte trug ein halb automatisches Gewehr bei sich, das Gesetz aus dem Jahr 2017 erlaubte es ihm, zu schießen. Was er auch tat. Nahel arbeitete als Fahrer für einen Lieferdienst. Sein Vergehen: Er war auf der Busspur gefahren. Auf einem Video ist zu hören, wie der Polizist den Jugendlichen mit der Waffe im Anschlag durch das Fenster des stehenden Autos bedroht: »Ich werde dir eine Kugel durch den Kopf jagen.« Dann drückt der Polizist gezielt ab, trifft den Jugendlichen in die Brust. Nahel fährt nach dem Schuss wenige Meter weiter und prallt mit seinem Auto gegen eine Wand.

Es folgten tagelange Proteste im ganzen Land, insbesondere in den Vorstädten von Paris. Ein bekannter Rechtsextremist startete daraufhin auf der US-Plattform *GoFundMe.com* eine Spendenaktion für den Polizisten, der in Untersuchungshaft saß. Innerhalb weniger Tage kamen mehr als eine Million Euro zusammen, die den Betroffenen von Polizeigewalt zeigten, auf welcher Grundlage der Staat in Frankreich unschuldige Menschen töten lässt: einer breiten, gesellschaftlichen Unterstützung.[11] Die beiden größten Polizeigewerkschaften des Landes forderten zeitgleich in einem martialischen Ton dazu auf, »angesichts dieser wilden Horden« nicht nur um Ruhe zu bitten, sondern sie »durchzusetzen«. Die »Schädlinge« müssten mit »allen Mitteln« bekämpft werden.[12] Das konnte nur als Gewaltankündigung verstanden werden. Viele Demonstrant*innen, die meisten von ihnen noch minderjährig, sahen in brennenden Barrikaden und Angriffen auf hochgerüstete Polizist*innen mit Feuerwerkskörpern ihre letzte Möglichkeit zur Selbstverteidigung. Das haben viele Jugendliche selbst so formuliert, dabei ihren Frust betont, dass sich die Polizeigewalt im Land seit dem Tod von Zyed Benna und Bouna Traoré stets verschlimmert hat.[13] Mehr als 3200 junge Demonstrant*innen wurden in der Woche nach dem Tod von Nahel von der Polizei festgenommen, die meisten von ihnen waren nie mit dem Gesetz in Konflikt gekommen. Viele Demonstrant*innen wurden zudem verletzt oder schwer verletzt.[14]

Ich könnte hier noch unzählige Beispiele aufzählen, die einen roten Faden des polizeikritischen Protests über den ganzen Globus hinweg aufzeigen. Es folgen aus Platzgründen aber lediglich weitere fünf:

- Mitte 2019 brachen in der chinesischen Sonderverwaltungszone Hongkong Massenproteste aus, die sich gegen die Peking-freundliche Regierung des Stadtstaats richteten – vor allem gegen das geplante »Gesetz über flüchtige Straftäter und Rechtshilfe in Strafsachen«, also eine Harmonisierung des Polizeisystems von Hongkong mit jenem des autoritär regierten Chinas.[15] Die friedlichen Demonstrant*innen wurden von der Polizei in ihrer Versammlungs- und Meinungsfreiheit beschränkt, festgenommen, in Gefängnisse gesteckt, ins Exil vertrieben.

- Im August 2020 und in den darauffolgenden Wochen gingen Zehntausende Menschen in Minsk gegen das diktatorische Regime von Aljaksandr Lukaschenka auf die Straßen. Seine autoritäre Unterdrückung basiert seit Mitte der 90er-Jahre auf einem Apparat aus Polizei und Geheimpolizei, der jegliche Mobilisierung gegen die offensichtliche Wahlfälschung im Land verunmöglichte und kritische Stimmen gegen die Diktatur verstummen ließ.[16]

- Im September 2020 hielten Proteste gegen Polizeigewalt und eine mögliche Verschärfung der Sicherheitsgesetze wochenlang die kolumbianische Hauptstadt Bogotá in Atem. Bei den Demonstrationen wurden mindestens ein Dutzend Demonstrant*innen von der Polizei getötet.[17] Menschenrechtsorganisationen registrierten Foltermethoden durch die Polizei und »die exzessive Anwendung von tödlicher Gewalt«.[18] Die Proteste in Kolumbien flammen dabei immer wieder auf, weil das Polizeiproblem dort täglich das Leben vieler Menschen – vor allem indigener Gruppen – bedroht.

- #EndSARS hießen im Oktober 2020 dezentrale Massenproteste in ganz Nigeria gegen die Brutalität der Polizei im Land, insbesondere gegen die Spezialkräfte der »Special Anti-Robbery Squad« (SARS).[19] Diese Sondereinheit der Polizei, so beschrieben es Demonstrant*innen und unabhängige Journalist*innen, hat ihre eigenen Gesetze geschrieben. Besonders arme Menschen wurden von den Beamt*innen dazu gezwungen, Schutzgelder zu zahlen, die Einheit zog folternd und mordend durch das ganze Land. Auf Druck der Proteste wurde die Spezialeinheit aufgelöst, doch an anderer Stelle wird das Leben der Menschen weiterhin durch das Polizeiproblem eingeschränkt und bedroht.

- Die Proteste im Iran richteten sich Ende 2022 und Anfang 2023 gegen das klerikalfaschistische Regime in Teheran und seine menschenverachtende Ideologie als Ganzes – vor allem gegen seine Moralpolizei. Am 16. September 2022 ermordeten Mitglieder dieser speziellen Ausprägung des Polizierens die 22-jährige Mahsa

Amini bei einer willkürlichen und frauenverachtenden Kontrolle in der Stadt Saqqez.[20] Die iranische Moralpolizei ist für ihre Brutalität insbesondere gegenüber Frauen und queeren Menschen bekannt. Der Tod von Mahsa Amini ist nur der bekannteste von vielen Fällen, die zur Massenmobilisierung führten.

Wer nun denkt, dass polizeikritische und abolitionistische Proteste nur im Ausland stattfinden, liegt falsch (zum Thema Abolitionismus siehe Kapitel 22). Den Zerfall des SED-Regimes kann man auf die Massenmobilisierung gegen einen der schlimmsten Polizeiapparate der Menschheitsgeschichte zurückführen. Schließlich gingen bei den Montagsdemonstrationen im Jahr 1989 Hunderttausende Menschen in Städten wie Leipzig, Dresden oder Berlin auf die Straßen und riefen dabei »Wir sind das Volk«. Eine ihrer Hauptforderungen war die Abschaffung der Staatssicherheit. Der Polizeiapparat der SED hatte die Gesellschaft der DDR über Jahrzehnte mit einer einzigartigen Massenüberwachung zersetzt, mit einer Kultur der Folter und Unterdrückung, einer Verzahnung mit dem Gefängnissystem (siehe Kapitel 8). Alles, um jegliche Opposition zum Regime in Ostberlin im Keim zu ersticken. Auch in der DDR war die politische Lage komplex. Eine Wirtschaftskrise sowie fehlende Reise- oder Meinungsfreiheit spielten eine wichtige Rolle bei der Mobilisierung der Menschen. Doch ohne die ordnende Wucht eines autoritären Polizeiapparats wäre die Unterdrückung der Menschen in der DDR nicht möglich gewesen. Es gab also mal eine Zeit, in der Deutsche auf die Straße gegangen sind, um die Polizei abzuschaffen.

Der syrische Polizeistaat, gegen den bis heute in einem internationalisierten Bürgerkrieg erbittert gekämpft wird, lernte die Unterdrückung seiner Bevölkerung maßgeblich von der DDR-Stasi. Viele syrische Geflüchtete sagten vor deutschen Behörden und Gerichten aus, dass sie in Syrien auf einem »deutschen Stuhl« gefoltert worden seien.[21] Das Folterinstrument besteht aus einem Gestänge, mit dem der Rücken der Opfer gebogen und überdehnt wird, damit sie sich bei Verhören der syrischen Geheimpolizei unter großen Schmerzen selbst belasten. Der Name »deutscher Stuhl« soll ein

Relikt des »brüderlichen Austauschs« zwischen der DDR-Stasi und dem syrischen Geheimdienst sein. Regelmäßig würden Beamt*innen des Autoritarismus aus der damaligen DDR nach Damaskus reisen, um ihren Kolleg*innen Weiterbildungen in Sachen Folter und Unterdrückung anzubieten.[22] So schließt sich auch der Kreis des Protests gegen das Polizeiproblem über die Kontinente und die Zeit hinweg. Ein Polizeiproblem, das sich angesichts des überall drohenden Autoritarismus in die größte Gefahr für die Demokratie und Menschenwürde pervertieren lassen kann.

21
Quittungen, Diversity, Oberpolizei und andere Reformansätze

Und was folgt jetzt aus diesen vielen Missständen? Welche Ansätze bieten sich an, um das Polizeiproblem abzumildern, vielleicht sogar ganz zu lösen? Allein in diesem Buch habe ich bisher deutlich mehr als 150 Fälle von Polizeigewalt und Machtmissbrauch durch Beamt*innen besprochen. Es sind vermeintlich Einzelfälle, die strukturell betrachtet gar keine Einzelfälle sein können. Sie verbindet ein System, das Polizeigewalt und Machtmissbrauch in Sicherheitsbehörden normalisiert hat und weiterhin ermöglicht: gewachsene Tradition der polizeilichen Gewalt (Kapitel 2), Reproduktion von Männlichkeit (Kapitel 4), *Cop Culture* (Kapitel 5), Einbettung ins gesellschaftspolitische System (Kapitel 6), Verschränkung mit dem Justizsystem (Kapitel 7) und dem Gefängnissystem (Kapitel 8), unrealistische mediale Darstellungen (Kapitel 9, 12 und 13), individuelle Untauglichkeit von Polizist*innen für das staatliche Gewaltmonopol (Kapitel 3, 10 und 11) und ein eingewobener rassistischer Blick auf Minderheiten (Kapitel 14 und 15).

Der strukturelle Charakter des Polizeiproblems lässt auf den ersten Blick keine effektiven Reformansätze zu. Wie kann man ein System reformieren, das unreformierbar erscheint? Das von sich selbst mantramäßig behauptet, dass gar kein Polizeiproblem existiert? Im Folgenden möchte ich alle bereits bekannten Reformansätze übersichtlich und kritisch diskutieren, um Perspektiven abzugleichen und erprobte Instrumente mit den jeweiligen Erfolgen oder auch Misserfolgen zu präsentieren. In diesem Kapitel soll es also um ganz konkrete Maßnahmen gehen, die teilweise schon in einigen Kontexten umgesetzt wurden und daher belastbare Erfahrungswerte liefern.

Kontrollquittungen

Eine Möglichkeit, willkürliche Polizeikontrollen potenziell zu dokumentieren und sie gleichzeitig zu reduzieren, ist die Einführung von automatisierten Kontrollquittungen im Polizeidienst. Aus einem kleinen tragbaren Gerät erhält die kontrollierte Person entweder routinemäßig oder auf Nachfrage einen Bon, der Uhrzeit, Ort, Angaben zu den Polizist*innen im Dienst und den Grund der Kontrolle festhält. Die Polizeiforschenden Alexander Bosch, Jan Fährmann und Hartmut Aden haben in einem Aufsatz[1] aus dem Jahr 2021 die Effektivität dieser an sich sehr simplen Maßnahmen untersucht und sind zu dem Schluss gekommen, dass die Ausstellung einer Quittung effektiv willkürliche Kontrollen, insbesondere *Racial Profiling,* und damit auch Polizeigewalt messbar reduzieren kann (siehe auch Kapitel 14). Dabei haben sie sich auf die Expertise von verschiedenen Nichtregierungsorganisationen und Erfahrungswerte aus anderen Ländern, zum Beispiel Großbritannien, gestützt, weil es in Deutschland solche Art von Quittungen noch nicht gibt. Polizist*innen haben in der Vergangenheit die Gründe und den Ablauf von Kontrollen anders dargestellt, als sie tatsächlich waren (siehe Kapitel 7). Eine Quittung kann für die Betroffenen ein verlässlicher Beweis sein, der ihnen zum Beispiel dabei hilft, ihre Perspektive vor Gericht zu belegen. Gleichzeitig dient sie als Abschreckung für Beamt*innen, die sich der Wahrheit wenig oder gar nicht verpflichtet fühlen. Die Quittung hebt in einem gewissen Moment Effekte der *Cop Culture* auf, in der sich Polizist*innen gegenseitig decken, entlasten oder gar Alibis verschaffen. Einige entscheiden sich aufgrund der Dokumentation durch die Ausstellung einer Quittung, gar nicht erst willkürlich zu kontrollieren.

Im kanadischen Ottawa wurden Kontrollquittungen im Jahr 2015 eingeführt und systematisch evaluiert.[2] Die Betroffenen bekommen die Zettel unaufgefordert ausgehändigt. Das Ergebnis: Die Daten zeigen, dass bei Einführung Schwarze Menschen mehr als doppelt so häufig grundlos bei Verkehrskontrollen von der Polizei angehalten wurden. Fahrer*innen, die von den Beamt*innen als »nahöstlich«, also türkisch, kurdisch, arabisch oder nordafrikanisch, gelesen wurden, fuhren im Vergleich zu weißen Menschen ohne Grund mehr als dreimal so häufig in Polizeikontrollen. An anderen Orten werden BPoC bis zu neun Mal häufiger kontrolliert.[3] Im australischen Bundesstaat Victoria mit seiner Hauptstadt Melbourne wurde die Methode ebenfalls ab dem Jahr 2015 getestet, auch dort war die Aushändigung einer automatischen Quittung für eine Zeit Standard. Die Maßnahme wurde von Expert*innen als effektiv eingestuft, um *Racial Profiling* zu reduzieren.[4] Mehrere Städte in den USA, zum Beispiel Baltimore im US-Bundesstaat Maryland, haben ebenfalls ein automatisches Quittungssystem eingeführt. Es bietet eine gute Grundlage, um anonymisierte Daten zur Polizeiarbeit zu sammeln und sie der Öffentlichkeit und der Wissenschaft zur Verfügung zu stellen.[5] In Baltimore, mit einem hohen Bevölkerungsanteil von Schwarzen Menschen (62,3 Prozent[6]), werden seit der Einführung der Maßnahme repräsentative Zahlen für die Stadtbevölkerung gemessen. Seit Einführung der Dokumentation im Jahr 2015 werden dort Schwarze Menschen nicht mehr häufiger kontrolliert als weiße Menschen. Für das Jahr 2015 hatte eine Untersuchung des US-Justizministeriums der Polizei von Baltimore eine eklatante rassistische Voreingenommenheit gegenüber Schwarzen Menschen attestiert.[7] Die Quittungen haben dieses Problem nicht aufgehoben, aber dazu beigetragen, einen Kontrollmechanismus im Polizeialltag zu etablieren.

Checkliste Kontrollquittungen:

Aufwand: *gering im Polizeialltag, technische Nachrüstung notwendig.*

Umgang: *großer Widerstand, Polizeigewerkschaften und rechtsgerichtete Medien, zum Beispiel aus dem Springer-Verlag,[8] lehnen die Dokumentation von Polizeikontrollen ab. Sie verweisen auf ein mit dieser dokumentarischen Kontrollmaßnahme verknüpftes Misstrauen gegenüber den Polizeibehörden.*

Effekt: *messbare Reduzierung willkürlicher Kontrollen und von Racial Profiling.*

Umsetzung in Deutschland: *Das Land Bremen hat die Maßnahme schon im Jahr 2020 gesetzlich verankert. Seit Juni 2022 gibt es die Quittungen dort an einigen Orten.[9] Weil sie nur auf Nachfrage ausgehändigt werden, wurden bisher allerdings relativ wenige Quittungen erstellt.[10] Im Jahr 2023 wurde vom Bundeskabinett ein Entwurf für ein Quittungssystem bei der Bundespolizei beschlossen, das in einem langwierigen Gesetzgebungsverfahren allerdings noch zugunsten des Polizeisystems verändert oder verhindert werden kann.[11]*

Bodycams

Die Videodokumentation von Polizeieinsätzen kann zur juristischen Aufarbeitung beitragen und sogar Verbrechen aufklären. Auf den ersten Blick bieten Bodycams, die an den Uniformen der Polizist*innen angebracht werden, eine Möglichkeit, nachvollziehen zu können, was bei einem Einsatz überhaupt passiert ist. Einige polizeiliche Akteur*innen sagen sogar, dass Bodycams die Beamt*innen schützen, Gewalt gegen sie dokumentieren und sogar als Abschreckung verhindern können. Die Praxis von Bodycams weltweit zeichnet aber ein anderes, nicht ganz so scharfes Bild.

Sehr weit verbreitet sind Bodycams in den USA, Kanada und in

Großbritannien. Dort wurden sie unter anderem auch zur Terrorabwehr angeschafft und normalisiert. Es hat sich in den drei Ländern allerdings ebenfalls normalisiert, dass viele Beamt*innen die Kameras routinemäßig einfach ausschalten – wenn sie einen Nachteil für sich befürchten. Die Liste mit solchen Fällen ist sehr lang. Hier nur ein Beispiel: Bevor ein weißer Polizist in Grand Rapids, Michigan, den unbewaffneten kongolesischen Staatsbürger Patrick Lyoya am 15. April 2022 erschoss, schaltete er die Kamera an seiner Uniform aus.[12] Sie hatte zuvor 42 Sekunden einer Auseinandersetzung zwischen dem Polizisten und Lyoya bei einer Verkehrskontrolle aufgenommen. Die später – unter anderem durch Aufnahmen von Überwachungskameras und Smartphones – nachgewiesene Erschießung des 26-Jährigen durch den Polizisten wurde nicht von der polizeilichen Bodycam dokumentiert.[13]

Unzählige Male nahmen Bodycams in der Vergangenheit sogar auf, wie Polizist*innen sich gegenseitig aufforderten, das Filmen einzustellen. So zum Beispiel in Chicago[14], Oklahoma City[15] oder Toronto[16]. Polizeigewerkschaften und -behörden verweisen dabei auf geltende Protokolle, nach denen Polizist*innen eigenständig entscheiden können, wann aufgenommen wird und wann nicht. In Deutschland besteht dieses rechtliche Problem ebenfalls: Im Jahr 2014 mündete ein Pilotprojekt in Rheinland-Pfalz in die Nutzung von Bodycams bei Einsätzen der Polizei. Dabei stand »der Schutz der Beamt*innen« im Fokus, eine Pflicht zur Nutzung besteht dort nicht.[17] Anfang 2023 wurde in Berlin ein Pilotprojekt mit 300 Bodycams für Polizei und Feuerwehr zunächst gestoppt, nachdem vermutet wurde, dass von den Geräten Elektroschocks ausgehen könnten.[18] Auch in der Hauptstadt wurden die Kameras offiziell zum Schutz der Beamt*innen vor Angriffen eingeführt. Seit Ende April 2023 müssen Polizist*innen in NRW Kameras an ihren Uniformen tragen, eine Einsatzpflicht besteht im Bundesland allerdings nicht.[19] Die Beamt*innen können sie ein- oder auch ausgeschaltet lassen. Bei der Tötung von Mouhamed Dramé (siehe Kapitel 17) trugen alle anwesenden uniformierten Polizist*innen jeweils eine Bodycam: Alle Kameras waren ausgeschaltet.[20] Dahinter steckt System in NRW:

Auch bei einem Einsatz im April 2023 in Bad Salzuflen waren mehrere Polizist*innen anwesend, 13, um ganz genau zu sein, alle waren mit Bodycams ausgestattet und die Streifenwagen mit sogenannten Dashcams. Und trotzdem gibt es nach Behördenangaben im Fall der Erschießung des 19-jährigen Bilel G. keine offiziellen Videos von dem Polizeieinsatz. 34 Schüsse aus Polizeiwaffen trafen den jungen Mann, aber alle 13 Bodycams waren ausgeschaltet.[21]

Ein weiteres Problem: Bodycams nehmen nur die Perspektive der Polizist*innen auf. Das Videomaterial kann allein selten zur kompletten Aufklärung dienen. Die Aufnahmen von Bodycams stellen aber manchmal ein gutes Puzzleteil dar, um überhaupt herausfinden zu können, was passiert ist. Bodycams können allerdings keine Dokumentation durch Dritte, zum Beispiel mit Smartphones, ersetzen (siehe Kapitel 24). Es kommt auch darauf an, wer Zugriff auf die Daten hat. In der Regel sind es die Polizeibehörden, und die haben in Europa[22] und Nordamerika[23] schon häufig dafür gesorgt, dass Beweismaterial gegen ihre Beamt*innen gelöscht wurde. In Minneapolis, wo George Floyd von einem Polizisten getötet wurde, können Beamt*innen seit dem Jahr 2021 ihre Bodycams nicht nach eigenem Gusto ein- oder ausschalten und das gespeicherte Material nicht einfach löschen.[24]

Checkliste Bodycams:

Aufwand: *im Polizeialltag gering. Teure technische Nachrüstung notwendig.*

Umgang*: Polizeigewerkschaften und Innenministerien sind der Technologie nicht abgeneigt – wenn sie offiziell und allein zum »Schutz der Beamt*innen« dient. Das liegt auch daran, dass auf dem Material selten die Beamt*innen selbst, oft Bürger*innen zu sehen sind. Polizeibehörden und -gewerkschaften pochen dabei auf den freiwilligen Einsatz im Ermessen der Polizist*innen.*

Effekt: *Dort, wo der Einsatz auf Freiwilligkeit basiert, gibt es keine messbaren Veränderungen in Sachen Polizeiproblem. Ausgeschaltete Bodycams können allerdings Hinweise darauf geben, dass Polizist*innen die Aufklärung von Polizeigewalt aktiv verhindern (wollen).*

Umsetzung in Deutschland: *In mehreren Bundesländern sind Bodycams Teil der polizeilichen Standardausrüstung, sie haben bisher wenig bis keinen Mehrwert für Betroffene von Polizeigewalt gebracht. Die Kameras dienen in Deutschland vor allem ihren Träger*innen. Bei der Aufklärung von Polizeigewalt sind deswegen von Dritten aufgenommene Videos wichtig.*

Kennzeichnung

Die Idee hinter einer individuellen und deutlichen Kennzeichnung von Beamt*innen lautet wie folgt: Wenn sich Polizist*innen rechtswidrig verhalten, können Betroffene durch die Kennzeichnung auf den Uniformen gezielt Beschwerde einlegen. Allzu oft werden Vergehen durch Polizist*innen nicht geahndet, weil sie zum Beispiel auf Demonstrationen und in hitzigen Situationen im Meer der Uniformen nicht identifizierbar sind und später durch Kolleg*innen gedeckt werden. Durch ein Nummernschild auf den Uniformen sollen Polizist*innen zur Rechenschaft gezogen werden können. So wird es in Berlin oder Baden-Württemberg zum Beispiel praktiziert. Doch im Südwesten Deutschlands müssen nur Polizist*innen in besonderen Einsatzlagen eine individuelle Nummer tragen, also jene, die mit kugelsicheren Westen und Helmen ausgestattet sind.[25] Das betrifft lediglich knapp 5,6 Prozent der Beamt*innen. In anderen Bundesländern, wie zum Beispiel Bayern, gibt es keine Kennzeichnungspflicht. Dort wehrt sich die Politik gegen die Einführung dieser Maßnahme. Ob es sie gibt oder nicht, hängt in Deutschland maßgeblich davon ab, ob auf Landesebene genügend progressive politische Stimmen etwas zu sagen haben oder hatten.[26] Im Jahr 2019 hatte das Bundesverfassungsgericht geurteilt, dass die Kennzeichnungspflicht grundsätzlich rechtens ist.[27] Geklagt hatten eine Polizeioberkommissarin und ein Polizeihauptmeister mit Unterstützung von Polizeigewerkschaften, sie hatten »Sicherheitsbedenken« geäußert und in allen gerichtlichen Instanzen verloren.

Es existieren keine Daten, die darauf hinweisen, dass die Kennzeichnungspflicht Polizist*innen davon abhalten, ihre Macht zu missbrauchen, oder Betroffene besonders motiviert, ihre Rechte einzufordern.[28] Dennoch ist die Kennzeichnung einzelner Polizist*innen zum Beispiel durch individuell zugewiesene und deutlich angebrachte Nummern auf den Uniformen die Grundlage, um in konkreten Fällen die Täter*innen innerhalb der Polizei zu identifizieren.

Checkliste Kennzeichnung:

Aufwand: *sehr gering. Im Polizeialltag gar keiner.*

Umgang: *Polizeigewerkschaften laufen Sturm gegen die Maßnahme.[29] Denn sie könnte dafür sorgen, dass einzelne Polizist*innen für ihre Vergehen haftbar gemacht werden können. In Nordrhein-Westfalen wurde die Kennzeichnungspflicht im Jahr 2023 unter der Schwarz-Grünen-Landesregierung mit dem Argument »Respekt und Vertrauen in die Arbeit unserer Polizei« sogar wieder abgeschafft.[30] Ein Erfolg polizeifreundlicher Lobbyarbeit.*

Effekt: *Eine Kennzeichnung könnte es Betroffenen von Polizeigewalt ermöglichen, überhaupt Aufklärung einzufordern. Daten zur Effektivität dieser in einigen Bundesländern erst seit kurzer Zeit und teilweise eingeschränkt eingeführten Maßnahme liegen (noch) nicht vor.*

Umsetzung in Deutschland: *In mehreren Bundesländern existiert die Kennzeichnungspflicht, in anderen wird sie weiter diskutiert oder vorbereitet. Das ergibt im föderalen System einen Flickenteppich. Betroffene müssen dann »Glück« haben, im richtigen Bundesland Opfer von Polizeigewalt zu werden.*

»Nicht tödliche Wirkmittel«

Mit »nicht tödlichen Wirkmitteln« sind Waffen und Abwehrmechanismen gemeint, die nicht direkt zum Tod des Gegenübers führen – zumindest theoretisch. Damit soll eine Attacke abgewehrt oder ein Mensch außer Gefecht gesetzt werden können. Sie werden von Polizeibehörden weltweit eingesetzt und von Politiker*innen als Lösung des Polizeiproblems und notwendige Ausstattung von Beamt*innen gepriesen. Auf Polizeimessen machen Hersteller viel Geld mit dem Verkauf der Wirkmittel in großen Mengen.[31]

Als beliebte »nicht tödliche Waffe« gilt der Taser, ein Gerät, das starke Elektroschocks durch den Körper eines Menschen schickt und ihn lähmt. Aus dem Elektroschocker schießen mehrere Kabel und krallen sich mit spitzen Griffen in den Körper einer Person, dann werden bis zu 50 000 Volt durchgeleitet.[32] Verstörende Videos zeigen, wie sich Menschen, die mit Tasern beschossen wurden, vor Schmerzen krümmen.[33] Es gibt mehrere Fälle, bei denen Getroffene verstorben sind. So geschehen im Oktober 2022 nach einem Polizeieinsatz in Dortmund.[34] Zwischen 2010 und 2021 wurden laut einer Studie rund 500 Menschen in den USA bei polizeilichen Taser-Einsätzen getötet.[35] Zwischen 2019 und 2022 wurden in Deutschland laut einer Recherche von *netzpolitik.org* sechs Tote gezählt, sie standen fast immer unter Drogeneinfluss oder waren in einer psychischen Ausnahmesituation, als sie vom Taser getroffen wurden.[36] Die Dunkelziffer kann höher liegen, weil diese Einsätze nicht automatisch von der Polizei öffentlich gemacht und nur auf journalistische Nachfrage bekannt werden. Die Elektroschocks können laut mehreren Studien Herzstillstände und damit einen plötzlichen Tod auslösen.[37] Die Nachrichtenagentur Reuters hat zwischen den Jahren 2000 und 2018 insgesamt 1081 Fälle von Taser-Toten in den USA dokumentiert, dort wird die Waffe ohne jegliche unabhängige Aufsicht von Polizeibehörden landesweit genutzt.[38] Eine auf die USA bezogene Erhebung von Amnesty International besagt, dass 90 Prozent der Taser-Todesopfer zuvor unbewaffnet waren und gar keine Gefahr darstellten.[39] Das Framing der »nicht tödlichen Wirkmittel« scheint Beamt*innen zu einem vermehrten Einsatz dieser Waffen zu verleiten – auch in Deutschland, wo Taser in allen Bundesländern mittlerweile zur Standardausrüstung der Polizei gehören. Das Redaktionsnetzwerk Deutschland (RND) zählte zum Beispiel für das Jahr 2020 über eine eigene Recherche 605 Taser-Einsätze bundesweit – mit Ausnahme von Thüringen, wo die Nutzung von Tasern durch die Polizei der Geheimhaltung unterliegt. Im Vergleich zum Jahr 2019 betrug der Anstieg in den 15 anderen Bundesländern damit 65 Prozent.[40] In der Tendenz weiter steigend. FDP-Bundesjustizminister Marco Buschmann plädierte im Dezember 2023 für einen verstärkten bundesweiten Einsatz von Elektroschockpistolen: primär zum Schutz der Polizei.[41]

Andere mutmaßlich »nicht tödliche Wirkmittel« sind traditionelle Knüppel, Wasserwerfer oder Pfefferspray. Es sind Waffen, die Menschen schon das Augenlicht, die Mobilität oder das Leben gekostet haben. Das von Polizeibehörden weltweit gern eingesetzte Tränengas ist offiziell im Rahmen der internationalen Ächtung von chemischen Kampfmitteln als Kriegswaffe verboten, im Einsatz gegen Demonstrant*innen ist es dafür umso beliebter.[42] Sowohl in Diktaturen als auch in Demokratien. Hergestellt wird das Gas für den weltweiten Gebrauch vor allem in Jacksonville, Florida[43] und in Baden-Württemberg[44]. Bei meinen Recherchen in Nordafrika und im Nahen Osten habe ich die US-amerikanische und deutsche Herkunft der giftigen Gase nach der gewaltsamen Niederschlagung von Demokratieprotesten durch Polizeiregime auf leeren Kartuschen dokumentiert.

Auch in der Entwicklungszusammenarbeit haben vermeintlich nicht tödliche Wirkmittel einen festen Platz: Die Europäische Union hat in den vergangenen Jahren ihre Zusammenarbeit mit den Ländern an ihren Außengrenzen verstärkt. Zusammen mit Marokko, Tunesien, der Türkei, den Ländern des Balkans oder der Ukraine wurden Grenzregime mit tödlichen und nicht tödlichen Wirkmitteln ausgebaut. Überall wurden Polizeibehörden mit Tasern, Überwachungskameras, gepanzerten Fahrzeugen, Tränengaskanonen, Zäunen und Mauern ausgestattet. Das Ziel: Flüchtende mit Gewalt davon abzuhalten, die EU zu erreichen. Auch mit Blick auf die Situation an den Außengrenzen stellt sich daher die Frage, ob diese Mittel wirklich nicht tödlich sind.

Checkliste »nicht tödliche Wirkmittel«:

***Aufwand**: groß, da Polizist*innen geschult werden und sie an der Uniform getragen werden müssen, wo sie neben anderen Utensilien (Schusswaffen, Schlagstock, Pfefferspray, Taschenlampe …) physisch eine Belastung für die Beamt*innen darstellen. Oft teuer in der Anschaffung und Wartung.*

***Umgang:** Polizei und Sicherheitspolitik sind große Fans von diesen vermeintlich nicht tödlichen Abwehrinstrumenten, die oft genug als Angriffswaffen genutzt werden.*

***Effekt:** Sie sorgen für mehr Polizeigewalt bei gleichzeitiger Simulation von Reformen. Denn »nicht tödliche Waffen« sind Taser nicht, liefern aber im Diskurs das Argument, dass die Polizei damit niemand töten kann.*

***Umsetzung in Deutschland:** In mehreren Bundesländern ist der Einsatz dieser Waffen Standard. Tränengaseinsätze bei Demonstrationen sind trotz der Gefahr für Leib und Leben weitestgehend normalisiert. In Nordrhein-Westfalen wurden zum Beispiel Taser als »präventive und deeskalierende« Maßnahme flächendeckend im Jahr 2021 eingeführt.[45] Im Jahr 2022 wurden sie knapp 1000-mal eingesetzt.[46]*

Verfassungstreue-Check

Um nur verfassungstreue Bewerber*innen zum Dienst zuzulassen, werden angehende Beamt*innen von Polizeibehörden in einigen Bundesländern durchleuchtet – zumindest in der Theorie. Als Standard gilt die Einreichung eines Auszugs aus dem Strafregister. Dabei greift das Beamtenrecht: Eine Person kann nicht verbeamtet werden bzw. ein*e Beamt*in verliert seine*ihre Beamtenrechte, wenn er*sie durch ein Urteil eines Strafgerichts wegen einer vorsätzlichen Tat zu einer Freiheitsstrafe von einem Jahr (oder mehr) verurteilt wurde.[47] Das Problem: Alles, was unter dieses Strafmaß fällt oder gar nicht erst vor Gericht landet, gilt nicht. Obwohl das Beamtenrecht in Deutschland gegenüber Polizist*innen so kulant ist, bleiben Polizeigewerkschaften sehr motiviert, ihre Mitglieder aus Prinzip vor jedem Gang vor ein Gericht oder gar einem standardisierten Check auf Verfassungstreue zu schützen. Es geht um Privilegien, Pensionen und den Beamt*innenstatus. Ein Check würde darin bestehen, eine standardisierte Abfrage beim Verfassungsschutz vor jeder Einstellung durchzuführen. Jede*r Bewerber*in würde dabei durchleuchtet: Zum Beispiel mit Blick auf öffentliche, verfassungsfeindliche Äußerungen oder registrierte Mitgliedschaften oder Aktivitäten in extremistischen Gruppierungen.

Doch die vielen »Einzelfälle«, die in diesem Buch aufgelistet sind, ergeben in Kombination mit dem Nachwuchsmangel ein klares Bild: Jede*r ist bei der Polizei willkommen. Auch jene, die es nicht so genau mit dem Gesetz und der geltenden Verfassung nehmen. Nach Bekanntwerden mehrerer rechtsextremer Netzwerke in den Reihen der Polizei führten Vorschläge für einen Verfassungstreue-Check zu erheblichem Widerstand der Polizeigewerkschaften und Innenpolitiker*innen.

Checkliste Verfassungstreue-Check:

Aufwand: *groß, da viele Daten erhoben, gespeichert und ausgewertet werden müssen.*

Umgang: *Polizei, Gewerkschaften und mehrere Innenministerien stellen sich gegen diese Maßnahme.*

Effekt: *Sie würde dafür sorgen, dass zum Beispiel bekannte Rechtsextremisten den Beamt*innenstatus verlieren oder ihn gar nicht erst zugesprochen bekommen.*

Umsetzung in Deutschland: *In Brandenburg wurde nach mehreren Skandalen rund um rechtsextreme Figuren in den Sicherheitsbehörden von der Landesregierung ein konkreter Pilotversuch für alle Beamt*innen angeschoben, also auch Richter*innen und Lehrer*innen.*[48] *Der Verfassungstreue-Check wurde im Landesparlament in Potsdam Ende April 2024 verabschiedet.*[49] *Was er konkret bringen wird, zeigt sich erst in einigen Jahren. Andere Landesregierungen zieren sich, diese Maßnahme überhaupt in Erwägung zu ziehen.*[50]

Künstliche Intelligenz

Generell setzt die deutsche Innenpolitik auf Technik: Schon heute ist der Einsatz von Drohnen und Überwachungssoftware ausgedehnt möglich.[51] Doch was wie die technische Zukunft klingt, wird in Deutschland längst von Polizeibehörden ausprobiert: Intelligente Systeme sollen öffentliche Plätze sicherer, das Leben von Kriminellen schwerer und die Arbeit der Polizei leichter machen. So zumindest das Versprechen der technologischen Revolution. KI-basierte Software wird vor allem in der Überwachung von Städten eingesetzt: Am Hansaplatz unweit des Hamburger Hauptbahnhofs erkennt ein Kamerasystem seit Mitte 2023 »unnatürliche Bewegungsmuster«, wenn zum Beispiel Gewalt angewendet wird oder eine Person stürzt.

Die noch fehleranfällige Software meldet die Fälle dann automatisch der örtlichen Polizeiwache.[52] Das KI-Pilotprojekt am Berliner Bahnhof Südkreuz geht darüber hinaus und meldet neben auffälligen Bewegungsmustern auch die Anwesenheit von bestimmten (gesuchten) Personen. Alles im Sinne der sicherheitspolitischen proaktiven Wende. Denn mithilfe der Gesichtserkennung kann durch diese KI der Deutschen Bahn und des Bundesinnenministeriums inmitten eines Menschenpulks am Bahnhof zum Beispiel eine per Haftbefehl gesuchte Person identifiziert werden.[53] Theoretisch könnte ein Polizist aber auch seiner Ex-Frau dort mithilfe der KI auflauern. Ein Innenminister könnte einen Whistleblower in den eigenen Reihen aufspüren lassen. Über einen internationalen Haftbefehl, zum Beispiel aus der Türkei, aus Uganda, den Philippinen oder aus den USA, könnten politische Oppositionelle über die KI verfolgt werden.

Es gibt aber auch sinnvolle Einsatzgebiete, in denen KI effektiv Kriminalität bekämpfen kann: Die Identifizierung von Kinderpornografie im Internet und im sogenannten Darknet, in dem Pädokriminelle Aufnahmen von Kindesmisshandlung veröffentlichen und austauschen. Ein weltweites Projekt vernetzt seit einigen Jahren Polizeibehörden in mehreren Ländern auf der Jagd nach diesen Verbrechern. Dabei werden Videos von einem KI-gestützten System analysiert, Aufnahmen von Kindesmissbrauch gemeldet.[54]

Wo die Gefahren der Künstlichen Intelligenz im Bereich der Überwachung liegen, zeigt sich in China: Dort ist die KI-basierte Gesichtserkennung und Analyse von Verhaltensmustern in den vergangenen Jahren flächendeckend für die gesamte Bevölkerung stark ausgebaut worden. Wenn jemand zum Beispiel bei Rot über die Straße geht, kassiert die Person direkt einen Strafzettel. Die Künstliche Intelligenz errechnet dabei einen individuellen »Social Score« für jede*n Bürger*in. Dieser Wert wird von den Behörden maßgeblich bei der Beantragung von Genehmigungen, Krediten oder Ausreisen aus dem Land herangezogen.[55] Beim Einsatz von KI werden immer Fragen des Datenschutzes aufgeworfen. In Deutschland, in dem totalitäre Überwachungsregime zur schmerzvollen Geschichte dieses Landes gehören (siehe Kapitel 2), ist dieser Aspekt besonders relevant und kein theoretisches Zukunftsszenario: Im Mai 2024 recherchierte der Bayrische Rundfunk einen Datenschutzskandal rund um das Bundeskriminalamt. Die Polizeibehörde nutzte bei einem Test einer Gesichtserkennungssoftware zuvor Bilder von drei Millionen Personen – ohne Einwilligung der Betroffenen und mit mehr als nur fraglicher Rechtsgrundlage.[56]

Checkliste Künstliche Intelligenz:

***Aufwand**: enorm, große finanzielle Anstrengungen und ethische Debatten sind nötig.*

***Umgang**: Die Sicherheitspolitik zeigt sich hier sehr experimentierfreudig. Die Aussicht, Sicherheit zu automatisieren, ist zu verlockend. Dabei wird stets mit einer erhöhten Effizienz der Polizeiarbeit argumentiert und selten über die Gefahr eines Missbrauchs durch die Polizei.*

***Effekt:** Kriminalität könnte über die Künstliche Intelligenz massiv eingedämmt werden, allerdings zum Preis des gläsernen Menschen. Eine Totalüberwachung ist für einige Law-and-Order-Akteure die Idealvorstellung einer hypersicheren Gesellschaft.*

***Umsetzung in Deutschland**: Mehrere Pilotprojekte in Deutschland zeigen, dass Behörden auf Bundes- und Landesebene KI in Zukunft vermehrt einsetzen wollen. Doch das Bundesverfassungsgericht hat automatisierten Datenanalysen im Februar 2023 hohe Hürden gesetzt. Anlass waren Gesetze in Hessen und Hamburg, die eine Einführung von flächendeckenden KI-basierten Systemen in der Polizeiarbeit vorbereitet haben.*[57]

Mehr Transparenz

Dieser Punkt bezieht sich auf eine transparente Kommunikation der Befugnisse der Polizei. Viele Menschen wissen gar nicht, was Polizist*innen dürfen und was sie nicht dürfen: Können Beamt*innen einfach so in meine Wohnung marschieren? Dürfen sie mein Handy durchsuchen? Mich ohne konkreten Verdacht kontrollieren oder gar festhalten (siehe dazu Kapitel 23)? Eine kritische Polizeikunde in der Schule und mediale Angebote sollen mündige Bürger*innen auf den Umgang mit der Staatsgewalt vorbereiten. Dazu könnte auch noch eine kritische Revision aller polizeirelevanten Gesetze kommen. Gesetzestexte könnten von Expert*innen, die nicht in das Polizeisystem involviert sind, unabhängig neu betrachtet und bewertet, bei Bedarf durch den Gesetzgeber geändert werden oder komplett wegfallen.

Checkliste Transparenz:

Aufwand: *Der Großteil würde bei der Bildungsarbeit anfallen, die entsprechend besser ausgestattet werden müsste.*

Umgang: *Hierzu sind keine offiziellen Stellungnahmen der Behörden oder Polizeigewerkschaften bekannt.*

Effekt: *Mündige Bürger*innen und reflektierte Gesetzestexte, dagegen kann man grundsätzlich nicht sein. Mehr Transparenz und Wissen über das Polizeiproblem würden aus bürgerrechtlicher Sicht außerdem den Selbstschutz von rassifizierten Menschen fördern.*

Umsetzung in Deutschland: *Es gibt keine systematische Aufklärung zum Thema Polizeiproblem, weder an Schulen noch in Medienangeboten. Im Gegenteil (siehe Kapitel 13).*

Schutz von Whistleblowing

Als Journalist liegt mir dieser konkrete Punkt natürlich sehr am Herzen: mehr Schutz für Hinweisgeber*innen. Für jene Menschen also, die es nicht mit ihrem Gewissen vereinbaren können, wenn sie Machtmissbrauch und Gewalt beobachten, aufgrund von »Spielregeln« aber dichthalten sollen.[58] Das betrifft Whistleblowing zum Beispiel in Unternehmen, Hochschulen oder Verwaltungen. Bei der Polizei wäre ein gesicherter Schutz für Informant*innen von enormer Bedeutung. Denn in Polizeibehörden herrscht mit der *Cop Culture* ein rigides Sanktionsregime, das »Netzbeschmutzung« intern hart bestraft: Wer spricht, wird gemobbt, ausgeschlossen, verfolgt (siehe Kapitel 9).

Studien haben gezeigt, dass ein effektiver Schutz für Whistleblower zu einer höheren Aufklärungsrate bei gleichzeitiger Reduzierung von Korruptionsfällen in Unternehmen und Behörden führen kann.[59] Anonyme Hinweise, die normalerweise an die Presse gehen und dort geprüft werden, haben in der jüngsten Vergangenheit mehrere Skandale aufgedeckt, viele Debatten ausgelöst und Reformen angestoßen.[60] Bei der Polizei konnte sich aufgrund des festgefahrenen Systems des Schweigens, einer inexistenten Fehlerkultur und eines Sanktionsregimes dieser Effekt noch nicht entfalten. Eine Normalisierung von Whistleblowing wäre daher ein zentraler Pfeiler für mehr unabhängige Aufklärung.

Checkliste Whistleblowing:

Aufwand: *relativ gering, da es in erster Linie um eine rechtliche Frage geht.*

Umgang: *Mehrere Fälle zeigen, dass Informant*innen bei der Polizei intern abgestraft werden. Dafür reicht manchmal nur der Verdacht, dass jemand Informationen an Journalist*innen oder Aufsichtsgremien*

»durchgestochen« haben könnte. Die Cop Culture *schlägt bei Whistleblower*innen gnadenlos zu.*

Effekt: *Ein effektiver Schutz von Hinweisgeber*innen kann als Korrektiv wirken und Missstände in Polizeibehörden, aber auch in der Sicherheitspolitik aufdecken. Eine Entlastung der Informant*innen wäre die Folge, sie könnten vor juristischer Verfolgung und internem Druck geschützt werden.*

Umsetzung in Deutschland: *Seit Juni 2023 gilt in Deutschland das »Gesetz zum Hinweisgeberschutz«. Es garantiert Whistleblower*innen Straffreiheit, wenn sie Missstände in ihren eigenen Organisationen (egal ob staatlich oder privat) aufdecken.*[61] *Das Gesetz gilt demnach auch für die Polizei. Es wird sich in den kommenden Jahren herausstellen, ob es eine positive Wirkung in Sachen Polizeiproblem entfalten kann. Ein großer Nachteil: Das Gesetz möchte, dass Missstände intern gemeldet und aufgearbeitet werden – erstmal ohne öffentliche Aufklärung. Mehrere Initiativen wie »Die Gesellschaft für Freiheitsrechte« motivieren darüber hinaus Hinweisgeber*innen innerhalb der Polizei, an die Öffentlichkeit zu gehen.*[62] *Meine Postfächer und die vieler Kolleg*innen stehen weiterhin vertraulich und mit 100-prozentigem Quellenschutz für Whistleblower*innen aus Polizeibehörden und Innenministerien offen.*

Interne Kontrollmechanismen

Diesen Punkt betonen Innenministerien und Polizeibehörden gern selbst: Wir regeln das alles intern. Entsprechende Mechanismen, zum Beispiel Vertrauenspersonen, an die sich Polizist*innen wenden können, wenn sie Fehlverhalten beobachten, gibt es schon. Sie haben nicht zu einer signifikanten Reduzierung von Machtmissbrauch, *Racial Profiling* oder allgemein Polizeigewalt geführt. Ein weiteres beliebtes Mittel: Eine benachbarte Polizeibehörde ermittelt gegen die Polizeibehördenschwester. In der Vergangenheit wurde so Unabhängigkeit simuliert, wo keine ist (siehe Kapitel 17).

Checkliste Interne Kontrollmechanismen:

Aufwand: *gering, da die Strukturen dafür schon in den Behörden existieren.*

Umgang: *Eigentlich normalisierter Vorgang, interne Kontrollmechanismen werden aber oft erst nach Bekanntwerden von Missständen und journalistischer Berichterstattung aktiviert.*

Effekt: *Die Simulation unabhängiger Kontrolle durch Polizeibehörden selbst verschleiert eher das Polizeiproblem, als dass sie eine Lösung darstellt.*

Umsetzung in Deutschland: *Normalisiert im Standardrepertoire des Polizeisystems.*

Parlamentarische Kontrolle

Schon jetzt gilt in Deutschland: Die Landesparlamente kontrollieren die Landespolizeien. Der Bundestag beaufsichtigt die Bundespolizei. Mit Kontrolle wird meist Aufarbeitung von Missständen *nach* Bekanntwerden gemeint. Das zentrale Instrument dafür sind Untersuchungsausschüsse, sie werden nach Veröffentlichung von Skandalen ins Leben gerufen. In regelmäßig tagenden Innenausschüssen werden aktuelle und allgemeine Fragen der Innen- und Polizeipolitik bearbeitet. Und genau diese Konstellation sorgt für Probleme: Im Fall der parlamentarischen Aufarbeitung des sogenannten NSU 2.0 gelangte die neue, geheime Adresse der betroffenen Anwältin Seda Başay-Yıldız auch an die AfD-Fraktion im Landtag von Wiesbaden[63] (siehe Kapitel 19). Die AfD pflegt wiederum gesichert Überschneidungen mit rechtsextremen Netzwerken, auch innerhalb der Polizei. Wie soll in diesem Fall das Parlament für mehr Sicherheit und Aufklärung sorgen? Mit Blick auf die mäßigen Ergebnisse des Untersuchungsausschusses stellt sich diese Frage sowieso.

Ich saß selbst beim wenig ergiebigen Untersuchungsausschuss zum Anschlag in Hanau als Beobachter im Landtag von Hessen und stellte mir genau diese Frage.

Daran schließen sich noch weitere offene Punkte an: Wie viel kann überhaupt in einem politisierten Gremium, das mit Blick auf das Ende einer Legislaturperiode unter Zeitdruck steht, aufgeklärt werden? Sind einzelne Abgeordnete inhaltlich gut aufgestellt, um sich in ausufernde Akten und komplizierte Sachverhalte zu vertiefen und für Aufklärung zu sorgen? Neben der Kontrollfunktion der repräsentativen Demokratie gibt es deswegen noch andere Ansätze, die diskutiert werden: Gremien von Bürger*innen, die an Parlamente berichten, zivile Mitläufer*innen, die die Arbeit der Polizei begleiten und darüber berichten, Expert*innenräte, Nichtregierungsorganisationen mit speziellen Befugnissen, wie zum Beispiel dem Zugang zu Akten, um diese zu studieren und Missstände publik zu machen.

An dieser Stelle ist zu betonen: Polizeiliche Kompetenzen können auch im Kontext von Demokratien auf verstörende Art und Weise ausgeweitet werden. So beschloss zum Beispiel die demokratisch legitimierte, faschistische Regierung von Ministerpräsidentin Giorgia Meloni kurz nach ihrem Amtsantritt ein neues Maßnahmenpaket: Seitdem können Jugendliche ab 14 Jahren in Italien per Dekret deutlich einfacher direkt in Untersuchungshaft kommen.[64] In den USA werden Sheriffs sogar gewählt[65], das hat das Polizeiproblem dort zumindest nicht gelöst. Dennoch werden vom Wort »Demokratie« auch in Deutschland polizeiintern vermeintliche Lösungen für das Polizeiproblem abgeleitet: In Niedersachsen wurden im Jahr 2023 in mehreren Polizeibehörden sogenannte »Demokratiepaten« unter den Beamt*innen ernannt. Sie sollen mit ihren Kolleg*innen »reflektieren« und »den inneren Kompass« der Behörden demokratisch justieren.[66] Das Projekt trägt den Namen »Demokratiestarke Polizei« und soll auch von anderen Bundesländern eingeführt werden.

Checkliste Parlamentarische Kontrolle:

Aufwand: *da schon weitestgehend existent, ist der Aufwand gering. Eine Stärkung würde bedeuten, dass Gremien wie Innenausschüsse ausgebaut und zum Beispiel mit mehr Mitarbeiter*innen ausgestattet werden. Außerdem würden Abgeordnete noch mehr Kompetenzen bekommen, zum Beispiel über gezielte Schulungen, um Ermittlungsakten auszuwerten.*

Umgang: *Die parlamentarische Kontrolle wird oft politisch kontrovers diskutiert, wenn zum Beispiel die Opposition einen Untersuchungsausschuss einberuft. Grundsätzlich haben sich alle Parteien und Verwaltungen in Deutschland allerdings auf diesen Mechanismus geeinigt.*

Effekt: *Die Praxis von Untersuchungsausschüssen in deutschen Parlamenten hat gezeigt, dass Polizeiskandale dort durchaus thematisiert werden können. Die Aufklärung (meist) am Ende einer Legislaturperiode geht oft im Wahlkampfgetöse unter und interessiert Jahre nach den jeweiligen Skandalen nur noch mäßig. Außerdem hängt eine effektive Aufklärung an der Zusammensetzung des Parlaments.*

Umsetzung in Deutschland: *Ob eine weitere politische Betonung der parlamentarischen Kontrolle eine große Veränderung im Polizeisystem bringen würde, ist fraglich. Im Frühjahr 2023 lehnte der rot-grüne Senat in Hamburg einen Untersuchungsausschuss zur Ermordung von Süleyman Taşköprü im Jahr 2001 durch den NSU ab. Der Ausschuss hätte vor allem die Arbeit der Sicherheitsbehörden im Kontext des NSU-Komplexes kritisch beleuchten sollen. Die Grünen-Abgeordnete Miriam Block stimmte als Einzige aus dem Regierungslager für die Einrichtung eines Ausschusses und stellte sich damit öffentlich gegen die Linie ihrer eigenen Partei und der Hamburger Regierungskoalition. Für diese Opposition wurde sie von ihrer Fraktion und Partei hart bestraft, indem ihr wichtige Ämter entzogen wurden.[67] Die antifaschistische Haltung von Miriam Block hatte wohl keinen Platz in der grünen Regierungspartei. Das zeigt, welche politisierten Grenzen die polizeikritische Aufklärung in deutschen Parlamenten hat.*

Diversity

Das Lieblingsinstrument der Verwaltung und der Innenpolitik, um die Polizei – vor allem in Großstädten – bürgernah zu gestalten, ist Diversity. Dafür muss man nur einen Spaziergang durch Berlin, Hamburg oder Stuttgart machen: Überall wirbt die Polizei um Nachwuchs mit sogenanntem Migrationshintergrund. Vielfaltsdiskurse der vergangenen Jahre haben dafür gesorgt, dass Repräsentation als Lösung für alles gewertet wird. So nach dem Motto: Wenn nur genug queere und/oder von Rassismus betroffene Menschen und Frauen (siehe Kapitel 4) dabei sind, dann ist alles okay. Dass es so einfach nicht ist, zeigen mehrere Studien.

Zunächst einmal die gute Nachricht aus Sicht der Polizei: Mehr Vielfalt in Uniform sorgt dafür, dass die Akzeptanz für die Polizei in der Bevölkerung wächst.[68] Repräsentation sorgt laut Studien dafür, dass nicht-weiße Menschen, Frauen und Queers mehr Vertrauen in die Polizei projizieren. Am Polizeiproblem selbst ändert das allerdings wenig. Während eine Studie aus Chicago aus dem Jahr 2021[69] aufgezeigt hat, dass nicht-weiße und weibliche Polizist*innen durchaus weniger Gewalt gegen Angehörige von Minderheiten anwenden, sprechen andere Studien Diversity-Strategien keinen signifikanten Effekt zu. Mehrere Meta-Studien zeigen, dass vielfältige Polizeibehörden genauso gewalttätig ihre Macht missbrauchen wie homogen weiße und/oder männlich geprägte Polizeibehörden.[70] Die diverse Zusammenstellung von Polizist*innen führt also nicht zwangsläufig dazu, dass Strukturen der *Cop Culture* oder der toxischen Männlichkeit ausgehebelt werden.[71] Obwohl genau dies durch die Vielfaltspolitik suggeriert wird.

Auch Diskriminierung innerhalb von Polizeibehörden zeigt, dass Repräsentation (allein) keine Lösung für das Polizeiproblem sein kann: Im 1. Polizeirevier der Frankfurter Innenstadt wurde ein arabischstämmiger Polizist so dermaßen von seinen Kolleg*innen gemobbt, verleumdet und verfolgt, dass er versetzt werden musste.[72] Es handelt sich hierbei um das Revier, das zuvor Schlagzeilen gemacht hat im Zusammenhang mit rechtsextremen Chats und einer mutmaßlichen Nähe zum sogenannten »NSU 2.0«. Diversity scheint das Problem dort nicht aufgehoben zu haben. In der Innenstadt von Frankfurt, so berichtete mir Anfang 2024 ein Café-Besitzer unweit der Konstablerwache, würden bei *Racial Profiling*-Kampagnen der Polizei und maßlos überzogenen Razzien in migrantischen Kleinunternehmen mittlerweile nicht-weiße Beamt*innen vorgeschickt. »Dann kommen Schwarze oder türkische oder kurdische oder was weiß ich für welche Bullen und halten mir die Knarre vor mein Gesicht, obwohl ich nichts getan habe. Ich bekomme da richtig Angst. Da macht für mich die Hautfarbe keinen Unterschied«, berichtete mir der Betroffene. Mehrere Informant*innen in Polizeibehörden berichteten mir über die Jahre, dass nicht-weiße Polizist*innen in Deutschland intern so sehr unter Beobachtung stehen, dass sie sich im Dienst »beweisen« müssten. Ein Berliner Polizist mit sogenanntem Migrationshintergrund formulierte es wie folgt: »Die deutschen Kollegen, damit meine ich so diese Matthiasse und Michaels, gehen davon aus, dass wir den Kanaken auf der Straße so richtig verprügeln, um zu zeigen, auf welcher Seite wir stehen, und einige Polizisten mit Migrationshintergrund schlagen dann halt noch härter zu.« In diesem Zusammenhang verschlimmert Diversity das Polizeiproblem, weil es im Kontext der *Cop Culture* zu mehr Gewalt führen kann.

Checkliste Diversity:

Aufwand: *schon sehr aufwendig, weil Ressourcen in die Rekrutierung neuer Beamt*innen gesteckt werden müssen. Außerdem existieren natürlich auch rechtsextreme politische Kräfte, die in der Diversifizierung der Gesellschaft selbst eine Gefahr sehen. Dagegen muss politisch argumentiert werden.*

Umgang: *Sie lieben es einfach. Vielfalt ist DIE Antwort der Sicherheitspolitik auf das Polizeiproblem. Auch weil diese Antwort sehr simpel ist.*

Effekt: *Laut Studien gibt es keinen signifikanten Zusammenhang zwischen diverser Zusammensetzung der Polizei und der Polizeigewalt selbst. Das Polizeiproblem ist strukturell angelegt, Repräsentation kann es (zumindest allein) nicht lösen.*

Umsetzung in Deutschland: *fortgeschritten. Überall steigt der Anteil der Polizist*innen mit Migrationshintergrund. In Hessen lag er im Jahr 2011 noch bei 11,8 Prozent, im März 2021 schon bei 24 Prozent[73]. Das ist, je nachdem, wie man zählt, sogar nahezu punktuell repräsentativ für die hessische Bevölkerung.[74] Mit dieser fast schon erreichten Repräsentation gab es aber keine signifikante Veränderung beim Polizeiproblem.*

Vorurteilstraining

Anschließend an Diversity-Strategien haben sich auch Vorurteilstrainings in der Polizeiausbildung etabliert. Generell sind diese Weiterbildungen in allen Branchen sehr beliebt: Multinationale Konzerne, Banken, Verwaltungen, Hochschulen, alle schicken sie ihre Mitarbeiter*innen mal mehr, mal weniger freiwillig in rassismuskritische Seminare. In den vergangenen zehn Jahren hat sich ein ganzer Markt gegründet, der diese Dienstleistung anbietet. Dabei sollen Unternehmen und Mitarbeitende sich selbst reflektieren, intern, aber auch nach außen einen respektvollen, diskriminierungsfreien Umgang mit »den anderen« lernen. Klingt gut, würde es sich nicht zum Beispiel auf Modeunternehmen beziehen, die Arbeiter*innen in Bangladesch ausbeuten, oder auf Banken, die in Minen ohne Arbeitsstandards in Angola investieren. Oder eben auf Behörden, die aktiv von Rassismus betroffene Menschen diskriminieren. Was bringt ein Diversity-Training in der Ausländerbehörde? Ich sage da immer: wenig bis gar nichts.

Bei der Polizei ist in vielen Bundesländern das Diversity-Training längst fester Bestandteil der Ausbildung geworden. Meist sind die Dozent*innen selbst von Rassismus betroffen oder Frauen, aber nicht immer. Ich war selbst mal auf einem Diversity-Tag einer Polizeibehörde und habe dort viel gelernt – über die Polizei (siehe Kapitel 11). Das Ziel dieser Workshops: die Sensibilisierung der Polizeibeamt*innen und ihrer Vorgesetzten für »andere« Perspektiven. Eine*r meiner Informant*innen in der Polizeiausbildung merkte kritisch an, dass die Polizei zwar weiterhin *Racial Profiling* betreibe, bei einer an sich überflüssigen, eher als Schikane angelegten Durchsuchung in einem muslimischen Haushalt würden aus Respekt aber nun die Schuhe ausgezogen. Bei diesem Beispiel stellt sich die Frage, ob die antrainierte »Diversity« bloß Makulatur ist und das problematische und systematische Handeln der Polizei verdecken soll.

Wissenschaftler*innen der Harvard University und der Universität in Tel Aviv werteten Daten aus dreißig Jahren Diversity-Strategien bei großen US-Unternehmen aus und attestierten in einer Studie, dass ein Vorurteilstraining vielleicht noch »ein oder zwei Tage« nachwirke. An den grundsätzlichen Strukturen ändern diese vereinzelten Trainings wenig. Bei der Polizei sieht es nicht anders aus: Mehrere Studien zu Diversity-Trainings bei der Polizei im angelsächsischen Raum legen nahe, dass diese nur eine zeitlich begrenzte oder gar keine positive Veränderung mit sich bringen.[75] Zum Effekt von Vorurteilstrainings bei der Polizei in Deutschland habe ich keine validen wissenschaftlichen Studien gefunden.

Checkliste Vorurteilstraining:

Aufwand: *eher gering, Kosten und Aufwand sind überschaubar.*

Umgang: *sehr beliebt, weil auch Teil der Diversity-Strategie.*

Effekt: *Bisher nicht in deutschen Polizeibehörden gemessen. Allgemein bringen Diversity-Trainings laut Studien nicht viel. Eine Erhebung der TU-Berlin attestierte im Jahr 2022 sogar, dass sich die Berliner Polizei noch nicht intensiv genug mit dem Thema beschäftigt.*[76] *Daher ist davon auszugehen, dass noch mehr Aufmerksamkeit in diesen »Lösungsansatz« fließen wird.*

***Umsetzung in Deutschland**: längst im Curriculum der Polizeiakademien und in den Weiterbildungsplänen der Behörden verankert (siehe Kapitel 22).*

Community Policing

Es ist quasi eine weitere Stufe von Diversity-Strategien: Jede Community soll sich demnach selbst polizieren. Die Beamt*innen sollen aus den Stadtteilen stammen, die sie ordnen und überwachen sollen. Dieses Konzept kommt aus den USA, aber auch aus Ländern wie Südafrika oder Nigeria, in denen Städte und Stadtteile aus historischen Gründen bis heute stark segregiert sind. Dieser Ansatz mag dort kurzfristig gut funktionieren, auch weil die Anwohner*innen eventuell Polizist*innen, die ähnliche Lebensläufe haben wie sie, eher akzeptieren. An der Funktionsweise der Polizei ändert *Community Policing* wenig und wäre im deutschsprachigen Raum schwieriger umzusetzen. Außerdem gelten hier dieselben Kritikpunkte, die bei den Diversity-Strategien aufgekommen sind.

Zum *Community Policing* wurden in anderen Ländern vielfältige Studien erstellt. Seit Jahren tobt in der Kriminologie eine lebhafte Debatte, was dieser Ansatz überhaupt bringt. Eine Meta-Studie, die unter anderem das *Community Policing* in der Türkei analysiert, besagt, dass das Konzept einige Arten von Kriminalität (wie zum Beispiel illegaler Waffenbesitz) besser eindämmen kann, andere dafür weniger (zum Beispiel Drogenkonsum).[77] Dreht man die Perspektive um und fragt nach dem Effekt von *Community Policing* auf die Polizei selbst, ist das Ergebnis ernüchternd: Eine Studie der University of Stanford aus dem Jahr 2021 sieht keine positiven Effekte aus Sicht der Communitys und mit Blick auf das Polizeiproblem.[78]

Checkliste Community Policing:

Aufwand: *groß, weil Städten und Stadtteilen lokale Polizist*innen zugewiesen werden müssen.*

Umgang: *da in Deutschland nicht vorgesehen, sind keine Standpunkte bekannt.*

Effekt: *Im sogenannten Globalen Süden wenig positive Effekte auf das Thema Kriminalität, wenige bis gar keine Effekte auf das Polizeiproblem.*

Umsetzung in Deutschland: *nicht vorgesehen und ebenso wenig umsetzbar.*

Deeskalationstaktiken

Gibt man in eine Internet-Suchmaschine die Begriffe »Polizei« und »Deeskalation« ein, tauchen gleich mehrere Treffer auf, die Strategien von Landespolizeibehörden in Sachen Deeskalation beschreiben. Von Berlin bis Bayern, von Bremen bis Baden-Württemberg haben sich laut diesen Strategiepapieren alle Polizeibehörden in Deutschland das Wort Deeskalation groß auf die Fahnen geschrieben. Tatsächlich sind bei Demonstrationen, dort, wo Polizist*innen in der Vergangenheit oft zugeschlagen haben[79], seit einigen Jahren schon routinemäßig sogenannte Kommunikationsteams der Polizei unterwegs. Sie sind Ansprechpatner*innen für Organisator*innen von Demonstrationen und sorgen dafür, dass Konflikte geklärt werden, bevor sie überhaupt eskalieren. Auch im Kontext von Fußballspielen, wo männlich aufgeladene Polizeigewalt auf männliche aufgeladene Fankultur trifft, ist Deeskalation ein beliebtes Mittel geworden. Darüber hinaus erhalten viele Polizist*innen ein Training in Sachen Deeskalation. Recherchen haben ergeben, dass viele Beamt*innen nämlich nicht wissen, wie Konflikte mit Kommunikation gelöst werden können.[80]

Ein großer Erfolg der Deeskalationstaktik zeigte sich in den vergangenen Jahren beim Verlauf des 1. Mai in Berlin: Traditionell gingen Polizist*innen am Tag der Arbeit mit harter Hand gegen Demonstrant*innen vor. Zeitweise kamen jedes Jahr ikonische Bilder von Schlachten der Arbeiter*innenklasse und der Antifa gegen die Staatsgewalt aus der Hauptstadt. Eine Deeskalitionsstrategie führte dazu, dass die Gewalt vonseiten der Demonstrant*innen, aber vor allem vonseiten der Polizei stetig abgenommen hat. Auf der einen Seite gab es Straßenfeste, die große Gruppen bespaßt haben, auf der anderen Seite wurde die Polizei politisch dazu angehalten, sich mit Gewalt an diesem besonderen Tag zurückzuhalten. Es kam zwar vereinzelt zu Auseinandersetzungen und Übergriffen durch die Polizei, in den vergangenen Jahren verlief der 1. Mai in Berlin aber relativ friedlich.[81]

Weiterführend können Kriseninterventionsteams, die es in einigen Sicherheitsapparaten in Deutschland auf Landesebene gibt, auch deeskalierend wirken. Sie können zum Beispiel bei Einsätzen im Zusammmenhang mit psychisch erkrankten oder drogenabhängigen Menschen dafür sorgen, dass überforderte Beamt*innen nicht gleich schießen. Während diese Strategien punktuell schon eingesetzt werden, kommt diese ganz praktische Deeskalation allerdings noch viel zu selten zum Einsatz (siehe Kapitel 17). Nur ein Beispiel: Nach ihrem Amtsantritt kündigte die Schwarz-Rote Landesregierung in Hessen Anfang 2024 eine »Innenstadtoffensive« für Darmstadt, Hanau, Kassel, Limburg, Offenbach und insbesondere für das kriminalitätsbelastete Frankfurt am Main an.[82] Kern dieser Strategie: noch mehr Beamt*innen, noch mehr Repressionen. »Die Polizei wird Wettbüros, Shisha-Bars, Spielhallen und Szenelokale in den Blick nehmen«, erläuterte CDU-Innenminister Roman Poseck nach altem Muster, das sich in der Vergangenheit eben wenig bewährt hat.

Checkliste Deeskalationstaktiken:

Aufwand: *klein, schont sogar Ressourcen und sorgt für weniger Polizeigewalt, insbesondere bei Demonstrationen.*

Umgang: *beliebt, da in der Vergangenheit effektiv, und es trägt nebenbei zu einem besseren Image der Polizei bei.*

Effekt: *An einigen konkreten Orten und Zeiten haben Deeskalitionsstrategien der Polizei dafür gesorgt, dass sich Beamt*innen kollektiv mit Gewaltausbrüchen zurückgehalten haben. Das zeigt, dass es beim Polizeiproblem auch einen Top-Down-Effekt gibt, bei dem die Spitze (sowohl politisch als auch in der Verwaltung) durchaus mäßigend auf die eigenen Beamt*innen einwirken kann.*

Umsetzung in Deutschland: *in fast allen Bundesländern Bestandteil der Polizeipolitik.*

Polizeibeauftragte

Das Amt soll es Bürger*innen erleichtern, sich bei einer unabhängigen Stelle über Polizeigewalt und Machtmissbrauch durch Beamt*innen zu beschweren. Die ursprüngliche Idee: Wenn Bürger*innen schlechte Erfahrungen mit der Polizei gemacht haben, sollen sie damit nicht direkt zur Polizei gehen müssen, sondern können bei einer dritten, unabhängigen Stelle ihre Beschwerde einlegen. Das bedeutet nicht, dass bei Straftaten durch Polizist*innen eine dritte Instanz ermittelt, das macht weiterhin die Polizei selbst. Nur haben Betroffene offiziell erst mal eine*n andere*n Ansprechpartner*in. Außerdem sollen Polizeibeauftragte Jahresberichte zum Thema Machtmissbrauch bei der Polizei erstellen.

In Berlin gibt es seit Juni 2022 den »Bürger- und Polizeibeauftragten«. Er ist zuständig für die Entgegennahme und Klärung von Beschwerden aus der Bevölkerung gegenüber allen Behörden der

Hauptstadt. Da der Bericht[83] seines ersten Arbeitshalbjahres in einer Drucksache des Abgeordnetenhauses, also einem offiziellen Ergebnisprotokoll des Parlaments, vergraben wurde, musste ich den Text bei ihm per E-Mail anfragen. Er antwortete mir persönlich, da er keine eigene Verwaltung besitzt. Sein Bericht liest sich ein wenig traurig: Bei ihm hatten sich vor allem Corona-Leugner*innen gemeldet, die er beruhigen und darauf aufmerksam machen musste, dass er keine Kompetenzen besitze. Und das ist generell der Knackpunkt bei diesem Amt: Diese Beauftragten verfügen über fast keine Befugnisse. Man könnte sie sogar als so eine Art Kummerkasten bezeichnen. Man spricht rein, dann passiert nichts.

Bei den wenigen Fällen von Polizeigewalt, die den Berliner Beauftragten erreichten und bei denen er tatsächlich etwas hätte tun können, verweigerte ihm die Berliner Polizeibehörde schlicht die notwendige Akteneinsicht.[84] Er habe einerseits nicht die Befugnis dafür, und die Behörde müsse andererseits die Daten auch nicht herausrücken – beides stimmt. Mehr als eine frustrierte Zusammenfassung seines Scheiterns gegenüber der mächtigen Polizeibehörde blieb ihm nicht. Dazu kommt: Einige Polizeibeauftragte verstehen sich sowohl als Ansprechpartner*innen für Bürger*innen als auch für Beamt*innen, die zum Beispiel Konflikte mit ihren Vorgesetzten haben.[85] Außerdem ist oft nicht bekannt, dass es dieses Amt überhaupt gibt. Aus einigen dürftigen Berichten wird in manchen Bundesländern daher geschlussfolgert: Wenn sich niemand meldet, ist doch alles gut.[86]

Auf Bundesebene hat der Bundestag im März 2024 mit den Stimmen der Ampelkoalition den ersten Polizeibeauftragten des Bundes gewählt. Der SPD-Abgeordnete Uli Grötsch, so heißt es aus dem Parlament, sei damit Ansprechpartner für alle Bundespolizist*innen, aber auch für Bürger*innen, die sich mit Beschwerden an ihn wenden könnten. Was man zu Uli Grötsch aber unbedingt wissen muss: Er war unter anderem jahrelang bei der Bereitschaftspolizei und der Grenzpolizei in Bayern tätig.[87] Grötsch ist außerdem Mitglied der Gewerkschaft der Polizei (GdP).[88] Unabhängig klingt anders. Bei einem Pressegespräch im April 2024 habe ich Uli Grötsch gefragt, ob er in seiner GdP-Mitgliedschaft einen Konflikt sieht. Seine Antwort, zusammengefasst: Er sieht ihn nicht. Bei dem Austausch ist klar geworden, dass Grötsch vor allem auf Vielfalt setzt, um deutsche Polizeibehörden breiter aufzustellen. Eine Strategie, die ich in diesem Kapitel kritisch beleuchte. Mit Fällen von Rechtsextremismus innerhalb von deutschen Polizeibehörden konfrontiert, sagte Grötsch dem *Stern*: »Wir leben in Zeiten, in denen von Rechtsextremen gezielt versucht wird, die Polizeien zu destabilisieren.«[89] Weil mit Blick auf die Datenlage ein Leugnen des Problems unmöglich erscheint, schlummert in diesem Satz die klassische Sichtweise, alles einfach auszulagern und kein strukturelles Problem erkennen zu wollen. Der Rechtsextremismus, er kommt entsprechend dieser polizeizentrierten Betrachtung von außen. Aus der Formulierung von Grötsch lese ich die bekannte Einzelfall-Theorie heraus. So muss das System hinter der Polizeigewalt, samt seiner Polizeibeauftragten, nicht selbstkritisch die eigenen Strukturen hinterfragen.

Checkliste Polizeibeauftragte:

Aufwand: *klein, pro Bundesland braucht es eine*n Beauftragte*n und dazu eine funktionierende Verwaltung.*

Umgang: *relativ neutral. Es liegt nahe, dass die Einsetzung einer*s Polizeibeauftragten als kleineres Übel vor allem vonseiten der Polizeigewerkschaften wahrgenommen wird (siehe nächster Punkt zur Oberpolizei). Außerdem wird das Amt oft auch als Anlaufstelle für Beamt*innen beworben.*

Effekt: *bescheiden, da die Polizeibeauftragten in den Bundesländern wenig bis keine Kompetenzen besitzen. Außerdem bestehen bei einigen Polizeibeauftragten Zweifel an der Unabhängigkeit.*

Umsetzung in Deutschland: *Stand 2024 gab es in Baden-Württemberg, Berlin, Bremen, Hessen, Mecklenburg-Vorpommern, Rheinland-*

*Pfalz, Schleswig-Holstein und Brandenburg jeweils eine*n »unabhängigen Polizeibeauftragten« bei den Landesparlamenten und einen zusätzlichen im Bundestag. In Hamburg, Niedersachsen, Nordrhein-Westfalen, Sachsen, Sachsen-Anhalt und Thüringen ist dieses Amt bei einer Landesbehörde angesiedelt, oft direkt beim Polizeipräsidenten oder im Innenministerium, was die ursprüngliche Idee der Unabhängigkeit vollkommen unterminiert.[90] In Bayern und im Saarland gibt es dieses Amt nicht.*

Oberpolizei

Eine übergeordnete Behörde könnte dafür sorgen, dass Vergehen bei der Polizei kompromisslos und schnell geahndet werden. Von ihr würde damit eine abschreckende Wirkung für Polizist*innen ausgehen: eine Oberpolizei, wenn man so will. Dabei greift das Prinzip der Polizei selbst: Es braucht einen Aufpasser, eine Schiedsrichterin, damit sich die uniformierten Beamt*innen an Gesetze halten. Diese Behörde müsste dabei unabhängig bleiben und könnte selbst nur von einem demokratisch gewählten Parlament beaufsichtigt werden. Bedeutet: Das Innenministerium (egal ob auf Bundes- oder Landesebene) hätte mit dieser speziellen Behörde nichts zu tun. Zudem müssten die Oberermittler*innen besondere Befugnisse haben: uneingeschränkter Zugang zu Akten und Datenbanken, Informationsfluss aus den Sicherheitsbehörden, selbstständige Kommunikation nach außen. Außerdem müsste die Behörde ohne vorherige Ankündigung und stichprobenartig Kontrollen durchführen können. Man kann es auch so sehen: Die Oberpolizei wäre das polizeiliche Gesundheitsamt, das unangekündigt in die Restaurantküche kommt und dort nach dem Rechten und vor allem nach der Hygiene schaut. Damit steigt die Chance, dass die Küche sauber gehalten wird.

Eine unabhängige Instanz, die wertfrei auf die Polizeiarbeit blickt, kann auch wichtig sein, weil manchmal absichtliches Nichtstun ein Polizeiproblem darstellt und diese Passivität nur durch kompetente Kontrollinstanzen früh genug erkannt werden kann: Ende 2023 wurde zum Beispiel bekannt, dass ein Berliner Polizist mindestens zwei Jahre lang Anzeigen rechter Straftaten nicht bearbeitet hatte.[91] Der Beamte beim Staatsschutz des Landeskriminalamtes ließ in diesem Zeitraum 300 Fälle liegen. In anderen Ländern mit Oberpolizeibehörden ist zumindest die Chance geringer, dass so etwas passieren kann.

In Nordirland wurde schon im Jahr 1998 eine neutrale und unabhängige Ombudsstelle gegründet, die dem Justizministerium und dem Parlament untersteht. Anders als die Polizeibeauftragten in den deutschen Bundesländern kann diese Ombudsstelle mit genug Personal und weitestgehenden Kompetenzen bei berechtigten Beschwerden ermitteln: Die Behörde kann Beweismittel beschlagnahmen, forensische Untersuchungen selbstständig anordnen, direkt Akteneinsicht anfordern, Verdächtige festnehmen. Alles, was halt eine Polizei so macht, nur in diesem Fall bei der Polizei selbst.[92] Im Berichtsjahr 2022/2023 bearbeitete die Behörde 3185 Fälle.[93] Über die Jahre sind die Meldungen und Beschwerden stetig mehr geworden, weil sich die Behörde große Mühe gibt, ihre Arbeit publik zu machen und Barrieren für Betroffene abzubauen. So können sich Bürger*innen über die Webseite vertraulich in mehreren Sprachen an die Ombudsstelle wenden. Die Behörde listet darüber hinaus transparent jeden relevanten Fall auf ihrer eigenen Webseite auf: rassistische oder sexistische Aussagen durch Polizisten, unrechtmäßiger Einsatz von Tasern, Korruptionsfälle, *Racial Profiling*. Die Behörde veröffentlicht aber auch Ermittlungsergebnisse, die im Sinne der Polizei ausgehen. So urteilte sie in einigen Fällen, dass der Einsatz von Pfefferspray gegen randalierende Minderjährige oder von Tasern bei drohender Gefahr rechtens gewesen sei.[94] Auch wenn sich nordirische Polizist*innen gegen die Behörde öffentlich wehren und ihre Gewerkschaften sich skeptisch äußern, besteht das Grundprinzip darin, dass mehr Transparenz auch im Sinne der Polizei selbst ist.

In anderen europäischen Ländern existieren ähnliche Oberpolizeien: so in Schottland, England, Belgien oder Dänemark. Vor allem Dänemark, dessen politisches System im Ganzen sehr rechtskonservativ geprägt ist, zeigt, dass eine übergeordnete Polizei gesellschaftliche Mehrheiten hinter sich vereinen kann. In Dänemark untersucht die Ombudsbehörde seit 2012 unabhängig Vergehen in den Reihen der Polizei mit weitestgehenden Kompetenzen.[95] Dieser institutionalisierte Kontrollmechanismus hat zwar das Polizeiproblem nicht komplett eingedämmt, die Aufklärungsrate ist aber naturgemäß in den jeweiligen Ländern mit der Installierung einer Oberpolizei gestiegen. Vielleicht wehren sich deswegen überall Polizeibehörden, Innenministerien und vor allem Polizeigewerkschaften gegen die Gründung oder Beibehaltung einer solchen Institution.

Weil es auf staatlicher Ebene in dieser Sache nicht vorangeht, haben sich in den vergangenen Jahren mehrere zivilgesellschaftliche Initiativen gegründet, die das staatliche Forensik-Monopol aufbrechen wollen. In Großbritannien hat sich im Jahr 2013 zum Beispiel die Recherche-Agentur *Forensic Architecture* gegründet, um bei staatlichen Vergehen im In- und Ausland mit forensischer Akribie und teilweise in Partnerschaft mit internationalen Medien und anderen Rechercheagenturen die Vergehen von staatlichen Institutionen, insbesondere von Polizeibehörden, aufzudecken. Finanziert wird diese Arbeit durch Projektmittel von Stiftungen, Stipendien und Spenden.

In Syrien, Venezuela, den USA, Israel/Palästina oder Deutschland wurden so schon Skandale beleuchtet, die teilweise oder ganz von den Sicherheitsbehörden ausgegangen waren und sonst in Vergessenheit geraten wären: den Einsatz von Giftgas im Gazastreifen gegen die Zivilbevölkerung durch das israelische Militär[96], Foltermethoden in syrischen Gefängnissen[97], Pushbacks durch die EU-Grenzpolizei im Mittelmeer zwischen Griechenland und der Türkei[98] oder rechtsextreme Netzwerke, die in Deutschland bis in die Sicherheitsbehörden reichen und zu den NSU-Morden führten[99]. Mit den Konter-Ermittlungen und der damit verbundenen Sichtbarkeit von strukturellen und skandalösen Missständen in staatlichen Institutionen insbesondere bei der Polizei wurden mehrere Debatten angestoßen und vielen Menschen vor Augen geführt, wie eine dysfunktionale staatliche Aufsicht dafür sorgt, dass sich Sicherheitsbehörden in Unsicherheitsbehörden verwandeln. *Forensis* ist der deutsche Ableger der Rechercheagentur und hat zum Beispiel im

Auftrag der Hinterbliebenen von Hanau minutiös die Versäumnisse der Sicherheitsbehörden vor, während und nach dem Attentat vom 19. Februar 2020 aufgedeckt. So kam zum Beispiel heraus, dass der Notausgang in der angegriffenen Arenabar im Kontext der Überpolizierung von migrantischen Räumen (siehe Kapitel 15) fest verschlossen war. Mutmaßlich wollte die Polizei somit erreichen, dass bei regelmäßigen (oft überflüssigen) Razzien niemand vor der staatlichen Kontrolle flüchten kann. Die Opfer des rechtsextremen Anschlags saßen deswegen am Abend des 19. Februar 2020 in der Falle. Nicht nur die Polizei in Hessen, sondern auch der parlamentarische Untersuchungsausschuss[100] wurden mit den *Forensis*-Ermittlungen in Erklärungsnot gebracht. Die Agentur hat damit für Aufklärung gegen den Widerstand der Polizei und des Staates gesorgt, auf die insbesondere die Hinterbliebenen ein Anrecht haben.

Checkliste Oberpolizei:

Aufwand: *Die Gründung einer neuen Behörde ist aufwendig, sie muss finanziell und personell dauerhaft ausgestattet werden, sodass sie unabhängig arbeiten kann.*

Umgang: *In Deutschland wehren sich vor allem Polizeigewerkschaften gegen eine übergeordnete Behörde, die die Polizei beaufsichtigen und kontrollieren soll. Man kann sogar sagen: Einige Polizeigewerkschafter hassen diese Vorstellung. Denn sie fürchten (im Idealfall) einen unvoreingenommenen und holistischen Blick in die Polizei hinein. Dabei muss betont werden: Eine Behörde ist Teil des verwaltungspolitischen Systems und damit kein Zeichen einer Revolution. Das zeigt die Praxis aus anderen europäischen Ländern.*

Effekt: *gründliche und transparente Aufklärung, höhere Aufklärungsrate. So versprechen es die Erfahrungen aus anderen Ländern, in denen es unabhängige und spezialisierte Ombudsstellen mit den entsprechenden Kompetenzen gibt.*

***Umsetzung in Deutschland**: In Deutschland haben sich bisher alle politischen Entscheidungsträger*innen gegenüber der Gründung einer Oberpolizei skeptisch gezeigt. Auf Landesebene sollen Polizeibeauftragte ohne signifikante Kompetenzen als Ansprechpartner*innen für Betroffene fungieren (siehe vorheriger Punkt).*

Defund the Police

Dieser Reformansatz ist sehr simpel: Finanzmittel werden von der Polizei abgezogen und in andere präventive und soziale Maßnahmen investiert. So könnte ein effektiver Kriseninterventionsmechanismus aufgebaut oder die Soziale Arbeit gestärkt werden. In den vergangenen Jahren wurden der Polizei nämlich immer mehr Aufgaben zugeschoben: Corona-Kontrollen, Absicherung von Demonstrationen, Einsätze gegen Menschen in psychischen Ausnahmezuständen. Die Polizei ist dafür oft nicht ausgebildet oder gar der richtige Akteur. Dafür floss aber immer mehr Steuergeld in das Polizeisystem. Das Land Bayern hat zum Beispiel allein im Jahr 2023 rund 4,6 Milliarden Euro für Personal- und Verwaltungskosten der Polizei ausgegeben, dazu kamen rund 609 Millionen Euro für Ausrüstung, die Modernisierung von Gebäuden und Sachausgaben.[101] Der Posten für die Polizei in den Landes- und Bundeshaushalten steigt dabei von Jahr zu Jahr deutlich, in Bayern von 2022 auf 2023 um sechs Prozent. Zum Vergleich: Insgesamt standen für Feuerwehr und Katastrophenschutz nur 150,9 Millionen Euro in Bayern zur Verfügung. Für Maßnahmen und Einrichtungen der Jugendhilfe, der Jugendsozialarbeit und des Jugendschutzes gab der Freistaat im Jahr 2023 lediglich rund 46,3 Millionen Euro aus.[102]

Ein Teil der steigenden Ausgaben für die Polizei wäre also anderswo besser investiert: Im Umfeld von Jugendtreffs könnten Sozialarbeiter*innen, die permanent anwesend sind und ein Vertrauensverhältnis zu den Jugendlichen haben, die vor allem bei Langeweile und sozialer Verwahrlosung auf komische Gedanken kommen könnten, für mehr Sicherheit sorgen. Das ist zwar ein Argument im

Sinne der Sicherheitspolitisierung, aber irgendwie muss ich ja an die Verantwortlichen appellieren, damit sie es auch verstehen. Automatisch könnte mit weniger finanziellen Mitteln auch das »Overpolicing« abgebaut werden, also der exzessive Einsatz der Polizei in Bereichen, in denen sie mehr Schaden anrichtet. Dort, wo eben zum Beispiel mit sozialer Arbeit, einem psychologischen Dienst, Armutsbekämpfung, einer guten Gesundheitsversorgung oder Suchtprävention mehr erreicht werden könnte. Die Polizei würde sich indessen auf ihr Kern-Business konzentrieren: die Ahndung von (Gewalt-)Kriminalität im engeren Sinne.

Defund the Police ist keine reine theoretische Debatte: Nach dem Lynchmord an George Floyd haben sich mehrere Städte in den USA entschieden, die Budgets ihrer Polizeibehörden zu senken und dafür soziale Projekte mit mehr Mitteln auszustatten. Im August 2020 kamen so mehr als 1,4 Milliarden Dollar für die soziale Arbeit zusammen.[103] Notrufe mit »nicht-kriminellen« Fällen würden nun die Aktivierung von Kriseninterventionsteams auslösen, die manchmal von Polizeibeamt*innen begleitet werden. Schulen in Minneapolis, Milwaukee, Denver, Oakland, Portland, Dallas, San Francisco, Seattle und Philadelphia erhielten über das Defund-the-Police-Programm mehr Geld, um benachteiligte Kinder zu fördern[104], ihnen Mahlzeiten und Freizeitaktivitäten zu bieten, mit direkt spürbaren Effekten. Viele Jugendliche lungerten nicht mehr auf den Straßen herum, sondern hatten plötzlich einen geregelten Tagesablauf. Prävention im Sinne der Förderung von Individuen, der Chancengleichheit und des sozialen Friedens. In New York City hatte der im Jahr 2020 amtierende Bürgermeister Bill de Blasio versprochen, das Budget seiner Polizeibehörde, einer der größten in den USA und weltweit, um rund eine Milliarde Dollar zum Vorteil der sozialen Arbeit zu senken. Sein Nachfolger, Eric Adams, stoppte das Programm.[105] Adams ist Schwarz und selbst ehemaliger Polizist. So viel zum Thema Diversity aus polizeikritischer und reformpolitischer Sicht.

Checkliste Defund the Police:

Aufwand: *an sich gering, verwaltungstechnisch und politisch gilt es, Finanzströme und Steueraufkommen neu zu ordnen.*

Umgang: *In Deutschland findet diese Idee wenig Freund*innen. Denn sie steht generell gegen die fortgeschrittene Sicherheitspolitisierung der Gesellschaft (siehe Kapitel 6) und ruft den Widerstand von Polizeibehörden, Innenministerien und Polizeigewerkschaften auf den Plan, die natürlich nicht auf Geld verzichten wollen.*

Effekt: *Eine Stärkung der sozialen Arbeit, der Armutsbekämpfung und von Bildungsangeboten könnte dafür sorgen, dass Probleme vor allem in Städten gar nicht erst entstehen oder abgemildert werden: so z. B. bei Gewalt, die mit Drogenkonsum zusammenhängt, oder es könnte einen besseren Schutz von (ehemals) Obdachlosen geben, denen Wohnungen zur Verfügung gestellt werden.*[106] *Unterm Strich könnte »Defund the Police« Einsparungen bringen, weil nicht die gewaltvollen Symptome einer sozialen Schieflage, sondern die Schieflage selbst behandelt wird.*

Umsetzung in Deutschland: *Bisher keine in Sicht.*

22
Was, wenn wir die Polizei ganz abschaffen?

Im Mai 2023 schickte Bahar Aslan über Twitter einen kurzen Text in die ganze Welt. Er sollte das Leben der Lehrerin verändern. »Ich bekomme mittlerweile Herzrasen, wenn ich oder meine Freund*innen in eine Polizeikontrolle geraten, weil der ganze braune Dreck innerhalb der Sicherheitsbehörden uns Angst macht. Das ist nicht nur meine Realität, sondern die von vielen Menschen in diesem Land.«[1] Diese Worte, die auf dem Twitter-Profil von Aslan zu lesen waren, würden viele Menschen in Deutschland und darüber hinaus so unterschreiben. Schnell wurden aus den 261 Zeichen aber ein großer Skandal: Aslan ist zu diesem Zeitpunkt nämlich auch Lehrbeauftragte an der Hochschule für Polizei und öffentliche Verwaltung (HSPV) in Gelsenkirchen. Dort hatte sie eine Dozentur im Bereich »interkulturelle Kompetenzen« inne. Ein Bereich, der an sich kritisch betrachtet werden sollte (siehe vorheriges Kapitel). Nach dem besagten Tweet verlor die 39-Jährige nicht nur ihren Lehrauftrag an der Polizeihochschule, das für sie verantwortliche Schulamt und das Schulministerium in NRW prüften ein Disziplinarverfahren gegen Aslan, die sich wiederum erfolgreich juristisch gegen ihre Bestrafung wehrte.[2] Sowohl das Verwaltungsgericht Gelsenkirchen als auch das Oberverwaltungsgericht in Nordrhein-Westfalen sahen die Widerrufung des Lehrauftrags als rechtswidrig an.[3] Im

Juni 2024 folgte dann schließlich ein Einstellungsbescheid im Verfahren gegen Aslan.

Die Empörung, dass eine von Rassismus betroffene Person ihre Angst vor der Polizei ausgesprochen hatte, war enorm. Polizeigewerkschaften forderten »harte Konsequenzen« für Aslan, machten Stimmung gegen sie, wie auch in anderen Fällen, in denen es Menschen gewagt hatten, das Polizeisystem auch nur im Ansatz zu kritisieren. Zur Wahrheit gehört auch: Die Unterstützung für Bahar Aslan war groß. Ich saß auf Podien, die sich mit ihr solidarisierten. Kurze Zeit nach ihrer De-facto-Suspendierung von der Hochschule wurde ein offener Brief aufgelegt. Er wurde mir ebenfalls zur Unterschrift zugeschickt. Als Journalist halte ich mich, wie schon erwähnt, bei solchen Briefen lieber zurück. Und dennoch brachten mich die ersten Sätze dieses Texts, den sehr viele Menschen unterschrieben haben, zum Nachdenken: »Wir stehen hinter der Polizei. Wir stehen hinter den zahlreichen Einsatzkräften, die ihre Kraft, ihre körperliche Unversehrtheit und manches Mal auch ihr Leben für die Sicherheit und Freiheit in unserem Land einsetzen.«[4] Wer mit diesem »wir« genau gemeint war, blieb unklar. Unterschreiben konnte ich diesen Solidaritätsbrief also auch inhaltlich nicht, weil nicht klar war, ob er sich mit Aslan oder mit der Polizei solidarisiert.

Wie weit der absolute Glaube an die Polizei geht, wird genau durch diesen einen Satz deutlich: Wir stehen hinter der Polizei. Menschen, die eigentlich die Kritik an der Polizei unterstreichen wollen, bekennen erst mal, dass sie hinter der Polizei stehen. Es ist der normalisierte Gehorsam, den wir als Individuen, aber auch als Gesellschaft gegenüber der Polizei und dem Staat als Ganzes, zum Beispiel im privaten Umfeld, in der Schule oder in den Medien, lernen. Ich bin kein Anarchist, dieser Gehorsam, diese unkritische *Carte blanche*, bevor der eigentliche Skandal überhaupt zur Sprache kommt, haben mich aber zumindest stutzig gemacht. So wie andere skurrile Fälle, bei denen der absolute Glaube an die Polizei durchscheint und die ich hier aus Unterhaltungsgründen zwischenschieben möchte:

Mitte 2023 hat der TV-Koch Alexander Herrmann ein Kochbuch mit »den Lieblingsrezepten der Polizei« veröffentlicht. Bayrische

Polizist*innen haben im Vorfeld ihre Lieblingsgerichte mit Unterstützung von Herrmann nachgekocht.[5] Das passende Buch dazu wurde zusammen mit dem CSU-Innenminister Joachim Herrmann, der das Vorwort beisteuerte, vorgestellt. Die Erlöse aus dem Verkauf dieser *Copaganda* fließen teilweise an die »Bayrische Polizeistiftung«, die die Polizei mit noch mehr Geld unterstützt. In der Werbung für das Kochbuch steht, dass es eine »Hommage an die Frauen und Männer, die jeden Tag für uns alle ihre Gesundheit aufs Spiel setzen«, sei. Weil ich selbst kulinarischer Kolumnist bin, habe ich aus den Rezepten in diesem skurrilen Kochbuch ein Drei-Gänge-Menü zusammengestellt: Haxn, Fränkisches Schäufele und Fleischpflanzerl. Ein Rezept für Hundekekse ist im Buch auch enthalten. *Paw Patrol* lässt grüßen (siehe Kapitel 13).

Generell bekommt die Polizei von A- und B-Promis viel Zuspruch. Fast zeitgleich zur Veröffentlichung des *Copaganda*-Kochbuchs traten in Sachsen die Mitglieder von Tokio Hotel mit der Polizei auf. Ja, die Band Tokio Hotel hat sich in den anderen Freistaat begeben, in Uniform geschmissen und PR-Fotos gemacht, die sie lächelnd mit Beamt*innen aus Leipzig zeigen.[6] Heidi Klum, die mit dem Bandmitglied Tom verheiratet ist, war auch dabei. Sie hat sich in Lederjacke, Käppchen und dem Emblem der Polizei Sachsen ablichten lassen. In den USA, wo das Topmodel ebenfalls bekannt ist, postet Klum »Black Lives Matter«-Kacheln auf Instagram, in Sachsen geht sie mit der Polizei auf Werbetour.[7] Was jeweils hier und da die Karriere fördert, könnte man denken. Bill Kaulitz von Tokio Hotel schrieb danach, dass er sogar mal in Uniform heiraten wolle. Herzlichen Glückwunsch.

Kurze Zeit nach der Visite der sächsischen Polizei im Tokio Hotel tauchte ein Bild des non-binären Megastars Sam Smith auf. Smith hat sich in die Herzen von Millionen von Teenagern weltweit gesungen – und von zwei Polizisten aus New York.[8] Im Juni 2023 postete Smith zum Pride-Monat ein eigenes Bild zwischen zwei Beamten. Smith beißt dabei lasziv auf den eigenen linken Zeigefinger. Seht her: sexy und cool, so lautet die Botschaft. Die New Yorker Polizei ist besonders für ihre Brutalität gegenüber verletzbaren Minderheiten bekannt. Das betrifft allerdings Menschen wie Sam Smith wenig. Viele (rassifizierte) Fans von Smith zeigten sich irritiert.

Als im Oktober 2022 Ahmet Ogwell, stellvertretender Generaldirektor der Afrikanischen Gesundheitsagentur, im Auftrag der Afrikanischen Union zu einer Konferenz nach Deutschland einreisen wollte, wurde er von Polizist*innen aufgehalten. Ogwell berichtete von Demütigungen der Bundespolizei am Frankfurter Flughafen. Die Beamt*innen hätten ihm vorgeworfen, er wolle illegal in Deutschland bleiben. »Ich bin glücklicher und sicherer zu Hause in Afrika. Sie laden dich ein und misshandeln dich dann«, schrieb Ogwell auf Twitter. Spontan sprang die Grünen-Bundestagsabgeordnete Lamya Kaddor der deutschen Polizei bei[9]: Als Tochter von Immigranten (interessant, dass sie dies in ihrer Antwort betonte) könne sie berichten, dass »unsere Polizei« generell eine gute Arbeit mache, einige Beamt*innen seien aber leider »nicht frei von Vorurteilen«. Dieser Reflex, sich erst mal unbedingt zum Polizeisystem zu bekennen, woher kommt er?

Natürlich habe ich es mir nicht nehmen lassen, die Entstehungsgeschichte des Solidaritätsbriefs mit Bahar Aslan (eigentlich mit der von ihr kritisierten Polizei) zu rekonstruieren. Die Details, das Klein-Klein würden an dieser Stelle langweilen, eher ist der Hintergedanke dabei relevant: Wenn der Brief sich mit der Polizei versöhnlich zeigt, unterschreiben ihn auch mehr Menschen aus »der Mitte der Gesellschaft«. Ausgerechnet jemand mit sehr guten Verbindungen zur Polizeihochschule, die Aslan fallen ließ, hat diesen Hintergedanken am Anfang des Briefs einfließen lassen. Und so beeinflusst das Polizeisystem skurrilerweise die Kritik an sich selbst mit. In der bundesrepublikanischen Tradition der Kompromissfindung atmen solche Perspektiven den Geist des »Weiter so«. Doch was wäre, wenn wir als Gesellschaft für einen Moment die politische Fantasie ein- und die normalisierte Präsenz der Polizei, die Sicherheitspolitisierung und den vorauseilenden Gehorsam ausschalten? Was wäre, wenn wir mal nicht uneingeschränkt hinter dieser Polizei stünden?

Das wird zumindest schwierig, weil die Polizei sogar allgegenwärtig zu sein scheint, wenn sie gar nicht anwesend ist. Beamt*innen vom Finanzamt[10], Zoll-Bedienstete, Gerichtsvollzieher*innen handeln von staatlicher Seite oft para-polizeilich. Die Sicherheitspolitisierung (siehe Kapitel 6) hat nebenbei auch einen ganzen Markt für das Gut Sicherheit geschaffen. Per Outsourcing und Privatisierung begegnen uns überall im öffentlichen und semi-öffentlichen Raum Sicherheitsdienste, die uns als Menschen ordnen sollen. Private Inkasso-Unternehmen nehmen es nicht so ernst mit dem Datenschutz und der Privatsphäre von Menschen, sie verstehen sich als so eine Art private Finanzpolizei und gehen (oft gegen Arme) vor, um Gelder einzutreiben. In Schwimmbädern, in Schulen, in Supermärkten begegnen uns privatisierte Polizeien, anders kann man die entsprechenden Sicherheitsfirmen nicht fassen. Manchmal treffen sich echte Polizei und Möchtegernpolizei auf abenteuerliche Art und Weise: In Hamburg arbeitete zum Beispiel ein Polizist im Nebenjob als Privatdetektiv und prellte so eine Frau um ein kleines Vermögen.[11] Dieser Fall zeigt deutlich, dass von der privatisierten Sicherheit aus eine Unruhe für jede Gemeinschaft ausgehen kann.

Ladendetektive und ich, wir werden generell keine Freund*innen mehr. Regelmäßig belästigen sie mich beim Einkaufen. Entweder sie kleben an mir zwischen den Regalreihen, ihre Kameras an der Decke drehen Pirouetten gemäß meinen Bewegungen, oder die kleinen Hilfspolizist*innen sind noch dreister und fischen mich (natürlich ganz zufällig) heraus, um in meinen Rucksack zu schauen. Das ist mir sehr, sehr oft passiert, und ich höre jetzt schon die Kritik: Ja, aber wie soll sich der Einzelhandel sonst vor Diebstahl schützen? Das Schöne an einem utopisch gedachten Kapitel wie diesem: Lassen wir uns mal auf ein Gedankenspiel ein, in dem es eben keine ordnende, keine strafende Kraft braucht, um eine Gesellschaft friedlich und funktionsfähig zu gestalten. Es lohnt sich.

Von dieser friedvollen Utopie, in der Sicherheit und Gemeinschaft ganz anders gedacht werden, hat mir Abby Abinanti erzählt.[12] Sie ist Richterin beim Yurok Tribe in Klamath bei San Francisco in Kalifornien. Abinanti steht in der Tradition ihres indigenen Volks, das trotz des anhaltenden kolonialen Blicks an den uralten Lebensphilosophien auf dem amerikanischen Kontinent festhält. Bei unserem Treffen erklärte mir Abinanti, wie ihre Community fast ohne Polizei, ohne ordnende Bestrafung und Androhung auskommt. Und das, obwohl Native Americans unter anderem wegen der Geschichte des Kolonialismus besonders von sozialen Problemen betroffen sind: Drogen- und Spielsucht, Arbeitslosigkeit, Armut, verbaute Bildungszugänge. Als Richterin spricht Abinanti nicht bloß Recht, sie versucht vielmehr im Sinne einer *Restorative Justice,* also einer wiederherstellenden Gerechtigkeit, die konkreten Auswirkungen von Gewalt und Kriminalität in ihrer Community wiedergutzumachen, gemeinschaftliche Lösungen für Probleme zu finden. Ganz ohne gewöhnliche Gerichte (siehe Kapitel 7), Gefängnissystem (Kapitel 8) oder gar die Polizei (siehe dieses ganze Buch, meine Güte!).

Als Beispiel erzählte mir Abinanti von einem realen Konflikt aus ihrer Community: Ein Fischer hatte einem anderen Fischer den Tagesfang geklaut. Der Fall landete auf ihrem Schreibtisch. Geschädigter und Täter standen vor ihr, und der Täter gab seine Tat direkt zu. Niemand in der Community würde Richterin Abinanti ins Gesicht lügen. Er habe eine große Familie zu ernähren und wusste sich an dem Tag nicht anders zu helfen, erklärte sich der Dieb. Gemeinsam und nicht von oben herab fanden sie eine Lösung. Der Täter, so lautete das Urteil, solle zwei Tage lang dem Geschädigten beim Fischen helfen. Dann sei die Sache gegessen. Alle haben zugestimmt. Anstatt mit Sanktionen zu arbeiten, setzt die *Restorative Justice* auf Kommunikation, auf Vermittlung und Vergebung. Das klingt an dieser Stelle etwas hippiemäßig und utopisch. Laut Abinanti würde dieser Ansatz meist greifen, nur in äußerst wenigen Fällen müsste das herkömmliche Justizsystem in Kalifornien eingeschaltet werden. Aber: Was passiert bei schwerer Körperverletzung? Was bei Totschlag oder Mord? Abinanti, die mit ihrer weisen Autorität so gar nicht hippiemäßig rüberkam, gab mir auch auf diese Fragen eine Antwort: Prävention, soziale Arbeit, Community-Arbeit. Und wenn es doch zu kapitalen Verbrechen oder schweren kriminellen Taten kommen sollte, kann man wie gehabt das herkömmliche Justiz- und

Strafsystem einschalten, zu dem ihre Community natürlich auch Zugang habe. Dennoch bleibt unterm Strich: Viele Fälle landen erst gar nicht bei der Polizei, vor Gericht oder gar im Gefängnis, weil sich Konflikte erst gar nicht entfalten können oder in Kooperation mit allen Betroffenen nachhaltig gelöst werden. Das ist für die Gemeinschaft nebenbei gesagt auch günstiger.

Weil Begriffe wie *Restorative Justice* aus dem Englischen stammen, denken viele, dass solche alternativen Konzepte des Zusammenlebens aus den heutigen USA stammen. Beim Yurok Tribe war es aber vielmehr der moderne Staat mit seinem aus Europa importierten Polizei- und Gefängnissystem, der diesen gerechtigkeitsgeleiteten Gesellschaftsvertrag fast ausrottete, zumindest die dahinterstehende Lebensphilosophie schwächte. Anderswo werden ebenfalls ähnliche Ansätze gepflegt: Regelmäßig machen sogenannte Friedensrichter in Deutschland Schlagzeilen. Das sind meist ältere, weise Männer, manchmal sind es Imame oder Priester (in einigen Fällen sind es aber auch Frauen), auf die sich meist arabisch-, türkisch- oder auch kurdischstämmige Konfliktparteien einigen, um eine Lösung in einer bestimmten Sache zu erzielen.[13] Im Judentum werden ebenso Rabbiner in Schlichtungsverfahren zwischen Ehe- oder Geschäftsleuten eingesetzt. Das ist nichts anderes als *Restorative Justice.*

In den Schlagzeilen zu solchen Schlichtungsverfahren steht meist das Schlagwort »Paralleljustiz«, diese Verfahren werden von rechtsgerichteten Medien, aber auch von vielen Landesregierungen in Deutschland skandalisiert oder aktiv bekämpft.[14] Dabei existiert auch ein nicht religiös konnotierter Schlichtungsmechanismus, der sogar staatlich anerkannt und zertifiziert wird: Mediation. Ein*e Mediator*in kann von jeder Konfliktpartei eingeschaltet und beauftragt werden, um den entsprechenden Konflikt ohne ein Gericht oder die Polizei zu lösen. Diese Branche macht in Deutschland sogar einen millionenschweren Markt aus. Eine Mediation kann bis zu 500 Euro pro Stunde kosten, man bekommt aber eine Rechnung, die man von der Steuer absetzen kann.[15] Streit am Arbeitsplatz? In der Ehe? Unter Freund*innen? Man muss nicht direkt staatliche Stellen, die Polizei oder die Justiz wählen, sondern kann eine neutrale Instanz bestellen, die vermittelt und gemeinsam mit allen Beteiligten eine Lösung findet. Häufig geht es bei den erwähnten Schlichtungsverfahren genau um solche Konflikte, bei denen soziale Arbeit und Beratung oder auch eine feministische Perspektive vor allem im Bereich des Familienrechts effektivere Unterstützung bieten könnten.

Wenn eine Schlichtung in alten (religiösen oder spirituellen) Traditionen verwurzelt ist, macht sie dem geltenden staatlichen Monopol Konkurrenz. Und ebendieser Staat – und die Gesellschaft, die ihn trägt – versucht sie pauschal als schädlich zu brandmarken. Es gibt Fälle, bei denen sich Konfliktparteien, die schon vor einem deutschen Gericht standen, doch außergerichtlich geeinigt haben, und diese Einigung wurde dann von Politiker*innen[16] oder Medienmacher*innen[17] als respektlos gegenüber dem Justizsystem und »unseren Werten« selbst gewertet. Aber was wäre, wenn wir uns einfach darüber freuen würden, dass sich ein Konflikt in Luft aufgelöst hat? Vielleicht sogar nachhaltig? Es ist klar, dass nicht jede*r Friedensrichter*in qualifiziert ist oder zu einem guten Ergebnis kommt. Klar ist aber auch, dass diese Schlichtungsverfahren in anderen Gesellschaften im Nahen Osten, in Afrika, Südostasien oder Amerika verbreitet sind und funktionieren. Seit Jahrtausenden. Sie funktionieren oft, ohne dass man den strafenden Staat anruft, ohne das Eingreifen einer gewaltvollen Polizei oder eines staatlichen Gewaltmonopols. Das alles kam erst mit dem Kolonialismus und der vermeintlichen Modernisierung des Gemeinschaftswesens (siehe Kapitel 2). Weil viele Traditionen der Gerechtigkeitsfindung gänzlich auf Gewalt verzichten, vielmehr Kommunikation und Kooperation in den Mittelpunkt stellen, gelten sie dagegen als veraltet, unsicher, nicht gut.

23
Und was kann ich gegen Polizeigewalt tun?

Machen wir uns nichts vor: Eine einzelne Person kann mit ihrem individuellen Verhalten kein etabliertes, mächtiges System verändern, das noch dazu den Segen eines Großteils der Gesellschaft und der Politik hat. Es wäre an dieser Stelle von mir schlicht geschummelt, den Eindruck zu erwecken, dass man nur drei Dinge beachten muss, um das Polizeiproblem ganz aufzuheben. Meine Aufgabe als Autor ist es auch nicht, nach 22 Kapiteln voller analytischer Untergangsstimmung am Ende noch für gute Stimmung zu sorgen. Es fehlt derzeit schlicht der gesellschaftliche Konsens, um die Polizei als Institution zu hinterfragen und Alternativen für das sichere Zusammenleben in Betracht zu ziehen. Große Fragen, zum Beispiel wie ein solidarischer, sozialer und vor allem menschenrechtsgeleiteter Umbau des Sicherheitsapparats funktionieren könnte, verlangen nach einer großen Vision. Und diese Vision ist nicht da.

Und jetzt doch noch die gute Nachricht: In ganz konkreten Situationen im Umgang mit Polizeigewalt hat man als einzelnes Individuum durchaus einen Handlungsspielraum. Damit kann man zwar keine grundsätzliche Reform anstoßen, aber im Einzelfall (nur Zufall, dass dieses Wort hier passt) ist es möglich, Leben zu retten. Das perfekte Instrument, vor dem sehr viele Polizist*innen schlicht Angst haben und das ihre Polizeigewerkschaften erbittert bekämpfen, trägt fast jede*r von uns in der (Hosen-)Tasche mit sich herum: das Smartphone.

Go film the police, heißt es oft in aktivistischen Kreisen. Damit ist gemeint, dass eine eindeutige Videodokumentation von Polizeigewalt meist die einzige Möglichkeit darstellt, im konkreten Fall für Aufklärung zu sorgen. Ich selbst habe im Alltag damit gute Erfahrungen gemacht. Zum Beispiel als ich eines Julimorgens kurz nach 9 Uhr auf die U-Bahnlinie 8 im Bahnhof Hermannplatz in Berlin-Neukölln wartete. Plötzlich entbrannte neben mir am Bahnsteig ein Streit. Zwei Männer hatten sich gegenseitig an die Gurgel gepackt und schrien sich an. Der eine war weiß, der andere hatte Schwarze Hautfarbe. Mir war nicht klar, an was genau sich der Streit entzündet hatte. Nur eins war sicher: Die Männer waren wütend und unberechenbar.

Ohne nachzudenken, zückte ich in Sekundenschnelle mein Handy – und nahm die Szene auf. Später erst hinterfragte ich, warum ich nicht zuerst die Polizei gerufen habe und warum ich überhaupt die Notwendigkeit verspürt hatte, ein Video aufzunehmen. Ich stieg also nicht in die wartende U-Bahn ein und beobachtete die drei Polizist*innen, die wenige Augenblicke später herbeieilten. Da der Hermannplatz von der Berliner Politik als »kriminalitätsbelasteter Ort« markiert wurde, rennen hier überall Polizist*innen herum.

Zwischendurch hatten Fahrgäste die beiden Konfliktparteien getrennt, und der Schwarze Mann stand nun eine Ebene tiefer auf dem Bahnsteig der U-Bahnlinie 7. Die Beamt*innen befragten oben am Gleis der Linie 8 den weißen Mann. Die Polizist*innen wollten wissen, was geschehen war. Der Weiße antwortete: »Ein Afrikaner! Der wollte mich schlagen! Brutal! Er ist nach unten gerannt!«, und in Sekundenschnelle rannten alle drei Beamt*innen die Rolltreppe hinunter und suchten nach dem mutmaßlichen Schläger. Ich folgte ihnen, beobachtete sie noch kurz, wie sie den Schwarzen Mann an einer Treppe festnehmen wollten, und bat einen der Polizist*innen höflich darum, kurz auf mein Handy zu schauen.

Das Video zeigte, wie der Weiße versuchte, den Schwarzen die Treppe mit aller Wucht herunterzustoßen und drei Fahrgäste im letzten Moment das Schlimmste verhindern konnten. »Voll gut, dass Sie ein Video gemacht haben. Das überrascht mich jetzt ein wenig, dass es andersherum war«, sagte der Polizist und nahm meine Kontaktdaten auf für den Fall, dass Ermittlungen eingeleitet würden. Die drei Beamt*innen gingen dann nach oben, dort stand mittlerweile mehr Polizei. Der weiße Mann war aber längst verschwunden. Ohne Video, dachte ich mir, als ich endlich in der U-Bahn saß, wäre diese Szene vielleicht anders ausgegangen.

Damit später medial, aber auch juristisch einwandfrei geklärt werden kann, wer welche Art von Gewalt gegen wen angewendet hat, sind Bewegtbilder sehr hilfreich. Oft sind Polizist*innen auf den Videos als Täter*innen zu sehen. In den USA wurden mithilfe dieser Dokumentation schon mehrere Fälle von Polizeigewalt gegen Angehörige von Minderheiten aufgeklärt – und immerhin eine breite Debatte über die *Cop Culture* dort ausgelöst. In Frankreich sorgte das Video von der Tötung von Nahel M. erst dafür, dass im Land langsam ein Umdenken[1] und Aufklärung in konkreten Fällen von Polizeigewalt stattfinden (siehe Kapitel 17). Wer die Polizei bei ihrer Arbeit filmen möchte, muss aber, rechtlich betrachtet, einige Regeln beachten:

Darf ich mit meinem Handy die Polizei im öffentlichen Raum filmen?

Ja. Vor allem, wenn Gewalt (egal von wem ausgehend) im Spiel ist, dienen Videos als gute Beweismittel im rechtlichen Sinne, später vor Gericht und für die unabhängige Berichterstattung durch Journalist*innen. Das Filmen kann also durchaus als Akt der Zivilcourage betrachtet werden. Dabei ist nicht die Anfertigung einer Aufnahme selbst juristisch relevant, sondern ihre Veröffentlichung und Vervielfältigung.

Wenn mich die Polizei auffordert, die Aufnahme zu beenden, wie soll ich reagieren?

Die Beamt*innen ruhig darauf hinweisen, dass man nicht vorhat, das Material zu veröffentlichen, und dass es schlicht um Beweismittel für einen möglichen späteren Rechtsweg gehe. In vielen

Fällen pochen Polizist*innen auf ihr persönliches Recht am Bild und am Ton. Die Polizei ist aber eine öffentliche Institution und hat in ihrem Wirken kein Recht am Bild und am Ton – das bezieht sich insbesondere auf den Kontext der Gewaltanwendung. Übersetzt bedeutet das: Spaziert ein*e Polizist*in gemütlich in der Uniform durch einen Park, ist das eher kein Anlass, um zu filmen, kniet der*die Beamt*in mit vollem Körpergewicht auf der Halsschlagader eines Menschen, überwiegt das allgemeine, öffentliche Interesse an dieser Situation, und eine Video-Dokumentation ist wahrscheinlich legal und legitim. Darauf kann in einer konkreten Situation hingewiesen werden.

Darf die Polizei mein Handy konfiszieren? Mich auffordern, es zu entsperren? Vielleicht sogar das Video löschen?
Nein, das darf sie nicht. Vor allem, wenn es darum geht, dass man mit dem Smartphone gefilmt hat oder vorhatte zu filmen. Auch darf die Polizei eine Person, die sich sonst nichts hat zuschulden kommen lassen, nicht auffordern, das Handy zu entsperren. Weder mit einem PIN-Code noch mit einem Fingerabdruck oder einer Face-ID. Eine entsprechende polizeiliche Aufforderung stellt ohne richterlichen Beschluss einen deutlichen Verstoß gegen die informationelle Selbstbestimmung dar. Darauf kann in konkreten Situationen auch verwiesen werden. Wenn Polizist*innen einem dennoch das Handy wegnehmen: unbedingt ein schriftliches Protokoll einfordern.

Was muss ich konkret beachten, wenn ich aufnehme?
Ruhe bewahren. Nie den Einsatz selbst stören, weder verbal noch physisch in den Weg stellen. Immer zuvorkommend und höflich bleiben, die Polizist*innen nicht provozieren und auch nicht beleidigen. Beamt*innen können auf Beleidigungen durchaus mit Festnahmen oder Anzeigen reagieren. Es empfiehlt sich auch, ein Gedächtnisprotokoll anzufertigen. Das kann schriftlich mit Datum auf einem Zettel passieren oder als Audioaufnahme auf dem Handy oder per Messenger-Dienst, dann wird automatisch auch ein Zeitstempel in der Datei hinterlegt.

Wenn ich das Material nicht selbst veröffentlichen darf, ist es dann erlaubt, ein Video zum Beispiel an Journalist*innen zu geben oder als Beweismittel vor Gericht zu nutzen?
Ja, das sollte das Ziel sein, überhaupt eine Szene von möglicher Polizeigewalt als Video zu dokumentieren. Es lohnt sich also, nicht den schnellen Weg über einen Upload in die Sozialen Medien zu nutzen, sondern mit den Betroffenen der Gewalt in Kontakt zu treten und ihnen das Material für ein mögliches Gerichtsverfahren zu überlassen oder auf (Lokal-)Redaktionen zuzugehen und dort das Material für eine professionelle journalistische Aufarbeitung inklusive Quellenschutz anzubieten. Außerdem gibt es in allen Bundesländern Organisationen, die kostenlose Rechtsberatung beim Thema Polizeigewalt und deren Dokumentation anbieten.

Neben dem juristischen Aspekt müssen von Fall zu Fall auch andere simple Sicherheitsmaßnahmen eingehalten werden, wenn man Polizeigewalt mit dem eigenen Handy dokumentieren möchte:

- SICH NICHT SELBST GEFÄHRDEN: Niemals den*die Held*in spielen und sich zwischen Polizei und betroffene Person werfen. Polizist*innen können in diesem Fall sogar legal Gebrauch von ihren Waffen machen, auch wenn sie zuvor eine wehrlose Person verprügelt haben und man selbst moralisch im Recht ist. »Behinderung von polizeilichen Maßnahmen« ist ein Straftatbestand. Wie gesagt: Das System ist so aufgestellt, dass Polizist*innen sehr große Spielräume genießen. Außerdem bringt es nichts, wenn am Ende zwei Menschen sterben. Deswegen: Immer schön Abstand halten.

- BETROFFENE IN DEN MITTELPUNKT STELLEN: Es ist besser, das Opfer/die von der Polizei angegriffene Person anzusprechen, als sich direkt an der Polizei abzuarbeiten. Das signalisiert: Hey, du bist nicht allein! Man kann fragen, was nun zu tun ist. Platte Formulierungen wie »Alles okay?« sind erlaubt. Dies ist kein Literaturwettbewerb.

- AUFMERKSAM ZUHÖREN: Die betroffene Person wird sich dann hoffentlich äußern. Bitte keinen Druck ausüben. Nichts tun, was die Person in eine schwierigere Situation bringen könnte. Auf Körpersprache und Mimik achten. Nicht TV-Richter*in spielen, vor Ort wird es unmöglich sein, abschließend zu klären, wer an was schuld ist und was überhaupt bisher geschah. Im Moment zählt nur: Da liegt eine schwer verletzte Person auf dem Asphalt mit einem Polizeiknie am Hals. Diese Situation muss entschärft werden, was gelingen kann, wenn die Polizist*innen merken, dass sie beobachtet werden.

- AUFNAHME ÜBERPRÜFEN: Hat man wirklich auf »Rec« gedrückt, und nimmt das Handy überhaupt auf? Man muss für die Aufnahme keinen Oscar für Kameraführung anstreben, dass aufgenommen wird, ist aber schon wichtig. Deswegen: Manchmal auf den leuchtenden roten Punkt achten, bei schwierigen Lichtverhältnissen Position und Einstellungen wechseln, damit ein klares Bild zu erkennen ist.

- ANDERE ZEUG*INNEN INVOLVIEREN: Andere Anwesende oder Passant*innen ansprechen, sie auffordern, auch zu filmen. Manchmal brauchen Menschen einen kleinen motivierenden Schubser. Je mehr Perspektiven auf eine Szene existieren, desto besser. Allerdings gilt es, nicht im Rudel einzugreifen. Auch hier ist Abstand größtes Gebot.

- KONTAKTE AUSTAUSCHEN: Hoffentlich ist die Situation durch die Präsenz Dritter deeskaliert worden. Dann bitte nicht direkt gehen, sondern mit der betroffenen Person weiterreden. Kontakte austauschen, das macht es einfacher, später als Zeug*in ermittelt zu werden.

Schon in meinem Buch *Der weiße Fleck*, in dem ich 50 Möglichkeiten zum individuellen antirassistischen Denken und Handeln vorschlage, spielt der Umgang mit der Polizei eine wesentliche Rolle.

Mit Besonnenheit kann man als Einzelperson präventiv durchaus viel Schaden abwenden. Ganz knapp zusammengefasst lautet da die Formel: Rufen Sie nicht bei jeder Kleinigkeit, vor allem, wenn es nicht sein muss, die Polizei. Das kann für Schwarze Menschen, für Jüdinnen*Juden, Sinti*zze und Romn*ja, Muslim*innen, Geflüchtete und andere Minderheiten schlimm enden, zu oft leider tödlich.

Das in diesem Buch ausführlich beschriebene System hinter der Polizeigewalt kann allerdings, und das möchte ich hier zum Schluss nochmals betonen, kein einzelnes Individuum mit einer Verhaltensänderung oder einer erhöhten Sensibilisierung lösen. Es braucht dafür eine gesellschaftspolitische Debatte, die dringend auf die Agenda von Politik, Medien und Bildungseinrichtungen gehört und idealerweise am Ende Menschenleben retten kann.

24 Glossar

Abschiebung: Der gewaltsame Prozess, Personen (meist mit Polizeigewalt) in ihre Herkunftsländer zurückzuschicken.

Abolitionismus: Bezeichnet ursprünglich eine Bewegung zur Abschaffung der Sklaverei und den Kampf vor allem Schwarzer Menschen gegen die kolonial-institutionelle Unterdrückung. Abolitionismus hat dabei einen theoretischen Ansatz und bezeichnet gleichzeitig eine politische und soziale Bewegung, die konkret an der Abschaffung von unterdrückerischen Strukturen wie der Polizei oder dem Gefängniskomplex arbeitet.

Copaganda: Der Begriff setzt sich aus den Wörtern Cop (für Polizist*in) und Propaganda (manipulierende Darstellung einer Sache) zusammen. Das Kofferwort beschreibt die wohlwollende Abbildung der Sicherheitsbehörden und -politik in der Öffentlichkeit, sowohl durch die Polizei selbst als auch in der romantisierten Darstellung der Polizei in Kunst und Kultur.

Derailing: Meint ein Gespräch oder einen Diskurs auf ein anderes Thema oder die eigene Perspektive umzulenken und so von einem konkreten Problem abzulenken.

Diversität: Politische Praxis, um Arbeitskontexte, Schulen und Hochschulen, Parteien und andere gesellschaftlich relevante Räume vielfältiger zu gestalten.

Framing: Das Selektieren, Priorisieren, Strukturieren und Präsentieren von komplexen, zusammenhängenden Informationen, um sie (unterschwellig) zu deuten, moralisch zu bewerten oder bestimmte Handlungsempfehlungen anzubieten.

Gestapo: Abkürzung für »Geheime Staatspolizei«, war eine politische Polizei in der nationalsozialistischen Diktatur, die in dessen Verbrechen verwickelt war.

Innenministerium: Ministerium innerhalb einer Landes- oder Bundesregierung, das sich um die inneren Angelegenheiten eines Staates kümmert und damit auch um die Organisation der Polizei.

Innenminister*innenkonferenz: Ständiges Gremium der Innenminister*innen und Senator*innen von Bund und Ländern in Deutschland, das 1954 errichtet wurde, um die zuvor im Wesentlichen auf Beamtenebene durchgeführte länderübergreifende fachliche Zusammenarbeit auch auf der politischen Ebene zu verankern.

Institutioneller Rassismus: → **Rassismus,** der von öffentlichen Institutionen, staatlichen Stellen, Gesetzen oder allgemein Politik ausgeht.

Kolonialismus: Mehrheitlich europäische Gewaltanwendung gegenüber vermeintlich schwächeren Gesellschaften und Staaten auf anderen Kontinenten, um deren Ressourcen, Kultur und Bevölkerungen auszubeuten.

Nafri: Rassistische Bezeichnung für »nordafrikanisch aussehende Männer«, die innerhalb von Polizei- und Sicherheitsbehörden verwendet und von Betroffenen angeeignet wird, um darüber zu verfügen.

Polizei: staatliche Institution, die für öffentliche Ordnung und Sicherheit sorgen soll und dafür, legal betrachtet, Gewalt anwenden darf.

Polizeibeauftragte*r: Meist auf Landesebene von Parlamenten oder Regierungen berufene Person, die als Ansprechpartner*in für Bürger*innen, aber auch für Polizist*innen fungieren soll.

Polizeihochschule / Polizeiakademie: staatliche Institution, die mit der Ausbildung des polizeilichen Personals verschiedenen Ranges auf Landes- und Bundesebene betraut ist.

Polizeimeldung: Darstellung einer Polizeibehörde zu einem bestimmten Sachverhalt.

Polizeireporter*in: Redakteur*in bzw. Journalist*in, der*die sich auf die Berichterstattung über die polizeiliche Arbeit in einer (Lokal-) Redaktion spezialisiert hat.

Postkolonial: Phase seit dem Ende des europäischen Kolonialismus, in der allerdings koloniale Kontinuitäten zwischen vielen ehemaligen Kolonialmächten und Kolonisierten weiter bestehen.

Proaktive Wende: Meint in der Sicherheits- und Innenpolitik den Umbau des Polizeiapparates, damit er proaktiv Kriminalität verhindert und die Gesellschaft ordnet. Straftatbestände und kriminelle Handlungen von Individuen sollen also nicht nur sanktioniert, sondern vorausgesehen und vor ihrer Entstehung verhindert werden (siehe auch Sicherheitspolitisierung).

Race: Ein Konzept, das genutzt wurde und wird, um eine Gruppe von Menschen zu beschreiben, die ähnliche äußerliche Merkmale (Hautfarbe oder Haarstruktur zum Beispiel) teilen. Dieses Konzept wurde in der Vergangenheit auch genutzt, um Gewalt gegen diese Gruppen zu legitimieren.

Racial Profiling: Die Nutzung von → **Race** oder → **Ethnie** als alleinigen Anlass für eine Polizeikontrolle.

Rassifizierung: Der Prozess, in dem → **Race** kreiert wird, wenn also eine Gruppe gemäß ihrer → **Ethnie** mit negativen Attributen vor allem diskursiv belegt wird.

Rassismus: Lehre, Theorie, Einstellung oder Ideologie, nach der Menschen oder ganze Bevölkerungsgruppen mit bestimmten biologischen Merkmalen angeblich anderen von Natur aus über- bzw. unterlegen sein sollen. Daraus entstehen dann diskriminierende Denk- und Handlungsweisen, meist gegenüber Minderheiten.

Sicherheitspolitisierung: Gesellschaftspolitische Fokussierung auf das Thema Sicherheit in jedem Politikfeld. So werden verschiedene politische Herausforderungen wie soziale Verwerfungen in der Stadt, Außenpolitik oder Migration stets unter der Prämisse betrachtet, mehr Sicherheit zu gewährleisten.

Stasi: Abkürzung für »Ministerium für Staatssicherheit«, war eine

Institution, die in der DDR Geheimdienst und Geheimpolizei vereinte und jegliche Art von Opposition verfolgte.

Sternchenjäger*in: urbaner Begriff, mit dem sehr junge Polizist*innen beschrieben werden, die mehr Sterne auf ihrer Uniform und damit einen höheren Rang anstreben.

Täter-Opfer-Umkehr: Wenn Täter*innen als Opfer dargestellt werden und andersherum. Im Zusammenhang mit der Polizeiarbeit findet häufig ein Framing von Polizist*innen und Sicherheitsbehörden als Opfer statt.

Transitional Justice: Prozess, bei dem Gesellschaften oder Gemeinschaften auf Menschenrechtsverletzungen reagieren mit Fokus auf eine gerechte Aufarbeitung von Gewalt und Versöhnung von verschiedenen Konfliktparteien.

Untersuchungsausschuss, parlamentarischer: Gremium in einem demokratisch gewählten Parlament, das sich um die Aufklärung eines politischen Missstandes kümmert.

Verfassungsschutz: Summe der Normen, Institutionen und Maßnahmen zum Schutz der in einer Verfassung (in Deutschland das Grundgesetz) festgelegten (demokratischen) Ordnung.

White Supremacists (Weiße Überlegenheit): Weiße, die an die Überlegenheit von Weißen glauben und sich von anderen ethnischen Gruppen bedroht fühlen.

Widerstandsbeamt*innen: Polizist*innen, die bewusst aggressiv gegenüber Bürger*innen auftreten und somit einen »Widerstand gegen Vollstreckungsbeamte« provozieren wollen, um die provozierten Bürger*innen dann dafür zu belangen.

Dieser QR-Code und Shortlink führt Sie zu einer Literaturliste und dem ausführlichen Quellenverzeichnis zu »Alles nur Einzelfälle?«, die Nummern beziehen sich auf die jeweiligen Endnoten im Text.

https://www.piper.de/einzelfaelle-quellen